|读国学·诵经典|

左传 精解

（春秋）左丘明◎著　墨非◎编译

中国华侨出版社

图书在版编目（CIP）数据

左传精解 /（春秋）左丘明著；墨非编译. — 北京：
中国华侨出版社，2016.8
ISBN 978-7-5113-6223-0

Ⅰ. ①左… Ⅱ. ①左… ②墨… Ⅲ. ①中国历史－春秋时代－编年体②《左传》－研究 Ⅳ. ①K225.04

中国版本图书馆 CIP 数据核字（2016）第 193872 号

● 左传精解

编　　著 /（春秋）左丘明著　墨非编译
责任编辑 / 文　喆
责任校对 / 孙　丽
装帧设计 / 环球互动
经　　销 / 新华书店
开　　本 / 730 毫米×1030 毫米 1/16　印张 /21　字数 /343 千字
印　　刷 / 北京柯蓝博泰印务有限公司
版　　次 / 2016 年 10 月第 1 版　2016 年 10 月第 1 次印刷
书　　号 / ISBN 978-7-5113-6223-0
定　　价 / 42.00 元

中国华侨出版社　北京市朝阳区静安里 26 号通成达大厦 3 层　邮编：100028
法律顾问：陈鹰律师事务所　　编辑部：（010）64443056　　64443979
发行部：（010）64443051　　传　真：（010）64439708
网　址：www.oveaschin.com　　E-mail：oveaschin@sina.com

前 言

　　《左传》全称《春秋左氏传》，由鲁国史官左丘明根据《春秋》编纂而成，它不仅囊括了鲁国历史，而且记载了多个重要诸侯国的史实，因此具有重要的历史参考价值。《左传》虽然是在《春秋》一书上加以润色和增补的，但相较《春秋》而言，记述的内容更加翔实完备，语言更加活泼生动，且留下了许多脍炙人口的名篇，因此可以说它是一部比较成熟的编年史。

　　《左传》不仅是一部卷帙浩繁的编年史著作，而且是一部艺术成就极高的文学名著，内容包罗万象，涵盖战争、礼仪、典章制度、占卜文化、社会民俗等各个方面，再现了波澜壮阔的诸侯争霸史，为我们描绘出了一幅异彩纷呈、变幻莫测的历史画卷。透过这部厚厚的史书，我们不仅可以对春秋时代的政治、军事、文化、社会风貌有一个较为全面的了解，而且可以通过重大历史事件和诸多历史人物，更深刻地认识历史和解读历史。

　　《左传》诞生于大分裂大变革的时代，那既是一个礼崩乐坏的混乱时代，也是一个百家争鸣、思想开放的自由时代，礼乐观念虽然受到前所未有的挑战，但传统的价值理念依旧占有一席之地，礼乐文化依然影响着社会生活的各个层面。在《左传》的描述中，即使在兵戎相见的战场上，人们仍然遵守礼法、奉行礼乐精神，作者对于历史人物的评价也是以礼乐观念为衡量标准的，其对于礼乐的推崇可见一斑。

　　春秋时期，诸侯并起，战事频仍，所以《左传》中有大量关于战争场面的描写，但笔墨的重点并不在于双方交战的过程，而是侧重于作战前的战略部署，重点分析战争成败的因素，并对史实做出相关评论，中间涉及大量的人物对话，观点鞭辟入里，语言深入浅出、一针见血，体现出了高超的战略战术思想。

《左传》对于历史事件的评价，多以"君子曰"作结，为史学家发表个人言论提供了充分空间，这种记述方式为后世的史学家所效仿，对于后世的历史著作产生了深刻而广泛的影响。连伟大的史学家司马迁也曾从中汲取营养，创作《史记》时延承了极具文学色彩的表达手法，并将个人的爱憎情感融于其中，使得史实场面给人以身临其境之感。

本书精选《左传》全书中具有代表性的篇目，并对原文进行了详细的解析，包括注释、译文和经典解读几个组成部分，在保留原著精华的基础上，结合当时的历史背景，并联系当今社会现实，多角度、多层次地解构历史，力图使读者在阅读经典著作时，得到有益的启发，产生更多的思考。希望本书能陪伴您度过一段美好的阅读时光，让您在欣赏国学经典的同时，获得愉快的体验。

目 录

隐公 ·· 1
  隐公元年 ······································ 1
  隐公十一年 ···································· 8
桓公 ·· 17
  桓公五年 ······································ 17
  桓公十六年 ···································· 21
  桓公十八年 ···································· 23
庄公 ·· 26
  庄公八年 ······································ 26
  庄公九年 ······································ 30
  庄公十年 ······································ 31
  庄公二十八年 ·································· 34
  庄公三十二年 ·································· 38
闵公 ·· 42
  闵公元年 ······································ 42
  闵公二年 ······································ 46
僖公 ·· 55
  僖公四年 ······································ 55
  僖公五年 ······································ 61
  僖公九年 ······································ 67
  僖公十年 ······································ 72
  僖公十二年 ···································· 75
  僖公十三年 ···································· 77
  僖公十四年 ···································· 79
  僖公十五年 ···································· 81
  僖公二十二年 ·································· 90
  僖公二十三年 ·································· 95
  僖公二十四年 ································· 102
  僖公二十五年 ································· 111
  僖公二十七年 ································· 115
  僖公二十八年 ································· 118
  僖公三十年 ··································· 131
  僖公三十二年 ································· 134
  僖公三十三年 ································· 136
文公 ··· 146
  文公六年 ····································· 146
  文公七年 ····································· 151
宣公 ··· 159

宣公二年	159	襄公三十一年	241
宣公三年	165	**昭公**	254
宣公九年	170	昭公元年	254
宣公十年	172	昭公六年	276
宣公十一年	174	昭公二十年	282
宣公十五年	178	昭公二十九年	295
成公	185	**定公**	301
成公二年	185	定公五年	301
成公十六年	202	定公十四年	305
襄公	218	**哀公**	310
襄公三年	218	哀公元年	310
襄公四年	223	哀公十一年	314
襄公二十九年	229	哀公十五年	322

隐 公

隐公元年

原 文

元年春，王周正月①。不书即位，摄也②。

三月，公及邾仪父盟于蔑③，邾子克也④。未王命，故不书爵⑤。曰"仪父"，贵之也⑥。公摄位而欲求好于邾，故为蔑之盟。

夏四月，费伯帅师城郎⑦。不书，非公命也。

初，郑武公娶于申⑧，曰武姜，生庄公及共叔段⑨。庄公寤生⑩，惊姜氏，故名曰寤生，遂恶之。爱共叔段，欲立之。亟请于武公⑪，公弗许。及庄公即位，为之请制⑫。公曰："制，岩邑也，虢叔死焉，佗邑唯命⑬。"请京⑭，使居之，谓之京城大叔⑮。

祭仲曰："都⑯，城过百雉⑰，国之害也。先王之制：大都，不过参国之一；中，五之一；小，九之一。今京不度⑱，非制也，君将不堪。"公曰："姜氏欲之，焉辟害⑲？"对曰："姜氏何厌之有？不如早为之所，无使滋蔓⑳！蔓，难图也。蔓草犹不可除，况君之宠弟乎？"公曰："多行不义，必自毙，子姑待之㉑。"

注 释

①王周正月：王指周天子，周指周历。春秋时期，各诸侯国所用历法并不统一，采用的历法包括夏历、阴历、周历三种。

②摄：摄政。

③邾仪父：邾国国君。盟：会盟，订立盟约。蔑：鲁国地名，位于今山东

省泗水县东部。

④邾子克：即邾仪父。

⑤爵：爵位。

⑥贵：尊敬。

⑦郎：地名，位于今山东鱼台县东北。

⑧申：国名，位于今河南省南阳县。

⑨庄公：郑伯，武公长子。共叔段：即太叔段，武公次子，名段。共，国名，位于今河南省辉县市。

⑩寤生：逆生。指新生儿脚先出头后出。

⑪亟：多次。

⑫制：地名，又叫虎牢，位于今河南省荥阳县。

⑬虢叔：东虢国君。虢，国名，位于今河南省荥阳县。佗：同"他"。

⑭京：地名，郑国城邑，位于今河南省荥阳县。

⑮大叔：即太叔，是对叔段的尊称，大同"太"。

⑯都：诸侯国的都城和卿大夫的封邑。

⑰雉：古时用以计算城墙面积的单位，长三丈、高一丈就是一雉。

⑱不度：不符合法度。

⑲辟：同避，指逃避。

⑳滋蔓：滋长蔓延，比喻大叔的势力会不断膨胀。

㉑毙：跌跤。姑：暂且。

译　文

元年春，周历正月。《春秋》里没有记录有关隐公即位的事情，这是因为他是摄政代理掌管国家事务的。

三月，隐公和邾仪父在蔑会盟。邾仪父即邾子克，因为他尚未得到周王朝的正式册封，因此《春秋》里未记载其爵位，"仪父"是对他的尊称。隐公摄政时，想和邾国建立友好关系，所以在蔑地和对方会盟订约。

夏天四月，费伯带领士兵在郎地筑城。《春秋》没有记载这一事件，因为他不是奉隐公之命行动的。

当初，郑武公在郑国娶了一个叫武姜的女子，诞下了庄公和共叔段两子，庄公是脚先出头后出倒着出生的，武姜受到了惊吓，所以为他起名叫寤生，并为此而厌恶他。武姜十分疼爱共叔段，想立他做太子，多次向武公请求立储事宜，武公不应允。待庄公即位成为一国之君后，武姜请求把制地赐给共叔段为

2

封邑。庄公说："制地乃险要之地，虢叔就是在那儿死的。除了制地其他城邑都可遵从母亲之命册封。"武姜转而请求将京城作为共叔段的封邑，让他在那里居住，并封其为京城太叔。

祭仲说："但凡都邑，城墙周长只要长过三百丈，就会带给这个国家祸患。按照先王创建的制度：大的都邑城墙规模不能大过国都的三分之一；中等的都邑城墙规模不能大过国都的五分之一；小的都邑城墙规模不能大过国都的九分之一。现在京城的城墙规模不符合先王的规制，这是不合理的，君王是不能容忍的。"庄公说："姜氏（即武姜）想要京城，又怎么能避开祸患呢？"祭仲回答道："姜氏怎会轻易满足呢？不如早为共叔段做好安排，不要让他的势力滋长蔓延，一旦他的势力范围扩大，就难以对付了。蔓草滋生尚且无法铲除，更何况是您备受宠爱的弟弟呢？"庄公说："不义之事做得太多，自己必将遭受祸害。你姑且等着看吧。"

原　文

既而大叔命西鄙、北鄙贰于己。公子吕曰①："国不堪贰②，君将若之何？欲与大叔，臣请事之；若弗与，则请除之，无生民心③。"公曰："无庸④，将自及⑤。"

大叔又收贰以为己邑，至于廪延⑥。子封曰："可矣，厚将得众⑦。"公曰："不义不昵⑧，厚将崩⑨。"

大叔完聚⑩，缮甲兵⑪，具卒乘⑫，将袭郑，夫人将启之⑬。公闻其期，曰："可矣！"命子封帅车二百乘以伐京。京叛大叔段，段入于鄢⑭，公伐诸鄢。五月辛丑⑮，大叔出奔共⑯。

书曰："郑伯克段于鄢。"段不弟⑰，故不言弟；如二君，故曰克；称郑伯，讥失教也：谓之郑志。不言出奔，难之也。

遂置姜氏于城颍⑱，而誓之曰："不及黄泉，无相见也。"既而悔之⑲。

注　释

①公子吕：人名，为郑国大夫。
②不堪贰：国家不堪忍受听命两主的局面。
③无生民心：不要让百姓生出二心。
④无庸：不必除掉他。

⑤自及：自取其祸。
⑥延：郑国邑名，位于今河南省延津县北部。
⑦厚：势力庞大，实力雄厚。
⑧不义不昵：对君王不忠义，对兄弟不亲。
⑨崩：分崩离析。
⑩完聚：完，指加固城郭；聚，指聚集囤积粮草。
⑪缮：修整，修缮。
⑫卒乘：士卒和兵车。
⑬夫人：指姜氏，即武姜。
⑭鄢：地名，位于今河南省鄢陵县。
⑮五月辛丑：五月二十三日。
⑯出奔：出走，逃亡。共：原为诸侯国，后来改为卫国的别邑。
⑰不弟：不像兄弟。弟或通"悌"。
⑱置：安置，软禁。城颍：郑国地名，位于今河南省临颍县西北。
⑲既：不久。

译　文

不久，太叔让西部和北部边境在听令于庄公的情况下，同时要听命于自己。公子吕说："国家不能容忍两面听令的局面。大王，您有什么打算？您若是想要把君王之位让给太叔，微臣这就去辅佐他；如果您不想把王位给他，那么就请铲除他，不要让国内的百姓产生二心。"庄公说："用不着除掉他，他会自食恶果的。"

太叔又占取两属之地作为私人的封邑，并将封土扩展到廪延一带。公子吕说："现在可以动手铲除他了，等到他势力庞大时，将会争得民心。"庄公说："对君不义对兄不悌的人没有号召力，越是势大，越是容易瓦解。"

太叔修整城郭，囤积粮草，补充兵器装备，充实步兵车兵，企图对郑国都城发动袭击，姜氏准备做内应为其打开城门。庄公听说了太叔兴兵攻打都城的日期之后，说："现在可以行动了。"于是命公子吕派两百辆战车攻打京城。京城的人叛离了太叔。太叔狼狈逃窜到了鄢地。庄公又追到鄢地围剿他。五月二十三日，太叔又仓皇逃窜到了共国。

《春秋》记载说："郑伯克段于鄢。"太叔的行为背离了兄弟之义，所以没有称其为"弟"；王室兄弟争夺天下，就像两个国君相伐一样，因而用了"克"这个字；称庄公为"郑伯"是讽刺他没有尽到兄长教诲之责；事态的发展是庄公有意安排的，《春秋》的记载揭示了庄公本来的意图。不写"逃奔"，是因为史官下笔时有难言之处。

庄公于是就把姜氏软禁在了城颍，誓言道："母子不入黄泉永生不见。"发下毒誓没过多久就产生了悔意。

原　文

颍考叔为颍谷封人①，闻之，有献于公，公赐之食，食舍肉②。公问之，对曰："小人有母，皆尝小人之食矣，未尝君之羹，请以遗之③。"公曰："尔有母遗，繄我独无④！"颍考叔曰："敢问何谓也⑤？"公语之故，且告之悔。对曰："君何患焉？若阙地及泉⑥，隧而相见⑦，其谁曰不然？"公从之。公入而赋："大隧之中，其乐也融融！"姜出而赋："大隧之外，其乐也泄泄⑧！"遂为母子如初。

君子曰："颍考叔，纯孝也⑨，爱其母，施及庄公⑩。《诗》曰'孝子不匮，永锡尔类⑪。'其是之谓乎！"

秋七月，天王使宰咺来归惠公、仲子之赗⑫。缓⑬，且子氏未薨⑭，故名。天子七月而葬，同轨毕至⑮；诸侯五月，同盟至；大夫三月，同位至⑯；士逾月，外姻至。赠死不及尸，吊生不及哀，豫凶事⑰，非礼也。

八月，纪人伐夷⑱。夷不告，故不书。

有蜚⑲。不为灾，亦不书。

惠公之季年⑳，败宋师于黄㉑。公立而求成焉㉒。九月，及宋人盟于宿㉓，始通也㉔。

注　释

①封人：官名。

②舍肉：把肉放到一旁。

③遗：留。

④繄：发声词，无义。

⑤敢：冒昧。

⑥阙：同"掘"，挖掘的意思。

⑦隧：做动词用，掘作隧道。

⑧泄泄：快乐舒畅的样子。

⑨纯孝：至孝。

⑩施：延及，影响。

⑪锡：通"赐"。赐给。

⑫赗：送财物给人办丧事。

⑬缓：迟了，晚了。

⑭子氏：仲子。

⑮同轨：车辙印记相同的人，这里指诸侯。

⑯同位：爵位等同的大夫。

⑰豫：通"预"。

⑱纪：国名，古城位于今山东省寿光县南。夷：国名。古城位于今即墨县西。

⑲蜚：一种有毒的飞虫。

⑳季：最后。

㉑黄：宋国城邑，古城位于今河南省民权县东。

㉒成：媾和。

㉓宿：国名，古城位于今山东省东平县东南。

㉔通：通好，友好往来。

译　文

颍考叔在颍谷担任封人一职，负责管理疆界，他听闻此事以后，便向庄公进献了礼物。庄公赐饭给他，他用餐的时候却把肉放在一边不肯吃。庄公问其缘由，他回答说："我家中有老母亲，我的饭食母亲都已尝过，但却从来没有尝过大王赏赐的肉羹，请允许我带回去给母亲品尝。"庄公说："你有母亲可送东西给她，唯独我没有。"颍考叔说："请允许我冒昧地问一下，此话怎讲？"庄公把事情的原委全都告诉了颍考叔，并表示自己已心生懊悔。颍考叔说："大王担忧什么呢？倘若掘地看到了泉水，打通隧道母子相见，有谁能说这不是黄泉相见呢？"庄公采纳了颍考叔的建议。庄公走进隧道，赋诗道："身行大隧中，其乐融融。"姜氏走出隧道，赋诗说："隧道之外，心神畅快。"于是母子冰释前嫌、和好如初。

君子说："颍考叔，是个至孝之人。他深爱自己的母亲，还影响到了庄公。《诗》说：'孝子的一片拳拳孝心是无穷尽的，永远可以赐福于自己的同类。'说的大概就是这种情况吧。"

秋季七月，周平王派宰咺给鲁惠公和仲子送丧葬礼物。惠公已经离世很久了，算是迟了，仲子还活着，因此《春秋》直书宰咺的名字。

天子驾崩七个月之后入葬，各位诸侯都会来吊丧；诸侯死后五个月后下葬，同盟的诸侯都会前来吊丧；大夫死后三个月后下葬，官阶品级相同的同僚都来参加葬礼；士死后一个月后入葬，姻亲都来吊丧。向死者赠送丧葬礼品却没有赶上入殓下葬的时间，向生者吊丧没有赶上举哀的安神礼，人还健在就提前赠送丧葬的礼品，都是不符合礼法的。

八月，纪国攻打夷国，夷国没有报告给鲁国，所以《春秋》没有记载这一事件。

国内出现了有毒的螟盘虫，由于没有闹虫灾，《春秋》也没有记载。

鲁惠公晚年兴兵在黄地打败了宋国。鲁隐公即位后向宋国求和。九月，和宋国在宿地会盟，两国开始建立友好往来的关系。

原　文

冬十月庚申①，改葬惠公。公弗临②，故不书。惠公之薨也，有宋师，太子少，葬故有阙③，是以改葬。

卫侯来会葬④，不见公，亦不书。

郑共叔之乱，公孙滑出奔卫⑤。卫人为之伐郑，取廪延。郑人以王师、虢师伐卫南鄙⑥。请师于邾。邾子使私于公子豫⑦，豫请往，公弗许，遂行。及邾人、郑人盟于翼⑧。不书，非公命也。

新作南门。不书，亦非公命也。

十二月，祭伯来，非王命也。

众父卒。公不与小敛⑨，故不书日。

注　释

①庚申：十四日。

②临：到，来，莅临。

③故：通"固"，本来的意思。阙：同"缺"，指丧礼不完备。

④卫侯：即卫桓公。

⑤公孙滑：共叔段之子。

⑥以：率领。王师：周天子的军队。虢：西虢国。鄙：边陲偏邑。

⑦私：私下里会面。

⑧翼：邾国地名。位于今山东费县西南九十里。

⑨与：参加。小敛：丧礼，给死者沐浴穿衣。

译　文

冬季十月十四日，鲁国改葬鲁惠公。隐公没有以丧主身份前来吊唁哀哭，所以《春秋》不加记载。

惠公去世时，鲁国正和宋国交战，太子年纪尚幼，葬礼准备得不充分，所以改葬了。

卫桓公到鲁国吊丧时，没有看到隐公，《春秋》也没有记载。

郑国共叔段兴兵作乱，他的儿子公孙滑逃奔到了卫国。卫国人为他讨伐郑国，攻下了廪延。郑国率周天子麾下的大军和虢国的军队攻打南部边陲，又请求邾国出师援助，邾子遣人私下里和公子豫商讨出兵大计。公子豫请求发兵，隐公不同意，公子豫就自行离开了，和邾、郑两国在翼地订立盟约，《春秋》没有记载，是因为他并非受隐公之命。

鲁国新建了南门，《春秋》不记载，也是因为非出自隐公之令。

十二月，祭伯前来，并非是周王派遣他来的。

众父死后，隐公没有前来参加死者的小敛仪式，故《春秋》没有记录死亡的日期。

经典解读

这是一篇反映统治阶级王族兄弟相残倾轧的故事，表面上看庄公深明大义，纵容母亲的偏袒以及弟弟共叔段的胡作非为，在继位后又主动和母亲和好，可谓是一个明君和孝子，而事实上他是一个冷酷残忍的伪君子，身为兄长，故意对误入歧途的弟弟不教，看着弟弟一步步走向深渊等闲视之，随后又以正义的名义对其讨伐，足见其城府之深。

孝悌之道是儒家提倡的人伦精神之一，古代封建帝王多以孝悌的形象来包装自己，然而却很少能做到知行合一，像庄公一样为了权势手足相残、喋血宫廷的事件屡见不鲜，这是帝王之家的悲剧，更是人性的悲剧。

隐公十一年

原　文

十一年春，滕侯、薛侯来朝①，争长②。薛侯曰："我先封②。"滕侯曰："我，周之卜正也④。薛，庶姓也⑤，我不可以后之。"

公使羽父请于薛侯曰:"君与滕君辱在寡人⑥。周谚有之曰:'山有木,工则度之⑦;宾有礼,主则择之。'周之宗盟⑧,异姓为后。寡人若朝于薛,不敢与诸任齿⑨。君若辱贶寡人⑩,则愿以滕君为请。"

薛侯许之,乃长滕侯。

夏,公会郑伯于郲⑪,谋伐许也⑫。

郑伯将伐许,五月甲辰⑬,授兵于大宫⑭。公孙阏与颍考叔争车⑮,颍考叔挟辀以走⑯,子都拔棘以逐之⑰,及大逵,弗及,子都怒。

秋七月,公会齐侯、郑伯伐许。庚辰⑱,傅于许⑲,颍考叔取郑伯之旗蝥弧以先登⑳,子都自下射之,颠㉑。瑕叔盈又以蝥弧登,周麾而呼曰㉒:"君登矣!"郑师毕登。壬午㉓,遂入许。许庄公奔卫。

注 释

①薛:诸侯小国,位于今山东滕县。

②争长:指争夺尊位。

③封:受封。

④卜正:负责占卜的官员。

⑤庶:非嫡配所生。

⑥辱:谦词,承蒙。

⑦度:度量,这里指量才使用。

⑧宗盟:会盟。

⑨任齿:争论,这里指争高下。

⑩贶:赏赐,施恩。

⑪郲:即时来,郑国地名。

⑫许:诸侯国,位于今河南省许昌东。

⑬甲辰:二十四日。

⑭授兵:发放武器战车。大宫:即太宫,郑国先祖庙堂。

⑮争车:争夺战车。

⑯辀:车辕木。走:跑。

⑰棘:同"戟"。古代的一种兵器,与戈矛为一体,可用以直刺或横击。

⑱庚辰:初一日。

⑲傅:攀附攻城。

9

⑳蝥弧：郑庄公的旗名。
㉑颠：坠下，指从城上坠落摔死。
㉒周：遍。麾：招。摇旗招呼郑国军队。
㉓壬午：初三日。

译文

十一年春季，滕侯和薛侯纷纷来觐见，争夺宗族大支的地位。薛侯说："我先受封。"滕侯说："我乃堂堂周王朝的卜正，薛可是庶出的旁支外姓，我不能在他之后。"

鲁隐公派羽父劝薛侯说："承蒙大王和滕侯问候我君主。周朝有谚语云：'山上有林木，能工巧匠才能量才使用；宾客彬彬有礼，主人自会从中加以选择。'周朝的宗族会盟，异性均排在靠后的位置。我的君主假如去薛国觐见，就不敢和任姓诸侯国相争。若有幸承蒙大王施恩于我，希望大王能答应滕侯的请求。"薛侯应允了，便让滕侯为大。

夏季，鲁隐公和郑庄公会盟于郲地，共谋讨伐许国的大计。

郑庄公准备攻打许国，五月二十四日，在大宫内向军队分发兵器。公孙阏和颍考叔竟相争夺战车，颍考叔不由分说地挟起车辕就跑，子都拔戟追击。追到大路没追上颍考叔，子都气愤不已。

秋季七月，鲁隐公和齐侯、郑庄公联合征伐许国。初一日，军队攀攻许城，颍考叔高举郑庄公的旌旗抢先登城，子都在城下向他发箭射击，颍考叔中箭坠落身亡。瑕叔盈又高举郑庄公的旌旗登城，摇旗大喊："国君登城了。"郑国军队于是全军登城。初三日，郑庄公进了许城。许庄公逃奔到卫国避难。

原　文

　　齐侯以许让公。公曰："君谓许不共①，故从君讨之②。许既伏其罪矣，虽君有命，寡人弗敢与闻。"乃与郑人。

　　郑伯使许大夫百里奉许叔以居许东偏③，曰："天祸许国，鬼神实不逞于许君④，而假手于我寡人。寡人唯是一二父兄不能共亿⑤，其敢以许自为功乎？寡人有弟，不能和协，而使糊其口于四方，其况能久有许乎？吾子其奉许叔以抚柔此民也，吾将使获也佐吾子⑥。若寡人得没于地⑦，天其以礼悔祸于许⑧?无宁兹许公复奉其社稷⑨。唯我郑国之有请谒焉⑩,如旧昏媾⑪,其能降以相从也。无滋他族⑫,实逼处此⑬,以与我郑国争此土也。吾子孙其覆亡之不暇,而况能禋祀许乎⑭?寡人之使吾子处此,不唯许国之为,亦聊以固吾圉也⑮。"乃使公孙获处许西偏,曰:"凡而器用财贿⑯,无置于许。我死,乃亟去之⑰。吾先君新邑于此⑱,王室而既卑矣⑲,周之子孙日失其序⑳。夫许,大岳之胤也㉑,天而既厌周德矣,吾其能与许争乎㉒?"

注 释

①共:法度。

②讨:讨伐。

③许叔:许庄公的弟弟。

④不逞:不满。

⑤一二父兄:同姓臣子。亿:安。共亿,和平相处,相安无事。

⑥获:公孙获,郑国大夫。

⑦得没于地:得以善终。

⑧悔祸:撤回灾难。

⑨无宁:宁可。兹:使。

⑩请谒:请求。

⑪昏媾:亲戚。

⑫滋:同兹,使。

⑬偪:逼近。

⑭禋祀:祭祀。

⑮聊:姑且。圉:边陲。

⑯财贿:财货,财物。

⑰亟:赶快,尽快。

⑱新邑:新郑一带。

⑲既卑:已经衰微。

⑳序:继承先祖功业。

㉑大岳:即太岳,四岳,掌管祭祀活动的官员。胤:后代,后嗣。

㉒厌:厌弃,抛弃。其:岂。

11

译　文

齐侯把许国慷慨让给了鲁隐公。鲁隐公说:"君王说许国违反了朝贡的法度,所以寡人才追随君王一起征讨许国。现在许国既已俯首认罪了,虽君王好意相赠,寡人也不敢领受。"齐侯遂把许国改赠给了郑庄公。

郑庄公让许国大夫百里安排许叔在许都东部住下,说:"上苍给许国降下灾祸,是鬼神对许国国君的所作所为确实不满,因而借寡人的双手来惩戒他。寡人和同姓臣子都不能和平共处、享受安宁太平,岂敢把讨伐许国当作个人的功业?寡人有一个弟弟,不能和睦共处,迫使他到处乞食度日,寡人难道还能长期占有许国?您应该侍奉许叔安抚这里的百姓,我准备派公孙获辅佐您。若寡人能得以善终,上苍可能会依礼撤回给许国降下的灾祸,愿意让许今再来掌管江山社稷。到时只要我郑国对许国有所请求,还会像对老亲戚一样降格同意的。不要让其他国家逼近此处,和我郑国抢夺这片土地。寡人的子孙救亡图存尚且来不及,难道还能代许国祭祀先祖吗?我派你留在此地,不止是为了许国,姑且也算巩固郑国的边陲吧。"遂令公孙获在许城以西居住下来,告诉他说:"你的器用财物统统不要放置在许国,我一死你就马上离去。寡人的先祖在此地新建城邑,周室日渐衰落,我们这群周室的子孙一日日丢掉祖先创下的功业。而许国乃是周国四岳之后,既然苍天已然抛弃了成周,寡人岂能再和许国相争呢?"

原　文

君子谓:"郑庄公于是乎有礼①。礼,经国家②,定社稷,序民人③,利后嗣者也④。许无刑而伐之⑤,服而舍之⑥,度德而处之,量力而行之,相时而动⑦,无累后人,可谓知礼矣。"

郑伯使卒出豭⑧,行出犬鸡⑨,以诅射颍考叔者。君子谓:"郑庄公失政刑⑩矣。政以治民,刑以正邪,既无德政,又无威刑,是以及邪⑪。邪而诅之,将何益矣!"

王取邬、刘、蒍、邘之田于郑⑫,而与郑人苏忿生之田⑬:温、原、絺、樊、隰郕、欑茅、向、盟、州、陉、隤、怀⑭。君子是以知桓王之失郑也。恕而行之,德之则也⑮,礼之经也⑯。己弗能有而以与人,人之不至,不亦宜乎⑰?

郑、息有违言⑱，息侯伐郑。郑伯与战于竟⑲，息师大败而还。君子是以知息之将亡也。"不度德，不量力，不亲亲⑳，不征辞㉑，不察有罪，犯五不韪而以伐人㉒，其丧师也㉓，不亦宜乎！"

注　释

①是：此，这。
②经：治理，管理。
③序：这里是使动用法，指使百姓有序。
④嗣：后嗣。
⑤刑：法度。
⑥舍：通"赦"，指赦免、饶恕。
⑦相时：看准机会。
⑧卒：百人为卒。豭：公猪。
⑨行：二十五人为行。
⑩政刑：政令和刑罚。
⑪是以：所以。
⑫邬、刘、芳、邗：皆是邑名，已属郑地，位于今河南省郑州市以西，洛阳市以东一带。
⑬与：给予。苏忿生：周武王时期司寇，受封于温。
⑭温、原、缔、樊、隰郕、欑茅、向、盟、州、陉、隤、怀：均为邑名，原为苏忿生封地，位于今洛阳市以东、黄河之北的河南省境内。
⑮则：准则。
⑯经：常规。
⑰宜：应当，应该。
⑱违言：由于言语不和而关系失和。
⑲竟：通"境"，指国境、边境。
⑳亲亲：亲近亲属。
㉑征辞：分辨是非。征，审查，明辨；辞，言辞。
㉒不韪：错误，过错。韪：正确、对。
㉓丧师：丧失军队。

译　文

君子说："郑庄公处理此事的做法合乎礼的规范。礼，是治理国家、巩固江山社稷、让黎民百姓井然有序、使后代子孙获益的工具。许国违背了法度被郑庄公讨伐，臣服认罪了就饶恕它。郑庄公忖度德行处置，量力而行，找准了时机采取行动，不连累后人，可谓是知礼懂礼了。"

郑庄公命令百名士兵献出公猪一头，二十五人献出狗鸡各一只，诅咒射杀颍考叔凶徒。君子说："郑庄公废弛了政令和刑罚。政令是用以管理百姓的，刑罚是用来纠正恶行的。既没有德政的施行，又没有确立威严的刑法，因此才滋生了邪恶。邪恶已经产生了，诅咒又有什么益处呢？"

周天子取了郑国的邬、刘、芳、邗的领土，把温、原、绨、樊、隰郕、欑茅、向、盟、州、陉、隤、怀原属苏忿生的封地给了郑国。君子因此得知桓王将失掉郑国的人心了。"依据恕道行事，符合道德准则和礼法的常规。自己不能保有，便赠送给别人。别人不肯来，不也是应该的吗？"

郑、息两国失和，息侯兴兵讨伐郑国，郑庄公和息侯在国境内短兵相接，息侯的军队大败而退。君子由此得知息国将亡国了。"不揣度德行操守，不肯量力而行，不和亲戚亲近，不明辨是非，不体察罪行，犯下五条大错却征伐别人，息国损兵折将，不也是自作自受吗？"

原　文

冬十月，郑伯以虢师伐宋①。壬戌②，大败宋师，以报其入郑也③。

宋不告命，故不书。凡诸侯有命，告则书，不然则否。师出臧否④，亦如之。虽及灭国，灭不告败，胜不告克，不书于策⑤。

羽父请杀桓公，将以求大宰⑥。公曰："为其少故也⑦，吾将授之矣⑧。使营菟裘⑨，吾将老焉⑩。"羽父惧，反谮公于桓公而请弑之⑪。

公之为公子也⑫，与郑人战于狐壤⑬，止焉。郑人囚诸尹氏⑭，赂尹氏而祷于其主钟巫⑮，遂与尹氏归而立其主⑯。十一月，公祭钟巫，齐于社圃⑰，馆于寪氏⑱。壬辰⑲，羽父使贼弑公于寪氏⑳，立桓公而讨寪氏，有死者㉑。不书葬，不成丧也。

注　释

①以：用，这里指率领、带领的意思。
②壬戌：十四日。
③报：报复。

④臧否：顺利与否。

⑤策：史册，简策。

⑥求：谋求。大宰：太宰，指卿相。

⑦少：年少。

⑧授：给，与。

⑨营：建造，营建。菟裘：鲁国邑名。

⑩老：告老归隐。

⑪谮：诬陷，造谣。

⑫公：鲁隐公。

⑬狐壤：郑国地名。

⑭尹氏：郑国大夫。

⑮钟巫：神明，尹氏家祭祀的神主。

⑯主：神主。

⑰齐：通"斋"，祭祀前须斋戒净身。

⑱馆：作动词用，住宿，居住。寪氏：鲁国大夫。

⑲壬辰：十五日。

⑳贼：凶徒，恶人。

㉑有死者：羽父佯装征讨寪氏，诬陷寪氏弑君，使寪氏家族含冤而死的人。

译　文

冬季十月，郑庄公率领虢国大军讨伐宋国。十四日，大败宋军，以报宋国攻入郑国之仇。

宋国不曾报告此事，故《春秋》不加载。但凡诸侯国出大事，只要报告了就载入史册，否则就不加载。无论出师是否顺利，都是如此。即使国家覆灭，被灭国者不报告战败，得胜者不报告战胜，也都不加载在简册里。

鲁国大夫羽父恳请鲁隐公将桓公杀死，欲借此机会谋得太宰的高位。鲁隐公说："当初由于桓公年幼，我才代其行国政，如今他已长大成人，我准备把国君的位置还给他。我已派人在菟裘修建房舍，打算告老归隐了。"羽父心生恐惧，反过来向鲁桓公诬陷鲁隐公，请求将其弑杀。

当鲁隐公还是公子时，曾和郑国军队在狐壤大战，在战役中兵败被俘。郑国人把他囚禁在郑大夫尹氏那里。鲁隐公向尹氏行贿，收买了他，并在其所祭神主钟巫面前祈祷求福，随后同尹氏归国立了钟巫神主。十一月，鲁隐公祭祀

15

钟巫，在社圃净身斋戒，下榻到宪氏家里。十五日，羽父派恶人到宪氏宅邸弑杀了鲁隐公，随后立鲁桓公为国君，征讨宪氏，宪氏家族许多人受牵连蒙冤而死。《春秋》没有记载安葬隐公的事，是因为鲁国没有按国君之礼举办丧礼。

经典解读

这则故事反映的是郑庄公的文治武功，他讨伐许国成功，却并没有霸占这片领土，而是采用了怀柔政策争取得到许国对自己的拥护，以此保障本国边境的安定，此举显示出郑庄公英明强干的一面，在当时备受称赞。但是在攻打许国的过程中，他的部下为抢夺军功不惜相互残杀，事后郑庄公并没有惩治凶手，而是命人举行仪式诅咒杀人者，这反映出他德政失败的一面。

施政者既需要用德行来感召民众，又要依赖法度，仅依靠法制不关心德政，会失去人心，只强调德政而无视法治，无法抑制恶行。德法并举、恩威并施才是施政之道。

桓公

桓公五年

原　文

五年春正月，甲戌①，己丑②，陈侯鲍卒③，再赴也④。于是陈乱，文公子佗杀大子免而代之⑤。公疾病而乱作⑥，国人分散⑦，故再赴。

夏，齐侯、郑伯朝于纪⑧，欲以袭之。纪人知之。

王夺郑伯政⑨，郑伯不朝。秋，王以诸侯伐郑，郑伯御之。

王为中军；虢公林父将右军⑩，蔡人、卫人属焉⑪；周公黑肩将左军，陈人属焉。

注　释

①甲戌：上年十二月二十一日。

②己丑：这年正月初六日。

③陈侯鲍：陈桓公。

④赴：同"讣"，讣告。

⑤佗：陈文公之子，陈桓公的弟弟，名五父。大子免：太子免。

⑥乱作：发生叛乱。

⑦分散：离散，逃散。

⑧朝：朝见。

⑨王夺郑伯政：王肃剥夺了郑庄公处理国政的权力。

⑩虢公林父：周王卿士。

⑪属：隶属，属于。

译　文

桓公五年春季正月，去年十二月二十一日，今年正月初六日，陈侯鲍去世了。《春秋》记录了两个日期，是因为两次发布讣告的日期不一样。当时陈国出现了叛乱，陈文公的儿子佗杀死了太子免谋朝篡位取而代之。陈侯鲍病重时叛乱就已经发生了，陈国人纷纷逃散，所以发布了两次桓公驾崩的讣告。

夏季，齐侯和郑庄公到纪国朝见，试图趁机对纪国发动袭击。纪国人事先察觉到了。

周天子剥夺了郑庄公处理朝政的权力，从此郑庄公就不来周室朝觐了。秋季，周天子带领各路诸侯一起征讨郑国。郑庄公率军抵抗。

周天子亲自统领中军；右军由虢公林父率领，蔡军、卫军均属于右军；左军由周公黑肩率领，陈君属于左军。

原　文

郑子元请为左拒以当蔡人、卫人①，为右拒以当陈人，曰："陈乱，民莫有斗心，若先犯之，必奔②。王卒顾之，必乱。蔡、卫不枝③，固将先奔④，既而萃于王卒⑤，可以集事⑥。"从之。曼伯为右拒，祭仲足为左拒，原繁、高渠弥以中军奉公⑦，为鱼丽之陈⑧，先偏后伍⑨，伍承弥缝。

战于繻葛⑩，命二拒曰："旝动而鼓⑪。"蔡、卫、陈皆奔，王卒乱，郑师合以攻之，王卒大败。祝聃射王中肩，王亦能军⑫。

祝聃请从之⑬。公曰："君子不欲多上人⑭，况敢陵天子乎⑮！苟自救也，社稷无陨，多矣⑯。"

夜，郑伯使祭足劳王，且问左右⑰。

注　释

①子元：即公子突。拒：方阵，拒也作"矩"。当：抵敌，抵挡。
②奔：奔逃，逃跑。
③枝：支撑，枝也作"支"。
④固：一定。
⑤萃：聚集，集合。
⑥集事：成事，成功。
⑦原繁、高渠弥：郑国大臣。

⑧鱼丽：战阵名。
⑨伍：五名步卒为"伍"。
⑩繻葛：长葛，位于今河南省长葛县境内。
⑪旝：大旗。
⑫祝聃：郑臣。王亦能军：周天子虽兵败受伤，但仍能指挥大军撤退。
⑬从：追击。
⑭不欲多上人：不想凌驾于他人之上，这里指欺人太甚。
⑮陵：通"凌"，欺凌，欺侮。
⑯社稷无陨，多矣：国家没有颠覆，就足够了。
⑰劳：慰问。

译　文

郑国子元提议以左方阵抵挡蔡军、卫军，采用右方阵对抗陈军，他说："陈国发生祸乱，民众无心战斗，若先攻打陈军，他们必定会四散奔逃。周天子的大军看到这种混乱的场面，必然也会乱作一团。蔡军、卫军支撑不住，必定争先恐后地奔逃。这时我们集中兵力进攻周天子带领的中军，就可以大获成功了。"郑庄公听取了他的建议。曼伯指挥右方阵，祭仲足统领左方阵，原繁、高渠弥率中军护卫郑庄公，各路军马摆开了鱼丽阵法，队形为前偏后伍，伍弥补偏的空隙。

双方在繻葛发生交战，郑庄公号令左右方阵说："大旗一挥，就擂鼓进攻。"郑国的军队攻势猛烈，蔡军、卫军、陈军皆狼狈奔逃，周军因此也陷入了混乱。郑国大军从两侧包抄进攻，周军大败。祝聃射中了周天子的肩膀，但他还是能继续指挥军队撤退。

祝聃请求追击周军。郑庄公说："君子不应欺人太甚，更何况是欺凌周天子呢？只要能挽救国家危亡就已经足够了。"

夜里，郑庄公派祭仲足前往慰问负伤的周天子，顺便问候一下他的随从。

原　文

仍叔之子，弱也①。

秋，大雩②，书，不时也。凡祀，启蛰而郊③，龙见而雩④，始杀而尝⑤，闭蛰而烝⑥。过则书⑦。

冬，淳于公如曹⑧。度其国危⑨，遂不复⑩。

19

注　释

①弱：年纪小，年轻。
②大雩：为求雨举行的祭祀。
③启蛰：惊蛰，夏历正月的节气。郊：为求风调雨顺、五谷丰登于夏历正月举行的祭祀活动。
④龙见：苍龙角亢二星宿出现。见：通"现"。
⑤始杀而尝：秋意降临的肃杀时节举行尝祭。
⑥闭蛰：昆虫蛰伏冬眠的时节，为夏历十月。烝：为万物收藏举行的祭祀活动。
⑦过：错过时节。
⑧如：到，往。
⑨度：揣度，考虑。
⑩复：返回，回去。

译　文

仍叔的儿子前来慰问周天子，《春秋》之所以称他为"仍叔之子"，没有记载他的名字，是因为他太过年轻。

秋季，为求雨举办了大雩祭的祭祀活动。《春秋》记录了这次仪式，这是因为它不是按时节举行的例行祭祀。凡是祭祀，昆虫出动的时节要举行郊祭，苍龙角亢二星宿闪耀天际时要举行雩祭，秋意降临的肃杀时节举行尝祭。昆虫蛰伏的时节要举行烝祭。倘若错过了时节举办祭祀活动，《春秋》便会加以记载。

冬季，淳于公去了曹国。他估计自己的国家面临巨大的危难，于是便再也没有回国了。

经典解读

周天子收回了郑庄公的权力，郑庄公不服，从此便不来朝见，于是周天子率领各路诸侯征讨郑庄公，郑庄公愤而还击。这说明诸侯力量崛起，周室的王权已经受到了极大的挑战，但还具有一定的影响力，各路诸侯依旧听从周天子号令，周室的统治并没有彻底瓦解。周天子和郑庄公的矛盾是周室和强大诸侯之间的矛盾，诸侯势力膨胀，对周室已不那么臣服了。这则故事是对春秋时局的影射，郑庄公对周天子的态度则是周室衰微的有力见证。

桓公十六年

原　文

十六年春正月，会于曹，谋伐郑也①。

夏，伐郑。

秋七月，公至自伐郑，以饮至之礼也②。

冬，城向③，书，时也。

初，卫宣公烝于夷姜④，生急子，属诸右公子⑤。为之娶于齐，而美，公取之⑥，生寿及朔，属寿于左公子。夷姜缢⑦。宣姜与公子朔构急子⑧。公使诸齐⑨，使盗待诸莘，将杀之。寿子告之，使行⑩。不可，曰："弃父之命，恶用子矣！有无父之国则可也。"及行⑪，饮以酒，寿子载其旌以先⑫，盗杀之。急子至，曰："我之求也。此何罪？请杀我乎！"又杀之。二公子故怨惠公⑬。

十一月，左公子洩、右公子职立公子黔牟⑭。惠公奔齐。

注　释

①谋：商量，商议。

②饮至之礼：祭告宗庙、大宴群臣之礼。

③城向：在向地筑城。

④烝：乱伦，特指晚辈与长辈通奸。夷姜：卫庄公的妾室，卫宣公之庶母。

⑤属：通"嘱"，嘱托。诸：之于。

⑥取：通"娶"。

⑦缢：上吊。

⑧宣姜：齐僖公之女，卫宣公夫人。构：诬陷，陷害。

⑨使：出使，出访。

⑩行：逃走。

⑪及：等到。

⑫旌：旌旗。先：先行。

⑬二公子：即左公子和右公子。惠公：即公子朔。

⑭黔牟：太子急之弟。

译 文

十六年春季正月，鲁桓公、蔡桓侯、卫惠公、宋庄公在曹国聚首会盟，商量讨伐郑国的军事行动。

夏季，诸侯联盟讨伐郑国。

秋季七月，桓公从攻伐郑国的战场上返回，举行了祭告宗庙、大宴群臣之礼。

冬季，鲁国在向地筑造城池，《春秋》加以记载，是因为没有妨碍农时。

当初，卫宣公和庶母夷姜偷情，生下了急子。卫宣公嘱托右公子把他抚养成人，又为他在齐国安排娶妻事宜。由于这个女人长得极美，卫宣公便自己迎娶了她，生下了寿和朔，把寿托付给左公子抚养。夷姜上吊自杀了。宣姜与公子朔诋毁急子。卫宣公便让急子出使齐国，派凶徒在莘地埋伏，企图置他于死地。寿子把此事告诉了急子，让他赶快逃命。急子不肯，他说：“父亲之命，儿子怎么能不听呢？那还要儿子有什么用呢？世上若是存在没有父亲的国家，那我就可以逃到那里了。"临行前，寿子用酒把急子灌得不省人事。寿子在车上插上太子的大旗，抢先行路，强盗于是把寿子杀死了。急子赶来说：“他们想杀的人是我，寿子何罪之有？请杀了我吧。"强盗又动手杀死了急子。左公子和右公子因此憎恨公子朔。

十一月，左公子洩、右公子职立公子黔牟为国君，公子朔逃奔到了齐国。

经典解读

这则故事反映的是孝父忠君的纲常思想，急子就是忠孝两全的典型形象，作为一个儿子他不愿违抗父命，即使被父亲误会即将前往死地，也不愿意逃跑。作为一名臣子，他把父王看得至高无上，即便是被逼得走投无路也要完成君王赋予自己的使命，最终用自己的生命捍卫了忠君孝父的理念。在当时看来，急子几乎是一个完美的道德形象。但在今天看来，急子不过是愚忠愚孝的牺牲品而已。孝道虽然值得提倡，但愚孝就不可取了。

相对于单纯憨直的急子，寿子的形象更加符合现代精神，为了不让急子被无辜残害，他甘愿挺身而出，这说明他把是非大义看得比忠孝之道更加重要，是一个敢作敢为、敢爱敢恨的热血男儿，这种精神才是值得肯定的。

桓公十八年

原　文

　　十八年春，公将有行，遂与姜氏如齐。申繻曰①："女有家，男有室，无相渎也②，谓之有礼。易此，必败③。"

　　公会齐侯于泺，遂及文姜如齐。齐侯通焉。公谪之④，以告。

　　夏四月丙子，享公⑤。使公子彭生乘公⑥，公薨于车。

　　鲁人告于齐曰："寡君畏君之威，不敢宁居，来修旧好，礼成而不反⑦，无所归咎，恶于诸侯⑧。请以彭生除之。"齐人杀彭生。

注　释

　　①申繻：鲁国大夫。
　　②渎：轻慢，对人不恭敬。
　　③易：违反，违背。败：坏事。
　　④谪：怒斥，指责。
　　⑤享：宴请，设宴招待。
　　⑥公子彭生：齐国大力士。乘：助其上车。
　　⑦反：回去，返回。
　　⑧恶：造成恶劣影响。

译　文

　　十八年春天，鲁桓公准备外出，想携姜氏一同去齐国。申繻劝谏说："女有夫家，男有家室，男女之间不可互相轻慢，这叫有礼。违背了礼法必然要坏事。"

　　鲁桓公在泺地会见了齐侯，随后和文姜一起去了齐国。齐侯和文姜私通。鲁桓公斥责了文姜。文姜把桓公痛责自己的事情告诉了齐侯。

　　夏季四月初四日，齐侯设下酒筵款待鲁桓公。宴毕，让公子彭生搀扶鲁桓公登车，鲁桓公死于车中。

　　鲁国人告诉齐国说："我国国君惧于您的威仪，不得安居，来齐国重修旧好，礼成之后却没回来，又没人追究罪责，这件事在诸侯之间产生了极其恶劣的影响。请贵国除掉彭生来消除影响。"齐国人杀掉了公子彭生。

原　文

　　秋，齐侯师于首止①，子亹会之②，高渠弥相③。七月戊戌，齐人杀子亹而辕高渠弥④，祭仲逆郑子于陈而立之⑤。是行也⑥，祭仲知之，故称疾不往。人曰："祭仲以知免。"仲曰："信也。"

　　周公欲弑庄王而立王子克⑦。辛伯告王，遂与王杀周公黑肩。王子克奔燕。

　　初，子仪有宠于桓王，桓王属诸周公。辛伯谏曰："并后、匹嫡、两政、耦国⑧，乱之本也。"周公弗从，故及⑨。

注　释

①首止：卫国地名，与郑国相邻。
②子亹：高渠弥新立的郑国君主。会：会见，拜会。
③相：随同诸侯参加朝聘、会盟等活动的助手。
④辕：车裂，五马分尸。
⑤逆：迎接。
⑥是行：此行，指会见齐师之行。
⑦王子克：庄王弟弟子仪。
⑧并后：妾妃和王后等同。匹嫡：庶子和嫡子匹敌。两政：朝政由两人共同执掌。耦国：大城邑和国都规模不相上下。
⑨及：遭遇灾祸。

译　文

　　秋季，齐侯在首止驻军，子亹前往拜会，高渠弥为首席随员。七月初三日，齐国人斩杀了子亹，车裂了高渠弥，祭仲前往陈国迎接郑子，把他立为国君。这次会见，祭仲预先就料到了不利的情况，所以假托身体抱恙不肯前往。有人说："祭仲有先见之明，所以才能避开杀身之祸。"祭仲说："确实如此。"

　　周公企图弑杀周庄王改立王子克为国君。辛伯把这件事报告给了周庄王，随后和周庄王杀死了周公黑肩。王子克逃奔到了燕国。

　　起初，子仪备受桓王恩宠，桓王将其嘱托给周公。辛伯劝谏说："妾媵和王后身份相若，庶子和嫡子地位相同，权臣、卿士权力大小相等，大城和国都规模相同，这些都是祸乱的根源。"周公没有听从他的建议，因此遭受了灾祸。

经典解读

古语说："凡事预则立，不预则废。""人无远虑必有近忧。"祭仲因为有先见之明，避开了灾祸，保全了自身，周公由于对未来的局势没有预见性，不听劝谏而大祸临头。其实这个故事还可以反过来解读，即"人无近忧，必有远虑。"如果一个人对近在眼前的情况都无法体察，处于昏聩糊涂的状态，那么更不可能为不可预知的将来作长远打算了。由于现在和将来是紧密相连的，现在的不察，必然会给未来埋下无穷无尽的祸患。所以，我们既要把握当下，又要对未来做好规划，这样才能拥有一个更加美好的明天。

庄 公

庄公八年

原　文

　　八年春，治兵于庙①，礼也。

　　夏，师及齐师围郕。郕降于齐师。仲庆父请伐齐师②。公曰："不可。我实不德，齐师何罪？罪我之由③。《夏书》曰：'皋陶迈种德，德，乃降。'姑务修德以待时乎。"

　　秋，师还。君子是以善鲁庄公④。

　　齐侯使连称、管至父戍葵丘⑤。瓜时而往，曰："及瓜而代⑥。"期戍⑦，公问不至⑧。请代，弗许。故谋作乱。

　　僖公之母弟曰夷仲年，生公孙无知，有宠于僖公，衣服礼秩如适⑨。襄公绌之⑩。二人因之以作乱⑪。

　　连称有从妹在公宫，无宠，使间公⑫，曰："捷⑬，吾以女为夫人⑭。"

注　释

　　①治兵于庙：在太庙发放兵器。
　　②仲庆父：鲁庄公之弟。
　　③罪我之由：倒装句，即罪由我。
　　④善：称赞。
　　⑤连称、管至父：皆为齐国大夫。葵丘：齐国地名，位于今山东省临淄镇西。
　　⑥及瓜：等到来年瓜熟的时节。

⑦期：一周年的期限。
⑧问：音信。
⑨礼秩：待遇等级。适：同"嫡"。
⑩绌：通"黜"，降职，这里指削减待遇。
⑪因：凭借，依凭。
⑫间：暗中查探。
⑬捷：大功告成。
⑭女：同"汝"，你。

译 文

八年春季，鲁庄公在太庙分发武器，这是符合礼法的。

夏季，鲁国和齐国起兵围困郕国，郕国向齐军乞降。仲庆父请求讨伐齐军。庄公说："不可以。是我德行不够所致，齐军又有什么罪呢？罪责全都在于我身上。《夏书》说：'皋陶努力培养良好的德行，以德服人，别人便会降服。'我们姑且尽力修养德行，等待时机吧。"

秋季，鲁军班师回国，君子因此称颂鲁庄公。

齐襄公令连称、管至父到葵丘戍军，让二人于瓜熟时节到任成守，对他们说："等到明年瓜熟之时就让别人代替你们。"一年戍期很快过去了，齐襄公遣人替换的命令还是没有下来，连称、管至父请求派人替换自己驻守，被齐襄公拒绝了。两人因此密谋作乱。

齐僖公的同母兄弟叫夷仲年，生下了公孙无知。齐僖公非常宠爱公孙无知，为他置办的衣服以及让他享受的礼遇和嫡子几乎一样。齐襄公削减了公孙无知的待遇。连称、管至父就企图利用公孙无知叛乱。

连称有个堂妹，在齐襄公宫中做妾，很不受宠，连称便让她暗中查探齐襄公的情况，并承诺说："如果大功告成，我就会立你为夫人。"

原 文

冬十二月，齐侯游于姑棼①，遂田于贝丘②。见大豕③，从者曰："公子彭生也。"

公怒曰："彭生敢见！"射之，豕人立而啼④。公惧，队于车⑤，伤足丧屦。反，诛屦于徒人费⑥。弗得⑦，鞭之，见血。走出，遇贼于门，劫而束之⑧。

费曰："我奚御哉⑨!"袒而示之背⑩,信之。费请先入,伏公而出斗⑪,死于门中。石之纷如死于阶下⑫。遂入,杀孟阳于床。曰:"非君也,不类⑬。"见公之足于户下,遂弑之⑭,而立无知。

初襄公立,无常⑮。鲍叔牙曰:"君使民慢⑯,乱将作矣。"奉公子小白出奔莒⑰。乱作,管夷吾、召忽奉公子纠来奔⑱。

初,公孙无知虐于雍廪。

注 释

①姑棼:齐国地名,即薄姑,位于今山东省博兴县东北。
②田:围猎。贝丘:齐国地名,位于今山东省博兴县南。
③大豕:大猪。
④人立:即像人一样站立。啼:吼叫。
⑤队:同"坠",指坠下。
⑥诛屦:责令找鞋。徒人费:名字叫费的侍者。
⑦弗得:没有找到。
⑧束:捆绑。
⑨奚:怎么。御:抵御。
⑩袒:脱去上衣,露出身体的一部分。
⑪伏公:把齐襄公藏起来。伏,藏匿。
⑫石之纷如:即石纷如,为宦官。
⑬不类:不像。
⑭弑:臣杀君、子杀父母为弑。
⑮无常:行为不合常理。
⑯慢:懈怠放纵。
⑰小白:僖公庶子,襄公的弟弟。
⑱管夷吾:即管仲,春秋时期著名政治家。召忽:公子纠之傅。公子纠:小白庶兄。

译 文

冬季十二月,齐襄公到姑棼游历,随后前往贝丘狩猎。忽然看到一只大野猪,随从说:"它就是彭生幻化的啊。"齐襄公大怒道:"彭生岂有胆子来见寡人!"于是搭箭便射,野猪腾起前足用后足站立,像人一样站立着吼叫。齐襄公非常恐惧，从车上摔了下来，脚跌伤了，鞋也丢失了。回去后，他派一个叫费的侍者返回原地找鞋。费没有找到，齐襄公便狠狠地鞭打他，把他打得皮开肉绽、鲜血直流。费跑出去，在宫门口碰上了作乱的叛贼。叛贼劫住了他，把他捆绑起来。费说："我怎么会反对你们呢？"说着就脱去衣服露出血肉模糊的背，叛贼见状便相信了他的话。费表示愿意加入他们，要求先行进宫。他进宫后，把齐襄公藏匿了起来，然后出宫和叛贼搏杀，最后被杀死在了宫门里。叛贼闯进宫中，把冒充齐襄公的孟阳杀死在床上，说："这不是国君，样子一点也不像。"后来叛贼发现了齐襄公露出门下的脚，于是就把他弑杀了，随后立公孙无知为齐国国君。

当初，齐襄公即位，施行政令没有准则，使百姓无所适从。鲍叔牙说："国君让百姓懈怠放纵，就要大祸临头了。"于是便侍奉僖公庶子小白潜逃到了莒国。国家大乱以后，管夷吾、召忽事奉公子纠逃到了鲁国。

起初，公孙无知对待雍廪态度非常残忍粗暴。

经典解读

齐襄公走向灭亡的导火索有很多，比如连称、管至父的叛乱，妾室的出卖以及同公孙无知的恩怨纠葛等，表面上看齐襄公之死是由于外因导致的，而实际上是他自取灭亡的结果。作为一国国君，齐襄公荒淫残暴，不讲信义，有失为君之道，由此才导致祸乱丛生。本来按照规定，戍边将士一年一更换，齐襄公已承诺连称、管至父来年瓜熟时节便可还家，会有新任将领替换他们，然而戍期满时却出尔反尔，引起了连称、管至父不满，促使二将起兵造反。由于葵丘连年战火绵延，戍守此地朝不保夕，随时都可能命丧沙场，连称、管至父的谋反是逼不得已，正所谓"君视臣如草芥，臣视君如仇寇"，齐襄公轻贱别人的生命，自然会引发仇恨。

齐襄公不仅对臣子冷酷无情，对地位卑下的人更是残暴到了极点，自己与文姜私通，害死鲁桓公，却残杀彭生抵罪；因为侍者费找不回丢失的鞋子而对其残忍鞭打；叛贼闯入宫殿时，还用孟阳做替身代自己去死。齐襄公的自私、卑鄙和冷血由此可见一斑，这样的君王不可能受臣下拥戴、百姓尊敬，最后被杀也是情理中的事。

庄公九年

原 文

九年春，雍廪杀无知。

公及齐大夫盟于蔇，齐无君也。

夏，公伐齐，纳子纠①。桓公自莒先入。

秋，师及齐师战于乾时，我师败绩，公丧戎路②，传乘而归③。秦子、梁子以公旗辟于下道④，是以皆止。

鲍叔帅师来言曰："子纠，亲也，请君讨之⑤。管、召，仇也，请受而甘心焉⑥。"乃杀子纠于生窦⑦，召忽死之。管仲请囚，鲍叔受之⑧，及堂阜而税之⑨。归而以告曰："管夷吾治于高傒，使相可也⑩。"公从之。

注 释

①纳：使进入，这里指使公子纠回国。
②戎路：配有四匹马的战车。
③传乘：轻车。
④下道：小道。
⑤讨：相当于"杀"。
⑥受：指把管仲、召忽二人带回去处置。
⑦生窦：鲁国地名。
⑧受：接受，同意。
⑨税：释放。
⑩治：治国的政治才华。高傒：齐国上卿。

译 文

九年春季，雍廪将公孙无知诛杀。

因为齐国没了国君，鲁庄公便在蔇地和齐国的大夫会盟。

夏季，鲁庄公讨伐齐国，企图护送公子纠回到齐国即位。齐桓公小白已从莒国抢先一步回国。

秋季，鲁国和齐国在乾时作战，鲁国战败。庄公抛下了战车，改乘轻车逃奔回国。秦子、梁子打着庄公的旗帜在小道上迷惑齐国的军队，庄公成功逃脱，他们却被擒获了。

鲍叔代表齐桓公领兵来鲁国说:"子纠,是齐桓公的亲兄弟,我们不能亲自下手,请君王替齐国杀掉他。管仲、召忽是我们的宿敌,请把这二人交给我们处置。"齐国人便在生窦杀死了子纠,召忽自刎而死了。管仲请求将他押往齐国,鲍叔同意了,途经堂阜时就把他放了。返回齐国后,鲍叔对齐桓公说:"管仲治国的才干远在高傒之上,可让他辅佐您。"齐桓公采纳了这个建议。

经典解读

齐桓公和公子纠的夺位之争,属于统治阶级内部争权夺利的残酷斗争,遵循的是成王败寇的丛林法则,血写的历史再次证实了血缘亲情在权位利益面前显得多么苍白无力。公子纠的被杀是春秋时期一个重要的历史事件,它预示着结束流亡生涯的齐桓公从幕后正式走上了台前,为其成为一代枭雄霸主拉开了序幕。

正所谓"破巢之下安有完卵",公子纠死后,忠心侍奉过他的部下势必受到牵连,故而召忽以死殉主了,管仲与齐桓公有"一箭之仇",被押往齐国同样也是命途堪忧。幸得鲍叔举荐和齐桓公赏识,他从罪臣摇身一变成为了辅佐齐桓公成就霸业的治世能臣,二人的功业都受到了普遍的肯定,齐桓公更是成了春秋时代赫赫有名的一代霸主。但却掩饰不了他杀戮亲兄弟的事实,这则历史故事再次印证了"金无足赤,人无完人"的道理,伟大的历史人物在德行操守方面也是有瑕疵的,他们的优点值得我们学习,其道德上的瑕点更值得我们深思和警惕。

庄公十年

原　文

十年春,齐师伐我。公将战①,曹刿请见②。其乡人曰③:"肉食者谋之④,又何间焉⑤。"刿曰:"肉食者鄙⑥,未能远谋。"乃入见。问何以战。公曰:"衣食所安,弗敢专也⑦,必以分人。"对曰:"小惠未遍,民弗从也。"公曰:"牺牲玉帛,弗敢加也⑧,必以信⑨。"对曰:"小信未孚⑩,神弗福也。"公曰:"小大之狱,虽不能察⑪,必以情⑫。"对曰:"忠之属也,可以一战,战则请从。"

公与之乘。战于长勺。公将鼓之。刿曰:"未可。"齐人三鼓,刿曰:"可矣。"齐师败绩。公将驰之⑬。刿曰:"未可。"下,视其辙,登,轼而望之⑭,曰:"可矣。"遂逐齐师。

注　释

①公：鲁庄公。

②曹刿：鲁国人，杰出的谋士。

③乡人：同乡。

④肉食者：食肉的贵族。

⑤间：参与，参加。

⑥鄙：见识短浅。

⑦衣食所安：衣服和食物这类养生的东西。安，养。专：独自享用。

⑧牺牲玉帛：祭祀的牲畜玉帛等祭品。加：变更。

⑨信：诚实，诚信。

⑩孚：覆盖。

⑪小大之狱：大大小小的案件。察：明察。

⑫情：真实情况。

⑬驰：追击，追赶。

⑭轼：车前横木，站在上面可远眺。

译　文

　　十年春季，齐国军队征讨鲁国。庄公打算应战。曹刿请求觐见。他的同乡说："都是吃肉的贵族在谋划计策，你何必去参与呢？"曹刿说："吃肉的贵族见识浅薄，不能深谋远虑。"于是便进宫会见了庄公。曹刿问庄公鲁国凭借什么和齐国作战。庄公说："钟爱的衣裳，可口的美食素来不敢独享，必定分给别人。"曹刿回应说："这样的小恩惠不能惠及所有人，百姓是不会追随你的。"庄公说："用来祭祀的牲口玉帛之物，不敢胡乱变更数目，祝史的祷告反映的是实情。"曹刿回应说："一点诚意不能代表什么，神明是不会赐福于你的。"庄公说："大大小小的案件，虽不能明察秋毫，但必定合理处置。"曹刿回应说："这是为民尽心尽力的表现，可凭借这点和齐国作战，两国开战时请让我跟从您到战场上。"

　　庄公跟曹刿乘坐同一辆战车，在长勺和齐军大战。庄公想要擂鼓，曹刿说："现在不可。"齐国击完三通鼓，曹刿说："现在可以击鼓出战了。"齐军战败溃逃。庄公想要追击。曹刿说："现在不可。"下车，仔细查看敌军的车辙印，随后登上车前横木举目远眺，说道："现在可以追击了。"鲁军于是就追击齐军。

原　文

　　既克，公问其故。对曰："夫战，勇气也，一鼓作气，再而衰，三而竭。彼竭我盈，故克之。夫大国难测也，惧有伏焉①。吾视其辙乱，望其旗靡②，故逐之。"

　　夏六月，齐师、宋师次于郎③。公子偃曰："宋师不整，可败也。宋败，齐必还，请击之。"公弗许。自雩门窃出④，蒙皋比而先犯之⑤。公从之。大败宋师于乘丘。齐师乃还。

　　蔡哀侯娶于陈，息侯亦娶焉。息妫将归⑥，过蔡。蔡侯曰："吾姨也。"止而见之，弗宾⑦。息侯闻之，怒，使谓楚文王曰："伐我，吾求救于蔡而伐之。"楚子从之。秋九月，楚败蔡师于莘，以蔡侯献舞归。

　　齐侯之出也⑧，过谭，谭不礼焉。及其入也，诸侯皆贺，谭又不至。冬，齐师灭谭，谭无礼也。谭子奔莒，同盟故也。

注　释

①伏：埋伏。

②靡：倒。

③次：临时驻扎、居住。

④窃：私下，私自。

⑤皋比：虎皮。犯：进攻。

⑥归：嫁。

⑦弗宾：不以礼相待，行为轻佻。

⑧出：逃亡，流亡。

译　文

　　战役取得大捷以后，庄公问曹刿获胜的理由。曹刿回答说："两军交战凭借的就是勇气，擂第一通鼓时可鼓舞士气，擂第二通鼓时军队士气便已有所削减，擂第三通鼓时士兵作战的勇气已经完全衰竭了。敌方士气衰竭而我军士气正盛，所以我们能一举击溃他们。大国难以揣测，恐怕会设下埋伏（我们不能贸然追击），我细看对方的车辙印已经凌乱不堪，举目远望，看到他们的战旗已经纷纷倒下了，所以才追击他们。"

　　夏季六月，齐、宋两国皆在郎地驻兵。公子偃说："宋国的军队军容一点也不严整,我们可以击败他们。宋军吃了败仗,齐军一定班师回国,请下令进攻宋军。"庄公不同意。公子偃偷偷从雩门溜出,私自发起进攻,在马上蒙上虎皮先袭击宋军,庄公率军跟着进攻,在乘丘把宋军打得落花流水。齐军于是便撤兵回国了。

蔡哀侯和息侯都在陈国娶妻立室。息妫出嫁时恰巧途经蔡国。蔡侯说:"你是我的小姨子。"于是便要求息妫留下来约见自己,行为轻佻无礼。息侯听闻了这件事,大发雷霆,便派人对楚文王说:"请您佯攻我国,我向蔡国求助,您便可借此机会攻打蔡国。"楚子答应了。秋季九月,楚军在莘地战胜了蔡军,掳走了蔡侯献舞,凯旋。

齐侯在外地流亡时,路过谭国,谭国没有礼遇他。待他回到齐国,各诸侯纷纷前来道贺,谭国又没有派人来。冬季,齐军消灭了谭国,因为谭国对齐国无礼。谭子逃奔到了莒国,因为两国是盟国(所以到那里避难)。

经典解读

长勺之战是我国军事史上著名的以少胜多的战役,曹刿的战略思想在这场大战中起到了关键性作用,他对战争的精到而深入的分析,显示出一个布衣政治家的卓越智慧和深谋远虑。曹刿认为"肉食者鄙,未能远谋",说明"远谋"是获胜的根本条件,它具体体现在民心向背和对敌情的掌握上。统治者想要打胜仗,离不开人民的支持,因此施恩于民、取信于民是作战的基础,赢得民心就能取得得道者多助的效果。

战争不是一场简单的武力对决,在很多时候谋略比武功更加重要,曹刿提出"一鼓作气,再而衰,三而竭"的军事理论,强调振奋士气和把握战机的重要性,在强敌撤退之后,曹刿建议不要马上乘胜追赶,看到敌方辙乱旗靡才放心追击,体现出了他谨慎的一面。

庄公二十八年

原 文

二十八年春,齐侯伐卫。战,败卫师。数之以王命[1],取赂而还[2]。

庄 公

晋献公娶于贾③,无子。烝于齐姜④,生秦穆夫人及大子申生。又娶二女于戎,大戎狐姬生重耳,小戎子生夷吾。晋伐骊戎,骊戎男女以骊姬⑤,归生奚齐。其娣生卓子⑥。骊姬嬖,欲立其子,赂外嬖梁五⑦,与东关嬖五,使言于公曰:"曲沃,君之宗也⑧。蒲与二屈,君之疆也。不可以无主。宗邑无主则民不威,疆场无主则启戎心。戎之生心,民慢其政⑨,国之患也。若使大子主曲沃⑩,而重耳、夷吾主蒲与屈,则可以威民而惧戎,且旌君伐⑪。"使俱曰:"狄之广莫⑫,于晋为都。晋之启土⑬,不亦宜乎?"晋侯说之⑭。夏,使大子居曲沃,重耳居蒲城,夷吾居屈。群公子皆鄙⑮,唯二姬之子在绛。二五卒与骊姬谮群公子而立奚齐,晋人谓之"二五耦⑯。"

注 释

①数:数落,责怪。王命:以君王的名义。
②赂:财物。
③贾:诸侯国名。
④烝:与长辈淫乱通奸。齐姜:齐桓公之宗女,先后嫁与晋武公、晋献公。
⑤骊戎男:骊戎国君。男,爵名。
⑥娣:妹妹。
⑦外嬖:男子受宠叫外嬖,女子受宠叫内嬖。梁五:晋大国夫。
⑧宗:宗庙所在地。
⑨慢:轻慢。
⑩主:掌管,管理。
⑪旌:表彰。伐:功绩,功业。
⑫广莫:辽阔,广大。
⑬启土:开拓疆域
⑭说:通"悦",高兴,愉悦。
⑮鄙:郊野之地,偏远之处,这里指边邑。
⑯耦:同"偶",指双数。

译 文

二十八年春天,齐桓公起兵征讨卫国,两军交战,卫国败北。齐桓公以周天子的名义强烈谴责了卫国,掠夺了一些财物后就返回齐国了。

晋献公从贾国娶妻,膝下无子。他和齐姜偷情,生下了秦穆夫人和太子申生,又从戎国娶了两位夫人,大戎狐姬诞下重耳,小戎子生了夷吾。晋国讨伐骊戎,骊戎男将骊姬献上求和,晋献公把骊姬带回国,生下了奚齐,骊姬的妹妹生下了卓子。骊姬深受晋献公宠幸,便企图立自己儿子为太子,便收买了晋献公的宠臣梁五和东关嬖五,让二人进言说:"曲沃乃君王宗庙所在地,蒲地和南北二屈是国家边境,这些地方不可无人管辖。宗邑没有强有力的人掌管,就不能在民间立威,百姓不会畏惧,边境没有人管理,就会让戎狄产生进犯的野心。假如戎狄有了犯境之心,老百姓又对政令漫不经心,这就是国家之祸啊。若让太子管理宗邑曲沃,让重耳、夷吾管理蒲地和南北二屈之地,便可以扬威于民,让戎狄忌惮,而且可以表彰君王的治国之功。"还让二人对晋献公说:"狄人土地辽阔,若能归晋国所有,在那里建城邑,为晋国开疆拓土,不是理所应当吗?"晋献公听后大悦。夏天,便让太子迁居到曲沃,让重耳和夷吾分别到蒲城、居屈居住。其他公子也都被派到边疆去了。唯有骊姬姐妹的儿子留守绛城。梁五和东关嬖五同骊姬狼狈为奸陷害了在外的公子们,改立奚齐为太子。晋国人于是称梁五和东关嬖五为两个叫五的狐朋狗党。

原 文

楚令尹子元欲蛊文夫人,为馆于其宫侧,而振万焉①。夫人闻之,泣曰:"先君以是舞也,习戎备也。今令尹不寻诸仇雠②,而于未亡人之侧③,不亦异乎!"御人以告子元。子元曰:"妇人不忘袭仇,我反忘之!"

秋,子元以车六百乘伐郑,入于桔柣之门④。子元、斗御疆、斗梧、耿之不比为旆⑤,斗班、王孙游、王孙喜殿⑥。众车入自纯门,及逵市⑦。县门不发,楚言而出。子元曰:"郑有人焉。"诸侯救郑,楚师夜遁。郑人将奔桐丘,谍告曰:"楚幕有乌。"乃止。

冬,饥⑧。臧孙辰告籴于齐,礼也。

筑郿⑨,非都也。凡邑有宗庙先君之主曰都,无曰邑。邑曰筑,都曰城。

注 释

①振万:边击铎铃边跳万舞。
②寻:用。雠:敌人。
③未亡人:古时寡妇自称未亡人。
④桔柣之门:远郊之门。

⑤旆：先锋旗。
⑥殿：殿后。行军时走在最后面，阻止敌军追击。
⑦逵市：郑国城外的大路市场。
⑧饥：年成不好，发生饥荒。
⑨郎：鲁国地名，位于今山东省寿县以南。

译　文

楚文王的弟弟令尹子元企图勾引文王夫人息妫，便在她的寝宫附近修建房屋，终日在屋里击铎铃跳万舞。夫人听到跳舞声，饮泣说："以前先君让人跳万舞，是战前演习用的。而今令尹不把此舞用于仇敌，却偏要在我这个寡妇旁边跳，这不蹊跷吗？"侍者把原话告诉了子元，子元说："妇道人家尚不忘袭击敌人，我反倒忘记了。"

秋季，子元统率六百辆战车攻打郑国，很快攻入了郑国远郊的防卫门。子元、斗御疆、斗梧、耿之不比为先锋部队，斗班、王孙游、王孙喜殿后。战车浩浩荡荡自纯门驱入，抵达了大路上的市场。郑国内城闸门没放下。楚国人讨论了一会儿就退出了。子元说："郑国有奇才。"各路诸侯发兵支援郑国，楚国军队便趁夜逃走了。郑国人原本打算逃到桐丘，探子报告说："楚军的营帐上栖息着乌鸦（指军队连夜撤走，空留下帐幕作掩护，由于军幕无人，所以乌鸦才栖息在上面）。"郑国人这才放弃了逃跑的念头。

冬季，庄稼欠收，鲁国大夫臧孙到齐国购粮以备赈饥之用，这样做是符合礼法的。

鲁国在郎地筑造城池，郎城并非为"都"。但凡城邑，建有宗庙，并设有先君灵位的才能被称为"都"。没有宗庙和先君灵位的叫"邑"。建邑叫"筑"，建都叫"城"。

经典解读

骊姬乱晋是历史上有名的红颜祸水的故事，其实蛇蝎美人能扰乱朝纲，对江山社稷产生重大影响，主要是由于君王的昏聩。君王如果不荒淫昏庸，美人是没有力量左右时局的。事实上无论是像骊姬一样阴险狡诈的绝色美人，还是像齐桓公那样霸气残酷的宗室子弟，都是为了一己私利戕害异己，反映的都是宫室政治斗争的残酷性。

骊姬之乱从后宫的角度揭示出了夺嫡斗争的复杂性和残酷性，她为了达到自己的目标，把太子、重耳、夷吾全部驱逐出了权力的中心，为亲子奚齐成为嗣君扫清了障碍，从一个母亲的角度讲，她的所作所为都是为了巩固亲子的地位。这样的故事在古代后宫屡屡上演，与其说是红颜恶毒，不如说是腐朽的君主专制制度异化了人性，对权力的渴望泯灭了良知，归根结底人是环境的产物，黑暗的环境里很难开出纯洁芬芳的花朵。

庄公三十二年

原　文

三十二年春，城小谷①，为管仲也。

齐侯为楚伐郑之故，请会于诸侯。宋公请先见于齐侯。夏，遇于梁丘。

秋七月，有神降于莘②。

惠王问诸内史过曰："是何故也？"对曰："国之将兴，明神降之，监其德也③；将亡，神又降之，观其恶也。故有得神以兴，亦有以亡，虞、夏、商、周皆有之。"王曰："若之何？"对曰："以其物享焉④，其至之日，亦其物也。"王从之。内史过往，闻虢请命⑤，反曰："虢必亡矣，虐而听于神。"

神居莘六月。虢公使祝应、宗区、史嚚享焉⑥。神赐之土田。史嚚曰："虢其亡乎！吾闻之：国将兴，听于民；将亡，听于神。神，聪明正直而壹者也⑦，依人而行。虢多凉德⑧，其何土之能得！"

注　释

①小谷：齐国邑名，位于今山东省东阿县境内。城：筑城。
②莘：虢国地名，位于今河南省三门峡市西。
③监：监督，查看。
④以其物享：用和神灵相匹配的祭品祭祀。
⑤请命：请求神明赐予。
⑥祝应、宗区、史嚚：皆为人名。
⑦壹：专一。
⑧凉德：失德，寡德。

译　文

三十二年春季，齐国在小谷修筑城池，这座城是为管仲修建的。

庄　公

　　齐桓公因楚国讨伐郑国的缘故，请各路诸侯前来会面。宋桓公提出要先行和齐桓公见面。夏季，两人在梁丘碰面。

　　秋季七月，神明在莘地显灵。

　　周惠王问内史过："神灵为什么要降临呢？"内史过答道："凡是国家兴旺昌盛，神明就会降临，以便监察它的德行；凡是国家即将亡国，神明也会降临，以便体察它的邪恶。所以，有的国家因神明显灵而昌盛，有的则因神明显灵而走向消亡。虞、夏、商、周全都出现过此类情况。"周惠王问："那该怎么办才好呢？"内史过回答说："用相应的祭品祭祀神明，神明降临之日，拿同它相匹配的祭品祭祀。"周惠王依言行事。内史过便去祭祀，当他听闻虢国向神明请求赐予自己土地时，回来便说："虢国必将亡国。虢国国君残暴不仁，听从神明，却不顾民意。"

　　神明在莘地显灵了六个月，虢公让祝应、宗区、史嚚前去祭祀。神明承诺赐予虢国土地。史嚚说："虢国就要亡国了，我听说国家要兴旺应听命于民，顺应民心，国家要消亡就听神明的。神明向来是聪明、正直、专一的，依据人的德行行事。虢国失德，作恶多端，又怎么可能得到土地呢？"

原　文

　　初，公筑台临党氏，见孟任①，从之。閟②，而以夫人言许之③。割臂盟公，生子般焉。雩，讲于梁氏④，女公子观之⑤。圉人荦自墙外与之戏⑥。子般怒，使鞭之。公曰："不如杀之，是不可鞭。荦有力焉，能投盖于稷门⑦。"

　　公疾，问后于叔牙。对曰："庆父材⑧。"问于季友，对曰："臣以死奉般⑨。"公曰："乡者牙曰庆父材⑩。"成季使以君命命僖叔待于鍼巫氏⑪，使鍼季酖之⑫，曰："饮此则有后于鲁国⑬，不然，死且无后。"饮之，归及逵泉而卒，立叔孙氏。

　　八月癸亥，公薨于路寝。子般即位，次于党氏。冬十月己未，共仲使圉人荦贼子般于党氏⑭。成季奔陈。立闵公。

注　释

　　①孟任：党氏的女儿。
　　②閟：关闭门扉。
　　③以夫人言：以做夫人作为条件。

④讲：演习，这里指军演。
⑤女公子：庄公的女儿，子般的妹妹。
⑥圉人：养马人。戏：调戏。
⑦投：举起。盖：通"阖"，门扇。
⑧庆父：庄公的弟弟。材：才干，才能。
⑨奉：事奉。
⑩乡者：刚才，刚过不久。
⑪鍼巫：即鍼季，鲁国大夫。氏：家。
⑫鸩：在酒中下毒害人。
⑬有后于鲁国：后代可在鲁国享受禄位。
⑭共仲：即庆父。贼：刺杀。

译　文

当初，庄公修筑了一座高台，登台便可居高临下看到党家。有一天他看到了孟任，就情不自禁地跟在她后面走。孟任闭门不出，拒见庄公。庄公承诺把她立为夫人，她同意了，割破了胳膊上的肌肤，和庄公山盟海誓，后来生下了子般。有一次，鲁国举行求雨的祭祀活动，事先在梁家排练预演，庄公的女公子前来观看祭礼，马夫荦从墙外调戏轻薄她。子般气愤不已，命人鞭打荦。庄公说："不如把他杀掉算了，这样的人鞭打也没用。他力大无穷，几乎可以把稷门的城门举起扔出去。"

庄公恶疾缠身，问叔牙继承人的事情。叔牙回答道："庆父才干过人。"向季友问同样的问题，季友回答说："臣愿以死侍奉子般。"庄公说："方才叔牙说庆父才华出众。"季友便命人借国君之名让叔牙在鍼巫家里候着，派鍼巫用毒酒毒害叔牙，并对叔牙说："饮下这杯酒，你的后人还可在鲁国享受俸禄；不喝，你死了之后，你的后代就没有禄位了。"叔牙饮下了毒酒，返回时到达逵泉就毒发身亡了。鲁国便把他的后代立为叔孙氏。

八月初五日，庄公在寝宫逝世。子般继承了国君之位，下榻在党氏府邸。冬季十月初二日，共仲派马夫荦到党家把子般杀死了。季友逃奔到了陈国。闵公被立为国君。

经典解读

君主专制统治初期，统治者普遍敬神而轻民，到了春秋时期，由于周室衰微、诸侯争霸，天下处于大分裂大变革的时代，统治者的治国思想也发生了微妙的变化，其中最为显著的便是民本思想的流行。

　　在群雄并起、战事频仍的历史时期，一些统治者已经意识到了得民心者得天下，水能载舟亦能覆舟的道理，于是尊天敬神的思想逐渐演变成了以民为神主的观念，儒家学说的盛行又加速了民本思想代替神本思想的进程，所以越来越多的统治者开始重视人民。周惠王和内史过的对话正是民本思想的集中体现。我们知道民心向背和国家兴亡是紧密相连的，正所谓"得道多助失道寡助"，统治者只有以民为本方可兴国安邦平天下，内史过的观点对于今天仍有重要借鉴意义。

闵 公

闵公元年

原　文

元年春，不书即位，乱故也。

狄人伐邢。管敬仲言于齐侯曰："戎狄豺狼，不可厌也①。诸夏亲昵②，不可弃也。宴安鸩毒③，不可怀也④。《诗》云：'岂不怀归，畏此简书。'简书，同恶相恤之谓也⑤。请救邢以从简书。"齐人救邢。

夏六月，葬庄公，乱故，是以缓⑥。

秋八月，公及齐侯盟于落姑，请复季友也。齐侯许之，使召诸陈，公次于郎以待之。"季子来归⑦"，嘉之也⑧。

注　释

①厌：满足。
②诸夏：中原各国。
③宴安：贪图安逸享乐。
④怀：留恋。
⑤同恶相恤：对共同憎恶者，必相互援助、戮力同心。
⑥是以缓：诸侯以礼应五月下葬，庄公去年八月去世，由于国内动乱，十一个月后他才在今年安葬，所以称为"缓"。
⑦季子：即季友。
⑧嘉：嘉许，赞美。

闵　公

译　文

元年春季,《春秋》没有记录闵公即位一事,是因为局势混乱无法举行即位的仪式。

狄人向邢国发起袭击。管仲对齐桓公说:"戎狄就好比贪婪的豺狼,是永远都不会满足的。中原各国亲密友好,不能离弃。贪图安逸就好比饮毒酒自杀,不能留恋。《诗》说:'岂是没有思归之意呢?只是怕看书简上的军令文字而已。'简书上的文字,所述的就是同仇敌忾的意思,因此,请君王听从简书的意思,出兵援助邢国。"齐国便派大军支援邢国。

夏季六月,庄公下葬。因为局势动荡,安葬的日期延迟了。

秋季八月,闵公在落姑跟齐桓公缔结盟约,请求齐桓公助季友回国。齐桓公应许了,命人把季友从陈国召回,闵公在郎地落脚住下,等候季友归来。《春秋》说"季子回归",是在赞颂季友。

原　文

冬,齐仲孙湫来省难①。书曰"仲孙",亦嘉之也。

仲孙归曰:"不去庆父,鲁难未已②。"公曰:"若之何而去之?"对曰:"难不已,将自毙,君其待之。"公曰:"鲁可取乎?"对曰:"不可,犹秉周礼③。周礼,所以本也。臣闻之,国将亡,本必先颠④,而后枝叶从之。鲁不弃周礼,未可动也。君其务宁鲁难而亲之⑤。亲有礼,因重固⑥,间携贰⑦,覆昏乱⑧,霸王之器也⑨。"

晋侯作二军,公将上军,大子申生将下军。赵夙御戎,毕万为右⑩,以灭耿、灭霍、灭魏。还,为大子城曲沃。赐赵夙耿,赐毕万魏,以为大夫。

士蒍曰:"大子不得立矣,分之都城而位以卿,先为之极,又焉得立。不如逃之,无使罪至。为吴大伯⑪,不亦可乎?犹有令名,与其及也。且谚曰:'心苟无瑕,何恤乎无家⑫。'天若祚大子⑬,其无晋乎⑭。"

卜偃曰:"毕万之后必大。万,盈数也⑮;魏,大名也;以是始赏,天启之矣。天子曰兆民,诸侯曰万民。今名之大,以从盈数,其必有众。"

注　释

①省难:一国发生灾难,其他国家派人前来慰问。

43

②未已：不止，没有尽头。

③秉：秉持，执掌。

④颠：倾倒，倒下。

⑤宁：平定，平息。

⑥因重固：依靠政权稳固的国家。因：依靠，依赖。

⑦间携贰：离间人心涣散的国家。间：离间。贰：二心。

⑧覆：颠覆，覆灭。

⑨器：气度。

⑩右：车右。古代战车，君王或主帅居中，御驾者居左，勇武之人居右，负责御敌，被称为车右。

⑪吴大伯：周王季历之兄。

⑫恤：担忧，担心。

⑬祚：赐福。

⑭无晋：不要留在晋国。无：通"毋"，意为不要，别。

⑮盈数：指十、百、万等整数。

译文

冬季，齐国大夫仲孙湫来到鲁国对国家发生的祸乱表示慰问。《春秋》叫他"仲孙"，也是尊敬和赞美他的意思。

仲孙回到齐国说："不将庆父除去，鲁国祸难无穷。"齐桓公说："用什么办法除掉他呢？"仲孙回答说："没完没了地生祸，胡作非为，必将自掘坟墓，您就姑且等着看吧。"齐桓公说："鲁国可夺取吗？"仲孙说："不可。鲁国依旧秉持周礼。周礼，乃立国之根基。微臣听说国家要消亡，有如大树倾倒，先倒下的是树干，然后枝叶才会随之纷落。鲁国并未摒弃周礼，不能攻打它。您应平息鲁国的祸乱，并且亲近它。亲近遵守礼法的国家，依靠政局稳固的国家，离间人心涣散的国家，消灭昏聩动荡的国家，这才能体现出成就霸业的气度。"

晋献公创建了两个军，亲自指挥上军，太子申生指挥下军。赵夙负责为晋献公驱驾兵车，毕万为车右，一举灭亡了耿、霍、魏三国。返回晋国以后，晋献公在曲沃为太子筑造城墙，把耿地、魏地分别赏赐给赵夙和毕万，并把二人册封为大夫。

士蒍说："太子成不了合格的继位者了，国君给了他都城，又赐给他卿位，先让他达到了人生的巅峰，他又怎么能被立为国君呢？与其等着获罪，不如趁早逃走，不要等着让罪责降临。效仿吴太伯不可以吗？这样犹能保全名声，且民谚说：'心中若是不存杂念，又何必担忧无家安身呢？'老天若是赐福与您，您就别留在晋国了吧！"

卜偃说："毕万的后人必定大有作为。万为满数；魏有巍峨高大的含义。最开始赏赐时就已经有好兆头了。天子统治下的百姓为兆民，诸侯管辖区域的百姓为万民。毕万之名有高大的意思，又是满数，他必有大量群众追随。"

原　文

初，毕万筮仕于晋，遇《屯》☳☵之《比》①☷☵。辛廖占之②，曰："吉。《屯》固《比》入，吉孰大焉？其必蕃昌③。《震》为土④，车从马，足居之，兄长之⑤，母覆之⑥，众归之⑦，六体不易⑧，合而能固，安而能杀⑨。公侯之卦也。公侯之子孙，必复其始⑩。"

注　释

①遇《屯》之《比》：屯卦变为比卦。
②辛廖：周室大夫。
③蕃昌：繁衍昌盛。
④为：变为。
⑤长：抚育。
⑥覆：保护，庇护。
⑦归：归顺，追随。
⑧六体：即土、车、马、足、母、众六种卦象。不易：不改变。易：改变。
⑨杀：震有雷霆万钧之威力，故曰杀。
⑩复其始：恢复祖先初始的身份地位。

译　文

当初，毕万用卦术占卜过在晋国出仕为官的吉凶，占卜的结果是《屯》卦变成《比》卦。辛廖预测说："这是吉卦。《屯》坚固，《比》进入，还有比这兆头更好的卦象吗？他必成大事。《震》卦变成土，车跟从马，双脚踩在这个位置上，兄长抚育他，母亲护佑他，百姓追随他，这六种卦象不变，得人和，地位牢固，得安定，又不乏威武，此乃公侯卦象。公侯的子孙后代必然可以恢复祖先最初的身份地位。"

经典解读

管仲劝说齐桓公发兵救援邢国说:"宴安鸩毒,不可怀也。"一语道出了沉湎安乐的严重后果,表现出了一个政治家的远见卓识,"宴安鸩毒"也成为我国流传最广的千古名言之一。历史教训告诉我们,统治者耽于享乐、不思进取,一个国家就离灭亡不远了。所谓的"生于安乐,死于忧患"说的就是这个道理。

君王执政初期励精图治,后来沉溺于笙歌燕舞,致使一个王朝由盛转衰的例子屡见不鲜,唐玄宗就是一个典型的例子。治国之道如此,个人也是如此,一个人在顺风顺水时很容易贪图安逸止步不前,在春风得意时很容易沉迷于享乐,由于丧失了斗争和进取心,往往导致平庸一生,甚至毁掉大好前程,对此我们应当警醒。

闵公二年

原　文

二年春,虢公败犬戎于渭汭。舟之侨曰:"无德而禄,殃也①。殃将至矣。"遂奔晋。

夏,吉禘于庄公②,速也。

初,公傅夺卜齮田③,公不禁。秋八月辛丑,共仲使卜齮贼公于武闱④。成季以僖公适邾。共仲奔莒,乃入,立之。以赂求共仲于莒,莒人归之。及密⑤,使公子鱼请,不许。哭而往⑥,共仲曰:"奚斯之声也。"乃缢。

注　释

①殃:灾难。

②吉禘:按照古礼,丧后二十五个月举行大祭,把死者的灵位移至宗庙,叫作吉禘。禘,大祭。

③傅:教诲事奉君王的人。卜齮:鲁国大夫。

④共仲:即庆父。武闱:路寝的旁门。

⑤密:鲁国地名,位于今山东省费县北。

⑥往:返回。

译　文

二年春季,虢公在渭水战场上击败了犬戎。舟之侨说:"缺少德行却受到恩禄，是灾难。灾祸就要降临了。"于是就逃奔到了晋国。

夏季，鲁国为庄公提前举行了大祭，时间未免太早了。

当初，闵公的保傅抢走了卜齮的田产，闵公未出面制止。秋季八月，共仲唆使卜齮前往武闱把闵公杀死了。季友护送着僖公潜逃到了邾国。等庆父逃到莒国后，季友带着僖公回国，立僖公为一国之君，并用钱财打点莒国，要求把庆父移交给鲁国。庆父抵达密地，派公子鱼乞求饶恕自己，没有得到赦免。公子鱼一路哭着回来了。庆父说："这是公子鱼的哭声啊。"于是便上吊身亡了。

原　文

闵公，哀姜之娣叔姜之子也，故齐人立之。共仲通于哀姜①，哀姜欲立之。闵公之死也，哀姜与知之②，故孙于邾③。齐人取而杀之于夷④，以其尸归，僖公请而葬之。

成季之将生也，桓公使卜楚丘之父卜之。曰："男也。其名曰友，在公之右⑤。间于两社⑥，为公室辅⑦。季氏亡，则鲁不昌。"又筮之，遇《大有》☰☱之《乾》☰☰⑧，曰："同复于父⑨，敬如君所⑩。"及生，有文在其手曰"友"，遂以命之。

注　释

①通：私通。

②与：通"预"，事先。

③孙：通"逊"，逃跑。

④取：执，抓捕罪人。夷：齐国地名。

⑤右：高过，超过。

⑥两社：鲁国有两社，一为周社，一为亳社，是朝内重臣的处所。间于两社，指在朝内做大官。

⑦辅：辅佐。

⑧之：变。

⑨同复于父：走上父亲的道路，指地位和父亲相当。

⑩敬如君所：如同国君般受到敬重。

译　文

闵公乃是哀姜妹妹叔姜之子，故而齐国人把他立为一国之君。庆父和哀姜有染，哀姜企图把他立为齐国国君。闵公遭到刺杀，哀姜事先是知情的，所以逃窜到了邾国。齐国人将哀姜擒拿了回来，在夷地把她杀死了，将尸骸归还了鲁国，僖公征求齐国意见后把她安葬了。

季友快要出世时，鲁桓公命卜官楚丘的父亲为这个孩子卜卦。那个卜官说："他是个男婴，名字叫友，长大后成就将超过您。他将在周社和亳社做大官，辅佐公室治理天下。季氏如果死了，鲁国就不能繁荣兴盛了。"又占卜了一卦，结果《大有》卦变成了《乾》卦，便说："这男孩将来会像父亲一样地位尊贵，会像君王一样得到天下人的敬重。"男婴出生时，掌中有个"友"字，于是便用这个字为孩子取了名字。

原　文

冬十二月，狄人伐卫。卫懿公好鹤，鹤有乘轩者①。将战，国人受甲者皆曰②："使鹤，鹤实有禄位，余焉能战！"公与石祁子玦③，与宁庄子矢④，使守，曰："以此赞国⑤，择利而为之。"与夫人绣衣，曰："听于二子。"渠孔御戎⑥，子伯为右，黄夷前驱⑦，孔婴齐殿⑧。及狄人战于荧泽，卫师败绩，遂灭卫。卫侯不去其旗，是以甚败。狄人因史华龙滑与礼孔以逐卫人。二人曰："我，大史也，实掌其祭。不先⑨，国不可得也。"乃先之。至则告守曰："不可待也⑩。"夜与国人出。狄入卫，遂从之⑪，又败诸河。

初，惠公之即位也少，齐人使昭伯烝于宣姜⑫，不可⑬，强之。生齐子、戴公、文公、宋桓夫人、许穆夫人。文公为卫之多患也，先适齐。及败，宋桓公逆诸河，宵济⑭。卫之遗民男女七百有三十人，益之以共⑮，滕之民为五千人，立戴公以庐于曹⑯。许穆夫人赋《载驰》。齐侯使公子无亏帅车三百乘、甲士三千人以戍曹⑰。归公乘马⑱，祭服五称，牛羊豕鸡狗皆三百，与门材。归夫人鱼轩⑲，重锦三十两⑳。

郑人恶高克㉑，使帅师次于河上，久而弗召。师溃而归，高克奔陈。郑人为之赋《清人》。

注　释

①轩：大夫乘坐的车子，四面有遮蔽。
②受甲者：身穿战甲的战士。
③玦：半环形有缺口的佩玉，古人常在诀别时相赠。
④矢：箭。

⑤赞：帮助。
⑥御戎：驾驭战车。
⑦前驱：指先头部队，先锋。
⑧殿：殿后。
⑨不先：不先行回国。
⑩待：抵抗。
⑪从：追击。
⑫昭伯：宣公之子，惠公庶兄。宣姜：宣公夫人，惠公之母，齐国人。
⑬不可：不同意。
⑭宵济：夜里渡河。
⑮益：增加，加上。共：卫国城邑，即今河南省辉县市。
⑯庐：寄居，寄住。曹：卫国城邑，即今河南省滑县西南的白马故城。
⑰帅：同"率"。
⑱归：同"馈"，馈赠。
⑲鱼轩：用鱼皮装饰的车子。
⑳重锦：精美的丝织品。
㉑郑人：指郑文公。

译　文

冬季十二月，狄人袭击了卫国。卫懿公非常喜爱鹤，其饲养的鹤有的甚至可以坐在轩车上。大战前夕，卫国披甲的将士说："让鹤到沙场上浴血奋战吧，它可是享有实际禄位的，我们为什么要去打仗呢？"卫懿公赠给石祁子一块玉佩，赐给宁庄子一支箭，让他们守卫国家，说："用我送你们的东西帮助国家渡过危难，情形怎样有利就怎样行事。"接着给了夫人一件绣衣，说："你要听从这两个人的话。"渠孔负责给卫懿公驾驶战车，子伯为车右，黄夷做先锋，孔婴齐负责殿后。与狄人在荥泽展开了一场大战，卫军败北，卫国便被狄人所灭。由于两军交锋时，卫懿公不肯去掉自己的旗帜，所以损失惨重、一败涂地。狄人关押了史官华龙滑和礼孔，随后接着追剿卫国人。两名史官说："我们两个是太史，执掌卫国的祭祀活动。假如不让我们先回去，你们不可能夺得国都。"狄人于是就放他们先回去了。两人一到卫都就告诉守卫说："别再抵抗了。"夜里，他们和都城的人一同逃了出去。狄人攻进了卫都，继续追击，又在黄河畔击败了卫国人。

当初，卫惠公即位成为君主时正值青春年少，齐国人唆使昭伯跟宣姜偷情，昭伯不愿意，齐国人就强逼他那样做。后来两人生下了齐子、戴公、文公、宋

49

桓夫人、许穆夫人。因为卫国灾祸连连，文公就动身先去了齐国。等卫军大败，宋桓公在黄河边迎接卫国人，护送他们趁夜渡河。卫国的遗民有七百三十人，加上共地、滕地的黎民共计五千人，大家拥立戴公做国君，暂时寄居在曹邑。许穆夫人为此写下了《载驰》诗。齐桓公命令公子无亏统领三百辆兵车、三千名勇士保卫曹邑，并赏给戴公御车的骏马、五套祭服，牛、羊、猪、鸡、狗各三百只，以及做门的木料，把饰有鱼皮的轩车和三十匹顶级的绸缎赠给了夫人。

郑文公十分厌恶高克，便派遣他到黄河边驻扎军队，很久都没有将他召回，后来军队溃败，士兵纷纷逃了回来，高克逃到了陈国，郑国人专门为高克写了《清人》诗。

原　文

晋侯使大子申生伐东山皋落氏。里克谏曰："大子奉冢祀[1]，社稷之粢盛[2]，以朝夕视君膳者也，故曰冢子[3]。君行则守[4]，有守则从[5]。从曰抚军，守曰监国，古之制也。夫帅师，专行谋，誓军旅[6]，君与国政之所图也[7]，非大子之事也。师在制命而已[8]。禀命则不威[9]，专命则不孝[10]。故君之嗣适不可以帅师。君失其官[11]，帅师不威，将焉用之。且臣闻皋落氏将战，君其舍之[12]。"公曰："寡人有子，未知其谁立焉。"不对而退[13]。

见大子，大子曰："吾其废乎？"对曰："告之以临民[14]，教之以军旅，不共是惧[15]，何故废乎？且子惧不孝，无惧弗得立，修己而不责人，则免于难。"

大子帅师，公衣之偏衣[16]，佩之金玦。狐突御戎，先友为右，梁余子养御罕夷，先丹木为右。羊舌大夫为尉。先友曰："衣身之偏，握兵之要[17]，在此行也，子其勉之。偏躬无慝[18]，兵要远灾，亲以无灾，又何患焉！"狐突叹曰："时，事之征[19]；衣，身之章也[20]；佩[21]，衷之旗也。故敬其事则命以始，服其身则衣之纯[22]，用其衷则佩之度。今命以时卒[23]，闷其事也[24]；衣之尨服[25]，远其躬也；佩以金玦，弃其衷也。服以远之[26]，时以闷之，尨凉冬杀，金寒玦离，胡可恃也[27]？虽欲勉之，狄可尽乎？"梁余子养曰："帅师者受命于庙，受脤于社[28]，有常服矣[29]。不获而尨，命可知也。死而不孝，不如逃之。"罕夷曰："尨奇无常，金玦不复[30]，虽复何为，君有心矣。"先丹木曰："是服也。狂夫阻之[31]。曰'尽敌而反'，敌可尽乎！虽尽敌，犹有内谗，不如违之[32]。"狐突欲行。羊舌大夫曰："不可。违命不孝，弃事不忠。虽知其寒，恶不可取，子其死之。"

注　释

①冢祀：在宗庙里举行的大祭礼。
②粢盛：古代盛在祭器内以供祭祀的谷物。
③冢子：即大子，太子。
④守：守卫国家，保家卫国。
⑤从：跟随，随行。
⑥誓车旅：号令三军。
⑦国政：正卿。
⑧制命：即手握兵权。
⑨禀命：奉行命令，接受命令。
⑩专命：不奉上命而自行指挥。
⑪失其官：失去用官之道，这里指太子不宜带兵。
⑫舍：放弃，舍弃。
⑬对：回答，答复。
⑭告：命令。临民：临，治理，管理。民，百姓，这里指管理曲沃百姓。
⑮不共："共"通"供"，完不成任务。
⑯偏衣：两色衣，中缝为界，左右异色。
⑰要：机要，指兵权。
⑱愿：恶意。
⑲征：象征。
⑳章：标志。
㉑佩：配饰。
㉒衷：忠心，心志。
㉓敬：看重，重视。始：开始，指春夏时节。
㉔纯：纯色衣服，在古代纯色代表尊贵。
㉕时卒：年底。
㉖闵：闭门，这里指事情不顺。
㉗尨服：杂色衣服。
㉘远：疏远。
㉙胡：怎么。
㉚受脤：古代出兵祭社，祭祀完毕，把社肉分给众人。脤，祭祀的生肉。
㉛常服：合乎规制的衣服。

㉜尨奇无常：奇异的杂色衣服，不是吉兆。金玦不复：金玦代表决裂或诀别，不复和好。

㉝阻：感到疑惑不解。

㉞违：离开。

译　文

晋献公派太子申生出兵讨伐东山皋落氏。里克劝谏说："太子是执掌宗庙祭祀、社稷祭礼、侍奉君王饮食起居的人，因此被称之为冢子。国君外出远行，太子就负责护卫国家。假如有人镇守国家，就陪同君王一同出行。跟随国君外出叫抚军，在国内守卫叫监国，这是自古以来的制度。带兵打仗，谋划决断，号令军队等军事活动，都是君王和正卿应当考虑的，并非太子的职责所在。率兵作战就要发号施令，太子领兵，遇事就要禀报，这样就无法建立军威，不向君王请示就擅自发布军令，是为不孝，因此太子不宜领兵。君王失去了用人之道，太子领兵又没有威严，何必要这样做呢？微臣听说皋落氏将应战，君王还是不让太子率军打仗为好。"晋献公说："寡人子嗣众多，现在还不知立谁做储君呢？"里克不再多言，告退了。

里克会见太子时，太子说："我的太子之位要被废黜了吧。"里克答道："大王让你负责管理曲沃的子民，又教你熟谙军政，是担心你不能成功完成任务，怎么会废黜你呢？做儿子的，应该担心自己不够孝顺，不该整天为不能被立为储君担忧。要加强自身的修养，而不是责怪别人，这样就可以免祸。"

太子领兵开赴战场，晋献公叫他穿两色衣裳，并让他身佩金玦。狐突为太子驱驾兵车，先友为车右。梁余子养为罕夷驱驾兵车，先丹木为车右。羊舌大夫被任命为军尉。先友说："穿着君王一半衣色的衣裳，手握兵权，成败在此一举了，你应当锐意自勉啊！大王把一半衣色分给你没有任何恶意，军权在握可远离灾祸。你与大王关系亲密又没灾祸，还有什么可担忧的呢？"狐突叹道："时令象征着事件，衣服象征着身份，佩饰则是人心志的旗帜。所以大王如若看重此事，就该于春夏时节颁布政令，赐给的衣服应该是纯色而不该是杂色；想要人对自己忠心耿耿，就该让他佩戴符合礼制的佩饰。而今岁末发布政令，是有意让行动不顺；把杂色衣裳赐给他，便是要冷落疏远他；叫他用金玦做佩饰，寓意着要让他舍弃忠心。用衣服疏远他，用不合时宜的时令阻碍他；杂色代表冷淡凉薄，冬天寓意着萧索肃杀，金代表寒凉，玦代表决绝。如此说来，一切怎么还靠得住呢？纵使竭尽全力，狄人岂能被一网打尽吗？"梁余子养说："带兵出征的人理应在太庙受命，在祭祀土神之地接受祭肉，且应该穿合乎规制的衣服。如今没有纯色衣服，得到的是杂色衣服，大王的用意可想而知。这样看来，死了还要背负不孝的骂名，不如趁早逃走。"罕夷说："杂色奇服不合规制，金玦意味着永诀，如此说来回去又有什么用，大王已经别有用心了。"先丹木说："这种奇怪的衣服，连狂人也感到疑惑不解，不愿意穿。大王说'把敌军彻底消灭了再回来'。敌人岂能一网打尽？即便把敌人消灭得一干二净了，内部还有人进献谗言，不如早早离开。"狐突准备离开，羊舌大夫说："不可以。违抗君令是为不孝，背弃职责是为不忠。虽然已经知道大王冷酷无情，但也不能成为不忠不孝之人，你还是为保全忠孝而慷慨赴死吧！"

原　文

　　大子将战，狐突谏曰："不可，昔辛伯谂周桓公云①：'内宠并后②，外宠二政③，嬖子配适④，大都耦国⑤，乱之本也。'周公弗从，故及于难。今乱本成矣，立可必乎？孝而安民，子其图之⑥，与其危身以速罪也⑦。"
　　成风闻成季之繇，乃事之⑧，而属僖公焉⑨，故成季立之。
　　僖之元年，齐桓公迁邢于夷仪⑩。二年，封卫于楚丘。邢迁如归，卫国忘亡。
　　卫文公大布之衣⑪，大帛之冠，务材训农⑫，通商惠工⑬，敬教劝学，授方任能⑭。元年革车三十乘，季年⑮，乃三百乘。

注　释

　　①谂：极力劝阻。
　　②并后：和王后并列。
　　③外宠：宠臣。二政：另行颁布政令。
　　④嬖子：庶子。
　　⑤耦：相等，等同。国：国都，都城。
　　⑥图：计划。
　　⑦危身以速罪：出战将危及自身，更快地招致灾祸。
　　⑧事之：与其共事，成为同僚。
　　⑨属：嘱托。
　　⑩邢：国名。夷仪：地名，邢国国都。在今邢台县西部浆水镇（一说今山东聊城西南）。

⑪大布：粗布。
⑫务材：培育作物用材。训：教导，教授。
⑬通商：使商贾畅通。惠工：让手工劳动者受惠。
⑭方：方法，这里指为官之道。
⑮季年：晚年。

译　文

太子想要作战，狐突劝谏说："不可以。昔日辛伯曾极力劝阻周桓公说'妾媵和王后身份相若，权臣、卿士权力大小相等，庶子和嫡子地位相同，大城和国都规模相同，这些都是祸乱的根源。'周公没有听从他的建议，因此遭受了灾祸。现在祸乱的根源已形成，你认为自己还能被立为储君吗？你好好想想吧，与其领兵打仗，危害自身，加速祸难的降临，还不如恪守孝道安抚黎民百姓！"

成风听闻了有关成季的卦象，就和成季结为好友，还将僖公托付给他照顾，所以成季立僖公为国君。

僖公元年，齐桓公把邢国迁到了夷仪。二年，把楚丘定为卫国国都。邢国人迁居夷仪后就仿佛重返归土一样高兴，卫国人也忘记了亡国之耻。

卫文公身着粗衣，头顶粗帛帽冠，教导人民种植耕田，促进商贾流通，让手工业者得到恩惠，他还重视教育，鼓励学习，向人们传授为官之道，任用有才之人。即位第一年，只有区区三十辆革车，到了执政的最后一年，革车的数量已经多达三百辆。

经典解读

卫懿公因好鹤亡国的故事可谓是玩物丧志的代表。一个人有所偏好本是无可厚非的，但过度沉迷就不可取了，作为国君身系一国安危，更应该约束自己的行为。卫懿公让鹤乘坐豪华轩车，给予其大夫级别的待遇，对臣下和百姓却漠不关心，征战沙场的将士不能享有实际禄位，百姓由于他的横征暴敛生活在水深火热之中，这样的君主又有谁愿意拼死效力呢？纵使有两位大将临危受命，也起不到力挽狂澜的作用了，因为卫国的灭亡几乎已成定局。

晋侯使太子出兵的故事反映的是晋国内部的权力斗争，晋献公派太子冬季领兵攻打东山皋落氏，让他穿杂衣佩金玦，令其"尽敌而返"，其实是要将他调离国都，然后废黜太子之位，太子的五个大臣纷纷发表了自己的看法，除了先友之外，其余四人都认为君王有杀子之意，可见宫廷的权力之争已经到了白热化的状态。

僖公

僖公四年

原 文

　　四年春，齐侯以诸侯之师侵蔡。蔡溃。遂伐楚。楚子使与师言曰："君处北海①，寡人处南海，唯是风马牛不相及也②。不虞君之涉吾地也③，何故？"
　　管仲对曰："昔召康公命我先君大公曰④：'五侯九伯，女实征之⑤，以夹辅周室⑥。'赐我先君履⑦，东至于海，西至于河，南至于穆陵，北至于无棣。尔贡包茅不入⑧，王祭不共⑨，无以缩酒⑩，寡人是征⑪。昭王南征而不复⑫，寡人是问。"对曰："贡之不入，寡君之罪也，敢不共给。昭王之不复，君其问诸水滨⑬。"师进，次于陉。

注 释

　　①北海：泛指北方边区。海，即辽远之地。下文"南海"是指荒远的南方边区。
　　②风：异性牛马相逐。
　　③不虞：没有料想到。涉：至，到。
　　④召康公：周王室太保。大公：即姜尚。
　　⑤实：实际上。五侯：公、侯、伯、子、男五等诸侯。九伯：九州之长。五侯九伯指天下诸侯。女：你。
　　⑥夹辅：辅佐。
　　⑦履：践踩，走过。这里指可征服的范围。
　　⑧贡：贡品。包茅：古代祭祀时滤酒的菁茅。

⑨共：通"供"，供给、供应。
⑩缩酒：用菁茅滤酒，去除酒中的渣滓。
⑪是征：此，这。
⑫昭王：周成王之孙，到南方巡守时溺水而死。
⑬问诸水滨：向汉水边上的人询问情况。意思是当时楚国势力范围没有到达汉水之滨，昭王溺水一事与楚国无关。

译　文

四年春季，齐桓公联合各路诸侯侵略蔡国。蔡国被打得溃不成军。紧接着各路诸侯又去攻打楚国。楚成王派来使者前往诸侯军营，对齐桓公说："贵国地处北海，我国地处南海，两国相距遥远，彼此不相干扰，即使是处在发情期的牛马一路驰骋狂奔，互相也碰不上。不承想贵国君主不远千里跑到我国的土地上了，这是为什么呢？"管仲回答说："以前召康公曾命令我们的先君太公说：'天下诸侯，都可以讨伐，以便能辅佐周王室。'赐给我们先君可讨伐的势力范围：东至大海，西抵黄河，南到穆陵，北到无棣。你们不按时进贡包茅，影响王室祭品的供应，以致不能滤酒请神，因为这个缘故我们特地来此兴师问罪。此外，当年昭王到楚国南巡，却一去不回，我们也要追问缘由。"使者回答说："没有及时进贡，确实是我国国君不对，以后怎敢不供给呢？至于昭王巡游未归一事，还请你到汉水边问一问吧。"诸侯的联合大军继续向前挺进，在陉地驻扎下来。

原　文

夏，楚子使屈完如师①。师退，次于召陵②。

齐侯陈诸侯之师，与屈完乘而观之。齐侯曰："岂不谷是为③？先君之好是继。与不谷同好，如何？"对曰："君惠徼福于敝邑之社稷④，辱收寡君⑤，寡君之愿也。"齐侯曰："以此众战，谁能御之？以此攻城，何城不克？"对曰："君若以德绥诸侯，谁敢不服？君若以力，楚国方城以为城，汉水以为池，虽众，无所用之。"

屈完及诸侯盟。

注　释

①屈完：楚国大臣。

②召陵：楚国地名，位于今河南省郾城县南。

③岂不谷是为：不谷，诸侯自称。岂不谷是为意为大举兴兵难道是为了我自己吗？

④惠：副词，表示谦敬。徼福：求福。

⑤辱：副词，表示恭敬。收：安抚。

译　文

夏季，楚成王派遣屈完挥师前往诸侯驻军之地。诸侯大军后撤，退到召陵驻扎了下来。

齐桓公号令诸侯军队布阵，随后和屈完乘坐一辆战车一块儿阅兵。齐桓公说："我们兴兵作战，难道仅仅是为了我自己吗？不过是想让先君建立的友好关系维系下去罢了。齐楚两国也友好往来，怎样？"屈完回答说："承蒙大王莅临敝国，为敝国的社稷安康求福，您若能安抚我国国君，愿与我国友好建交，恰恰是我国国君所期望的。"齐桓公说："用这样数量庞大的军队协同作战，谁能抵御呢？用这样严整的大军攻打城池，哪座城是攻不破的呢？"屈完回答说："大王若是用仁德来安抚各路诸侯，哪路诸侯敢不服从，若是用武力讨伐，那么我们楚国可以把方城山当成御敌的城墙，把汉水当成护城河，大王的兵马即使再多，恐怕也没有施展之地。"

屈完与众诸侯会盟订约。

原　文

陈辕涛涂谓郑申侯曰①："师出于陈、郑之间，国必甚病②。若出于东方，观兵于东夷③，循海而归，其可也。"申侯曰："善。"涛涂以告，齐侯许之。申侯见，曰："师老矣，若出于东方而遇敌，惧不可用也。若出于陈、郑之间，共其资粮扉屦④，其可也。"齐侯说，与之虎牢⑤。执辕涛涂。

秋，伐陈，讨不忠也。

许穆公卒于师，葬之以侯，礼也。凡诸侯薨于朝会⑥，加一等；死王事，加二等⑦。于是有以衮敛⑧。

冬，叔孙戴伯帅师，会诸侯之师侵陈。陈成，归辕涛涂。

注　释

①辕涛涂：陈国大夫。申侯：郑国大夫。

②病：困乏。

③观兵：阅兵军演，展示军事实力。

④共：通"供"，供应。徘屦：草鞋。

⑤虎牢：郑国地名，即河南巩县东之虎牢关，为郑国险要城邑。

⑥朝会：诸侯、臣下朝见君王。

⑦许穆公是男爵，此次为效忠周室而死，故加二等，葬礼按照诸侯的规格操办。

⑧衮：古代天子、上公的礼服。

译　文

陈国大夫辕涛涂对郑国大夫申侯说："军队在陈、郑两国之间行军，两国供应粮草补给，必然发生困难。如果挥师东进，让东夷见识一下军队的兵力，之后顺着海道回国，是可以的。"申侯说："好。"辕涛涂便将这个提议进献给了齐桓公，齐桓公采纳了这个建议。申侯会见齐桓公说："军队在外滞留过久，东进时如果遇到敌人，怕是没有能力打胜仗了。倘若在陈、郑两国间取道行军，粮草、军鞋都让这两个国家来供应，也是可以的。"齐桓公听后大悦，将虎牢送给他作为赏赐，然后下令捉拿辕涛涂。

秋季，齐国率领蒋国、黄国讨伐陈国，这是由于辕涛涂对齐国不忠心。

男爵许穆公死于军中，因其对周室尽忠，按照诸侯的规格安葬他，是合乎礼法的。诸侯只要是在朝会时死亡，葬礼的规格就提升一个等级；为效忠周天子而死的，葬礼的规格就提升两个等级，唯有在此种情况下可用天子的礼服入殓。

冬季，叔孙戴率领各路诸侯的军队讨伐陈国，陈国要求讲和，齐国就让辕涛涂回国了。

原　文

初，晋献公欲以骊姬为夫人，卜之，不吉；筮之，吉。公曰："从筮。"卜人曰："筮短龟长①，不如从长。且其繇曰：'专之渝②，攘公之羭③。一薰一莸④，十年尚犹有臭。'必不可。"弗听，立之。生奚齐，其娣生卓子。

及将立奚齐，既与中大夫成谋⑤，姬谓大子曰："君梦齐姜，必速祭之。"大子祭于曲沃，归胙于公⑥。公田⑦，姬置诸宫六日。公至，毒而献之。公祭之地，地坟⑧。与犬，犬毙。与小臣，小臣亦毙。姬泣曰："贼由大子⑨。"大子奔新城⑩。公杀其傅杜原款⑪。

注　释

①筮短龟长：古人用龟占卜，用蓍草占筮，由于占卜比占筮灵验，且占卜在先占筮在后，所以称作"筮短龟长"。

②专之渝：专，指专宠。渝，改变。意思是专宠使事态发生变化，滋长邪恶。

③攘公之羭：羭，牡羊，暗喻太子申生，意思是夺走公羊。

④薰：香草。莸：臭草。

⑤成谋：预谋。

⑥胙：祭祀用的酒肉。

⑦田：狩猎。

⑧地坟：地上突起坟冢状的土包。

⑨贼：伤害，毒害。

⑩新城：即曲沃。

⑪傅：保傅。古代教导太子等贵族的官员。

译　文

当初，晋献公准备把骊姬立做夫人，占卜卦象显示不吉利，占筮卦象显示大吉大利。晋献公说："就听从占筮的结果吧。"卜人说："通常情况下，占卜比占筮要灵验，不如遵照灵验的结果行事。况且占卜的繇辞说：'专宠会滋生邪念，将来要盗走您的公羊。香草臭草混在一起放，即使过了十年还有残留臭味。'大王，您不可以这样做。"晋献公不听劝谏，执意立骊姬为夫人。骊姬诞下奚齐，骊姬的妹妹生下了卓子。

等到将要立奚齐为晋国太子的时候，骊姬和中大夫已然设下了阴谋。骊姬对太子说："大王梦到了你母亲齐姜，你一定要赶紧祭祀她。"太子前往曲沃祭祀母亲，给晋献公带回了祭酒和祭肉。当时晋献公出猎去了，骊姬把祭酒祭肉储存在宫里放置了六天。晋献公打猎回来后，骊姬往酒肉里投完毒后献给晋献公品尝。晋献公以祭酒浇地，地上隆起了一个坟冢般的土包，把祭肉分给狗吃了，没过多久狗就被毒死了，分给宦官吃，宦官也立即毙命了。骊姬哭着说："这是太子的阴谋啊。"太子逃到了新城，晋献公处死了他的保傅杜原款。

原 文

或谓大子："子辞①，君必辩焉。"大子曰："君非姬氏，居不安，食不饱。我辞，姬必有罪。君老矣，吾又不乐。"曰："子其行乎！"大子曰："君实不察其罪，被此名也以出②，人谁纳我？"

十二月戊申③，缢于新城④。姬遂谮二公子曰："皆知之。"重耳奔蒲。夷吾奔屈⑤。

注 释

①辞：说辞，辩解申辩的意思。
②被：蒙受，背负。
③戊申：晋用夏正，据周正推算，当在周正明年二月二十七日。
④缢：上吊。
⑤蒲、屈：皆为晋国城邑。

译 文

有人对太子说："如果您为自己辩解，大王一定能查明真相。"太子说："大王如果没了骊姬，寝食难安，我若为自己辩护，骊姬必被治罪。大王年纪大了，没了骊姬一定很不快乐，他不快乐，我也不快乐。"那人又说："那么你快逃跑吧！"太子说："大王尚未查清我的罪名，背负着杀父弑君的罪名逃走，谁又肯收留我呢？"

十二月二十七日，太子在新城上吊身亡了。骊姬又开始陷害另外两位公子："他们两个都事先知道太子的阴谋。"于是重耳逃到了蒲城，夷吾逃到了屈地。

经典解读

晋国宫廷的内部斗争反映了"家天下"政治和儒家"以孝治国"文化的不相容，太子敬父尊君却屡被诬陷诋毁，在骊姬设计的圈套下，竟落了个弑君杀父的罪名，最后背负不忠不孝的恶名屈死，说明"愚忠""愚孝"不可为。重耳和夷吾在遭到骊姬的陷害之后走上了流亡的道路，面临危险时，他们没有固守以死报君的传统理念，而是选择了积极自救，特别是重耳，历经放逐流亡的劫难，最后回国夺得君位，终成一代霸主。

这则故事告诉我们做人不能墨守成规，即便是提倡孝道的孔子也不赞同愚孝，据说孔子的弟子曾参除草时误伤了禾苗，站在原地任由父亲暴打，直至休克。世人皆赞曾参为孝子，孔子却说任由父亲施暴不是孝道，任由君王屠戮也不是忠义，这样做是促使为父者和为王者不仁不义，乃是罪过。我们今天遵从孝道不能以晋国太子为榜样，而要和父母建立健康和谐的亲密关系，而不是一味地牺牲自己，屈从于家长专制。

僖公五年

原　文

　　五年春，王正月辛亥朔①，日南至。公既视朔②，遂登观台以望。而书，礼也。凡分、至、启、闭③，必书云物④，为备故也。
　　晋侯使以杀大子申生之故来告。
　　初，晋侯使士蒍为二公子筑蒲与屈⑤，不慎，置薪焉⑥。夷吾诉之。公使让之。士蒍稽首而对曰⑦："臣闻之，无丧而戚，忧必雠焉⑧。无戎而城，仇必保焉⑨。寇仇之保，又何慎焉！守官废命不敬⑩，固仇之保不忠，失忠与敬，何以事君？《诗》云：'怀德惟宁，宗子惟城⑪。'君其修德而固宗子，何城如之？三年将寻师焉⑫，焉用慎？"退而赋曰："狐裘尨茸⑬，一国三公，吾谁适从⑭？"

注　释

①王正月辛亥朔：指周历正月初一，即夏历十一月初一。
②视朔：天子、诸侯每月朔日祭告祖庙后，在太庙听政，叫作视朔。
③闭：立秋，立冬。
④云物：云之色彩，指青、白、赤、黑、黄五种云色，按照古礼，国君在春秋二分、夏冬二至、立春、立夏、立秋、立冬时节，都要登台观云色占卜，并记录结果。
⑤蒲、屈：皆为晋国邑名。
⑥置薪：把木柴放进了城墙里。
⑦稽首：叩首，通行于尊卑之间的古礼。
⑧雠：应，指忧与戚相应。
⑨仇：敌人。保：护卫，守御。
⑩守官：居官。废命：不听从命令。

61

⑪怀德惟宁：心怀仁德便安宁。宗子惟城：宗室子弟团结一致就是坚固的城池。
⑫寻师：用兵作战。
⑬尨茸：杂乱。
⑭适：主。

译　文

五年春季，周历正月初一，冬至。鲁僖公在祖庙做完祭告仪式后，便登临观台观测云气。并对观测结果加以记载，这是符合礼法的。凡是春分秋分、夏至冬至、立春立夏、立秋立冬，必须要记载云气的情况，主要是为自然灾害的到来做好充分的准备。

晋献公让使者前往鲁国报告处死太子申生的理由。

当初，晋献公让士蒍为两位公子在蒲地和屈地修建城邑，一不留神，城墙里掺进了薪柴。夷吾把这件事告知了晋献公。晋献公派人斥责士蒍失职。士蒍叩头回答说："微臣听说'没办丧事却悲悲戚戚，忧愁必会随之到来，没有战祸而筑造城邑，国内的敌人就会把它作为军事壁垒。既然敌人能把它据为己有，筑城时又何必太认真呢？官位在身，不听从命令，就是对君王不敬，加固敌人可以占据的城池就是对国家不忠。抛弃了忠和敬，怎么还能辅佐君王呢？《诗》说：'心怀仁德，便可安邦，宗室子弟就是国家最牢不可破的城池啊。'大王只要修身养德，巩固宗室子弟的地位，哪座城池可与之相比呢？三年之后将有战祸降临，现在修筑城池哪用得着这么认真？"告退后赋诗说："袭衣乱蓬蓬，一国有三公，我应追随谁？"

原　文

及难，公使寺人披伐蒲。重耳曰："君父之命不校①。"乃徇曰："校者吾仇也。"逾垣而走②。披斩其袪，遂出奔翟。

夏，公孙兹如牟③，娶焉。

会于首止④，会王大子郑，谋宁周也⑤。

陈辕宣仲怨郑申侯之反己于召陵⑥，故劝之城其赐邑⑦，曰："美城之⑧，大名也⑨，子孙不忘。吾助子请。"乃为之请于诸侯而城之，美。遂谮诸郑伯，曰："美城其赐邑，将以叛也。"申侯由是得罪。

注　释

①校：违抗，违背。

②逾垣：翻墙。
③公孙兹：叔孙戴伯。牟：国名，位于今山东省莱芜县东。
④首止：卫国地名。
⑤宁周：安定周天子郑之位。
⑥辕宣仲：即辕涛涂。反己：出卖，背叛。
⑦赐邑：齐桓公赏赐的虎牢。
⑧美城：将城池修建得无比美观。
⑨大名：扬名，扩大声誉。

译 文

等战祸发生时，晋献公派寺人披征讨蒲城。重耳说："不能违背父王之命。"于是通令三军说："抵抗的就是我的仇敌。"重耳越墙逃逸，披砍掉了他的衣袖，后来他逃到了翟国。

夏季，公孙兹前往牟国娶妻。

鲁僖公和齐桓公、宋桓公、陈宣公、卫文公、郑文公、许僖公、曹昭公聚集到首止会面，会见了周王太子郑，商讨安定周室的策略。

陈国辕涛涂痛恨在召陵背叛自己的郑人申侯，故意劝他在封邑修筑城池，对他说："把城邑修建得美观气派些，可以扩大声誉，传扬美名，子孙后代也不会将您遗忘。我愿帮您向诸侯请求筑城一事。"于是便向诸侯请求，征得许可后，把城池建造得美轮美奂。辕涛涂于是就向郑文公进谗言诋毁申侯："他把所赐的城邑修建得如此美观气派，定是准备谋乱。"申侯由此获罪。

原 文

秋，诸侯盟。王使周公召郑伯①，曰："吾抚女以从楚，辅之以晋，可以少安。"郑伯喜于王命而惧其不朝于齐也，故逃归不盟，孔叔止之曰②："国君不可以轻，轻则失亲。失亲患必至，病而乞盟，所丧多矣，君必悔之。"弗听，逃其师而归③。

楚斗谷于菟灭弦，弦子奔黄。

于是江、黄、道、柏方睦于齐④，皆弦姻也⑤。弦子恃之而不事楚，又不设备，故亡。

注释

①王：周惠王。郑伯：郑文公。
②孔叔：郑国大夫。
③逃其师：君王外出必有军队随行。郑文公担心率军回国，会受到诸侯拦截，所以脱离军队自己逃跑。
④江、黄、道、柏：与楚国相邻的四个诸侯国。
⑤弦姻：江国、黄国、道国、桁国和弦国存在姻亲关系。

译文

秋季，各路诸侯会盟。周惠王派遣周公会见郑文公说："我让你跟从楚国，并令晋国辅助你，这样诸侯国之间就能稍微安定了。"郑文公听到周天子的命令很是开心，但又因没有朝见齐国而担忧，于是便打算逃回郑国，不参加诸侯的会盟。孔叔劝阻说："国君做事不能草率，草率行事就会失去亲近的人，这样祸患必然会降临。等到国家出现危机再去乞求和诸侯结盟，丧失的东西就更多了，到时您一定会悔不当初。"郑文公没有听从他的建议，离开军队只身逃回了晋国。

弦国被楚国的斗谷于菟消灭，弦子逃奔到了黄国。

当时江、黄、道、柏和齐国关系和睦融洽，这四国和弦国都是姻亲关系。弦子依仗这层关系拒绝侍奉楚国，国家又没有军备国防的设置，所以被楚国消灭了。

原文

晋侯复假道于虞以伐虢。宫之奇谏曰："虢，虞之表也。虢亡，虞必从之。晋不可启①，寇不可玩②，一之谓甚，其可再乎？谚所谓'辅车相依③，唇亡齿寒'者，其虞、虢之谓也。"公曰："晋，吾宗也，岂害我哉？"对曰："大伯、虞仲④，大王之昭也⑤。大伯不从，是以不嗣⑥。虢仲、虢叔⑦，王季之穆也⑧，为文王卿士，勋在王室，藏于盟府。将虢是灭，何爱于虞？且虞能亲于桓、庄乎⑨，其爱之也？桓、庄之族何罪，而以为戮，不唯逼乎⑩？亲以宠逼，犹尚害之，况以国乎？"公曰："吾享祀丰洁⑪，神必据我。"对曰："臣闻之，鬼神非人实亲⑫，惟德是依。故《周书》曰：'皇天无亲，惟德是辅。'又曰：'黍稷非馨，明德惟馨⑬。'又曰：'民不易物，惟德繄物。'如是，则非德，民不和，神不享矣。神所冯依⑭，将在德矣。若晋取虞而明德以荐馨香，神其吐之乎？"弗听，许晋使。宫之奇以其族行⑮，曰："虞不腊矣⑯，在此行也，晋不更举矣⑰。"

注　释

①晋不可启：不能开启晋国的野心。
②寇：士兵，军队。这里指晋国的军队。玩：玩忽，轻视，小觑。
③辅：车厢两侧的夹板。
④大伯：即太伯，周太王长子。虞仲：太伯的弟弟，太王的次子。
⑤大王：即太王。昭：古代庙宇次序。始祖居于正中位置，其后三世、五世、七世奇数者位于左侧，叫作昭，二世、四世、六世偶数者位于右侧，被称之为穆。墓葬次序也按此排列。
⑥不嗣：太王长子太伯，和弟弟虞仲去了吴国，没有继承君位，幼弟王季即位。
⑦虢仲、虢叔：王季之子。
⑧穆：王季为昭，故其子虢仲、虢叔为王季之穆。
⑨桓、庄：指曲沃桓叔和曲沃庄伯。
⑩逼：威逼。
⑪享祀：祭品。
⑫非人实亲：倒装用法，即非亲人。
⑬明德：光明正大的美德。
⑭冯：同凭，靠。
⑮以：带领。族：家族。
⑯腊：腊祭。
⑰晋不更举：晋国将用灭亡虢国的军队消灭虞国，不需要另行发兵了。

译　文

晋献公再次提出要取道虞国讨伐虢国。虞国大夫宫之奇劝谏说："虢国乃是虞国的外围壁垒，假若虢国被消灭了，虞国必然也会随之灭亡。我们不能让晋国打开野心，不可轻易借道给晋国。以前借道过一次便够了，怎么还能有第二次呢？民谚有云'车厢的夹板和车子相互依存，如果没有了嘴唇，牙齿就会感到寒冷'，所形容的就是虞、虢两国的关系。"虞公说："晋国和我国同宗，难道会加害我们吗？"宫之奇回答说："太伯、虞仲，皆为太王之子，太伯不听君令，和弟弟虞仲一起去了吴国，所以没能继承王位。虢仲、虢叔为王季之子，又都是周文王的卿士，为王室建立了功勋，受封的典策还藏在盟府中。晋国想要灭亡虢国，又怎么会顾惜虞国呢？对晋国来说，虞国难道会比桓叔、庄伯更亲吗？桓、庄家族有什么罪呢，竟惨遭杀戮，不就是因为晋国他们视作威胁吗？亲族由于受宠被视为威胁,尚且被加害,更何况你掌管一个国家呢?"虞公说:"我的祭品既丰盛又洁净,神灵一定会保佑我的?"宫之奇说:"微臣听说,神明并不会唯独亲近哪一个人,而只会依从德行高的人。因此《周书》说:'上苍无亲疏之分,只帮助有德者。'又说:'黍稷不香,正大光明的德行才馨香。'又说:'百姓不必改变祭物,唯有德行才是最好的祭物。'如此看来,假若没有德行,老百姓就不会友好和睦,神灵也就不来享用祭品了。神灵依傍的,在于德行。假如晋国吞并了虞国,把光明正大的美德作为祭物进献于神灵,神灵还会吐出来吗?"虞公不听劝谏,答应了晋国使者借道的请求。宫之奇便带着族人离开了虞国,临行时说:"虞国支撑不到腊祭了。晋国会趁此机会吞并虞国,根本不需要另行发兵了。"

原　文

　　八月甲午,晋侯围上阳①。问于卜偃曰:"吾其济乎?"对曰:"克之。"公曰:"何时?"对曰:"童谣云:'丙之晨,龙尾伏辰②,均服振振,取虢之旂③。鹑之贲贲④,天策焞焞⑤,火中成军,虢公其奔。'其九月、十月之交乎。丙子旦,日在尾,月在策,鹑火中,必是时也。"

　　冬十二月丙子朔⑥,晋灭虢,虢公丑奔京师。师还,馆于虞,遂袭虞,灭之,执虞公及其大夫井伯,以媵秦穆姬⑦。而修虞祀,且归其职贡于王⑧。

　　故书曰:"晋人执虞公。"罪虞,且言易也。

注　释

①上阳:虢国包括东虢、北虢、南虢,上阳是南虢。
②龙尾:星宿名,位于苍龙七宿之末。辰:日月交辉叫作辰。
③旂:系有铃铛的旗。
④鹑:朱雀七宿第三颗星宿柳宿,又叫鹑火、火星。
⑤天策:即傅说星。焞焞:光线黯淡。
⑥冬十二月:此用周正,相当于夏正十月。
⑦媵:陪嫁之人。秦穆姬:晋献公的女儿,秦穆公的夫人。
⑧职贡:上贡赋税。

译　文

　　八月的一天,晋献公要出兵围困上阳,他问卜偃:"我能夺取那里吗?"卜偃回答说:"能。"晋献公问:"什么时候能攻克?"卜偃答道:"童谣说'丙子日拂晓,龙尾星堙没，军服威武潇洒，夺下虢国旗帜。鹑火星如大鸟展翼，天策星黯淡无光。鹑火星下行军，虢公就要奔逃。'这天大约是在九月末十月初吧。丙子日早上，太阳居于尾星之上，月亮居天策星之上，鹑火位于太阳和月亮之间，一定就是这个时间。"

冬季十二月初一日，晋国一举消灭了虢国，虢公逃窜到了京城。晋军撤兵返回时，暂时在虞国驻扎下来，趁此机会偷袭了虞国，然后就把虞国灭亡了，并擒获了虞公和其大夫井伯。井伯以陪嫁的身份跟随秦穆姬去了秦国。晋国并没有废弃虞国的祭祀，并将虞国的赋税上交给了周天子。

故而《春秋》记载说："晋国人俘获了虞公"，意思是应该把虞国的灭国归咎于虞公，而且说晋国不费吹灰之力就消灭了虞公。

经典解读

晋献公借假道伐虢之机，一举吞并了虞国。虞公因不听大夫宫之奇的劝说而导致了亡国的悲惨下场。早在晋国行动前夕，宫之奇就识破了晋国的诡计，他用"辅车相依，唇亡齿寒"来形容虞虢相互依存、荣辱与共的密切关系，点明了地缘政治的重要性，一针见血地指出虢国灭亡，虞势必暴露在晋国的威胁之下，并以史实为依据，有力地驳斥了同宗不相残的天真想法，通过引经据典，驳斥了虞公神佑虞国的观点，指出一个君主只有施行德政，赢得民心才能保全国家。宫之奇的论述有理有据，显示出一个政治家的智谋和远见。今天面对错综复杂的国际政治局势，宫之奇的观点仍然可以为我们提供有益的借鉴。

僖公九年

原　文

九年春，宋桓公卒，未葬而襄公会诸侯，故曰子。凡在丧，王曰小童，公侯曰子。

夏，会于葵丘，寻盟，且修好，礼也。

王使宰孔赐齐侯胙，曰："天子有事于文武①，使孔赐伯舅胙②。"齐侯将下拜③。孔曰："且有后命。天子使孔曰：'以伯舅耋老，加劳，赐一级，无下拜'"。对曰："天威不违颜咫尺，小白余敢贪天子之命无下拜？恐陨越④于下，以遗天子羞。敢不下拜？"下拜；登受。

注　释

①有事：祭祀之事。
②伯舅：天子管同姓的诸侯叫伯父或叔父，管异性诸侯叫伯舅。
③下拜：走下台阶跪拜。
④陨越：摔跤，跌下。

译　文

九年春季，宋桓公死亡，尚未被安葬，宋襄公就和诸侯会面了，故而《春秋》管他叫"子"。但凡在服丧期间，天子被称作"小童"，公侯被称作"子"。

夏季，鲁僖公、宰周公、齐桓公、宋桓公、卫文公、郑文公、许僖公、曹共公于葵丘会盟，重申以前缔结的盟约，同时继续保持友好关系，这是合乎礼法的。

周襄王派宰孔给齐桓公送去赏赐的祭肉，并对齐桓公说："天子派我把祭祀文王、武王的祭肉给伯舅送来。"齐桓公正欲下阶跪拜。宰孔说："且稍等，我还有令要传达。天子派我说'考虑到伯舅年老体衰，而且有功在身，特加爵一等，不必行下阶拜谢之礼了。'"齐桓公说："天子的君威近在咫尺，小白岂敢因天子之令而不下阶跪拜。不行下拜之礼，我恐怕会从诸侯的位置上跌下来，让天子蒙羞。小白我岂敢不下拜呢？"齐桓公于是就下阶拜谢，而后走上台阶接过了赏赐的祭肉。

原　文

秋，齐侯盟诸侯于葵丘，曰："凡我同盟之人，既盟之后，言归于好。"宰孔先归，遇晋侯曰："可无会也。齐侯不务德而勤远略，故北伐山戎，南伐楚，西为此会也。东略之不知，西则否矣。其在乱乎。君务靖乱，无勤于行。"晋侯乃还。

九月，晋献公卒，里克、邳郑欲纳文公①，故以三公子之徒②作乱。

初，献公使荀息傅奚齐，公疾，召之，曰："以是藐诸孤，辱在大夫③，其若之何？"稽首而对曰："臣竭其股肱之力，加之以忠贞。其济，君之灵也；不济，则以死继之。"公曰："何谓忠贞？"对曰："公家之利，知无不为，忠也。送往事居④，耦俱无猜。贞也。"

及里克将杀奚齐，先告荀息曰："三怨将作，秦、晋辅之，子将何如？"荀息曰："将死之。"里克曰："无益也。"荀叔曰："吾与先君言矣，不可以贰。能欲复言而爱身乎？虽无益也，将焉辟之？且人之欲善，谁不如我？我欲无贰而能谓人已乎？"

注　释

①文公：即重耳。
②三公子之徒：申生、重耳、夷吾三位公子的党羽。
③辱在大夫：辱，托付，嘱托。在，于。意思是嘱托给大夫。
④送往事居：送走先君事奉新君。

译　文

　　秋季，齐桓公跟各诸侯在葵丘会盟，对他们说："但凡和我缔结过盟约的人，皆为同盟之后，就要不计前嫌言归于好。"宰孔先告辞回去了，半路上碰到了晋献公，就对他说："不必参加盟会了。齐桓公不用心修养德行，却忙于远征，所以向北讨伐山戎，向南讨伐楚国，在西边举办了此次盟会，目前尚不知道向东会有什么行动，举兵西征是不可能了。晋国怕是有祸乱到来吧。作为一代君王，理应平息内乱，不应该忙于对外征伐。"晋献公听完这席话，就回国了。

　　九月，晋献公亡故了。里克、邳郑试图让文公重耳当国君，所以便煽动重耳、申生、夷吾三位公子的党羽发动叛乱，阻止奚齐即位。

　　当初，晋献公派荀息辅佐奚齐执事。晋献公病危时，召见荀息说："我将这个幼小的孤儿嘱托给你怎样？"荀息叩首答道："微臣当竭尽全力辅佐他，并对他忠贞不渝。若是事成，便是大王在天之灵护佑，若是不成，我当以死报答君恩。"晋献公问："什么是忠贞呢？"荀息说："只要涉及国家利益的事情，知道了就全部做到，这就是忠；送走先王辅佐新君，让双方互相不猜忌，就是贞。"

　　等里克企图动手杀奚齐时，他先告诉荀息说："三位公子党羽的怨恨都要发作了，秦、晋两国都要出手帮助他们，你有什么打算？"荀息说："打算赴死。"里克说："这样做毫无益处。"荀息说："我和先君有过承诺了，不能更改。难道能既遵守誓言又爱惜性命吗？虽然死了也没什么用处，但活着又能往哪里躲藏呢？况且人都想变成更美好的人，谁不像我这样呢？我不愿改变誓言，难道能劝别人说不这样做吗？"

69

原　文

冬十月，里克杀奚齐于次①。书曰："杀其君之子。"未葬也。荀息将死之，人曰："不如立卓子而辅之②。"荀息立公子卓以葬。十一月，里克杀公子卓于朝，荀息死之。君子曰："《诗》所谓'白圭之玷，尚可磨也；斯言之玷，不可为也，'荀息有焉。"

齐侯以诸侯之师伐晋，及高梁而还③，讨晋乱也。令不及鲁，故不书。

晋郤芮使夷吾重赂秦以求入，曰："人实有国，我何爱焉。入而能民，土于何有④。"从之。

齐隰朋帅师会秦师，纳晋惠公。

秦伯谓郤芮曰："公子谁恃？"对曰："臣闻亡人无党，有党必有仇。夷吾弱不好弄⑤，能斗不过，长亦不改，不识其他。"

注　释

①次：守灵的茅屋，陪侍灵柩居住的茅舍。
②卓子：骊姬妹妹少姬之子。
③高梁：晋国地名。
④土于何有：意思是何患无土。
⑤好弄：玩耍。

译　文

冬季十月，里克在守丧的茅舍里把奚齐杀死了。《春秋》说"杀其君之子"，把奚齐称作"君之子"，是因为晋献公尚未下葬。荀息想要自刎，别人劝他说："不如把卓子立为国君，然后辅佐他。"荀息于是把公子卓立为了新国君，并安葬了晋献公。十一月，里克在朝堂之上公然杀死了公子卓，荀息自尽了。君子说："《诗经》说'白璧上的瑕疵，可以磨掉去除，一旦食言，就无法挽回了。'荀息正是这样啊。"

齐桓公带领诸侯大军讨伐晋国，抵达高梁就班师回国了，这次军事行动是为了讨伐晋国的祸乱。因为命令没有传达给鲁国，所以《春秋》没有加载。

晋国人郤芮派夷吾以厚礼贿赂秦国，请求秦国助他回到自己的国家。他对夷吾说："真要让别人占有了国家，我们还有什么好顾惜的？回国既能得到百姓，又何患没有土地呢？"夷吾采纳了他的提议。

齐国的隰朋领兵和秦军会合护送晋惠公夷吾回晋国继承君位。

秦穆公问郤芮说:"公子夷吾在晋国可有什么依靠?"郤芮回答说:"微臣听说流亡在外的人没有党羽依靠,有党羽者必然有仇家。夷吾年幼时就不贪玩,能争斗却控制有度,不过分,长大成人以后依然本性不改,我知道的就是这些情况,其他的就不是非常清楚了。"

原　文

公谓公孙枝曰:"夷吾其定乎?"对曰:"臣闻之,唯则定国。《诗》曰:'不识不知,顺帝之则。'文王之谓也。又曰:'不僭不贼①,鲜不为则。'无好无恶,不忌不克之谓也。今其言多忌克②,难哉!"公曰:"忌则多怨,又焉能克?是吾利也。"

宋襄公即位,以公子目夷为仁,使为左师以听政,于是宋治。故鱼氏世为左师③。

注　释

① 僭:诬陷,说假话。贼,伤害,害人。
② 忌克:好猜忌且争强好胜。
③ 鱼氏:目夷字子鱼,故后人以鱼为氏。

译　文

秦穆公问公孙枝说:"夷吾有能力让国家走向安定吗?"公孙枝回答说:"微臣听说,唯有行为符合常规,才能使国家安定。《诗经》说:'无知无识,冥冥之中顺应上苍的自然法则。'文王就是典型的例子。又说:'不诋毁,不害人,其行为鲜有不能做典范者。'没有偏好,也不厌恶,既不猜疑,也不逞强。而今夷吾言语之中流露出猜忌之心和争强好胜的品性,要让这样的人安定国家是很难的。"秦穆公说:"好猜忌必然滋生很多怨恨,这样的人怎能成赢家呢?这种情况对我们国家是有利的。"

宋襄公即位,他觉得公子目夷仁德,就封他担任左师处理政务,宋国于是进入了太平盛世。故而目夷的子孙鱼氏得以世代继承左师的官位。

经典解读

晋献公弥留之际托孤荀息,荀息誓死护佑新主,然而却无力挽回奚齐被谋杀的命运，后又立卓子为国君。卓子被害后，荀息深感有负所托，遂自杀身亡。荀息是晋国的肱股之臣，一生忠于职守，最后不惜以死尽忠，体现出了一名士大夫忠贞不渝的品格。他信守诺言，忠节可嘉，但其忠心只针对旧君和幼主，而不是针对整个国家，所以这种忠贞多少有些局限性。他以身殉主，却没有为平息内乱、安定国家作出积极的努力，致使晋国陷入长期的混乱，所以站在客观立场来看，他的愚忠终归是不可取的。为国效力和为统治者尽忠是两个截然不同的概念，为国捐躯是为大义，为拯救天下苍生献身同样也是高尚的，对统治者以死效忠在今天看来则是十分狭隘的。

僖公十年

原文

十年春，狄灭温，苏子无信也。苏子叛王即狄，又不能于狄①，狄人伐之，王不救，故灭。苏子奔卫。

夏四月，周公忌父、王子党会齐隰朋立晋侯。晋侯杀里克以说②。将杀里克，公使谓之曰："微子则不及此③。虽然，子弑二君与一大夫，为子君者不亦难乎？"对曰："不有废也，君何以兴？欲加之罪，其无辞乎④？臣闻命矣。"伏剑而死。于是丕郑聘于秦，且谢缓赂⑤，故不及。

注释

①不能：相处不和睦。
②说：通"悦"，取悦，讨好，使别人高兴。
③微子：微，没有。子，你。
④其：岂，难道。
⑤谢：表达歉意。

译文

十年春季，温国被狄人所灭，这是因为苏子背弃了信义。苏子叛离了周天子投靠了狄人，又无法和狄人和平共处，狄人讨伐他，周天子不施援手相救，所以温国亡国了，苏子逃奔到了卫国。

夏季四月，周公忌父、王子党联合齐国的隰朋一起立晋惠公为国君。晋惠公处死了里克以取悦他们。在杀里克之前晋惠公派人传话说："若不是因为你，我还成不了国君。即便如此，你弑杀了两位君王和一个大夫，作为你的国君，面对这种情况岂不是很难处理？"里克说："倘若不废黜奚齐和卓子，君王怎么有机会继位呢？想要给人添加罪名，还怕找不到理由吗？微臣知道大王的意思了。"说完就拔剑自刎了。当时丕郑正出访秦国，是为了延迟履行行贿的诺言，向秦国传达了歉意，所以躲过了这次灾祸。

原　文

晋侯改葬共大子①。

秋，狐突适下国②，遇大子，大子使登，仆，而告之曰："夷吾无礼，余得请于帝矣。将以晋畀秦③，秦将祀余。"对曰："臣闻之，神不歆非类④，民不祀非族。君祀无乃殄乎⑤？且民何罪？失刑乏祀⑥，君其图之。"君曰："诺。吾将复请。七日新城西偏，将有巫者而见我焉。"许之，遂不见。及期而往，告之曰："帝许我罚有罪矣，敝于韩⑦。"

丕郑之如秦也，言于秦伯曰："吕甥、郤称、冀芮实为不从，若重问以召之⑧，臣出晋君，君纳重耳，蔑不济矣⑨。"

注　释

①共大子：即太子申生。

②下国：太子申生居住的曲沃新城。

③畀：给予，交给。

④歆：享用。

⑤无乃殄乎：可能会断绝。无乃，可能，也许。殄，断绝，绝灭。

⑥失刑乏祀：处罚失当祭祀断绝。失，失当，不当。乏，断绝。

⑦敝于韩：在韩地被打败。敝，败。韩，晋国地名。

⑧重问：厚礼。

⑨蔑不济：一定成功，没有不成功的。蔑，没有。济，成功。

译　文

晋惠公改葬了太子申生。

秋季，狐突前往陪都曲沃时，碰上了太子申生的幽灵。太子命令他上车为自己驱驾，并对他说："夷吾所作所为不合礼数，我已请求天帝，并征得同意，打算把晋国交给秦国，秦国将会祭祀我。"狐突回答说："微臣听说，神灵不享用异族的祭物，民众也不祭祀他族的神灵，您的祭祀怕是会断绝吧？群众有什么罪过呢？处罚不当又让自己断绝祭祀，是不合适的，还是请您好好考虑考虑吧！"太子申生说："好吧，我将重新请命。七日后，新城西邑会出现一个巫师来传达我的意思。"狐突答应会见巫师，太子就消失不见了。七天后，狐突到了新城西邑，巫师告诉他说："天帝准许我责罚罪人，夷吾会在韩地被击败。"

丕郑到秦国，对秦伯说："吕甥、郤称、冀芮不赞同许给秦国的贿赂条件，我们可送厚礼给他们，并请他们访问秦国，与此同时，微臣将晋国国君驱逐出去，您让重耳回晋国即位，保证能大功告成。"

原　文

冬，秦伯使泠至报问①，且召三子。郤芮曰："币重而言甘，诱我也。"遂杀丕郑、祁举及七舆大夫：左行共华、右行贾华、叔坚、骓颛、累虎、特宫、山祁，皆里、丕之党也。丕豹奔秦，言于秦伯曰："晋侯背大主而忌小怨②，民弗与也，伐之必出。"公曰："失众，焉能杀。违祸，谁能出君。"

注　释

①报问：回访。

②背大主：背离大国秦国。这里指背弃贿赂秦国的约定。小怨：和里克、丕郑的小恩怨。

译　文

冬季，秦穆公让泠至回访晋国，并赠给吕甥、郤称、郤芮三人厚礼，请他们出访秦国。郤芮说："礼品贵重且花言巧语，分明是有意诱惑我们。"于是便将丕郑、祁举及七舆大夫：左行共华、右行贾华、叔坚、骓颛、累虎、特宫、山祁统统杀死了。他们都是里克、丕郑夫人党羽。丕郑之子丕豹逃奔到了秦国，对秦穆公说："晋惠公夷吾背弃大国却对小恩怨铭记在心，百姓不会追随他的。如果讨伐他，百姓一定会驱逐他的。"秦穆公说："假如夷吾已经失去了百姓支持，怎能诛杀大臣？百姓如果像你这样纷纷避祸逃难，谁又能驱走国君呢？"

经典解读

历史上很多君王尤其是大分裂大动荡时期的君王，给人的印象多半是多狡而少诚的,其反复无常、多变暴虐的一面远远大于睿智仁德的一面,这就是造成臣下人人自危、百姓离心离德的根本原因。可以说这类君王往往都有着极高的智商,但情商却非常低,人品更是让人无法信服,因此常常陷入四面楚歌、"失道者寡助"的局面。以晋惠公为例,他的背信弃义完全是出于现实利益的考量,利用秦国回国即位却不履行当初允诺的约定,更多的是为了维护个人和晋国本国的利益,利用里克登上君位,却没有给予其许诺过的封赏,而是以里克弑杀两君为由将其逼死,这样做其实是强化了忠君的概念,释放出了但凡弑君者其罪当诛的信息。

表面上看,晋惠公是很高明的,仔细分析就会发现其实他是自作聪明,他不但品行卑污,而且狡诈毒辣,这样的君王不但获得不了臣下的忠心,而且会失去民心。纵观历史,我们会发现真正受臣民爱戴和拥护的君王无一不是宽厚仁慈、睿智明达的,也就是说是智商和情商双高的人。狡诈多智、品行恶劣的人终归会被历史所弃。

僖公十二年

原 文

> 十二年春,诸侯城卫楚丘之郭①,惧狄难也。
> 黄人恃诸侯之睦于齐也,不共楚职,曰:"自郢及我九百里,焉能害我②?"夏,楚灭黄。
> 王以戎难故,讨王子带③。秋,王子带奔齐。
> 冬,齐侯使管夷吾平戎于王,使隰朋平戎于晋。

注 释

①郭:城郭,外城。
②郢:楚国都城。
③王子带:周惠王之子,周襄王异母兄弟。曾招引戎人进犯周都,被周襄王起兵讨伐。

译 文

十二年春季,因为害怕狄人犯境,诸侯在卫国的楚丘修建了防御性质的外城。

黄国人凭借诸侯与齐国关系和睦，拒绝向楚国进贡，说："郢都距离我黄国足有九百里之遥，楚国怎能危害到我国呢？"夏季，楚国消灭了黄国。

周天子由于饱受戎人滋扰，举兵讨伐王子带。秋季，王子带逃奔到了齐国。冬季，齐桓公派管仲劝戎人跟周天子求和，派隰朋劝戎人和晋国和解。

原　文

王以上卿之礼飨管仲，管仲辞曰："臣，贱有司也，有天子之二守国、高在①。若节春秋来承王命，何以礼焉？陪臣敢辞②。"王曰："舅氏，余嘉乃勋，应乃懿德，谓督不忘。往践乃职，无逆朕命。"管仲受下卿之礼而还。

君子曰："管氏之世祀也宜哉！让不忘其上。《诗》曰：'恺悌君子，神所劳矣③。'"

注　释

①二守：即国子、高子两位守臣，皆为上卿。
②陪臣：诸侯国大夫在周王室面前自称陪臣。
③恺悌：和蔼平易。劳：保佑，护佑。

译　文

周天子以上卿的礼遇设酒筵款待管仲。管仲推辞说："陪臣不过是身份低微的小官，如今朝中有天子任命的国氏、高氏，倘若二人春秋时节觐见天子聆听王命，您又用什么样的礼遇接待他们呢？所以陪臣请辞上卿之礼。"周天子说："舅父，我欣赏你的功绩，接受你谦让的美德，你给我留下的深刻印象是无法让人忘怀的。去履行你的职责吧，不要违抗王命。"最后，管仲接受了下卿的礼遇，回到了齐国。

君子说："管氏世代受祭祀是多么适宜啊！谦虚礼让不忘爵位高过自己的上卿。《诗经》说：'随和可亲而又平易近人的君子，就是神明所眷顾和护佑的。'"

经典解读

礼制是我国古代社会中最为重要的行为规范和约束机制，在专制集权的环境中，它体现的是森严的等级制度和尊卑次序，作为一种文化异象它在一定程度上阻碍了文明的进步，压抑和遏制了健康的人性。抛开这些消极的影响不谈，礼是一种调节人际关系的规范，古语说："无规矩不成方圆。"礼的出现和存在自有它的意义。《管子》开篇就指出："礼义廉耻，国之四维，四维不张，国乃灭亡。"说明礼对一个国家的生存和发展是至关重要的。

春秋时期，虽然被称作是礼崩乐坏的大变革时代，但是各诸侯国之间在外交上还是以礼相待的，诸侯国内部依然遵从礼法，管仲不受上卿之礼的行为既体现了一种礼让的美德，又表明了对礼仪的尊重和重视，他虽受周天子赏识却不敢妄自尊大，不愿逾越礼法，破坏礼制，这种谦虚低调的行为反而使其在后世更为受人推崇和尊敬。我们常说的"地低为海、人低为王"说的就是这个道理。

僖公十三年

原　文

十三年春，齐侯使仲孙湫聘于周，且言王子带。事毕，不与王言。归，复命曰："未可。王怒未怠①，其十年乎。不十年，王弗召也。"

夏，会于咸②，淮夷病杞故，且谋王室也。

秋，为戎难故，诸侯戍周，齐仲孙湫致之③。

注　释

①未怠：没有消解。
②咸：卫国地名，位于河南省濮阳县东南。
③致之：领兵前去戍守。

译　文

十三年春季，齐桓公派仲孙湫前往周室问候，让他顺便提一下有关王子带的事情。但问候过周天子之后，仲孙湫并没有说起王子带之事。返回齐国以后，他向齐桓公复命说："现在时机不对，周天子余怒未消，怕是得等上十年他才能消气，不满十年，周天子是不会召王子带回去的。"

夏季，鲁僖公和齐桓公、宋襄公、陈穆公、卫文公、郑文公、许僖公、曹共公聚集在咸地会面，举行会盟原因是淮夷对杞国构成了威胁，同时还要商讨一下让周室安定的事宜。

秋季，由于戎人造成的祸乱，诸侯列国派兵戍守成周，齐国的仲孙湫也领兵前往。

原　文

冬，晋荐饥①，使乞籴于秦②。秦伯谓子桑："与诸乎？"对曰："重施而报，君将何求？重施而不报，其民必携，携而讨焉，无众必败③。"谓百里："与诸乎？"对曰："天灾流行，国家代有④，救灾恤邻，道也。行道有福。"郑之子豹在秦，请伐晋。秦伯曰："其君是恶，其民何罪？"秦于是乎输粟于晋，自雍及绛相继⑤，命之曰"泛舟之役"。

注　释

①荐饥：连年发生灾荒。
②籴：购买粮食。
③携：背离，离弃。讨：征讨，进攻。
④代：交替。
⑤雍：秦国都城。绛：晋国都城。

译　文

冬季，晋国连年闹饥荒，于是便派人前往秦国请求购买粮食。秦穆公问子桑："我们应该把粮食卖给晋国吗？"子桑回答说："再给他们施加一次恩惠，他们必然会报答我们，君王还想要什么呢？假如我们再次出手相助，他们不肯报恩，百姓必然会离弃他们，等待百姓背离了他们，我们再去讨伐，没有支持他们的民众，他们必定失败。"秦穆公又问百里说："我们卖粮食给他们吗？"百里回答说："而今天灾肆虐，荒年会在各诸侯国交替出现的，救济灾民，赈济邻邦，是符合道义的。行事合乎道义就会有福报。"当时丕郑的儿子豹正在秦国，他请求秦国讨伐晋国。秦穆公说："晋国的国君是很讨人厌，可是晋国的百姓又有什么罪呢？"秦国于是就将粟米运输到了晋国，运粮的船队浩浩荡荡，从雍城到绛城连绵不绝。这次运粮的事件被称为"泛舟之役。"

经典解读

晋惠公是在秦穆公的帮助下才顺利继承君位的，即位后并没有履行对秦国许下的诺言，国家遇到灾年后却希望秦国不计前嫌、慷慨援助。换作其他君王遇到这种情况，根本不会出手相助，还很有可能趁机发兵讨伐晋国，毕竟晋惠公背信弃义在先，且国内粮食储备不足、人心涣散，两国交战秦国必然大获全胜。然而秦穆公并没有这样做，而是采取了以德报怨的方式，把粮食源源不断地运送到了晋国。他认为晋惠公是个不讲信义的昏君，但晋国的百姓是无辜的，不应该受到牵连，所以不愿把对昏君的怨恨发泄到黎民百姓身上，毅然选择了开仓赈灾。

这种深明大义的行为在古代历史上是非常少见的，在时局动荡的大分裂时期，黎民百姓常常成为权力相争的牺牲品和陪葬品，民众的生命被视为草芥，"出门无所见，白骨蔽平原"的悲剧屡屡发生，君王对敌国百姓的生命更是无比轻贱，秦穆公对平民的爱惜，对生命的敬畏，是非常值得称道的，他舍弃私怨、以慈悲为怀，举大义而济天下的故事，今天读来依然令人动容。

僖公十四年

原　文

十四年春，诸侯城缘陵而迁杞焉。不书其人，有阙也。

鄫季姬来宁①，公怒，止之，以鄫子之不朝也。夏，遇于防，而使来朝。

秋八月辛卯②，沙鹿崩。晋卜偃曰："期年将有大咎③，几亡国。"

注　释

①鄫季姬：鲁僖公的女儿，嫁给了鄫子。鄫：国名。宁：回娘家省亲。

②辛卯：初五。

③咎：灾难，灾祸。

译　文

十四年春季，诸侯在缘陵建造城池，准备让杞国迁都缘陵。《春秋》没有记录参与筑城的都有哪些人，因为文字资料有缺失。

鄫季姬回鲁国娘家省亲，僖公大发脾气，不准她回夫家，这是因为鄫子没来鲁国朝见僖公。夏季，鄫季姬和鄫子在防地碰面了，鄫季姬便要求鄫子朝见僖公。

秋季八月初五日，沙鹿发生了山崩，晋国的卜偃说："一年之内将大难临头了，几乎是亡国灭顶之灾。"

原　文

　　冬，秦饥，使乞籴于晋，晋人弗与。庆郑曰①："背施无亲②，幸灾不仁，贪爱不祥，怒邻不义。四德皆失，何以守国？"虢射曰③："皮之不存，毛将安傅④？"庆郑曰："弃信背邻，患孰恤之？无信患作，失授必毙，是则然矣。"虢射曰："无损于怨而厚于寇，不如勿与。"庆郑曰："背施幸灾，民所弃也。近犹仇之，况怨敌乎？"弗听。退曰："君其悔是哉！"

注　释

①庆郑：晋国大夫。
②背施：背离恩德。
③虢射：晋国大夫。
④傅：通"附"，依附。

译　文

　　冬季，秦国闹饥荒，派人前往晋国请求购粮赈灾，晋国人不肯卖。庆郑说："背恩弃义就不会有亲人，幸灾乐祸是为麻木不仁，贪吝己物，不以分灾就是不祥，惹怒邻国就是不义。丧失了四种美德，依靠什么守卫国家？"虢射说："皮都已经不存在了（指没有履行贿赂秦国的约定），毛能附在哪里呢（何必再卖粮食给秦国呢）？"庆郑说："丢弃信用，背离邻邦，国家有难时谁又能来相助？不讲信用就会遭难，没有救援必定走向灭亡。事实就是如此。"虢射说："即便是卖给秦国粮食，也无助于减少对方的怨恨，反而会增强对方的实力，不如不给。"庆郑说："背信弃义、幸灾乐祸，是百姓所唾弃的。亲近的人都会为此结下仇怨，更何况是结怨的敌方呢？"晋惠公不听。庆郑退下说："国君一定会后悔莫及的！"

经典解读

　　古语有云："信，国之宝也。"可以毫不夸张地说信誉是一个国家的立国之本，它比建造城池、发展经济都重要。一个国家只有讲究信用，才能赢得他国的尊重和信赖，只有讲究信用才能屹立于世界民族之林，在国际舞台上发挥更加重要和积极的作用。自古以来，我国就把信用当成治国和发展对外关系的根本，春秋时期，秦国讲究信用，且把仁、义、礼、智、信的优良传统发扬光大，甚至赈济失信的晋国，体现出了一个大国的情怀，不但赢得了其他诸侯国的尊重，也取得了民心。而晋国则出尔反尔，先是不遵守两国之间的约定，后来在秦国歉收时拒绝援助，如此失德失信，不仅为别的诸侯国所不齿，而且也会被自己的百姓所唾弃，这样的国家当然是不能取得长足发展的。

僖公十五年

原　文

十五年春，楚人伐徐，徐即诸夏故也①。三月，盟于牡丘，寻蔡丘之盟，且救徐也。孟穆伯帅师及诸侯之师救徐②，诸侯次于匡以待之。

夏五月，日有食之。不书朔与日，官失之也。

秋，伐厉，以救徐也。

晋侯之入也，秦穆姬属贾君焉③，且曰："尽纳群公子。"晋侯烝于贾君，又不纳群公子，是以穆姬怨之。晋侯许赂中大夫④，既而皆背之。赂秦伯以河外列城五⑤，东尽虢略，南及华山，内及解梁城，既而不与。晋饥，秦输之粟；秦饥，晋闭之籴，故秦伯伐晋。

注　释

①即：亲近，依附。诸夏：中原诸侯国。
②孟穆伯：即孙叔敖，庆父的儿子。
③秦穆姬：秦穆公夫人，晋献公之女。贾君：申生的妃子。
④中大夫：指晋臣里克、丕郑。
⑤河外：黄河以西、以南的范围。

译　文

十五年春季，楚国人讨伐徐国，起因是徐国和中原诸侯交往过密。三月，鲁僖公和齐桓公、宋襄公、陈穆公、卫文公、郑文公、许僖公、曹共公聚集牡丘会盟，重申在蔡丘订下的盟约，也是为了挽救徐国。孟穆伯带领鲁国和诸侯列国的大军赶去兵援徐国，各诸侯留守匡地等待。

夏季五月，鲁国出现日食。《春秋》并没有记录朔日和日期，是史官疏忽遗漏了。

秋季，诸侯联军讨伐厉国，以此来救助徐国。

晋惠公回国继位时，秦穆姬嘱托他照料贾君，并说："把流亡在外的公子们都接回国内。"晋惠公和贾君私通，又不肯接众公子回国，秦穆姬因此憎恨他。晋惠公曾答应给中大夫赠送礼品，后来也背弃了承诺，还曾答应赠给秦穆公黄河以西、以南的五座城池，范围为东至虢略、南到华山，外加黄河内的解梁城，这些许诺统统没有兑现。晋国发生饥荒，秦国把粟米运输到晋国；而秦国发生饥荒时，晋国却不肯卖粮，所以秦穆公要讨伐晋国。

原　文

卜徒父筮之，吉。涉河，侯车败①。诘之，对曰："乃大吉也，三败必获晋君。其卦遇《蛊》☶，曰：'千乘三去，三去之余，获其雄狐。'夫狐蛊，必其君也。《蛊》之贞，风也；其悔，山也。岁云秋矣，我落其实而取其材，所以克也。实落材亡，不败何待？"

三败及韩。晋侯谓庆郑曰："寇深矣，若之何？"对曰："君实深之，可若何？"公曰："不孙。"卜右，庆郑吉，弗使。步扬御戎，家仆徒为右，乘小驷，郑入也②。庆郑曰："古者大事，必乘其产，生其水土而知其人心，安其教训而服习其道③，唯所纳之④，无不如志。今乘异产，以从戎事，及惧而变，将与人易⑤。乱气狡愤，阴血周作，张脉偾兴，外强中干。进退不可，周旋不能，君必悔之。"弗听。

注　释

①败：毁坏。
②郑入：郑国进献来的。
③服习：熟悉。
④唯所纳：任凭驱驰使唤。
⑤与人易：违背人的意志。易，相反，违背。

译　文

攻打晋国前夕，卜徒父做了一次占筮，卦象非常吉利："渡河之际，晋献公的战车就会毁掉。"秦穆公追问为什么是吉卦，卜徒父答道："此乃大吉大利，秦军三次击败晋军，一定能抓获晋国国君。这卦得到《蛊》，《繇辞》说：'三次进攻，驱逐兵车上千辆，就能捉到那只雄狐。'雄狐必是晋国国君。《蛊》内卦为风，代表秦国，外卦为山，代表晋国。时值秋日，我秦国的秋风吹到晋国的山上，吹落了林间的果实，还伐取了山上的木材，故而我国能胜。晋国果实坠落又丢了木材，怎么能不坐等失败呢？"

晋军果然接连三次被秦军打败，退守到了韩地。晋惠公问庆郑："敌方深入我国境内了，我们该怎么办呢？"庆郑回答道："君王尽管让敌人长驱深入，我们能怎么办呢？"晋献公说："放肆！"晋献公占卜车右的人选时，卦象显示选用庆郑是吉利的，但晋献公不让他做车右，而是命步扬驾车，家仆徒当车右，驾车的马匹为小驷马，是郑国进献给晋国的。庆郑说："古代作战，必用本国的马匹驾驭战车，因为它出生在本土，知晓主人的心思，安于受人调教和训练，熟悉本国的道路；任凭你驱驰，没有不如意。而今用异国产的马驾车出战，马一受惊就会慌乱失态，将违背主人的指令了。它呼吸急促、暴躁愤怒、体内血液狂流、血管贲张，外表看起来强大，内心却已是虚弱无力了。到时进退两难，转身也难，君王一定会后悔的。"晋惠公没有听从他的建议。

原　文

　　九月，晋侯逆秦师，使韩简视师①，复曰："师少于我，斗士倍我。"公曰："何故？"对曰："出因其资，入用其宠，饥食其粟，三施而无报，是以来也。今又击之，我怠秦奋，倍犹未也。"公曰："一夫不可狃②，况国乎。"遂使请战，曰："寡人不佞，能合其众而不能离也，君若不还，无所逃命。"秦伯使公孙枝对曰："君之未入，寡人惧之，入而未定列③，犹吾忧也。苟列定矣，敢不承命。"韩简退曰："吾幸而得囚。"

　　壬戌④，战于韩原，晋戎马还泞而止。公号庆郑。庆郑曰："愎谏违卜，固败是求，又何逃焉？"遂去之。梁由靡御韩简，虢射为右，辂秦伯，将止之⑤。郑以救公误之，遂失秦伯。秦获晋侯以归。晋大夫反首拔舍从之⑥。秦伯使辞焉，曰："二三子何其戚也？寡人之从君而西也，亦晋之妖梦是践⑦，岂敢以至。"晋大夫三拜稽首曰："君履后土而戴皇天，皇天后土实闻君之言，群臣敢在下风⑧。"

注　释

①韩简：晋国大夫。视师：查探军情。
②狃：怠慢轻侮。
③定列：安定君位，继位。
④壬戌：十四日。

83

⑤辂：迎上战车。止：抓获。
⑥反首：披头散发、蓬头垢面。拔舍：拔起帐篷。
⑦践：实践，实现，这里指应验。
⑧下风：下面。

译　文

九月，晋惠公打算迎战秦国大军，派韩简查探敌方军情，韩简回来复命说："秦军兵力少于我们，但斗志却是我们的两倍。"晋献公问："这是为什么呢？"韩简回答说："君王逃难时得到过秦国的资助，回国继位也是因为受到了秦国的恩宠，晋国发生饥荒时又吃了秦国运送来的粟米，给了我们三次恩惠，我们都不曾报答，秦国就是为此而来的。如今你又回击他们，我军士气低落、情绪懈怠，秦军意气风发、精神振奋，双方的士气可不止差了一倍啊。"晋献公说："一个普通人尚且忍受不了轻侮怠慢，更何况是一个国家呢？"于是便派遣韩简到秦营约战，传话说："寡人不才，既然已把部下集合起来了，就不能遣散，君王倘若还不撤兵回国，我们就逃不开迎战的命令。"秦穆公派公孙枝回复说："君王流亡在外没回国时，寡人替他担心，回到故土却没继位时，寡人还是替他担心。现在既然已经继承了君位，寡人怎能不接受作战的命令呢？"韩简退下说："我如果有幸被俘而不是埋骨沙场就算幸运了。"

十四日，秦国和晋国在韩原展开大战。晋惠公驾车的马匹陷在淤泥里徘徊挣扎良久出不来。晋献公呼喊着向庆郑求救，庆郑说："你一意孤行，不听劝谏，又违背占卜之意，失败是自找的，又何必要逃跑呢？"于是就自己离开了。梁由靡驾驶着韩简的兵车，虢射为车右，迎战秦穆公的战车，正准备擒获他。此时庆郑让他们赶去救助泥淖中的晋惠公，误了活捉秦穆公的时机，致使秦穆公逃脱了。秦国终于活捉了晋惠公，把他带回国了。晋国大夫蓬头垢面，拔出帐篷，跟在后面走。秦穆公派人安抚他们说："你们为什么这么悲伤啊？寡人随惠公西去，不过是应验了申生显灵的妖梦罢了，岂敢做得太过分？"晋国大夫三拜叩首说："君王脚下是后土，头顶是黄天，黄天后土都见证了您说的话，微臣愿在下面听凭吩咐。"

原　文

穆姬闻晋侯将至，以大子䓨、弘与女简、璧登台而履薪焉，使以免服衰绖逆，且告曰："上天降灾，使我两君匪以玉帛相见，而以兴戎。若晋君朝以入，则婢子夕以死；夕以入，则朝以死。唯君裁之。"乃舍诸灵台①。

84

僖 公

> 大夫请以入。公曰："获晋侯，以厚归也②。既而丧归③，焉用之？大夫其何有焉？且晋人戚忧以重我，天地以要我。不图晋忧，重其怒也；我食吾言，背天地也。重怒难任④，背天不祥，必归晋君。"公子絷曰："不如杀之，无聚慝焉⑤。"子桑曰："归之而质其大子，必得大成。晋未可灭而杀其君，只以成恶。且史佚有言曰⑥：'无始祸，无怙乱⑦，无重怒。'重怒难任，陵人不祥⑧。"乃许晋平。

注　释

①舍：囚禁，安置。
②厚：收获丰厚。
③丧归：回来就要发生丧事。这里指秦穆姬要自焚。
④重怒：增加愤怒。难任：难以承受。
⑤聚慝：积累罪恶。
⑥史佚：西周史官。
⑦怙乱：趁局势动乱谋利。
⑧陵人：欺侮别人。

译　文

秦穆姬听闻晋惠公将被押往秦国国都，就带着太子䓨、儿子弘和女儿简璧走上高台，双脚踏在柴薪上。她派人身着丧服迎接秦穆公，并告诉秦穆公："上苍降下灾难，让秦晋两国不是互赠玉帛相见，而是兵戎相见。如果晋国国君早晨到达秦国国都，我晚上就自焚而死，如果是晚上到达国都，我就早晨自焚。请君王自己定夺吧。"秦穆公只好把晋惠公囚禁在灵台。

秦国大夫请求将晋惠公带到国都。秦穆公说："能活捉晋国国君，凯旋已经是一大胜利了。但把他带回国都家里就要发生丧事，这有什么意义呢？大夫又能得到什么好处呢？况且晋国人用忧伤的情绪感染我，指着天地和我盟约。我若不考虑晋国人的忧伤，就会加深晋人对秦国的恼怒愤恨；我若食言，就是违背天地之约。我难以背负加重的怨恨，背离天地也是不祥的，所以我必须把晋国国君放回去。"公子絷说："不如干脆把他杀了，不要让他再继续积累罪恶了。"子桑说："让晋国国君回国，把晋国的太子当作秦国的人质，必然对我国极为有利。晋国还没有灭国，就杀掉了一国之君，只能带来恶果。况且史佚说过：'不要先制造祸乱，不要趁乱谋利，不要增添怨怒。'增添怨怒会使人难以

85

承受，欺凌别人是不祥的。"秦穆公于是便同意和晋国和解。

原　文

　　晋侯使郤乞告瑕吕饴甥，且召之。子金教之言曰①："朝国人而以君命赏②，且告之曰：'孤虽归，辱社稷矣。其卜贰圉也③。'"众皆哭。晋于是乎作爰田④。吕甥曰："君亡之不恤，而群臣是忧，惠之至也。将若君何？"众曰："何为而可？"对曰："征缮以辅孺子⑤，诸侯闻之，丧君有君，群臣辑睦，甲兵益多，好我者劝，恶我者惧，庶有益乎！"众说。晋于是乎作州兵⑥。

　　初，晋献公筮嫁伯姬于秦，遇《归妹》䷵之《睽》䷥。史苏占之曰："不吉。其繇曰⑦：'士刲羊，亦无衁也。女承筐，亦无贶也⑧。西邻责言，不可偿也。《归妹》之《睽》，犹无相也。'《震》之《离》，亦《离》之《震》，为雷为火。为嬴败姬，车说其䩞，火焚其旗，不利行师，败于宗丘。《归妹》《睽》孤，寇张之弧，侄其从姑，六年其逋⑨，逃归其国，而弃其家，明年其死于高梁之虚。"及惠公在秦，曰："先君若从史苏之占，吾不及此夫。"韩简侍，曰："龟，象也；筮，数也。物生而后有象，像而后有滋，滋而后有数。先君之败德，乃可数乎？史苏是占，勿从何益？《诗》曰：'下民之孽，匪降自天，僔沓背憎，职竞由人⑩。'"

注　释

①子金：即瑕吕饴甥，子金是字。
②朝国人：召国人聚于朝堂。
③卜贰：占卜让太子即位的日期。
④作爰田：将土地赏赐给众人。
⑤征缮：征税修缮甲兵。孺子：指太子圉。
⑥作州兵：实行军制改革，扩充军备。
⑦繇：卦辞。
⑧衁：鲜血。无贶：空无所有，一无所获。
⑨逋：逃跑。
⑩僔沓背憎：聚在一块儿当面交谈时讨论热烈，相谈甚欢，背地里却彼此怨恨。僔：聚集。沓：纷杂。职竞由人：终归是由人主导。职：主导。竞：终归。

译　文

晋惠公派郤乞告诉瑕吕饴甥，秦国已答应和晋国讲和，并召他来秦国谈判，饴甥教郤乞如何对大臣们讲话："你要把臣子招到朝堂前，以国君的名义赏赐群臣，并且说：'寡人虽已回国，但却让国家蒙受了巨大的屈辱，你们占卜一个吉日，让太子圉即位吧。'"大臣们听了这番话，全都痛哭起来。晋国自此改变田制，赐土地给众臣。饴甥说："国君出亡在外不为自己担心，却为我们这些做臣子的担忧，这就是极大的恩惠了。我们该如何报答国君的君恩呢？"众人问："我们该怎么做呢？"饴甥回答说："征税修甲兵，辅佐太子即位。诸侯若是得知我们没了国君又有了新君，大臣们和睦团结，众志成城，军备比以前更强，与我国交好的就会勉励我们，仇视我国的就会惧怕我们了，这样做对我国是有益的吧！"众人听罢大悦，晋国从此开始改革兵制，扩充军备。

当初，晋献公把秦穆姬嫁给秦穆公时，曾做过占筮，得到《归妹》卦变成《睽》卦。史苏预言说："不吉利。卦辞说：'男人杀羊，不见血光，女人举筐纳物，一无所获。西邻责备，无法补偿。《归妹》变《睽》，无人相助。'《震》卦变成《离》卦，也就是《离》卦变成《震》卦。雷电大作，火光乍起，嬴姓胜出姬姓败。战车脱轴，火焚战旗，不利于出师，宗丘战场必大败。《归妹》嫁女，《睽》离孤独，敌人的弓已张满。侄儿跟随姑姑做人质，六年之后逃回国，舍弃家庭，次年死在高梁之地。"鲁惠公被掳到秦国时，说："假如当初先君信从了史苏的占卜，我绝不至于落到这般下场。"在旁边服侍鲁惠公的韩简说："占卜用的龟甲，是以裂纹的形象预言未来的，占筮用的筮草是以数字预测吉凶的。一定要有物滋生，才有形象，有形象后方能滋长，滋长多了才能产生数字。先君坏事做尽，哪里是数字可以统计的？即使当初听信了史苏的占卜，又有什么益处呢？《诗经》说：'黎民百姓的灾难，并非是从天而降的，而是那些当面互相奉承暗地里互相憎恨的奸佞小人造成的，一切都是人祸。"

原　文

震夷伯之庙①，罪之也，于是展氏有隐慝焉。

冬，宋人伐曹，讨旧怨也。

楚败徐于娄林，徐恃救也。

十月，晋阴饴甥会秦伯，盟于王城②。

秦伯曰："晋国和乎③?"对曰："不和。小人耻失其君而悼丧其亲，不惮征缮以立圉也，曰：'必报仇，宁事戎狄。'君子爱其君而知其罪，不惮征缮以待秦命，曰：'必报德，有死无二。'以此不和。"秦伯曰："国谓君何?"对曰："小人戚，谓之不免④。君子恕，以为必归。小人曰：'我毒秦，秦岂归君?'君子曰：'我知罪矣，秦必归君。贰而执之，服而舍之，德莫厚焉，刑莫威焉。服者怀德，贰者畏刑。此一役也，秦可以霸。纳而不定，废而不立，以德为怨，秦不其然。'"秦伯曰："是吾心也。"改馆晋侯⑤，馈七牢焉。

注　释

①震：雷击。夷伯：鲁国大臣，是展氏的先祖。
②王城：位于今山西省大荔县东。
③和：和谐，协调，一致。
④戚：忧愁，忧虑。免：赦免。
⑤馆：作动词用，指入住客馆。

译　文

雷电击中了夷伯的庙堂，这是老天降罪于他，由此可以知道展氏有多少不为人知的罪恶。

冬季，宋国人讨伐曹国，是为了报复过去结下的仇怨。

楚国在娄林战场把徐国击败了，这是由于徐国过于依赖外援。

十月，晋国人饴甥和秦穆公会面了，他们在王城立下了盟约。

秦穆公问："晋国意见一致吗?"饴甥回答说："他们意见不统一。小人为失去国君而羞耻，为丧亲而哀伤，他们不怕多缴税和整顿军备，准备把太子圉立为国君，并说：'一定要报仇雪恨，宁可事奉戎狄也要报此大仇。'君子尽管非常爱戴国君，但是也清楚他的过错，他们不怕征税整顿甲兵，以等候秦国命令，并说：'一定要报答秦国之恩德，愿以死效力忠心不二。'因为这样才没有形成统一的意见。"秦穆公又问："国人对晋国国君的前途有什么看法?"饴甥回答说："小人忧虑，觉得他不能被赦免，君子宽心，认为他一定能回国。小人说：'我国曾那么残酷地对待秦国，秦国怎么可能放我们国君回国?'君子说：'我们既然已经知罪认错了，秦国就必定会放国君回来。我国国君曾对秦国产生过二心，被秦国俘虏了，现在他已服罪了，秦国就会放了他。没有比这更宽厚大度的美德了，也没有比这更具威严的惩罚了。服罪之人感怀其恩德，怀有二心者惧怕刑法。经过这次战役，秦国便可称雄天下。如果助人回国即位，却不能让他安于君位，甚至废黜他不立他为国君，这样就会将恩德转化成仇怨，秦国应该不会这样做吧。"秦穆公说："此言深得我心。"于是便让晋惠公改迁到环境较好的馆舍里，按诸侯之礼赠给他牛、羊、猪三种牲畜各七头。

原　文

蛾析谓庆郑曰①："盍行乎②？"对曰："陷君于败，败而不死，又使失刑③，非人臣也。臣而不臣，行将焉入？"十一月，晋侯归。丁丑，杀庆郑而后入。

是岁，晋又饥，秦伯又饩之粟④，曰："吾怨其君而矜其民⑤。且吾闻唐叔之封也⑥，箕子曰：'其后必大。'晋其庸可冀乎⑦！姑树德焉以待能者。"

于是秦始征晋河东，置官司焉。

注　释

①蛾析：晋国大夫。
②盍行乎：何不逃走呢？盍，何不。行，逃跑。
③失刑：这里指庆郑若逃亡，晋惠公就会失去对他施刑惩戒的机会。
④饩：赠送食物。
⑤矜：可怜，怜惜，怜悯。
⑥唐叔：晋国的祖先，曾受封于唐。
⑦冀：希望，期望。

译　文

蛾析对庆郑说："你为何不逃呢？"庆郑回答说："是我让国君陷于失败的境地，国君失败了，我不以死殉主反而要逃跑，又让国君失去对罪人施加刑罚的威严，这不是一个臣子应当做的。做臣子的不行臣道，这样的人能逃到哪里去呢？"十一月，晋惠公被释返回了晋国。二十九日，他诛杀了庆郑进入了都城。

同年，晋国又发生了饥荒，秦穆公又把粟米赠送给了晋国，说："我怨恨他们的国君，但却怜惜那里的百姓。而且我听说晋人唐叔受封时，箕子曾经说过：'晋人的子嗣后代日后定能强大起来。'晋国的前景还是值得期望的吧！我们姑且对晋国树立美德，以待有才干的人涌现。"

秦国于是在晋国的黄河东岸开始征税，并设官吏掌管地方事务。

经典解读

秦晋韩原之战是我国历史上又一次以少胜多的著名战役,两国交战与其说比拼的是军事实力,不如说比拼的是士气和人心。晋惠公以怨报德、不得人心,在道义上已经输给了秦国,故而军队士气低落、一击即溃,晋惠公本人也成了阶下囚。秦国伐晋师出有名,秦军同仇敌忾,即使在兵力上大大不如晋国,却势如破竹,一路所向披靡,轻松取得了大捷。

秦穆公不同于背信弃义、自私狭隘的晋惠公,大败晋军以后他对晋国采取了宽容的政策,不但释放晋惠公回国,在晋国又遇灾年时还大度开仓赈济,并没有因为晋惠公失德而迁怒于无辜的晋国百姓,如此宽宏大量、深明大义的君主怎么可能不受臣民拥戴,作战怎么可能不胜呢?

僖公二十二年

原 文

二十二年春,伐邾,取须句,反其君焉,礼也。

三月,郑伯如楚。

夏,宋公伐郑。子鱼曰:"所谓祸在此矣。"

初,平王之东迁也,辛有适伊川①,见被发而祭于野者②,曰:"不及百年,此其戎乎!其礼先亡矣。"秋,秦、晋迁陆浑之戎于伊川③。

注 释

①辛有:周朝大夫。适:去,到。
②被发:头发披散。
③陆浑之戎:古戎人的分支。

译 文

二十二年春季,鲁国征讨邾国,攻克了须句,将国君释放回国,这是符合礼法的。

三月,郑文公去了楚国。

夏天,宋襄公攻打郑国。子鱼说:"人们口中的祸乱就要从这里开始了。"

僖　公

当初，周平王把都城东迁到洛阳时，辛有去了伊川，路上碰到了一个蓬头乱发在荒野祭祀的人，那人说："不出一百年，这里就要被戎人侵占了！因为周礼已先行消失了。"秋季，秦、晋两国让陆浑之戎迁居到伊川。

原　文

晋大子圉为质于秦，将逃归，谓嬴氏曰①："与子归乎？"对曰："子，晋大子，而辱于秦，子之欲归，不亦宜乎？寡君之使婢子侍执巾栉②，以固子也③。从子而归，弃君命也。不敢从，亦不敢言。"遂逃归。

富辰言于王曰④："请召大叔⑤。《诗》曰：'协比其邻，昏姻孔云⑥。'吾兄弟之不协，焉能怨诸侯之不睦？"王说。王子带自齐复归于京师，王召之也。

邾人以须句故出师。公卑邾⑦，不设备而御之。臧文仲曰："国无小，不可易也⑧。无备，虽众不可恃也。《诗》曰：'战战兢兢，如临深渊，如履薄冰。'又曰：'敬之敬之，天惟显思，命不易哉！'先王之明德，犹无不难也，无不惧也，况我小国乎！君其无谓邾小。蜂虿有毒，而况国乎？"弗听。

注　释

①嬴氏：即怀嬴，秦穆公之女。
②巾栉：手巾、篦梳，泛指盥洗用具。
③固：安定。
④富辰：周朝大夫。
⑤大叔：周襄王的弟弟王子带，曾流落齐国。
⑥协比其邻，昏姻孔云：邻里和睦，姻亲关系更融洽。比：亲近友好。孔：更。
⑦卑：轻视，看不起。
⑧易：轻视，小觑。

译　文

晋国太子圉被囚在秦国当人质，他企图逃回自己的国家，便对嬴氏说："我跟你一起逃回国吧？"嬴氏回答说："你乃堂堂晋国的太子，而今屈身在秦国当人质，你想回国，难道不是理所应当的吗？我国国君让我捧着手巾、梳子侍奉你，就是为了让你在秦国安心住下来。倘若我和你一起回晋国，就是违背了国君的命令。我不敢跟你逃走，也不敢把你逃跑的想法告诉别人。"太子圉于是自己逃回了晋国。

富辰对周襄王说："臣请大王把太叔召回。《诗经》说：'睦邻友好，姻亲更融洽亲近。'连我周朝的兄弟都不能和平共处，怎能埋怨诸侯们不归顺臣服呢？"周襄王听了这席话，十分高兴，于是下令让王子带从齐国回到京师。

邾国人以鲁国协助须句为由讨伐鲁国。鲁僖公对邾国持轻蔑态度，没有事先做御敌的准备。臧文仲说："国家不分大小，不可小瞧任何一个国家。不做好御敌的防备，兵力再多也是不可靠的。《诗经》说：'战战兢兢，恐惧如面临深渊，又像踏着薄冰前行。'又说：'要慎之又慎，上天明察，命数无常啊！'先王德行光明正大，尚且也会遇到困难，也做不到无所畏惧，何况我们小国呢？君王不要把邾国看得那么弱小，连黄蜂、蝎子都是有毒的，更何况是一个国家呢？"鲁僖公没有听取他的意见。

原　文

八月丁未①，公及邾师战于升陉，我师败绩。邾人获公胄②，县诸鱼门③。

楚人伐宋以救郑。宋公将战，大司马固谏曰④："天之弃商久矣，君将兴之，弗可赦也已。"弗听。

冬十一月己巳朔，宋公及楚人战于泓。宋人既成列，楚人未既济。司马曰："彼众我寡，及其未既济也请击之⑤。"公曰："不可。"既济而未成列，又以告。公曰："未可。"既陈而后击之，宋师败绩。公伤股，门官歼焉⑥。

注　释

①丁未：初八日。
②胄：古人作战时戴的头盔。
③县：通"悬"，悬挂的意思。鱼门：邾国国都城门。
④大司马固：大司马为官名，固，人名，即公孙固。
⑤未既济：没有全部过河。既，全，尽。济，渡河，过河。
⑥门官：负责保护国君的护卫，该职务一般由卿大夫子弟担任。

译　文

八月八日，鲁僖公领兵和邾国军队在升陉交战，鲁国败北。邾国人获得了鲁僖公的头盔，将其悬挂在了国都的城门上。

楚国人讨伐宋国，以支援郑国。宋襄公打算备战，大司马固劝谏说："上苍很久以前就已经遗弃商朝了，你想复兴商朝，是逆天行事，实则罪无可恕。"宋襄公不听。

冬季十一月初一日，宋襄公和楚军在泓水一带展开大战。宋军排列成阵时，楚军尚未完全渡河。大司马固说："敌众我寡，请趁他们没有完全渡河的时候发动袭击。"宋襄公说："不行。"待楚军已全部到达河岸但尚未排成军列时，大司马固再次请求攻击楚军。宋襄公说："还是不行。"等楚军排好战阵时，宋军才开始袭击楚军，结果宋军大败。宋襄公伤到了大腿，他的护卫全部被杀死了。

原 文

国人皆咎公。公曰："君子不重伤①，不禽二毛②。古之为军也，不以阻隘也。寡人虽亡国之余，不鼓不成列③。"子鱼曰："君未知战。勍敌之人隘而不列，天赞我也。阻而鼓之，不亦可乎？犹有惧焉。且今之勍者④，皆吾敌也。虽及胡耇⑤，获则取之，何有于二毛？明耻教战，求杀敌也，伤未及死，如何勿重？若爱重伤，则如勿伤；爱其二毛，则如服焉。三军以利用也，金鼓以声气也。利而用之，阻隘可也；声盛致志，鼓儳可也⑥。"

注 释

①重伤：再次伤害。
②二毛：头发黑白掺杂的老人。
③鼓：攻击，袭击。古时以击鼓为号发动袭击。
④勍者：强大的敌人。
⑤胡耇：长寿的老者。耇，长寿。
⑥鼓儳：袭击阵列不整的敌人。儳，阵列不整。

译 文

国人皆责备宋襄公。宋襄公说："君子不可伤害已经负伤的敌人，也不擒拿头发斑白的老人。古时作战，不在险要狭隘之地攻击对方。寡人虽是已被灭国的殷商的后裔，但仍不愿攻击没有排开阵势的敌军。"子鱼说："国君不了解作战之道。强敌受困于狭隘的地形，不能布列成阵，此乃天助我也。趁机堵截攻击他们，不是很好吗？恐怕这样也不能百分百获胜呢。况且现在强盛的列国，都是我们国家的敌人。就算遇到了老兵老将，能抓获的也要把他们擒获，哪管他们头发是黑是白。让将士们明白何为耻辱，教给他们作战的本领，目的就在于让他们在战场上多多杀敌。对于负伤却还活着的敌人，为什么不可以再次发动袭击？如果不想再让他们受伤害，那么一开始就不该打伤他们；怜悯那些白发苍苍的老兵，不如干脆向他们屈服投降。指挥军队，都要在有利的情况下用兵，利用战鼓喧天的鸣响可提升军队的士气，利用狭隘的地形追击敌人也是可以的。擂鼓鸣金可鼓舞士气，攻击没排成阵列的敌人也是可以的。"

原　文

丙子晨，郑文夫人芈氏、姜氏劳楚子于柯泽①。楚子使师缙示之俘馘②。君子曰："非礼也。妇人送迎不出门，见兄弟不逾阈③，戎事不迩女器④。"

丁丑，楚子入飨于郑，九献⑤，庭实旅百⑥，加笾豆六品⑦。飨毕，夜出，文芈送于军，取郑二姬以归⑧。叔詹曰："楚王其不没乎！为礼卒于无别，无别不可谓礼，将何以没？"诸侯是以知其不遂霸也。

注　释

①劳：慰劳。
②师缙：楚国乐师。馘：敌人的左耳。古代战争中，割掉敌人左耳计数以评战功。
③阈：门槛。
④迩：靠近。
⑤献：敬酒。
⑥实：礼品，礼物。旅：陈列，摆放。
⑦笾豆：古代祭祀时用的两种食器，竹器为笾，木器为豆。
⑧郑二姬：由于郑国为姬姓，故郑二姬为两位姓姬的郑国女子。

译　文

十一月初八清晨，郑文公夫人芈氏和姜氏前往柯泽安抚慰劳楚成王。楚成王让师缙带她们观看了战俘和从死人头上割下的左耳。君子说："这是不符合礼法的。按照礼制，女人送客迎客都不可走出屋门，面见兄弟时不能迈过门槛，在战场上作战时不能靠近女性的器物。怎么能让女人来军营呢？"

初九日，楚成王受邀到郑国参加宴会，主人敬酒九次，庭院里陈列的礼品有上百件，外加六件笾豆食器。宴会结束后，楚成王出门时已是入夜，文芈一路把他送回了军营,临行前他带着郑国的两个女子同归。叔詹说:"楚成王不得善终!以礼行事最后却男女无别,男女无别就不能算是合乎礼法,他靠什么得到善终呢?"诸侯由此得知楚成王成就不了一番霸业了。

经典解读

升陉之战鲁国败给了小国邾国,泓水之战宋国败给了楚国,鲁国和宋国之所以失败主要是因为犯了兵家的大忌。正所谓"骄兵必败",鲁国由于邾国是小国,就低估了对手的攻击能力和杀伤力,甚至自大到连最基本的防御措施都没有,结果被自己看不起的小国击败。《孙子兵法》有云:"知己知彼,百战不殆。"骄傲自满,显然既不能做到知己也不能做到知彼。极端自负无疑会导致过高地估计自己的实力,过分轻敌将导致对敌方麻痹大意,看不清对方的优势和劣势,如此作战必然失败。

宋国败给楚国是由于战略思想的错误,《孙子兵法》说要充分抓住有利时机才能克敌制胜,在敌方渡水过半时发动攻击对己方最有利,作战时还要懂得利用险峻狭隘的地形,把地形当成制敌的武器。宋襄公因为心软错过了制敌的最佳时机和有利地形,最终导致了失败。

僖公二十三年

原 文

二十三年春,齐侯伐宋,围缗,以讨其不与盟于齐也。

夏五月,宋襄公卒,伤于泓故也。

秋,楚成得臣帅师伐陈①,讨其贰于宋也。遂取焦、夷,城顿而还②。子文以为之功,使为令尹③。叔伯曰:"子若国何?"对曰:"吾以靖国也。夫有大功而无贵仕④,其人能靖者与有几⑤?"

注 释

①成得臣:楚国大臣,即子玉。

②顿:国名。

③令尹:楚国官位最高的官职。

④贵仕:身居高位。

⑤靖：安定，稳固。

译 文

二十三年春季，齐孝公率军征讨宋国，齐军包围了缗地，大举兴兵的原因是讨伐没有来齐国参加鲁僖公十九年举办的盟会。

夏季五月，宋襄公因在泓地战场上受伤，伤重而亡。

秋季，楚国成得臣带领大军讨伐陈国，征讨的理由是陈国臣服楚国的同时，又与宋国暗中往来，对楚国怀有二心。楚军于是攻下了焦、夷两地，在顿地筑城之后才撤军回国。子文认为这都是成得臣的功劳，便封他为令尹。叔伯说："你准备怎么治理我们的国家呢？"子文回答说："我想以此安定国家。功勋卓著而不身居高位，这样的人能有几个可使国家安定而无作乱之心呢？"

原 文

九月，晋惠公卒。怀公立，命无从亡人。期，期而不至，无赦。狐突之子毛及偃从重耳在秦，弗召。冬，怀公执狐突曰："子来则免。"对曰："子之能仕，父教之忠，古之制也。策名委质①，贰乃辟也。今臣之子，名在重耳，有年数矣。若又召之，教之贰也。父教子贰，何以事君？刑之不滥，君之明也，臣之愿也。淫刑以逞，谁则无罪？臣闻命矣。"乃杀之。

卜偃称疾不出②，曰："《周书》有之：'乃大明服。'己则不明而杀人以逞，不亦难乎？民不见德而唯戮是闻，其何后之有？"

注 释

①委质：给主子进献礼品。
②卜偃：晋国一个叫偃的卜官。

译 文

九月，晋惠公过世了。太子圉继位，史称晋怀公。晋怀公下令国人不可再追随流亡在外的公子重耳，还规定了回国的期限，到期不归的，一律不得赦免。狐突的儿子毛和偃追随公子重耳，人在秦国，晋怀公没有召他们回国。冬季，晋怀公抓住了狐突，对他说："若你的儿子肯回国，我就赦免你。"狐突说："儿子出仕为官时，为父就教他做人要尽忠，这是自古以来的道理。名字已载入简策，也给主子赠送了觐见的礼品，你那时还怀有二心就是罪过。如今微臣的儿子,名字写进重耳那儿的简策已经有好几年了,假如召他回国,就是教他对主子怀有二心,父亲教儿子对主子不忠诚,又怎么能事奉国君呢?不滥用刑,说明君主圣明,这也是臣子的愿望。为了彰显淫威就滥用酷刑,谁还是无罪的呢?微臣明白君王你的意思了。"晋怀公于是杀掉了狐突。

卜偃听到狐突被害一事后就谎称身体有恙,闭门不出,他说:"《周书》上说:'君主伟大圣明,臣民自然顺服。'自己不圣明,反而靠杀戮显示淫威,这样的统治想要长久不是很难吗?百姓看不见他的美德,却只能听到残酷的杀戮声,这样的人还会有什么后继之人呢?"

原　文

> 十一月,杞成公卒。书曰"子",杞,夷也。不书名,未同盟也。凡诸侯同盟,死则赴以名,礼也。赴以名,则亦书之,不然则否,辟不敏也①。
>
> 晋公子重耳之及于难也,晋人伐诸蒲城。蒲城人欲战。重耳不可,曰:"保君父之命而享其生禄②,于是乎得人。有人而校,罪莫大焉。吾其奔也。"遂奔狄。从者狐偃、赵衰、颠颉、魏武子、司空季子③。狄人伐廧咎如④,获其二女:叔隗、季隗,纳诸公子。公子取季隗,生伯儵、叔刘,以叔隗妻赵衰,生盾。将适齐,谓季隗曰:"待我二十五年,不来而后嫁。"对曰:"我二十五年矣,又如是而嫁,则就木焉⑤。请待子。"处狄十二年而行。

注　释

①辟:通"避",避免的意思。敏:清楚,明白。
②保:依靠,仰仗。
③狐偃:狐突之子,重耳舅父,又名舅犯、子犯。
④廧咎如:狄人的一支。
⑤就木:行将就木,就要进棺材,生命将尽的意思。

译　文

十一月,杞成公死亡。《春秋》叫他"子",因其是夷人的缘故,没有记录他的名字,是因为他从未和鲁国结盟。但凡订立过盟约的诸侯,去世后便在讣告上写上名字,这是符合礼法的。讣告上写了名字,《春秋》就记录在册,不然就不加载,这是为了避免弄不清自己的同盟而使记录出现错误。

晋国公子受迫害遭难时,晋献公派兵到蒲城攻打他。蒲城人准备应战。重耳不同意，他说："我是凭着父王的恩宠才享有禄位，并受到百姓拥戴，若是因为百姓拥护就和父王一较高下，那么就是罪大恶极。我还是逃跑吧。"于是便逃奔到了狄人那里，追随重耳的有狐偃、赵衰、颠颉、魏武子、司空季子。狄人讨伐廧咎如，俘虏了他的两个女儿，名字分别叫叔隗和季隗，把这两名女子送给了重耳。重耳娶季隗做了妻子，生下了伯鯈和叔刘，叔隗嫁给了赵衰，生下了盾。重耳想要回国，便对季隗说："你等我二十五年，假如我不回来，你再考虑改嫁。"季隗说："我现在都已经二十五岁了，二十五年后就快进棺材了，我嫁人做什么。我等你。"重耳在狄人的领地待了十二年才离开。

原　文

过卫。卫文公不礼焉。出于五鹿①，乞食于野人②，野人与之块，公子怒，欲鞭之。子犯曰③："天赐也。"稽首，受而载之。

及齐，齐桓公妻之，有马二十乘，公子安之。从者以为不可。将行，谋于桑下。蚕妾在其上，以告姜氏④。姜氏杀之，而谓公子曰："子有四方之志，其闻之者吾杀之矣。"公子曰："无之。"姜曰："行也。怀与安，实败名。"公子不可。姜与子犯谋，醉而遣之。醒，以戈逐子犯。

及曹，曹共公闻其骈胁⑤。欲观其裸。浴，薄而观之。僖负羁之妻曰⑥："吾观晋公子之从者，皆足以相国⑦。若以相，夫子必反其国。反其国，必得志于诸侯。得志于诸侯而诛无礼，曹其首也。子盍蚤自贰焉。"乃馈盘飧，置璧焉。公子受飧反璧。

注　释

①出：路过。
②野人：乡野之人，指乡下人。
③子犯：即狐偃。
④姜氏：公子重耳之妻，齐国人。
⑤骈胁：肋骨紧密排列，连为一体。骈，相连。
⑥僖负羁：曹国大夫。
⑦相国：辅佐君王治理国家。

译　文

重耳经过卫国时，卫文公没有以礼相待。沿途路过五鹿时，他向乡下人要

僖 公

东西吃，乡下人给了他一块土，重耳非常生气，想要鞭打那人。子犯说："这是上苍赐予的啊！"重耳叩首答谢，并接过土块，把它放进了车里。

重耳来到齐国，齐桓公给他娶了娇妻，又赠给他八十匹好马，他便安于在齐国久留。追随他的人认为这样下去可不行，便打算弃重耳而去，就聚在桑树下商量离开的计划。恰好有一个在树上采桑的女仆听到了他们的谈话，她把这件事告知了姜氏。姜氏把她杀掉了，然后对重耳说："你是胸怀大志之人，听到你安于在齐国享受的人，我已经把她杀了。"重耳说："没有这回事。"姜氏说："你快走吧。眷恋妻室，贪图安逸，实在会败坏一个人的名声。"重耳不想走。姜氏和子犯经过一番商量，把重耳灌得酩酊大醉，把他带走了。重耳醒来后十分气愤，拿起长戈便追击子犯。

重耳到了曹国，曹共公听说他的肋骨排列非常紧密，就像并为一体一般，就想一睹他裸体的样子。于是便趁重耳沐浴时站在帘外偷窥。僖负羁的妻子对负羁说："依我看，追随晋公子的人才能都足以辅佐君王治理国家，如果任用他们辅佐自己，晋公子一定能回国做国君。回到晋国，他必定能在诸侯中得志。英雄得志后就会惩罚对他没有礼数的国家，到时曹国就排在第一位，你何不早点向他示好呢？"僖负羁于是就送了一盘食物给重耳，把一块贵重的璧玉藏在里面。重耳接受了食物，退还了璧玉。

原　文

及宋，宋襄公赠之以马二十乘。

及郑，郑文公亦不礼焉。叔詹谏曰："臣闻天之所启①，人弗及也。晋公子有三焉，天其或者将建诸，君其礼焉。男女同姓，其生不蕃。晋公子，姬出也②，而至于今，一也。离外之患③，而天不靖晋国，殆将启之④，二也。有三士足以上人而从之，三也。晋、郑同侪⑤，其过子弟，固将礼焉，况天之所启乎？"弗听。

及楚，楚子飨之，曰："公子若反晋国，则何以报不谷⑥？"对曰："子女玉帛则君有之⑦，羽毛齿革则君地生焉。其波及晋国者，君之余也，其何以报君？"曰："虽然，何以报我？"对曰："若以君之灵，得反晋国，晋、楚治兵，遇于中原，其辟君三舍⑧。若不获命，其左执鞭弭、右属櫜鞬⑨，以与君周旋。"子玉请杀之。楚子曰："晋公子广而俭，文而有礼。其从者肃而宽，忠而能力。晋侯无亲，外内恶之。吾闻姬姓，唐叔之后，其后衰者也，其将由晋公子乎。天将兴之，谁能废之。违天必有大咎。"乃送诸秦。

注　释

①启：帮助，相助。
②姬出：为姓姬的女子所生。
③离：通"罹"，指遭受苦难。
④殆：大概。
⑤同侪：地位相当。
⑥不谷：诸侯的自称。
⑦子女：男女奴仆。
⑧舍：长度单位，一舍为三十里。
⑨弭：弓。櫜：箭袋。鞬：弓套。属：带着。

译　文

重耳来到宋国时，宋襄公只赠给他八十匹驾车的马匹。

重耳来到郑国时，郑文公也没有礼遇他。叔詹劝说道："微臣听说得到上天相助的人，世上无人能及。晋公子有三点是让人望尘莫及的，或许是上天要把他立为国君吧。君王最好对他以礼相待。凡是父母同姓，后代必不强健，晋公子是姬姓女子所生，父亲也姓姬，他却能好好地活到今天，这是第一点不同寻常之处。他流亡在外，饱经忧患，上天便不让晋国安定，大概就是要助他一臂之力吧，这是第二点不同寻常之处。有三个能人才干远在众人之上，却甘于追随他，这是第三点不同寻常之处。晋、郑两国地位相若，晋国的子弟路过郑国本该以应有的礼数接待，更何况是上苍帮助的人呢？"郑文公不听。

重耳来到楚国，楚成王设宴款待他，问："公子若是返回晋国，怎么报答我呢？"重耳回答说："男女仆役君王应有尽有，鸟羽、皮毛、象牙、皮革君王这里也都出产。晋国拥有的东西都是君王剩余的，我还能拿什么来报答君王呢？"楚成王说："即便如此，你究竟想如何报答我？"重耳回答说："假如我托君王的福，能顺利返回晋国，晋、楚两国兴兵，在中原狭路相逢，我便后撤九十里。如果这样做还得不到君王的谅解，那只好左手拿鞭执弓，右边带着箭袋，跟君王一决雌雄了。"子玉请求楚成王把重耳除掉，楚成王说："晋公子抱负远大，志存高远，却生活俭朴，言谈温文尔雅且彬彬有礼，其随从为人严肃待人宽厚，忠诚而有才能。晋惠公没有亲近之人，国内国外全都厌恶他。我听说姬姓唐叔的后人，将是各诸侯国中最后走向衰亡的，这也许是和晋公子要成为国君有关吧，老天要让他兴起，谁能废黜他呢。违背天命必大祸临头。"于是就把重耳护送到了秦国。

原 文

秦伯纳女五人，怀嬴与焉。奉匜沃盥①，既而挥之。怒曰："秦、晋匹也，何以卑我！"公子惧，降服而囚②。

他日，公享之③。子犯曰："吾不如衰之文也。请使衰从。"公子赋《河水》，公赋《六月》。赵衰曰："重耳拜赐。"公子降，拜，稽首，公降一级而辞焉。衰曰："君称所以佐天子者命重耳，重耳敢不拜。"

注 释

①奉：捧着。匜：古代一种盛水洗手的器皿。盥：洗手。
②降服：脱掉上衣。
③享：设宴招待。

译 文

秦穆公把五名美女送给了重耳，怀嬴也包括在内。怀嬴捧着水盆侍奉重耳洗手，重耳洗完后不擦手，而是甩手把水甩干。怀嬴愤怒地说："秦国和晋国是平等的两个国家，为什么这样看不起我！"重耳有些害怕了，就脱掉上衣，像囚犯那样向怀嬴谢罪。

有一天，秦穆公设宴款待重耳。子犯说："我不如赵衰那样工于辞令，请派赵衰随行吧。"席间，重耳吟咏了《河水》一诗，秦穆公吟咏了《六月》。赵衰说："重耳拜谢所赐吉言。"重耳于是走下台阶拜谢叩首。秦穆公也退下一级石阶辞谢。赵衰说："君王把辅佐天子的大事都寄托在重耳身上，重耳岂敢不拜谢？"

经典解读

古语说："生于忧患，死于安乐。"历史上但凡有所造就的伟大人物，几乎都经历过痛苦的精神考验，舜、傅说、胶鬲如此，公子重耳也是如此。忧患虽然让人的身心受苦，但却能激发人的斗争，成为催人奋进的力量，人在忧患中会蜕变得格外顽强和强大，但是安定下来，有了优越的生活以后，往往会忘记了曾经的理想和苦难，以至沉湎在安乐之中无法自拔，甚至会满足于浑浑噩噩的状态。

公子重耳长年流亡在外，饱受颠沛流离之苦，却一直没有忘记自己的抱负和理想，然而到了齐国过上了相对安逸的生活，又娶了妻室以后，便有些乐不思蜀了。如果不是姜氏和子犯把他灌醉带走，历史上可能就少了一位雄才大略的霸主。通过这则历史故事，我们可以认识到危机感对于个人而言是多么重要，一个人若是安于现状、不思进取就会平庸一生，只有树立忧患意识，不断超越自我，才能立于不败之地。

僖公二十四年

原　文

二十四年春，王正月，秦伯纳之，不书，不告入也。

及河，子犯以璧授公子，曰："臣负羁绁从君巡于天下①，臣之罪甚多矣。臣犹知之，而况君乎？请由此亡。"公子曰："所不与舅氏同心者，有如白水②。"投其璧于河。

济河，围令狐，入桑泉，取臼衰。二月甲午③，晋师军于庐柳。秦伯使公子絷如晋师，师退，军于郇。辛丑，狐偃及秦、晋之大夫盟于郇。壬寅日，公子入于晋师。丙午，入于曲沃。丁未，朝于武宫④。戊申，使杀怀公于高梁。不书，亦不告也。

注　释

①负羁绁：背负马络头和缰绳，意思是鞍前马后，任凭驱使的意思。
②所：如果。舅氏：子犯是公子重耳的舅父。
③甲午：二月无甲午日，恐记日有错。
④元武宫：晋武公的庙堂。

译　文

二十四年春季，周历正月，秦穆公护送重耳回国，《春秋》没有加以记录，是因为晋国没把重耳回国一事报告给鲁国。

一行人等到了黄河边，子犯（即狐偃）将玉璧交还给了重耳，说："微臣背着马络头和缰绳追随您巡游四方，犯下许多罪过，自己尚且明了，更何况您呢？请让我就此离开吧。"重耳说："若和舅父不是一心，有河神为证。"说着就把玉璧抛向了河里。

重耳等人过了黄河，包围了令狐，攻克了桑泉，占领了臼衰。二月甲午日，晋国大军在庐柳驻留扎营。秦穆公派公子絷到晋军军营游说,晋国退守郇地驻军。辛丑日,狐偃跟秦国大夫和晋国大夫在郇地订立盟约。壬寅日,重耳去了晋军军营。丙午日,重耳到达曲沃。丁未日,重耳在晋武公庙堂朝见大臣。戊申日,重耳派人前往高梁刺杀了晋怀公。《春秋》没有对这些重大历史事件加以记载,这是因为晋国没有向鲁国报告这些事情。

原　文

　　吕、郤畏逼①,将焚公宫而弑晋侯。寺人披请见,公使让之②,且辞焉,曰:"蒲城之役,君命一宿,女即至。其后余从狄君以田渭滨,女为惠公来求杀余,命女三宿,女中宿至。虽有君命,何其速也。夫袪犹在③,女其行乎。"对曰:"臣谓君之入也,其知之矣。若犹未也,又将及难。君命无二,古之制也。除君之恶,唯力是视。蒲人、狄人,余何有焉。今君即位,其无蒲、狄乎?齐桓公置射钩而使管仲相④,君若易之,何辱命焉?行者甚众,岂唯刑臣。"公见之,以难告。三月,晋侯潜会秦伯于王城。己丑晦⑤,公宫火,瑕甥、郤芮不获公,乃如河上,秦伯诱而杀之。晋侯逆夫人嬴氏以归⑥。秦伯送卫于晋三千人,实纪纲之仆。

注　释

　　①吕、郤:即吕甥、郤芮。
　　②让:责怪,斥责。
　　③袪:衣袂。
　　④射钩:公子纠和齐桓公竞相回国争夺君位时,管仲为了阻止齐桓公,射中其衣带钩。
　　⑤己丑晦:三十日。
　　⑥嬴氏:秦穆公的女儿文嬴。

译　文

　　吕甥、郤芮害怕遭到晋文公威逼,企图火烧王宫将他杀掉。寺人披请求觐见,晋文公派人传话斥责他,拒绝见他,并说:"蒲城的那场战役,君王命你一夜到达,你立时就赶到了。后来我随狄君在渭水旁狩猎,你因为惠公的缘故想要刺杀我,惠公命你三夜后抵达,你两夜就赶到了。就算国君有令,至于那么神速吗?那只被割破的袖子还在,你还是离开吧。"寺人披回答说:"微臣以为国君回国就什么都明白了，事实并非这样，如果君王还是不了解郑匡，就会再次遭难。臣子应一心执行君王下达的命令，这是自古以来的制度。除去君王所痛恨的人，只看自己力量有多大。蒲人和狄人，对我而言又算得了什么呢？如今你已经继位，成了一国之君，眼里也没有蒲人、狄人吧。齐桓公把射钩之仇抛到一边，任用管仲辅佐自己。君王若是要改变这种做法，我会自行离开的，何须君王下令驱逐呢？离开的人那么多，岂止我一个受过宫刑的下臣。"晋文公会见了他，他便把所遭受的祸难全部告知了晋文公。三月，晋文公和秦穆公私下里在王城会面。三十日，王宫燃起大火，瑕甥和郤芮没有找到晋文公，于是便前往黄河边寻找，秦穆公把他们诱杀了。晋文公迎接夫人嬴氏回晋国，秦穆公赠予晋国三千护卫，皆是得力的仆役。

原　文

　　初，晋侯之竖头须①，守藏者也。其出也，窃藏以逃，尽用以求纳之。及入，求见，公辞焉以沐②。谓仆人曰："沐则心覆③，心覆则图反，宜吾不得见也。居者为社稷之守，行者为羁绁之仆，其亦可也，何必罪居者？国君而仇匹夫，惧者甚众矣。"仆人以告，公遽见之。

　　狄人归季隗于晋而请其二子。文公妻赵衰，生原同、屏括、楼婴。赵姬请逆盾与其母④，子余辞⑤。姬曰："得宠而忘旧，何以使人？必逆之！"固请，许之，来，以盾为才，固请于公以为嫡子，而使其三子下之，以叔隗为内子而己下之。

　　晋侯赏从亡者，介之推不言禄，禄亦弗及。推曰："献公之子九人，唯君在矣。惠、怀无亲，外内弃之。天未绝晋，必将有主。主晋祀者，非君而谁？天实置之，而二三子以为己力，不亦诬乎⑥？窃人之财，犹谓之盗，况贪天之功以为己力乎？下义其罪，上赏其奸，上下相蒙，难与处矣！"其母曰："盍亦求之，以死谁怼⑦？"对曰："尤而效之，罪又甚焉，且出怨言，不食其食。"其母曰："亦使知之若何？"对曰："言，身之文也。身将隐，焉用文之？是求显也。"其母曰："能如是乎？与女偕隐。"遂隐而死。晋侯求之，不获，以绵上为之田，曰："以志吾过⑧，且旌善人。"

注　释

　　①竖：尚未成年的仆人。

②沐：洗头。

③覆：反过来，倒过来。

④赵姬：晋文公的女儿，赵衰的妻子。

⑤子余：即赵衰，子余是他的字。

⑥诬：欺骗。

⑦怼：责怪，怨恨。

⑧志：记载，记录。

译 文

当初，晋文公身边有个叫头须的侍臣，在国内负责掌管财物。当晋文公流亡在外时，头须席卷了财物潜逃，把钱花在了让晋文公回国的事情上。待晋文公回国后，头须请求觐见。晋文公以正在洗头为由推脱不见。头须对仆人说："洗头时心是倒过来的，心倒了心意便相反了，难怪我不能觐见了。留在国内的人守卫国家，跟随国君流亡在外的人背着马络头和缰绳做仆役，这都是可以的，何必怪罪留守国内的人？国君仇视普通的臣民，恐慌的人就多了。"仆人把原话告知了晋文公，晋文公即刻会见了头须。

狄人护送季隗回晋国，请求把她的两个儿子留下。晋文公将女儿赵姬嫁给赵衰，生下了原同、屏括、楼婴。赵姬请求迎接盾和盾的母亲叔隗。赵衰拒绝了。赵姬说："有了新宠就忘了旧情，以后还怎么用人？必须把他们母子迎回来。"她再三坚决恳求，赵衰答应了。赵盾母子被迎回后，赵姬觉得赵盾很有才干，于是向晋文公坚决请求，要把赵盾当作赵衰嫡子，甘愿让自己的三个亲生儿子屈居赵盾之下，让叔隗当正妻，自己甘愿居于叔隗之下。

晋文公封赏了当年追随他一起流亡在外的人，有功之臣当中只有介子推没有提到禄位，晋文公也没有赐给他禄位。介子推说："晋献公一共有九个儿子，而今唯有国君活在世上了。晋惠公和晋怀公没有感情亲近的人，国内外全都抛弃了他们。老天没有让晋国绝后，晋国必定会有君主出现。能主持晋国祭祀的人，如果不是公子重耳又能是谁呢？这实在是上天要让他做君主，而跟从他的几个人却以为是凭借自身的力量，这难道不是欺骗吗？偷窃财物叫盗，更何况是把上天的功劳当作自己之力呢？臣下把罪过当成合情合理，君上对欺骗的行为大加封赏，上下欺瞒，让人难以共处！"介子推的母亲说："你何不也去请求封赏？这样死了又能怪谁呢？"介子推说："明知故犯，罪加一等，况且我口出怨言，不能食他的俸禄。"其母说："那让他了解一下你的想法，如何？"介子推说："言论，不过是躯体的文饰，既然都要隐身了，哪里还用得着文饰？这只不

105

过是主动求得暴露罢了。"其母说："你能这样做吗？我跟你一起归隐吧。"母子于是隐居到死。晋文公四处寻找介子推，始终没有找到，于是便将绵上的田地封赏给他，说："用它来记录我的过错，并表彰好人。"

原　文

郑之入滑也，滑人听命。师还，又即卫。郑公子士、泄堵俞弥帅师伐滑。王使伯服、游孙伯如郑请滑。郑伯怨惠王之入而不与厉公爵也①，又怨襄王之与卫、滑也②，故不听王命而执二子。王怒，将以狄伐郑。富辰谏曰："不可。臣闻之，大上以德抚民，其次亲亲以相及也③。昔周公吊二叔之不咸④，故封建亲戚以蕃屏周。管蔡郕霍，鲁卫毛聃，郜雍曹滕，毕原酆郇，文之昭也。邘晋应韩，武之穆也。凡蒋邢茅胙祭，周公之胤也。召穆公思周德之不类，故纠合宗族于成周而作诗，曰：'常棣之华，鄂不韡韡⑤，凡今之人，莫如兄弟。'其四章曰：'兄弟阋于墙⑥，外御其侮。'如是，则兄弟虽有小忿，不废懿亲。今天子不忍小忿以弃郑亲，其若之何？庸勋亲亲，昵近尊贤，德之大者也。即聋从昧，与顽用嚚⑦，奸也大者也。弃德崇奸，祸之大者也。郑有平、惠之勋，又有厉、宣之亲，弃嬖宠而用三良，于诸姬为近⑧，四德具矣。耳不听五声之和为聋，目不别五色之章为昧，心不则德义之经为顽⑨，口不道忠信之言为嚚，狄皆则之，四奸具矣。周之有懿德也，犹曰'莫如兄弟'，故封建之。其怀柔天下也，犹惧有外侮，扞御侮者莫如亲亲⑩，故以亲屏周。召穆公亦云。今周德既衰，于是乎又渝周、召以从诸奸，无乃不可乎？民未忘祸，王又兴之，其若文、武何？"王弗听，使颓叔、桃子出狄师。

夏，狄伐郑，取栎。

王德狄人，将以其女为后。富辰谏曰："不可。臣闻之曰：'报者倦矣，施者未厌。'狄固贪惏⑪，王又启之，女德无极，妇怨无终，狄必为患。"王又弗听。

注　释

①厉公：郑文公之父。
②与：偏向，袒护。
③大上：最上、最高，指帝皇之世的上圣之人。其次：三王以来的圣人。
④吊：感伤，感叹。
⑤鄂：通"萼"。韡韡：灼灼其华，光明华美的意思。

⑥阋：争斗。
⑦用嚚：任用狡诈、冥顽不灵的小人。
⑧诸姬：姓姬的诸侯国。
⑨不则：不遵循。
⑩扞御：抵御。
⑪惏：通"婪"。

译　文

郑国进入滑国时，滑国人听从郑国号令。郑军撤退回国后，滑国又亲附卫国。郑国的公子士、泄堵俞弥率军征讨滑国。周襄王派遣伯服、游孙伯前往郑国交涉，请求郑国不要讨伐滑国。郑文公埋怨周惠王到成周时不赐厉公爵位，又责怪周襄王袒护卫国和滑国，因此不听周天子命令，把伯服和游孙伯抓了起来。周襄王大怒，想要率领狄人讨伐郑国。富辰劝阻说："不能这么做。微臣听说，帝皇之世的上圣之人以美德安抚人民，三王以来的圣人亲近亲属，关系由近及远。昔日，周公哀叹管叔、蔡叔不得善终，故而把土地册封给亲属作为周室的屏障。管、蔡、郕、霍、鲁、卫、毛、聃、郜、雍、曹、滕、毕、原、酆、郇诸侯十六国，全都是周文王之子的封国。邗、晋、应、韩四个诸侯国全都是周武王之子的封国。凡、蒋、刑、茅、胙、祭六个诸侯国皆是周公之后的封国。召穆公怕周德衰落，就聚集各宗族到成周作诗，说：'棠梨树上花朵朵，花萼灼灼放光华。如今的人儿，已不再亲如兄弟。'诗的第四章说：'兄弟在墙内吵闹不休，到墙外则共同御敌。'既然如此，兄弟间有点纠纷，是不能抛弃好亲戚的。如今天子不能忍受一点小怨愤而抛弃郑国这个亲戚，又能拿它怎么办呢？奖励功勋，亲近亲属，靠近近臣，尊重圣贤，这就是最大的美德。靠近跟从耳聋眼浊、昏聩糊涂之辈，赞同愚妄固陋之人，任用阴险狡诈的小人，这便是最大的邪恶了。摒弃美德，推崇邪恶，这就是最大的灾祸了。郑国有辅助平王、惠王之功，又跟厉王、宣王是亲戚，郑国国君舍宠臣而任用三位贤良，在姬姓诸姓中属于近亲，四德具备。双耳听不到五声唱和是为耳聋，双眼辨不清五色纹饰是为眼浊，心里没有德义准则就是顽固不化，口中无忠信之言就是奸诈。狄人效法这些，四种恶性都具备了。周室美德兴盛时，尚且说'不能亲若兄弟'，故而分封建制。采用怀柔之道统御天下时，还担心有外敌来犯。抵御外敌最好的策略莫过于亲近亲属了。故而把亲属作为周室的屏障。召穆公也是这么说的。如今周室德行衰微，再改变周公、召公治国的策略听从邪恶，怕是万万不可吧。百姓不曾忘记祸乱，大王又将它挑起，怎么面对周文王和周武王呢？"

周襄王没有听从他的意见，派颓叔、桃子出动狄人的军队。

夏季，狄人讨伐郑国，占取栎地。

周襄王为了酬答狄人，打算将狄君的女儿立为王后。富辰劝谏说："不能这么做。微臣听说：'酬答的人已经倦了，施恩的人还未满足。'狄人本性贪婪，而大王又释放了他们的贪念。女子的品德是没有极限的，妇人的怨恨也是没完没了的，狄人必然成为祸患。"周襄王不听。

原　文

初，甘昭公有宠于惠后①，惠后将立之，未及而卒。昭公奔齐，王复之，又通于隗氏②。王替隗氏③。颓叔、桃子曰："我实使狄，狄其怨我。"遂奉大叔，以狄师攻王。王御士将御之。王曰："先后其谓我何④？宁使诸侯图之。"王遂出。及坎欿，国人纳之。

秋，颓叔、桃子奉大叔，以狄师伐周，大败周师，获周公忌父、原伯、毛伯、富辰。王出适郑，处于氾。大叔以隗氏居于温。

郑子华之弟子臧出奔宋，好聚鹬冠。郑伯闻而恶之，使盗诱之。八月，盗杀之于陈、宋之间。

君子曰："服之不衷⑤，身之灾也。《诗》曰：'彼己之子，不称其服。'子臧之服，不称也夫。《诗》曰，'自诒伊戚'，其子臧之谓矣。《夏书》曰，'地平天成'，称也。"

宋及楚平。宋成公如楚，还入于郑。郑伯将享之，问礼于皇武子。对曰："宋，先代之后也，于周为客，天子有事膰焉⑥，有丧拜焉，丰厚可也。"郑伯从之，享宋公有加，礼也。

注　释

①甘昭公：即王子带，因受封于甘，故称"甘昭公"。惠后：周襄王和王子带之母。

②隗氏：周襄王所娶的狄君的女儿。

③替：废黜。

④先后：指惠后。

⑤衷：合适，适宜。

⑥膰：祭肉，这里做动词用，指把祭肉送给宋国国君。

译　文

当初，惠后非常宠爱甘昭公，想要把他立为嗣君，没来得及立嗣，惠后就过世了。昭公奔逃到齐国，周襄王叫他回国，他回来后又和狄女隗氏通奸。周襄王一怒之下废黜了隗氏。颓叔、桃子说："狄人这么做，全是我们指使的，他们可能会仇视我们。"于是就拥戴太叔率领狄人军队攻打周襄王。周襄王的侍卫打算御敌。周襄王说："如果把太叔杀掉，先王后会如何说我？宁可让诸侯商量一下对策。"周襄王于是离开成周，去了坎欿，都城里的人把他接回了都城。

秋季，颓叔、桃子拥戴太叔带领狄军攻打成周，把周军打得溃不成军，活捉了周公忌父、原伯、毛伯、富辰。周襄王逃离成周，到达了郑国，在氾地居住了下来。太叔和隗氏在温地居住。

郑国子华的兄弟子臧奔逃到了宋国，他喜好收集各种鹬毛帽冠，郑文公听闻他的特殊癖好后，对他十分厌恶，就指使恶徒把他诱骗出来。八月，恶徒在陈、宋两国边界把子臧杀死了。

君子说："服饰不得体，身体就要遭殃，《诗经》说：'那个人啊，人和服饰不相称啊。'子臧的服饰就是不合时宜啊。《诗经》说：'这是自取其祸啊。'说的就是子臧啊。《夏书》说：'地上太平，上天成全。'这便是上下相称了。"

宋国和楚国谈判求和，宋成公亲自去了楚国，返回时走进了郑国。郑文公要设享礼招待，便向皇武子询问合乎礼制的礼仪。皇武子回答说："宋国是先朝之后，对于周室来说是客人。周天子祭祀祖庙，要把祭肉送给宋国国君。周室举办丧事，宋国国君前来吊丧，周天子须答拜。招待宋国国君礼品要尽可能丰厚。"郑文公听从了他的建议，设享礼招待了宋成公，超出了常礼的规格，算是厚待了，这是合乎礼法的。

原　文

冬，王使来告难曰："不谷不德，得罪于母弟之宠子带，鄙在郑地氾①，敢告叔父。"臧文仲对曰："天子蒙尘于外，敢不奔问官守。"王使简师父告于晋，使左鄢父告于秦。天子无出，书曰："天王出居于郑"，辟母弟之难也。天子凶服降名②，礼也。

郑伯与孔将鉏、石甲父、侯宣多省视官具于氾③，而后听其私政，礼也。

卫人将伐邢，礼至曰④："不得其守，国不可得也。我请昆弟仕焉⑤。"乃往，得仕。

注　释

①母弟：同母弟弟。鄙：在偏僻之地居住。
②凶服：素服。
③孔将钼、石甲父、侯宣多：郑国大夫。
④礼至：卫国大夫。
⑤昆弟：兄弟。

译　文

　　冬季，周襄王使者前来禀报发生的灾祸，说："不谷失德，得罪了深受母亲宠爱的儿子带，现在在郑国偏僻之地汜地居住了下来，仅敢把此事报告给叔父。"臧文仲回答说："周天子在外面饱受风尘侵扰之苦，岂敢不前往慰问随行官员。"周天子派简师父出使晋国报告，派左鄢父前往秦国报告。天子无所谓出国，《春秋》说："天子出国留居在郑国"，意思是躲避同母兄弟带来的祸难。天子身着素服，降低名分以"不谷"自称，是合乎礼法的。

　　郑文公和孔将钼、石甲父、侯宣多赶往汜地慰问了周襄王随行的官员，查看了供给周王的用品，听取了郑国的政事，这是合乎礼法的。

　　卫国人准备进攻邢国，卫大夫礼至说："不到他们的国家做官，是不可能夺取这个国家的。我请求让我们兄弟到邢国当官从政。"于是他们就前往邢国，成了邢国的官吏。

经典解读

　　晋文公能从一个被驱逐的流亡者变成一代霸主，主要是因为他具有成功者的特质。首先他不像其他诸侯国国君那样闭目塞听、刚愎自用，而是善于听取不同的意见，即便身边的随从屡有冒犯甚至背叛过自己，只要所言合情合理，他也会采纳他们的意见。寺人披和头须的例子便是明证。其次他能做到与部下有福同享、有难同当，即位以后他不像其他的统治者那样对功臣大加杀戮，而是对曾经追随过自己的人大加封赏，这样做既赢得了人心，又体现出了一位仁君的胸怀。再次他能够任贤用能，依靠能臣的力量迅速恢复了国家实力，进而雄霸天下。介子推认为晋文公的成功是天助的结果，其实是自助者天助，所有的天之骄子，自身必须具有过人的魅力和出众的品格才能成就一番事业，否则就算运气再好再受命运眷顾也不可能成功的。

僖公二十五年

原 文

　　二十五年春，卫人伐邢，二礼从国子巡城①，掖以赴外②，杀之。正月丙午③，卫侯燬灭邢，同姓也，故名。礼至为铭曰："余掖杀国子，莫余敢止。"

　　秦伯师于河上，将纳王。狐偃言于晋侯曰："求诸侯，莫如勤王④。诸侯信之，且大义也。继文之业而信宣于诸侯⑤，今为可矣。"

　　使卜偃卜之，曰："吉。遇黄帝战于阪泉之兆。"公曰："吾不堪也。"对曰："周礼未改。今之王，古之帝也。"公曰："筮之。"筮之，遇《大有》☰☲之《睽》☲☱，曰："吉。遇'公用享于天子'之卦也。战克而王飨，吉孰大焉，且是卦也，天为泽以当日，天子降心以逆公⑥，不亦可乎？《大有》去《睽》而复，亦其所也。"

注 释

①二礼：指礼至兄弟。
②掖：夹持。
③丙午：二十日。
④求诸侯：得到诸侯爱戴。
⑤文：即晋文侯。
⑥降心：屈尊降格。逆：迎接。

译 文

　　二十五年春季，卫国人攻打邢国，礼至兄弟陪同邢国大臣国子巡视城防，兄弟二人趁国子不备，将其挟持到城外杀死了。正月二十日，卫侯燬消灭了邢国，因为卫、邢两国是同姓国，因此《春秋》直书卫侯的名字。礼至写了一句铭文说："我挟持杀害了国子，无人敢阻拦。"

　　秦穆公率领大军在黄河边驻扎下来，想要护送周襄王回朝。狐偃对晋文公说："谋求诸侯拥戴最好的办法莫过于为周天子效力。这样做既可取信于诸侯，而且合乎大义，既能继续拓展晋文侯之功业，又能在诸侯中宣扬自己的信誉，现在就是最佳时机了。"

　　晋文公让卜偃占卜战事，卜偃说："大吉。有黄帝在阪泉之战旗开得胜的征兆。"晋文公说："我哪里能和黄帝相提并论呢？"卜偃说："周礼至今没有改变，如今的王其实就是古代的帝啊。"晋文公说："占筮。"卜偃占筮，得到《大有》卦变《睽》卦，说："这是吉卦。卦象显示您会被天子设享礼款待，等您获得大胜以后将受到周王的招待，还有比这更吉利的卦象吗？而且这一卦天将变成水泽以承受骄阳的照射，预示着周天子将屈尊迎接您，这不是很好吗？《大有》卦变《睽》卦又变回《大有》卦，表明周天子要回到自己的居所了。"

原　文

　　晋侯辞秦师而下。三月甲辰①，次于阳樊。右师围温，左师逆王。夏四月丁巳②，王入于王城，取大叔于温③，杀之于隰城。

　　戊午④，晋侯朝王，王飨醴，命之宥。请隧，弗许，曰："王章也。未有代德而有二王，亦叔父之所恶也。"与之阳樊、温、原、欑茅之田。晋于是始启南阳。

　　阳樊不服，围之。苍葛呼曰："德以柔中国，刑以威四夷，宜吾不敢服也。此谁非王之亲姻，其俘之也！"乃出其民⑤。

　　秋，秦、晋伐鄀。楚斗克、屈御寇以申、息之师戍商密。秦人过析隈⑥，入而系舆人以围商密⑦，昏而傅焉⑧。宵，坎血加书⑨，伪与子仪、子边盟者。商密人惧曰："秦取析矣，戍人反矣。"乃降秦师。囚申公子仪、息公子边以归。楚令尹子玉追秦师，弗及，遂围陈，纳顿子于顿。

注　释

　　①甲辰：十九日。
　　②丁巳：初三日。
　　③大叔：即王子带。
　　④戊午：四月四日。
　　⑤出：放出。
　　⑥隈：山水等弯曲的地方。
　　⑦舆人：众人，地位低下的吏卒。
　　⑧昏而傅：昏，指黄昏。傅，逼近城下。
　　⑨坎血：掘地歃血。

译 文

　　晋文公辞退秦国大军，顺河而下。三月十九日，在阳樊驻扎下来，右翼之师包围了温国，左翼之师迎接周天子。夏季四月初三日，周襄王到达了王城，晋文公在温国俘获了太叔，在隰城将他杀死了。

　　四月初四日，晋文公觐见周襄王，周襄王用甘美的甜酒招待他，准许他向自己回敬。晋文公请求去世之后能像天子那样葬于隧道，周襄王不应允，他说："这是周王室的典章制度，周室的德行尚未被取代，却出现了两位天子，我想这也是叔父所憎恶的。"周襄王于是将樊、温、原、欑茅的田地赐予了晋文公，晋国自此在南阳开疆拓土。

　　阳樊人不服从晋国，晋国于是就把阳樊重重包围了。阳樊人苍葛大呼："安抚中原诸侯国应以德服人，对蛮邦夷狄才应以刑罚威慑，晋国如此对待我们，难怪我们不肯降服。这里的人有谁不是周天子的亲戚，难道晋国能俘虏他们吗？"晋国听完这番话，便把阳樊的百姓放出了城。

　　秋季，秦、晋两国一起讨伐鄀国。楚人斗克、屈御寇带领申地和息地的大军守卫国都商密。秦国军队过了析地，绕道丹江抄近路行军，并把自己的士兵捆绑起来假充析地的俘虏，就这样包围了商密，黄昏时分秦军已经兵临城下。到了晚上，秦军掘地歃血，并将盟书置于其上，佯装跟斗克、御寇订立盟约。商密人见状非常惶恐，他们说："秦人已经夺取了析地了，驻守的人全都归降了秦军，背叛了我们！"商密人于是都归顺了秦国。秦军俘虏了申公斗克、息公屈御寇，把他们押回了秦国。楚国的令尹子玉追击秦军，没有追上，于是就包围了陈国，护送顿子回国。

原 文

　　冬，晋侯围原，命三日之粮。原不降，命去之。谍出①，曰："原将降矣。"军吏曰："请待之。"公曰："信，国之宝也，民之所庇也，得原失信，何以庇之？所亡滋多②。"退一舍而原降。迁原伯贯于冀。赵衰为原大夫，狐溱为温大夫。

　　卫人平莒于我③，十二月，盟于洮，修卫文公之好，且及莒平也。

　　晋侯问原守于寺人勃鞮④，对曰："昔赵衰以壶飧从径，馁而弗食⑤。"故使处原。

注 释

①谍：探子，间谍。
②所亡滋多：损失更大，失去更多。
③平：调节，调停，使两方和好。
④寺人勃鞮：即寺人披。
⑤馁：饥饿。

译 文

冬季，晋文公带兵包围原国，让军队只带足三日的口粮。三天过后，原国拒不投降，晋文公只好下令撤军。这时有一个探子出了城，前来报告说："原国已经打算投降了。"军官说："再等等看。"晋文公说："信誉，乃是一国之宝，百姓靠它得到庇佑，如若我们得到了原国却丧失了宝贵的信誉，以后又靠什么来庇佑自己的百姓呢？这样损失更大啊。"于是便下令军队退守三十里，原国便归降了。晋文公让原国国君贯迁居到冀地，封赵衰为原地的大夫，封狐溱为温地的大夫。

卫国调节莒鲁两国的关系。十二月，鲁僖公和卫成公、莒庆在洮地会盟，重修卫文公时代的友好关系，同时和莒国和解。

晋文公问寺人披谁最适合驻守原地。寺人披回答说："以前赵衰背着壶和食物跟从您，一个人走小路时即使非常饿也没有自己吃东西。"晋文公于是就册封赵衰为原地的大夫。

经典解读

春秋时代，诸侯并起、群雄争霸，各个诸侯国互相讨伐，都想兼并土地和人口，成为君临天下的霸主，但表面上仍然把礼作为治国和外交的重要手段，这是因为在经济上井田制并没有瓦解，在政治上宗法制度仍具有深刻的影响力，所以即便是周礼已经遭到破坏，周天子的权威已经不在，"尊王""尊礼"的口号在诸侯国之间依旧具有极强的号召力。齐桓公打出"尊王攘夷"的旗号安定周室，抵御外侮，为自己赢得了声誉，成为春秋时期第一霸主，晋文公如法炮制，采纳了狐偃提出的"尊王""勤王"的策略控制中原诸侯混乱不休的局面，提升了自身在诸侯中的威信，还获得了周襄王丰厚的犒赏，得到了阳樊、温、原等地，为其开疆拓土、称霸中原提供了有利的条件。

僖公二十七年

原 文

二十七年春，杞桓公来朝，用夷礼，故曰子。公卑杞，杞不共也①。

夏，齐孝公卒。有齐怨，不废丧纪②，礼也。

秋，入杞，责无礼也。

楚子将围宋，使子文治兵于睽，终朝而毕③，不戮一人。子玉复治兵于蒍，终日而毕，鞭七人，贯三人耳。国老皆贺子文，子文饮之酒。蒍贾尚幼④，后至，不贺。子文问之，对曰："不知所贺。子之传政于子玉，曰：'以靖国也。'靖诸内而败诸外，所获几何？子玉之败，子之举也。举以败国，将何贺焉？子玉刚而无礼，不可以治民。过三百乘，其不能以入矣。苟入而贺，何后之有？"

注 释

①共：通"恭"，指恭敬。
②丧纪：丧事。
③终朝：一早上。
④蒍贾：楚国大夫。

译 文

二十七年春季，杞桓公到鲁国朝见鲁僖公，采用的是夷人的礼节，因此《春秋》把他称为"子"。鲁僖公认为他在礼数上不恭敬，所以有些瞧不起他。

夏季，齐孝公死了。鲁国对齐国虽有怨仇，但并未因此废弃到邻国吊丧的礼仪，这是合乎礼法的。

秋季，鲁国讨伐杞国，惩罚杞桓公的无礼行为。

楚成王企图包围宋国，派子文在睽地练兵，子文一早上就操练完了，其间没有一人受罚。子玉又在蒍地练兵，整整花了一天时间才操练完毕，鞭打了七名士卒，三人遭受了利箭穿耳的酷刑。老臣纷纷向子文道贺，子文请大家畅饮美酒。蒍贾年纪尚小，最后一个赶到，到场后并没有祝贺子文。子文询问缘由，蒍贾说："不知道有什么好庆贺的。您把兵权交给子玉，美其名曰是为了安定国家，国内安定，对外作战却失败，又有什么用呢？子玉如果在对方交战时落败，

115

也是因为您荐举的缘故，您荐举了一个让国家走向失败的人，还有什么可庆贺的？子玉刚愎自用、傲慢无礼，不能让他管理百姓。如果让他带着超过三百辆的战车出征，恐怕他就回不来了。如果他能安然归国，到那时再庆祝也不算迟吧？"

原　文

冬，楚子及诸侯围宋，宋公孙固如晋告急①。先轸曰②："报施救患，取威定霸，于是乎在矣。"狐偃曰："楚始得曹而新昏于卫，若伐曹、卫，楚必救之，则齐、宋免矣。"于是乎蒐于被庐③，作三军。谋元帅。赵衰曰："郤縠可。臣亟闻其言矣④，说礼乐而敦《诗》、《书》⑤。《诗》、《书》，义之府也。礼乐，德之则也。德义，利之本也。《夏书》曰：'赋纳以言，明试以功，车服以庸。'君其试之。"及使郤縠将中军，郤溱佐之；使狐偃将上军，让于狐毛，而佐之；命赵衰为卿，让于栾枝、先轸。使栾枝将下军，先轸佐之。荀林父御戎，魏犨为右。

注　释

①公孙固：宋庄公的孙子。
②先轸：晋国大臣。
③蒐：阅兵军演。
④亟：多次。
⑤说：通"悦"，指喜欢。

译　文

冬季，楚成王联合诸侯联军包围了宋国。宋国的公孙固前往晋国报告了眼下万分火急的情况。先轸说："回报宋襄公赠马的恩惠，帮助宋国解除祸难，在诸侯间取得威望，成就一番霸业，在此一举了。"狐偃说："楚国刚得到卫国，最近又与卫国联姻，倘若进攻曹国和卫国，楚国一定会派兵赶去支援，这样齐、宋两国就将免于被袭击了。"晋国于是在被庐举行了军事演习，编制了三个军，并商讨元帅的最佳人选。赵衰说："郤縠可当此重任。微臣多次从他的言论中听到他对礼乐的喜好，以及对《诗》、《书》的敬重。《诗》、《书》乃是道义的府库。礼乐则是道德的准则。德行礼义是利益的根基。《夏书》说：'任用一个人，就要采纳他的意见，根据他的功绩考察他的能力，如果他获得成功，就赠给他车马服饰作为赏赐。'君王不妨一试。"于是晋文公就任命中军主帅，派郤溱辅佐他。任命狐偃为上军主帅，但狐偃把大权交给了弟弟狐毛，自己辅佐弟弟。赵衰被任命为卿，赵衰把权力交给了栾枝、先轸，让栾枝指挥下军，先轸负责辅佐栾枝。荀林父负责驱驾兵车，魏犨当车右。

原 文

晋侯始入而教其民，二年，欲用之。子犯曰："民未知义，未安其居。"于是乎出定襄王，入务利民，民怀生矣①，将用之。子犯曰："民未知信，未宣其用②。"于是乎伐原以示之信。民易资者不求丰焉，明征其辞③。公曰："可矣乎？"子犯曰："民未知礼，未生其共。"于是乎大蒐以示之礼④，作执秩以正其官⑤，民听不惑而后用之。出谷戍，释宋围，一战而霸，文之教也。

注 释

①怀生：安于生计，生活安定。
②宣：明白。
③征：证明。辞：所标价格。
④大蒐：盛大的阅兵仪式。
⑤执秩：负责管理官员爵位俸禄次序的官员。

译 文

晋文公刚回国就训练百姓作战。两年后就准备征用他们打仗。子犯说："老百姓还不明道义，不能各安其所，所以不能征用。"晋文公于是便离开国家，帮助周襄王安定君位，回国后努力为黎民百姓谋福利，老百姓安定了下来，这时又准备征用他们。子犯说："百姓还不明白什么是信誉，也不了解信誉的作用，此时不宜征用。"晋文公于是讨伐原国以显示自己讲信义。自此百姓贸易时不求多谋利，商品全都明码标价，价实相符，交易过程公平合理。晋文公问："现在可以征用百姓了吧。"子犯说："老百姓还未识礼仪，没有产生恭敬之心。"晋文公于是就举行了盛大的阅兵仪式以展示礼仪风范，设立执秩一职管理官员。老百姓从此听从号令，不再困惑，晋国这才征用他们。晋军赶跑了在谷地驻扎的楚国大军，解除了宋国之围，仅凭一战就称霸天下，这都是因为晋文公重视教化。

经典解读

  晋文公训兵时采纳了谋臣狐偃的意见，通过三个步骤把普通百姓转变成了能征善战的精兵强将。第一个步骤是安定政治局面，让百姓安于生计，此为民生之策，它是赢得民心最基本的策略，也是获得民众支持最重要的策略。第二个步骤是通过伐原示信实现的，目的在于让百姓知道信用的重要性，这个步骤也是极为关键的。在诸侯混战的复杂局势中，信用是一个国家的生存之本，也是庇护百姓的重要法宝，无信的国家不但不能立足，而且也会为天下万民所不齿。故而失信于民、失信于天下就会失去争霸的资格，往往会走向自取灭亡的道路。第三个步骤是让百姓知礼，通过礼仪的教化，使民众井然有序，齐心协力御敌。总之，晋文公通过教民信义和礼仪，增强了民心的凝聚力，提升了军队的士气，为其问鼎中原提供了保障。

僖公二十八年

原　文

  二十八年春，晋侯将伐曹，假道于卫，卫人弗许。还，自南河济。侵曹伐卫。正月戊申，取五鹿①。二月，晋郤縠卒。原轸将中军，胥臣佐下军，上德也。晋侯、齐侯盟于敛盂。卫侯请盟，晋人弗许。卫侯欲与楚，国人不欲，故出其君以说于晋②。卫侯出居于襄牛③。

注　释

  ①戊申：初九日。五鹿：卫国地名，位于今河南省濮阳县东南部。
  ②出：驱逐，赶走。说：通"悦"，取悦。
  ③出：离开。襄牛：卫国地名，位于今山东省范县境内。

译　文

  二十八年春季，晋文公想要讨伐曹国，便向卫国借道，卫国人不同意。晋军于是返回南面渡河，侵入曹国攻打卫国。正月初九日，占领了五鹿。二月，郤縠去世了。先轸成了中军主帅，胥臣负责辅佐下军。由于先轸德行高，所以提拔他接替了郤縠的职位。晋文公和齐昭公在敛盂聚首会盟，卫成公请求结盟，晋国拒绝了。卫成公意图亲附楚国，卫国人不同意，于是便驱逐了他们的国君以向晋国示好，卫成公离开国都在襄牛定居下来。

原　文

公子买戍卫，楚人救卫，不克。公惧于晋，杀子丛以说焉。谓楚人曰："不卒戍也。"

晋侯围曹，门焉①，多死，曹人尸诸城上，晋侯患之，听舆人之谋曰："称舍于墓②。"师迁焉，曹人凶惧，为其所得者棺而出之，因其凶也而攻之。三月丙午③，入曹。数之，以其不用僖负羁而乘轩者三百人也。且曰："献状④。"令无入僖负羁之宫而免其族，报施也。魏犨、颠颉怒曰："劳之不图，报于何有！"爇僖负羁氏⑤。魏犨伤于胸，公欲杀之而爱其材，使问，且视之。病⑥，将杀之。魏犨束胸见使者曰："以君之灵，不有宁也。"距跃三百，曲踊三百⑦。乃舍之。杀颠颉以徇于师，立舟之侨以为戎右。

注　释

①门焉：攻打城门。
②舍于墓：在墓地上安营扎寨驻军。
③丙午：初八日。
④献状：观状，指曹共公观晋文公裸浴一事。
⑤爇：放火烧。
⑥病：伤重。
⑦三百：虚数，指很多次的意思。

译　文

鲁国大夫公子买正驻守卫国，楚国人派兵支援卫国，未能取胜。鲁僖公惧怕晋国，于是杀死公子买向晋国示好，并对楚国人撒谎说："他戍期未满就想回来，所以才把他杀了。"

晋文公领兵包围了曹国，攻打城门时，战死的士兵不计其数。曹军将晋军的死尸放在城上展览，晋文公无比担忧，于是听取了士卒的意见，号称要在曹国人的墓地上驻军建营，并令军队转移到墓地，曹国人怕了，把晋军的尸体收棺入殓运出了城，晋军趁曹军胆寒攻城。三月初八日，晋军攻入曹国，晋文公责怪曹国起用三百名乘轩车的大夫，却不重用僖负羁，并说曹共公曾偷窥自己洗澡，而今是罪有应得。晋文公下令士兵不得进入僖负羁家宅，并赦免了僖负

119

羁的族人，是为了回报僖负羁当年馈赠饭食和玉璧的恩惠。魏犨、颠颉生气地说："连我们这样的有功之人都想不到，还谈什么报答恩惠？"于是便纵火焚烧了僖负羁的家宅。此时魏犨胸部有伤，晋文公想除掉他但又爱惜他的才干，便派人慰问他，借此观察他的伤情。倘若伤重，就把他杀了。魏犨包扎好了胸部的伤口，出来面见使者说："托国君的福佑，我现在不是很健康吗？"说罢便向前跳了好几次，又回身跳了好多次，证明自己伤得不算严重。晋文公于是便饶了他一命，但还是诛杀了颠颉通告三军，让舟之侨取代魏犨当了车右。

原　文

宋人使门尹般如晋师告急。公曰："宋人告急，舍之则绝，告楚不许。我欲战矣，齐、秦未可，若之何？"先轸曰："使宋舍我而赂齐、秦，藉之告楚。我执曹君而分曹、卫之田以赐宋人。楚爱曹、卫，必不许也。喜赂怒顽，能无战乎？"公说，执曹伯，分曹、卫之田以畀宋人①。

楚子入居于申，使申叔去谷，使子玉去宋，曰："无从晋师。晋侯在外十九年矣，而果得晋国。险阻艰难，备尝之矣；民之情伪②，尽知之矣。天假之年，而除其害。天之所置，其可废乎？《军志》曰：'允当则归③。'又曰：'知难而退。'又曰：'有德不可敌。'此三志者，晋之谓矣。"

子玉使伯棼请战，曰："非敢必有功也，愿以间执谗慝之口。"王怒，少与之师，唯西广、东宫与若敖之六卒实从之④。

子玉使宛春告于晋师曰："请复卫侯而封曹，臣亦释宋之围。"子犯曰："子玉无礼哉！君取一，臣取二，不可失矣。"先轸曰："子与之。定人之谓礼，楚一言而定三国，我一言而亡之。我则无礼，何以战乎？不许楚言，是弃宋也。救而弃之，谓诸侯何？楚有三施，我有三怨，怨仇已多，将何以战？不如私许复曹、卫以携之，执宛春以怒楚，既战而后图之。"公说，乃拘宛春于卫，且私许复曹、卫。曹、卫告绝于楚。

子玉怒，从晋师⑤。晋师退。军吏曰："以君辟臣，辱也。且楚师老矣，何故退？"子犯曰："师直为壮，曲为老⑥。岂在久乎？微楚之惠不及此⑦，退三舍辟之，所以报也。背惠食言，以亢其仇⑧，我曲楚直。其众素饱，不可谓老。我退而楚还，我将何求？若其不还，君退臣犯，曲在彼矣。"退三舍。楚众欲止，子玉不可。

注　释

①畀：给予。
②情伪：真假。情，实。伪，假。
③允当则归：有适当斩获时就该收兵，即适可而止的意思。
④六卒：六百人。
⑤从晋师：进攻晋军。从，进攻。
⑥老：衰疲，失去斗志。
⑦微：没有。
⑧亢其仇：保护他的仇敌。亢，庇护，保护。

译　文

宋国派门尹般到晋国军营中禀报紧急情况。晋文公说："宋国前来告急，不去支援就断绝了两国的友好交往，请求楚军撤军，楚军又不同意。我想领兵开战，齐国和秦国又不答应，该如何是好？"先轸说："让宋国别求我们，转而贿赂齐、秦两国，让这两国请求楚国撤离。我们俘获了曹国国君，把曹、卫两国的田地割让给宋国，楚国偏袒曹国和卫国，肯定不答应齐国和秦国关于撤兵的请求。齐国和秦国对宋国的大礼甚是满意，一定会因为楚国的顽固恼怒，这样一来，能不开战吗？"晋文公听罢十分高兴，于是便俘虏了曹共公，将曹国和卫国的田地分给了宋国。

楚成王去了申地，并在那里居住下来，并传令申叔从谷地撤兵，传令子玉从宋国撤军，说："不要去追击晋军。晋文公在外流亡了整整十九年，最后还是得到了晋国。他历尽艰难险阻，尝遍百般滋味；民情的真伪，他都了然于胸。上苍赐予他年寿，为他免除灾祸，既然这是天意安排，我们怎可抛弃他？《军志》说：'见好就收，适可而止'，又说：'知难而退。'又说：'不可与有德之人为敌'，这三条说的都是晋国啊。"

子玉派伯棼向楚成王请求出兵征战，传话说："不敢说一定能建立军功，但希望以此堵住奸佞小人的嘴。"楚成王听罢大怒，只给他很少的兵力，派了西广、东宫、若敖六百人开赴战场。

子玉派宛春告诉晋军说："请恢复卫成公的君王之位，把曹国的土地归还回去，我国就解除对宋国的包围。"子犯说："子玉的要求好无礼！给予君王的只有从宋国退兵一桩好处，而他作为臣子得到的却是复卫封曹两桩好处，我们不可失去攻打楚军的大好机会。"先轸说："君王应同意子玉的请求。让他国安定

121

被称之为礼，楚国简简单单一句话就能让三个国家安定，可我们的一句话却能让三个国家亡国，我们的行为才是无礼。如果我们自己无礼，那么凭借什么作战呢？不答应楚国提出的要求，就是抛弃宋国。救援之后转而抛弃，对诸侯该怎么解释呢？楚国对三国都施加了恩惠，我们却和三国都结下了仇怨，怨仇已经积累得够多了，我们凭借什么来作战呢？不如我们暗中恢复卫成公的君位，使曹国的土地物归原主，借以拉拢曹卫，离间它们和楚国的关系，抓住宛春激怒楚国，等开战以后再商讨策略。"晋文公听后大悦，于是俘获了宛春，把他关押在卫国，同时私下里恢复了卫成公的君位，奉还了曹国的土地。曹国和卫国便和楚国断交了。

　　子玉勃然大怒，领兵追击晋军。晋军后撤。军吏说："让堂堂国君躲避臣下，这简直是奇耻大辱。更何况现在已是劳顿不堪，我军为何要撤退？"子犯说："两军作战关键在于是否有理，有理才能气壮，没理就士气衰竭，哪里在于行军征战的时间长短呢？当年国君若不是受到楚国的恩惠，根本走不到今天这一步。我们理应退避三舍报答他们。背弃楚国的恩惠，不遵守当初的承诺，还庇护对方的仇敌宋国，如果是这样，那么我国就理亏了而楚国是有理的。楚军一向精神抖擞、士气饱满，不能说它疲惫衰弱。我们退兵，楚军班师回国，这样就是很好的结局了，我们还能要求什么呢？若是楚军不肯回去，国君已经率兵撤退，那么就是臣子进犯君王了，楚国就成了理亏的一方。"晋国军队后撤了九十里，楚国士兵想停止追击，子玉不答应。

原　文

　　夏四月戊辰①，晋侯、宋公、齐国归父、崔夭、秦小子慭次于城濮。楚师背酅而舍②，晋侯患之，听舆人之诵，曰："原田每每③，舍其旧而新是谋。"公疑焉。子犯曰："战也。战而捷，必得诸侯。若其不捷，表里山河，必无害也。"公曰："若楚惠何？"栾贞子曰："汉阳诸姬，楚实尽之，思小惠而忘大耻，不如战也。"晋侯梦与楚子搏④，楚子伏己而盬其脑⑤，是以惧。子犯曰："吉。我得天，楚伏其罪，吾且柔之矣。"

　　子玉使斗勃请战，曰："请与君之士戏⑥，君冯轼而观之，得臣与寓目焉⑦。"晋侯使栾枝对曰："寡君闻命矣。楚君之惠未之敢忘，是以在此。为大夫退，其敢当君乎？既不获命矣，敢烦大夫谓二三子，戒尔车乘，敬尔君事，诘朝将见⑧。"

僖　公

> 晋车七百乘，韅、靷、鞅、靽⑨。晋侯登有莘之虚以观师，曰："少长有礼，其可用也。"遂伐其木以益其兵⑩。

注　释

① 戊辰：一日。
② 盎：险要地带。
③ 每每：植物茂盛。
④ 搏：搏斗，打斗。
⑤ 監：吸食，咀嚼。
⑥ 戏：比试，角力。
⑦ 冯轼：靠着车前横木。冯，凭、靠。得臣：子玉的名字。寓目：过目，观看。
⑧ 诘朝：明天早上。
⑨ 韅、靷、鞅、靽：战马装备的各类皮件，这里指装备一应俱全。
⑩ 兵：武器，兵器。

译　文

夏季四月初一日，晋文公、宋成公、齐国的国归父、崔天、秦国的小子懿将军队驻扎在城濮。楚军背靠险要之地驻军扎营。晋文公担心不能取胜，又听到士兵吟诵道："田地里荒草茂盛，快快锄掉野草播种新种。"晋文公心中充满疑虑。子犯说："赶快作战吧。打完胜仗，一定能取得诸侯信赖。倘若没有取胜，我国外有黄河，内有太行山作屏障，不怕敌人威胁，一定没有什么害处。"晋文公说："怎么对待楚国对我国的恩惠呢？"栾枝说："汉水以北的姬姓诸侯国，全被楚国吞并了，不要总考虑小恩惠却忘记了同姓国被灭国的大耻辱，不如出战吧。"晋文公梦见和楚成王搏斗，楚成王压在他身上咀嚼他的脑浆，晋文公因此非常恐惧。子犯却说："这梦是吉兆。君王面朝上，寓意得到了上天的庇佑，楚王朝下俯卧，预示着服罪归顺，看来我们马上要安抚他们归降了。"

子玉派斗勃向晋军宣战，说："我军请求和您的军队比试比试。君王可以倚在车前横木上观看，微臣可陪君王一同观看。"晋文公派栾枝回复说："我国国君明白你的意思了。国君一直不敢忘记楚君的恩德，因此才停留在此地，没有贸然前进。国君以为大夫你已经撤兵了，因为国君都后退了，做臣子的难道还要对抗君王吗？既然你不愿意撤兵，那么就劳烦你转告楚国的将士备好战车，为你们的君王效命吧，明早我们再见面。"

123

晋国开赴战场的战车到达七百辆，装备非常齐全，晋文公登临有莘废城阅兵，说："士兵们长幼排列有序，可见他们知礼懂礼了，可以用来作战了。"于是便下令多多砍伐林木，以增加更多的兵器。

原　文

己巳①，晋师陈于莘北②，胥臣以下军之佐当陈、蔡。子玉以若敖六卒将中军，曰："今日必无晋矣。"子西将左，子上将右。胥臣蒙马以虎皮，先犯陈、蔡。陈、蔡奔，楚右师溃。狐毛设二旆而退之③。栾枝使舆曳柴而伪遁，楚师驰之。原轸、郤溱以中军公族横击之。狐毛、狐偃以上军夹攻子西，楚左师溃。楚师败绩。子玉收其卒而止，故不败。

晋师三日馆谷，及癸酉而还④。甲午⑤，至于衡雍，作王宫于践土。

乡役之三月，郑伯如楚致其师⑥，为楚师既败而惧，使子人九行成于晋。晋栾枝入盟郑伯。五月丙午⑦，晋侯及郑伯盟于衡雍。

丁未⑧，献楚俘于王，驷介百乘⑨，徒兵千。郑伯傅王，用平礼也。己酉，王享醴，命晋侯宥。王命尹氏及王子虎、内史叔兴父策命晋侯为侯伯，赐之大辂之服，戎辂之服⑩，彤弓一，彤矢百，玈弓矢千，秬鬯一卣，虎贲三百人⑪。曰："王谓叔父，敬服王命，以绥四国。纠逖王慝⑫。"晋侯三辞，从命。曰："重耳敢再拜稽首，奉扬天子之丕显休命⑬。"受策以出，出入三觐。

卫侯闻楚师败，惧，出奔楚，遂适陈，使元咺奉叔武以受盟。癸亥⑭，王子虎盟诸侯于王庭，要言曰："皆奖王室，无相害也。有渝此盟，明神殛之，俾队其师，无克祚国⑮，及而玄孙，无有老幼。"君子谓是盟也信，谓晋于是役也能以德攻。

注　释

①己巳：四日。

②莘北：即城濮。

③二旆：两面大旗。旆，大旗。

④癸酉：初六日。

⑤甲午：二十七日。

⑥致其师：出兵助战。

⑦丙午：初九日。

⑧丁未：初十日。
⑨驷介：四匹披甲的战马驱驾的兵车。
⑩大辂：涂金的华美车子。戎辂：战车。
⑪秬：黑色。秬鬯：黑黍和香草制成的美酒。秬：黑黍。鬯：芬芳的美酒。虎贲：周王的近卫兵。
⑫纠逖：惩治。
⑬丕显休命：伟大荣耀的赐命。
⑭癸亥：五月二十六日。
⑮渝：违背，改变。殛：诛杀。俾队其师：使军队倾覆。俾，使。队，倾覆。无克祚国：不能享有国家。克：能够。祚，福，赐福，享有。

译 文

四月四日，晋国大军在莘北布好兵阵，胥臣指挥下军对抗陈、蔡军队。子玉出动六百人指挥中军进攻，说："今日定要消灭晋国。"楚国的子西为左军主将，子上为右军主将。晋国的胥臣在战马上蒙上虎皮，首先对陈、蔡两军发起了袭击。陈、蔡两军败走，楚军的右军溃逃。上军将领狐毛竖起两面战旗假装退走，栾枝让战士拖着树枝狂奔，佯装逃跑，楚军中计，马上追赶。原轸、郤溱率领中军的公族对楚军拦腰冲杀。狐毛、狐偃率上军夹击子西左军，楚国的左军溃败了。这场战役以楚军败绩告终，由于子玉收兵及时，所以中军没有溃败。

晋国军队修整三日，以楚军剩余的粮食充饥，初六日才撤兵回国。二十七日，抵达衡雍，在践土为天子修建了一座王宫。

作战前的三个月，郑文公曾派兵前往楚国助战。由于楚军大败，郑文公非常害怕，便派遣子人九前往晋国谈判讲和。晋国的栾枝来到郑国跟郑文公会盟立约。五月九日，晋文公和郑文公在衡雍盟誓立约。

五月十日，晋国把从楚军缴获的战利品及俘虏进献给了周襄王，包括上百辆四马披甲的兵车和上千名步卒。郑文公被任命为相礼，以周平王时的礼仪招待晋文公。十二日，周襄王设享礼以甜酒款待晋文公，并准许他向自己回敬。周襄王让尹氏和王子虎、内史叔兴父以策书封晋文公为诸侯的领袖，赐予其大辂车、戎辂车及服饰仪仗，红弓一把，配之以百支红箭，黑弓十把，配之以千支黑箭，黑黍加香草制成的酒一卣，三百名勇武的近卫军，传话说："天子对叔父说，希望您遵从王命，安抚四方诸侯，为周室惩治邪恶。"晋文公一连辞谢了三次，才肯受命，说："重耳叩头再拜，接受天子的赏赐以及伟大的赐命。"于是便接过策书离开了成周，他从步入成周到最后离开，一共朝见周天子三次。

卫成公听说楚国大军败北，心里非常恐惧，慌忙逃到了楚国，随后又逃到了陈国，派元咺奉叔武前去接受盟约。二十六日，王子虎和诸侯在王室庭院里会盟订约，盟约说："各诸侯都要辅佐周王室，不可彼此残害，谁如果违反誓约，就要受到神明的惩罚，让他丧失军队和国家。即便到了玄孙一代，无论老幼，都必须遵守此盟约。"君子认为此次盟誓是讲求信用的，认为晋国在这场大战中取胜凭借的是德行的功力。

原　文

初，楚子玉自为琼弁玉缨①，未之服也。先战②，梦河神谓己曰："畀余，余赐女孟诸之麋③。"弗致也。大心与子西使荣黄谏，弗听。荣季曰："死而利国。犹或为之，况琼玉乎？是粪土也，而可以济师，将何爱焉？"弗听。出，告二子曰："非神败令尹，令尹其不勤民，实自败也。"既败，王使谓之曰："大夫若入，其若申、息之老何？"子西、孙伯曰④："得臣将死，二臣止之曰：'君其将以为戮。'"及连谷而死。

晋侯闻之而后喜可知也，曰："莫余毒也已！蒍吕臣实为令尹，奉己而已，不在民矣。"

或诉元咺于卫侯曰："立叔武矣。"其子角从公，公使杀之。咺不废命，奉夷叔以入守。

六月，晋人复卫侯。宁武子与卫人盟于宛濮，曰："天祸卫国，君臣不协，以及此忧也。今天诱其衷，使皆降心以相从也⑤。不有居者，谁守社稷？不有行者，谁扞牧圉⑥？不协之故，用昭乞盟于尔大神以诱天衷。自今日以往，既盟之后，行者无保其力⑦，居者无惧其罪。有渝此盟，以相及也。明神先君，是纠是殛。"国人闻此盟也，而后不贰。

卫侯先期入，宁子先，长牂守门以为使也，与之乘而入。公子颛犬、华仲前驱。叔孙将沐⑧，闻君至，喜，捉发走出，前驱射而杀之。公知其无罪也，枕之股而哭之。颛犬走出，公使杀之。元咺出奔晋。

注　释

①琼弁：镶玉的马冠。玉缨：镶玉的马鞅。
②先战：大战前夕。
③畀：给。女：汝，你。麋：通"湄"，指河岸，水与草交接之处。

④孙伯：即大心。
⑤降心：摒弃偏见。
⑥癙：保护，护卫。牧圉：牛马，借指播迁中的君王车驾。
⑦保其力：居功自傲。
⑧沐：洗头。

译　文

　　当初，楚国大将子玉自制了一套嵌玉的马冠和马鞅，不曾使用过这套器具。大战前夕，他梦见黄河河神对他说："把马具送给我，我就赐给你宋国孟诸的沼泽地。"子玉没有把华美的马具送去。他的长子大心和子西派遣荣黄劝说，他不听劝谏。荣季说："只要是对国家有利，哪怕舍命都可以，冒死也要把事情办成，何况是区区美玉呢？它不过是粪土罢了。如果能让军队打胜仗，有什么好可惜的？"子玉还是不听。荣黄出来对大心和子西说："并非神明叫令尹兵败，而是令尹不为百姓考虑，实在是自取其败啊。"子玉打了败仗以后，楚成王派人对他说："申、息的子弟大多已埋骨沙场，你若是回来，如何向申、息两地的父老乡亲交代？"大心对使臣说："子玉本来是要自刎谢罪的，是我们两个拦住他说：'不要自行了断，君王会赐你死罪的'。"子玉抵达连谷，便寻短见了。

　　晋文公听到子玉已死的消息后，大喜过望地说："以后再也没有人能和我抗衡了。芳吕臣当令尹，只是为了维护一己之利罢了，他的心思根本就不在百姓身上。"

　　有人对卫成公进谗言诬陷元咺说："他已经把叔武立为国君了。"当时元咺之子角正追随卫成公，卫成公派人诛杀了他。元咺并没有因为痛失爱子而违背卫成公的君令，仍奉叔武回国摄政。

　　六月，晋国人让卫成公恢复了君位。宁武子和卫国人在宛濮盟誓说："天降灾难给卫国，君臣关系不睦，不团结，才会遭此祸难。如今天佑我国，让大家不计前嫌、摒弃偏见，遵从彼此的意愿。如果没人肯留下来，谁来保家卫国呢？倘若没人陪伴君王出行，谁来保卫君王的车驾呢？由于君臣失和，才在神明面前宣誓，祈求上天护佑。从今日盟誓开始，陪君王出行的人不要自恃有功便狂妄自大，留守国内的人不要害怕被降罪。谁要是违背这次盟誓，就会大祸临头。神明先君在上，惩罚诛杀背离盟约的人。"卫国人听说了这盟约，从此对国家再也没有产生过二心。

　　没到约定的日期，卫成公就提前回到了卫国，宁武子在卫成公之前就已经先行一步回国了。当时长牂负责守卫城门，认为他是君王的使臣，就同他共乘一辆车一起进城了。公子歂犬、华仲走在前面。叔武刚刚要洗头，听说国君要驾到，兴冲冲地抓着头发就跑出来迎接，却被走在前面的人射杀了。卫成公知

127

道他是无罪的，就伏在他的大腿上哭起来。颛犬赶忙奔逃，卫成公派人将他诛杀了。元咺奔逃到了晋国。

原　文

城濮之战，晋中军风于泽，亡大旆之左旃①。祁瞒奸命②，司马杀之，以徇于诸侯，使茅伐代之。师还。壬午③，济河。舟之侨先归，士会摄右。秋七月丙申④，振旅，恺以入于晋⑤。献俘授馘⑥，饮至大赏，征会讨贰。杀舟之侨以徇于国，民于是大服。

君子谓："文公其能刑矣，三罪而民服。《诗》云：'惠此中国，以绥四方。'不失赏刑之谓也。"

冬，会于温，讨不服也。

卫侯与元咺讼，宁武子为辅，针庄子为坐，士荣为大士⑦。卫侯不胜。杀士荣，刖针庄子，谓宁俞忠而免之。执卫侯，归之于京师，置诸深室。宁子职纳橐饘焉⑧。元咺归于卫，立公子瑕。

是会也，晋侯召王，以诸侯见，且使王狩。仲尼曰："以臣召君，不可以训。"故书曰："天王狩于河阳。"言非其地也，且明德也。

壬申⑨，公朝于王所。

注　释

①左旃：左军赤色的战旗。旃，赤色曲柄的大旗。
②奸命：触犯军令。
③壬午：六月六日。
④丙申：初二日。
⑤振旅：整顿好军队班师回国，多指军队大胜而归。恺：通"凯"，指军队凯旋所奏的乐曲。
⑥授馘：呈报歼敌数字。馘：敌人的左耳。
⑦辅：诉讼人。坐：代理人。大士：答辩人。
⑧纳橐饘：送衣食。
⑨壬申：十月七日。

译　文

城濮之战中，晋国的中军路过沼泽地时，忽然狂风大作，前军左军的赤色大旗被大风刮跑了。祁瞒因此触犯了军令，司马将其斩杀了，然后通报诸侯，让茷替代了他。不久晋军返回。六月六日，大军渡过了黄河。舟之侨擅自率先回国，士会代理车右。秋季，七月二日，军队大胜而还，在一片凯歌声中回到了晋国。随后在太庙报告俘虏敌军的人数和歼敌的数字，并设下酒筵犒赏将士，并召集诸侯参加盟会，征讨对晋国怀有二心的国家，还诛杀了舟之侨通报全国，民众由此大为信服。

君子说："晋文公刑罚明断，诛杀了颠颉、祁瞒、舟之侨三个罪臣，老百姓因此而信服。《诗经》说：'要对中原诸国施加恩惠，安抚四方诸侯。'说的便是不要失去公平的赏赐和严明的刑罚。"

冬季，僖公和晋文公、齐昭公、宋成公、蔡庄公、郑文公、陈子、莒子、邾子、秦同人在温地会盟，商讨如何讨伐不归顺的国家。

卫成公和元咺向晋国告状，宁武子担任卫成公的诉讼人，鍼庄子担任卫成公的代理人，士荣充当卫成公的答辩。结果卫成公诉讼失败。晋国人便杀死了士荣，砍掉了鍼庄子的脚，认为宁武子忠贞，因而免除了他的罪过。接着抓获了卫成公，将其押解到京师，囚禁在牢狱中。宁武子负责给他送去衣服和饭食。元咺返回卫国，把公子瑕立为国君。

这次温地会盟，晋文公曾召请周襄王前来参加，他带领各诸侯朝见天子，并让周襄王去狩猎。孔子说："以臣子的身份召请君主，是不能作为诸侯们的榜样的。"故而《春秋》说："天子在河阳狩猎。"意思是河阳并非周朝的王土，这样记载也是为了表彰晋文公的功德，有意为他的过失避讳。

七日，鲁僖公前往周天子的住所朝见。

原　文

丁丑①，诸侯围许。

晋侯有疾，曹伯之竖侯獳货筮史②，使曰以曹为解："齐桓公为会而封异姓，今君为会而灭同姓。曹叔振铎，文之昭也。先君唐叔，武之穆也。且合诸侯而灭兄弟，非礼也。与卫偕命，而不与偕复，非信也。同罪异罚，非刑也。礼以行义，信以守礼，刑以正邪，舍此三者，君将若之何？"公说，复曹伯，遂会诸侯于许。

晋侯作三行以御狄，荀林父将中行，屠击将右行，先蔑将左行。

129

注释

①丁丑：十一月十二日。
②货：收买，贿赂。

译文

十一月十二日，诸侯联军将许国重重包围了。

晋文公生了重病，曹共公的童仆侯孺收买了晋国的筮史，让他把患病的起因说成是灭亡曹国所致，说："您的病和灭亡曹国有关。以前齐桓公召集诸侯会盟，封了异性国家，而今您召集诸侯会盟却把同姓国家消灭了。曹国的叔振铎乃周文王之子，先君唐叔是周武王之子。联合各诸侯消灭兄弟之国，是违背礼法的；同样对曹、卫两国许下诺言，却不让两国一同复国，这样做就是不讲信誉；罪名相同，惩罚却不一样，是用刑失当。礼制用来实行道义，信用用来维护礼制，刑罚用来去除邪恶。舍弃这三项，君王打算怎么办呢？"晋文公听后大悦，让曹共公恢复了君位，于是曹共公便在许地和诸侯建立了同盟关系。

晋文公创建了三个步卒军队抵御狄人，荀林父担任中军主将，屠击担任右军主将，先蔑担任左军主将。

经典解读

城濮大战是春秋战争史上非常著名的一次战役，晋国以五万多兵力一举大败了由楚、蔡、陈、郑、许五国联盟的十多万诸侯联军。晋国能够以少胜多，取得完胜的根本原因在于君臣同心、上下同欲，而且在政治、外交、内部用人方面都体现出高超的韬略，比如在外交上通过争取齐秦联盟、许诺让曹卫复国，成功瓦解了楚国联盟，使楚国陷入被动的局面；在作战过程中履行对楚国的承诺，主动退避三舍，在道义上赢得主动权，后以诈败的计策诱敌深入，大败由楚、陈、蔡等国组成的诸侯联军。在用人方面，晋文公知人善任，身边人才济济、谋臣良将云集，而且他从谏如流，让这些军事人才在城濮大战中发挥了重大作用。

反观楚国，无论在政治、外交还是在用人方面都是极其失败的。楚国内部矛盾重重，对于是否作战君臣意见不统一，楚成王不赞同出征却态度不够坚决，只给了子玉少量的兵力，直接为子玉的失败埋下了伏笔。此外楚国自恃强大，无比傲慢骄纵，依赖强权迫使小国臣服，这样的联盟本身就是不稳固的。楚军的主要将领子玉轻浮骄横、刚愎自用、治军残暴，最终成为败军之将、落得引咎自刎的下场也就不足为怪了。

僖公三十年

原　文

　　三十年春，晋人侵郑，以观其可攻与否。狄间晋之有郑虞也①，夏，狄侵齐。

　　晋侯使医衍鸩卫侯②。宁俞货医，使薄其鸩，不死。公为之请，纳玉于王与晋侯。皆十毂③。王许之。秋，乃释卫侯。

　　卫侯使赂周歂、冶廑，曰："苟能纳我，吾使尔为卿。"周、冶杀元咺及子适、子仪④。公入祀先君。周、冶既服将命⑤，周歂先入，及门，遇疾而死。冶廑辞卿。

注　释

　　①间：间隙，趁机钻空子。虞：担忧，忧虑。
　　②医衍：一个名字为衍的医生。
　　③十毂：十对。
　　④子适：公子瑕。子仪：公子瑕的弟弟。
　　⑤既服将命：已经穿上了卿的礼服，即将接受任命。

译　文

　　三十年春季，晋国军队进犯郑国，以试探郑国是否可攻取。狄人趁晋国为伐郑担忧之机，夏季侵入了齐国。

　　晋文公派一个叫衍医者毒杀卫成公。宁俞收买了衍，让他减少了毒药的剂量，因此卫成公并没有毒发身亡。鲁僖公为卫成公请求赦罪，将上好的美玉进献给了周襄王和晋文公，每个人都得到十对。周襄王同意赦罪。秋季，卫成公就被释放了。

　　卫成公派人向周歂、冶廑行贿说："假如能让我当国君，我就封你们做卿。"周歂和冶廑便把元咺、子适、子仪统统杀死了。卫成公回国后，前往太庙祭祀先君，周歂、冶廑已然穿上了卿的礼服，准备被封官任职，周歂先走进了太庙，走到门口时突然病发身亡。冶廑辞掉了卿位。

原文

　　九月甲午①，晋侯、秦伯围郑，以其无礼于晋，且贰于楚也。晋军函陵，秦军氾南。

　　佚之狐言于郑伯曰："国危矣，若使烛之武见秦君，师必退。"公从之。辞曰："臣之壮也，犹不如人，今老矣，无能为也已。"公曰："吾不能早用子，今急而求子，是寡人之过也。然郑亡，子亦有不利焉。"许之。

　　夜缒而出②，见秦伯，曰："秦、晋围郑，郑既知亡矣。若亡郑而有益于君，敢以烦执事。越国以鄙远③，君知其难也，焉用亡郑以陪邻。邻之厚，君之薄也。若舍郑以为东道主④，行李之往来⑤，共其乏困，君亦无所害。且君尝为晋君赐矣，许君焦、瑕，朝济而夕设版焉⑥，君之所知也。夫晋何厌之有？既东封郑⑦，又欲肆其西封，若不阙秦⑧，将焉取之？阙秦以利晋，唯君图之。"

注释

①甲午：初十日。
②缒：用绳索拴缚住人或物往下放。
③越国：越过他国。鄙远：以远土作边境。
④东道主：东路上的主人。
⑤行李：使者。
⑥设版：筑城，修建工事。
⑦东封郑：向东在郑国的领土上封疆。
⑧阙：损害。

译文

　　九月初十日，晋文公、秦穆公发兵包围了郑国，理由是郑国对晋国无礼，且亲附楚国。晋国在函陵屯兵驻军，秦军在氾南驻扎下来。

　　佚之狐对郑文公说："现在国家危在旦夕，若派烛之武会见秦国君主，秦国一定会退兵。"郑文公听从了他的意见。烛之武推辞说："微臣年富力强的时候，尚且赶不上别人，而今年老力衰了，更是无能为力了。"郑文公说："我没能早点重用你，危急时刻才来求你，是我不对。但是郑国亡国了，对你也不利啊。"烛之武于是答应临危受命。

　　到了晚上，烛之武趁着夜色用绳子把自己从城上吊下来，成功见到了秦穆公。他对秦穆公说:"秦国和晋国包围了郑国,郑国已然知道自己就要亡国了。如果消灭郑国,真能给君王带来益处,那么也是值得劳师动众的。越过他国而以远方的疆土作自己的边境,君王该知道那有多么难,为什么要消灭郑国来扩大邻国的土地?邻国实力增强,就是贵国实力在削弱啊。如若赦免了郑国,让郑国做秦国东路上的主人,这样贵国的使者来往经过郑国时,如果缺少什么,郑国都可以供应,这对君王也没有什么害处。况且已经给过晋国国君恩惠了,他许诺把焦、瑕两地赠送给君王,早上渡河回国,晚上就开始修筑防御工事,这件事君王是知晓的。晋国哪里会满足呢?它已向东扩张,向郑国索取土地,又要无所顾忌地西扩。若是不损害秦国的领土,又到哪儿去占取更多的土地呢?关于损害秦国利益却让晋国从中得利的事,君王还是好生思量吧。"

原　文

秦伯说,与郑人盟,使杞子、逢孙、扬孙戍之①,乃还。

子犯请击之,公曰:"不可。微夫人力不及此。因人之力而敝之,不仁。失其所与,不知②。以乱易整,不武。吾其还也。"亦去之。

初,郑公子兰出奔晋,从于晋侯。伐郑,请无与围郑。许之,使待命于东。郑石甲父、侯宣多逆以为大子,以求成于晋,晋人许之。

冬,王使周公阅来聘,飨有昌歜、白、黑、形盐③。辞曰:"国君,文足昭也,武可畏也,则有备物之飨以象其德。荐五味,羞嘉谷,盐虎形,以献其功④。吾何以堪之?"

东门襄仲将聘于周,遂初聘于晋。

注　释

①杞子、逢孙、扬孙:皆为秦国大夫。

②与:关系亲近,这里指同盟关系。知:通"智",明智。

③昌歜:用菖蒲的根腌制的咸菜。白:指白米糕。黑:指黑黍糕。形盐:指状如虎形的盐块。

④献:象征。

译　文

秦穆公大悦,与郑国人订立了盟约,派遣杞子、逢孙、扬孙戍守郑国,随后就退兵回国了。

子犯请求派兵追击秦军，晋文公说："不可以。如果不是借助秦国的力量，我们晋国就没有今天，依靠他人之力成功，反而做出伤害他的事情，这就是不仁；失去同盟是为不智；用动荡取代秩序，就是不武，我们还是撤兵回去吧。"于是晋军也班师回国了。

当初，郑国的公子兰奔逃到晋国，跟随晋文公出征，一起讨伐郑国，请求不要让自己参与包围郑都的军事行动，郑文公同意了，便令他去东部边境候命。郑国的石甲父、侯宣多迎接他回国，让他以太子身份跟晋国和解，晋国答应了。

冬季，周襄王派周公阅访问鲁国，鲁国用菖蒲菹、白米糕、黑黍糕和虎形块盐招待他，周公阅推辞说："国君，文可光耀四方，武可威震天下，准备的各色食品象征着他的仁德。进献五味、谷物、虎形盐，象征着他的功绩。我如何当得起这个呢？"

东门襄仲准备出使成周，便顺路对晋国进行首次访问。

经典解读

烛之武退秦师是郑国外交上的一次胜利，在秦、晋两大强国大兵压境之际，对郑国而言可谓是存亡之秋，烛之武临危受命，以自己的胆识和出色的外交辞令成功为国家解除了外部忧患，体现出了高超的智慧和不计个人恩怨、以国家大局为重的高尚爱国精神。烛之武何以能凭借三寸不烂之舌说退秦国雄师呢？首先他牢牢抓住了秦穆公的心理，利用秦晋的矛盾和互不信任的心态，对其晓之以理，动之以情，指出亡郑对秦国不但无益而且有害，最大的受益者便是晋国，并进一步把矛头指向晋国，让秦穆公意识到晋国的强大是会对秦国构成巨大威胁。烛之武的利害分析最终打动了秦穆公，起到了"不战以屈人之兵"的目的，郑国通过和平的外交手段就解决了国与国之间的矛盾。

僖公三十二年

原　文

三十二年春，楚斗章请平于晋，晋阳处父报之[1]。晋、楚始通。

夏，狄有乱。卫人侵狄，狄请平焉。秋，卫人及狄盟。

冬，晋文公卒。庚辰[2]，将殡于曲沃，出绛，柩有声如牛。卜偃使大夫拜。曰："君命大事[3]。将有西师过轶我[4]，击之，必大捷焉。"

注　释

①报之：到楚国回访。
②庚辰：十二月十日。
③大事：征战之事。
④过轶：越过边境。

译　文

三十二年春季，楚国的斗章到晋国求和，晋国的阳处父回访楚国，晋、楚两国从此建立了正式的外交关系。

夏季，狄人动乱，卫国军队袭击了狄人，狄人请求谈判和解。秋季，卫国和狄人订立了盟约。

冬季，晋文公去世了。十二月初十日，晋国人打算把他的棺材运往曲沃，他们离开了绛城，听到棺材里传出了牛叫般的声音。卜偃让大夫跪拜，说："国君有军令：不久西边的军队将进犯我国，如若攻打他们，一定会取得大捷。"

原　文

杞子自郑使告于秦，曰："郑人使我掌其北门之管①，若潜师以来，国可得也。"穆公访诸蹇叔②，蹇叔曰："劳师以袭远，非所闻也。师劳力竭，远主备之，无乃不可乎③！师之所为，郑必知之。勤而无所，必有悖心。且行千里，其谁不知？"公辞焉。召孟明、西乞、白乙，使出师于东门之外。蹇叔哭之，曰："孟子，吾见师之出而不见其入也。"公使谓之曰："尔何知？中寿④，尔墓之木拱矣。"蹇叔之子与师，哭而送之，曰："晋人御师必于崤。崤有二陵焉。其南陵，夏后皋之墓也；其北陵，文王之所辟风雨也。必死是间，余收尔骨焉。"秦师遂东。

注　释

①管：钥匙。
②访：问询。
③无乃：恐怕。
④中寿：六七十岁。

译　文

　　杞子从郑国派人报告秦国说："郑国人让我保管北门的钥匙，假如暗地里让军队进城，便可以夺取郑国的国都。"秦穆公向蹇叔征求意见。蹇叔说："发动军队袭击远方的敌人，是我闻所未闻的。士兵疲惫不堪，力量衰竭，而远方的国家必然有所戒备，恐怕是行不通吧！我军有所行动，必被郑国知晓。白费力气不讨好，士卒必然产生抵触情绪。况且行军千里，谁会不知道呢？"秦穆公没有采纳他的建议，而是召见了孟明、西乞、白乙三人，命令他们在东门外带兵出师。蹇叔哭着送行说："孟子，我看到军队离开却见不到军队回国了。"秦穆公派人对他说："你知道些什么？若是你六七十岁寿终正寝了，你坟地上的树都能合抱了。"蹇叔之子在军队里，蹇叔哭着送行说："晋军一定在崤地抵抗我军，崤山有两座山陵，南陵是夏后皋的墓地，北陵是当年周文王躲风避雨的地方。你一定会死在两陵之间，我就到那里为你收殓骸骨吧。"秦军于是便向东挺进。

经典解读

　　晋文公在世时，秦、晋两国交好，尽管两国也存在利益之争，但因为晋文公感念秦穆公的扶助之恩，两国一直没有由盟国发展到仇敌的地步。晋文公一死，秦、晋两国的矛盾就暴露了出来，晋国借亡灵的名义发布积极抵御过境西师的命令，过境西师指的其实就是秦军，当时秦穆公已经改变了对晋国的态度，产生了图霸中原的野心，因为晋国成了他东扩道路上的障碍，于是便产生了其过境晋国伐郑的想法。在得知晋国北门有内应的情报后，秦穆公攻打郑国的念头便蠢蠢欲动了。老臣蹇叔哭师劝阻，指出劳师袭远对作战不利，千里东征必然惊动郑国和晋国，这种冒险行动是毫无胜算可言的，可秦穆公的心智已被贪婪蒙蔽，并没有听从他的意见，这也为他日后东扩行动的失败埋下了伏笔。

僖公三十三年

原　文

　　三十三年春，秦师过周北门，左右免胄而下。超乘者三百乘①。王孙满尚幼②，观之，言于王曰："秦师轻而无礼，必败。轻则寡谋，无礼则脱③。入险而脱。又不能谋，能无败乎？"

及滑，郑商人弦高将市于周，遇之。以乘韦先④，牛十二犒师，曰："寡君闻吾子将步师出于敝邑，敢犒从者，不腆敝邑，为从者之淹⑤，居则具一日之积，行则备一夕之卫。"且使遽告于郑⑥。

注　释

①超乘：跳上兵车。

②王孙满：周襄王的孙子。

③轻：轻狂。脱：疏忽大意。

④以乘韦先：先送上四张熟牛皮。乘，四。古时一车由四匹马驱驾，故乘代表四。韦，熟牛皮。

⑤淹：停留，驻留。

⑥遽：送信的快车。

译　文

三十三年春季，秦军经过成周王城北门，兵车上的车左、车右都纷纷摘下头盔下车步行，但不久就又跳上了兵车，三百辆战车的士卒皆是如此。当年王孙满尚年幼，见到此情此景，便对周襄王说："秦军轻狂无礼，作战必败。轻狂必定缺少谋略，无礼则疏忽大意。步入险地却疏忽大意，又不懂谋略，能不吃败仗吗？"

秦国军队抵达了滑国，这时郑国的商人弦高打算到成周做生意，在半路上遇到了秦军，他先是奉上了四张熟牛皮，后来又送上了十二头牛犒劳军队，对秦军说："国君听说贵国的大军要来敝国，就派我来慰问犒劳贵国的战士。敝国不富裕，但如果贵国的部下要久住，住一日我们就提供一天的供应品，离开时我们也会为贵军守卫到最后一夜。"与此同时，弦高派快车迅速向郑国禀报这一紧急军情。

原　文

郑穆公使视客馆，则束载、厉兵、秣马矣。使皇武子辞焉①，曰："吾子淹久于敝邑，唯是脯资饩牵竭矣②。为吾子之将行也，郑之有原圃，犹秦之有具囿也。吾子取其麋鹿以闲敝邑③，若何？"杞子奔齐，逢孙、扬孙奔宋。孟明曰："郑有备矣，不可冀也。攻之不克，围之不继④，吾其还也。"灭滑而还。

注　释

①皇武子：郑国大夫。

②脯资饩牵：肉干、粮食和牲口。脯，肉干。资，粮食。饩牵，没被屠宰的牲口。

③闲：闲暇，这里指休养的时间。

④不继：没有后继部队支援。

译　文

郑穆公派人到杞子等人的馆舍查探情况，发现他们已是穿好戎装，秣马厉兵，准备作战了。于是便派皇武子驱逐他们出境，说："贵国的大夫们久居敝国，敝国的肉干、粮食、牲口都被你们耗尽了，因此你们应离开了。郑国有一个原圃，和秦国的有具圃差不多，大夫们可到那里猎鹿，这样也可以让敝国休养一下，您看如何？"杞子听完这席话就奔逃到了齐国，逢孙、扬孙逃奔到了宋国。孟明说："郑国已经做足准备了，取胜是毫无希望的。攻克不了郑国，包围它又没有后援，我们还是撤兵回国吧。"于是秦军便消灭了滑国，随后就班师回国了。

原　文

齐国庄子来聘，自郊劳至于赠贿①，礼成而加之以敏。臧文仲言于公曰："国子为政②，齐犹有礼，君其朝焉。臣闻之，服于有礼，社稷之卫也。"

晋原轸曰③："秦违蹇叔，而以贪勤民，天奉我也。奉不可失，敌不可纵。纵敌患生，违天不祥。必伐秦师。"栾枝曰："未报秦施而伐其师，其为死君乎？"先轸曰："秦不哀吾丧而伐吾同姓，秦则无礼，何施之为？吾闻之，一日纵敌，数世之患也。谋及子孙，可谓死君乎？"遂发命，遽兴姜戎。子墨衰绖④，梁弘御戎，莱驹为右。

注　释

①郊劳：在郊外迎接。劳，迎接。赠贿：赠礼送别。

②国子：即国庄子。

③原轸：即先轸。

④子：指晋襄公，由于晋文公还没有下葬，晋襄公尚未继位，所以被称为

子。墨衰绖：染成黑色的丧服。以前晋国丧服为白色，由于行军打仗白色不吉利，所以染成了黑色。

译 文

齐国的国庄子前来访问鲁国，从郊外欢迎仪式到送礼赠别，国庄子的礼节都非常周到，他表现得聪敏持重，十分得体。臧文仲对鲁僖公说："现在国庄子当政，齐国还是遵从礼法的，君王去朝见他吧。微臣听说，服从礼仪之邦，就能保卫国家社稷。"

晋国的先轸说："秦穆公不听蹇叔的良言，由于受到贪心的蛊惑而劳师动众，这是上天给我们的大好机会，天赐良机不可失去，绝不能让敌人逃走。放走敌兵就会发生灾祸，违背天命就是不吉利。所以我们一定要攻打秦国军队。"栾枝说："尚未报答秦国的恩惠就去袭击它的军队，心中还有死去的文公吗？"先轸说："我国办丧事，秦国不来吊唁，反而袭击我们的同姓国家，这就是无礼，还说什么恩惠呢？我听说，放走敌人一日，祸患就会殃及好几代人。我们进攻秦军是为了我国的后代子孙考虑，这样就可以向死去的国君解释了吧。"晋国于是便下达了出兵的指令，即刻动员姜戎的部队参战。晋襄公身着一袭黑色的丧服，梁弘负责驱驾兵车，莱驹当车右。

原 文

夏四月辛巳[1]，败秦师于殽，获百里孟明视、西乞术、白乙丙以归，遂墨以葬文公。晋于是始墨。

文嬴请三帅，曰："彼实构吾二君[2]，寡君若得而食之，不厌，君何辱讨焉！使归就戮于秦，以逞寡君之志[3]，若何？"公许之，先轸朝。问秦囚。公曰："夫人请之，吾舍之矣。"先轸怒曰："武夫力而拘诸原，妇人暂而免诸国[4]。堕军实而长寇仇[5]，亡无日矣。"不顾而唾。公使阳处父追之，及诸河，则在舟中矣。释左骖[6]，以公命赠孟明。孟明稽首曰："君之惠，不以累臣衅鼓[7]，使归就戮于秦，寡君之以为戮，死且不朽。若从君惠而免之，三年将拜君赐。"

注 释

①辛巳：四月十三日。
②构：挑拨。

③逞：满足，指意愿实现，称心。

④暂：谎言，欺骗。

⑤堕军实：毁掉战果。长寇仇：助长敌军气焰。

⑥释左骖：解开车左边的马。古时一车配四马，居于车前两侧的马叫骖。

⑦累臣：被囚拘在异国的臣子。衅鼓：以血祭鼓。古时有杀死俘虏，用鲜血涂鼓祭祀的习俗。

译 文

夏季四月十三日，晋军在崤山打败了秦军，活捉了百里孟明视、西乞术、白乙丙三个军事将领，把他们带回了晋国，然后穿着黑色丧服安葬了晋文公，从此晋国开始穿黑色丧服服丧。

晋文公夫人文嬴请求释放三位秦国大将，对晋襄公说："是他们在两国国君之间挑拨离间，秦国国君若是能抓到他们，恨不得吃他们的肉，又何劳国君您来惩罚呢？放他们回秦国，让他们引颈就戮，以此满足我们秦国国君的意愿，如何？"晋襄公应允了。后来先轸觐见晋襄公，问起了秦国俘虏的情况。晋襄公说："夫人请求释放他们，我就把他们放了。"先轸恼火地说："晋国将士在战场上耗尽力气才擒获他们，您听了几句妇人的谎话就把他们放了，这是毁坏我们战果助长敌方志气，晋国很快就要亡国了。"说完就吐了一口唾沫，头也不回地离开了。晋襄公派阳处父追赶刚释放的三位将领，阳处父到达黄河边时，三人已经上船了。阳处父解开车子左侧的骖马，假借晋襄公之名赠马。孟明叩首说："承蒙君王施恩，不用我们这些俘虏的鲜血祭鼓，让我们回到秦国受戮。如果秦穆公杀了我们，我们死也不忘君王的恩德，如果托君王的福得到了赦免，三年之后将拜谢君王的恩赐。"

原 文

秦伯素服郊次，乡师而哭曰①："孤违蹇叔以辱二三子，孤之罪也。不替孟明②，孤之过也。大夫何罪？且吾不以一眚掩大德③。"

狄侵齐，因晋丧也。

公伐邾，取訾娄，以报升陉之役。邾人不设备。秋，襄仲复伐邾。

注 释

①乡：通"向"，面对，对着。

②替：撤掉，撤离。

③眚：过错，过失。

译　文

秦穆公一身素装在郊外等候，对着被释放回国的三位将领大哭说："我不听蹇叔的劝告，让你们三位受辱，这是我的过错。不撤回孟明的军队，也是我的过失，三位大夫又有什么罪呢？况且我不能因为一次过失就抹杀了大的功德。"

狄人进犯齐国，是趁晋国办丧事无暇救援齐国而行动的。

鲁僖公出兵进攻邾国，占领了訾娄，以雪升陉大战之耻。邾国人没有设置军防。秋季，襄仲再次发兵攻击邾国。

原　文

狄伐晋，及箕。八月戊子，晋侯败狄于箕。郤缺获白狄子。

先轸曰："匹夫逞志于君而无讨，敢不自讨乎？"免胄入狄师，死焉。狄人归其元，面如生。

初，臼季使过冀①，见郤缺耨②，其妻饁之。敬，相待如宾。与之归，言诸文公曰："敬，德之聚也。能敬必有德，德以治民，君请用之。臣闻之，出门如宾，承事如祭，仁之则也。"公曰："其父有罪，可乎③？"对曰："舜之罪也殛鲧，其举也兴禹④。管敬仲，桓之贼也⑤，实相以济。《康诰》曰：'父不慈，子不祗，兄不友，弟不共，不相及也。'《诗》曰：'采葑采菲⑥，无以下体。'君取节焉可也。"文公以为下军大夫。反自箕，襄公以三命命先且居将中军⑦，以再命命先茅之县赏胥臣曰⑧："举郤缺，子之功也。"以一命命郤缺为卿，复与之冀，亦未有军行。

冬，公如齐，朝，且吊有狄师也⑨。反，薨于小寝⑩，即安也。

注　释

①臼季：即胥臣。

②耨：锄草。

③其父有罪：冀缺的父亲为晋惠公党羽，曾谋划加害晋文公，后来被秦穆公诱杀。

④举：选拔。

⑤贼：敌人。
⑥葑：蔓菁。菲：萝卜。
⑦三命："一命""再命""三命"表示任命的等级。三命为最高级别，再命次之，一命等级在再命之下。
⑧先茅：晋国大夫，因其没有后嗣，所以把他的县赏赐给了胥臣。
⑨吊：慰问。
⑩小寝：燕寝。帝王起居的宫室，泛指闲居的寝宫。

译　文

狄人袭击晋国，一路打到了箕地。八月二十二日，晋襄公领兵在箕地击败了狄军，郤缺擒获了白狄子。

先轸说："一介匹夫胆敢在国君面前造次而不受罚，岂敢不自我惩戒？"说完便取下头盔冲进狄军，战死在了沙场上。狄人将他的头颅送还时，面容宛若生前的模样。

当初，胥臣出访时路上经过冀国，看见郤缺正在田地里锄草。他妻子送午饭给他，态度很是恭敬，郤缺庄重地接过饭食，两人相敬如宾。胥臣带着郤缺一起回到了晋国国都，对晋文公说："恭敬有礼，乃德行之大集，待人恭敬必然德行高，德行能够用来管理百姓，请君王起用他。下臣听说：'出门就像迎接宾客一样有礼，办事就像参加祭祀一样庄重，这就是仁德的准则。'"晋文公说："冀缺的父亲有罪在身，寡人能起用他吗？"胥臣回答道："舜为了惩治罪行流放了鲧，但选拔人才时却重用鲧的儿子禹。管仲曾是齐桓公的仇敌，齐桓公却因为任他为相而取得了霸业上的成功。《康诰》说：'父亲不慈祥，儿子不恭顺，兄长不友善，弟弟不恭敬，相互之间是没有关联的。'《诗经》说：'采摘蔓菁和萝卜，不要把根舍弃。'君王可依据他的优点选用他。"晋文公于是把郤缺封为了下军大夫。从箕地战场上得胜归来，晋襄公采用诸侯臣子中最高规格指令封先且居为中军主将，用次等级别的指令将先茅的县赏赐给了胥臣，对他说："把郤缺推荐给寡人，是你的功劳。"用三等级别的指令封郤缺为卿，又把郤赏赐给了他，但是没有给他军职。

冬季，鲁僖公前往齐国朝见君主，对狄人犯境一事表达了关切和慰问之情。回国途中，鲁僖公死在了燕寝里，这是因为他贪图安逸才没有回到正寝。

原　文

　　晋、陈、郑伐许，讨其贰于楚也。

　　楚令尹子上侵陈、蔡。陈、蔡成，遂伐郑，将纳公子瑕，门于桔柣之门。瑕覆于周氏之汪，外仆髡屯禽之以献①。文夫人敛而葬之郐城之下。

　　晋阳处父侵蔡，楚子上救之②，与晋师夹泜而军。阳子患之，使谓子上曰："吾闻之，文不犯顺，武不违敌。子若欲战，则吾退舍，子济而陈，迟速唯命，不然纾我③。老师费财④，亦无益也。"乃驾以待。

注　释

　　①禽：通"擒"，意为擒获、抓获。
　　②子上：即斗勃，楚国令尹。
　　③纾我：让我缓口气，这里指整顿军队。纾，缓。
　　④老师：使军队疲惫。

译　文

　　晋国、陈国、郑国联盟大军一起讨伐许国，惩罚它亲附楚国。

　　楚国的令尹子上发兵进攻陈国和蔡国。陈、蔡两国向楚国求和，楚国于是便攻打郑国，企图护送公子瑕回郑国做国君，在攻打桔柣之门时，公子瑕的兵车倾覆在周氏的池塘里，外边的仆人髡屯将其擒获，献给了郑国国君。郑文公的夫人收殓了他的尸骨，把他安葬在了郐城下。

　　晋国的阳处父带兵进犯蔡国，楚国的子上率军救援，和晋军隔着泜水遥相对峙。阳处父为此十分焦虑，便派人对子上说："我听说：'文治不能侵犯恭顺的人，武力讨伐不能避开仇敌。你要想作战，我就后退三十里，等你过河布好兵阵，早打晚打听从你的意见。如果不这样，让我先过河再整修军队，既让士兵劳顿，又耗费钱财，也没有什么益处。"于是便驾上战车等楚军过河。

原　文

　　子上欲涉，大孙伯曰①："不可。晋人无信，半涉而薄我，悔败何及，不如纾之。"乃退舍。阳子宣言曰："楚师遁矣。"遂归。楚师亦归。大子商臣谮子上曰："受晋赂而辟之，楚之耻也，罪莫大焉。"王杀子上。

> 葬僖公，缓作主，非礼也。凡君薨，卒哭而祔，祔而作主②，特祀于主③，烝尝禘于庙④。

注　释

①大孙伯：即大心。
②祔：把新死者的神位附于先祖旁，使之日后共同享有祭祀。
③特：单独、专门。
④烝：冬天的祭祀。尝：秋天的祭祀。禘：古代君王或诸侯在始祖庙里祭祀先祖。

译　文

子上想领兵渡河，大孙伯说："不能这么做。晋国人不讲求诚信，会趁我们渡河过半时袭击我军，那时我军大败，后悔也来不及了，不如就让他们缓口气吧。"楚军便后退了三十里。阳处父宣布说："楚国大军逃跑了。"便带领晋军回国了，楚国军队也只好撤兵回国了。太子商臣诽谤子上说："子上被晋国收买了，才竭力避免和晋国交兵，这是楚国的耻辱，简直是罪大恶极。"楚成王诛杀了子上。

鲁国安葬了鲁僖公，没有及时做好神主的牌位，这是不合乎礼法的。但凡国君亡故，下葬十多日，停止不定时的哀哭后，就要把亡者的神主附祭于祖庙，附祭就得制作牌位，以便单独向亡者祭祀，以后的烝祭、尝祭、禘祭，和其他先祖在祖庙里一同祭祀。

经典解读

崤之战是春秋争霸史上的一次非常激烈的战役，在这次战役中，秦军几乎全军覆灭，晋国自此奠定了中原霸主的地位，秦国失败的原因固然和秦穆公的贪婪和固执有关，但郑国贩牛小贩弦高在这次争霸战中所起的作用却是不可小觑的，他的出现甚至一度扭转了战局。当秦军越过晋境抵滑时，恰巧被弦高看到，弦高假冒使者犒赏秦军，并火速派人赶往郑国禀报军情，后来秦军知道郑国已有防范，不敢进犯，只好班师回去，重返崤山时，被晋军封锁在险要的关隘中，经过一场残酷的战斗，全部被歼灭。

我们常以为历史是由大人物书写的，殊不知，不知名的小人物往往会在不经意间以微妙的形式改变历史的结局。如果秦军偷袭郑国的行动没有暴露，就不可能在返回途中被善于利用地形优势的晋军歼灭。弦高的随机应变和见义忘利的爱国行为不仅挽救了郑国，还在一定程度上改变了秦晋争霸战的结局，这足以说明小人物的作用是不可小觑的。

文公

文公六年

原　文

六年春，晋蒐于夷，舍二军①。使狐射姑将中军，赵盾佐之。阳处父至自温，改蒐于董，易中军。阳子，成季之属也②，故党于赵氏，且谓赵盾能，曰："使能，国之利也。"是以上之。宣子于是乎始为国政，制事典，正法罪。辟狱刑，董逋逃③。由质要，治旧污，本秩礼，续常职，出滞淹④。既成，以授大傅阳子与大师贾佗，使行诸晋国，以为常法。

臧文仲以陈、卫之睦也，欲求好于陈。夏，季文子聘于陈⑤，且娶焉。

注　释

①蒐：春秋时期，诸侯国借田猎活动训兵，举行的一种军礼，这里指检阅军队。舍：裁掉，裁减。

②成季：即赵衰。

③制事典：制作典章条例。辟狱刑：清理积压的诉讼案件。董逋逃：检查抓捕逃犯归案。

④由质要：以契约、账目为凭据。治旧污：治理旧时的污秽乱象。污，污秽。续常职：重建被废弃的官职。出滞淹：举荐被埋没的贤能之人。

⑤季文子：鲁国正卿，又名季孙行父。

译　文

六年春季，晋国在夷地阅兵，裁减了两个军，任命狐姑射为中军主将，由赵盾辅佐。阳处父从温地赶来，改在董地阅兵，调换了中军将帅，由赵盾担任中军主将，狐姑射辅佐赵盾。阳处父本是赵衰的部下，故而偏袒赵氏，况且他认为赵盾确实有军事才干，他说："任用有才干的人，符合国家的利益。"所以让赵盾居于狐姑射之上。赵盾自此开始执掌国政，他制定典章，修订律令，清理积压的诉讼，督察抓捕逃犯归案，以契约为凭证，清除时弊，治理污秽乱象，恢复礼制秩序，重建废弃的官职，破格提拔被埋没的能人。政令制成以后，便交给了大傅阳子与大师贾佗，使其在全国推行，作为晋国的基本法规。

鲁国大夫臧文仲因为陈国和卫国和睦友好，也想跟陈国交好。夏季，季文子出访陈国，在陈国娶了妻室。

原　文

秦伯任好卒①。以子车氏之三子奄息、仲行、鍼虎为殉。皆秦之良也。国人哀之，为之赋《黄鸟》。君子曰："秦穆之不为盟主也，宜哉。死而弃民。先王违世②，犹诒之法，而况夺之善人乎！《诗》曰：'人之云亡，邦国殄瘁。'无善人之谓。若之何夺之？古之王者知命之不长，是以并建圣哲③，树之风声④，分之采物⑤，著之话言⑥，为之律度，陈之艺极，引之表仪⑦，予之法制，告之训典，教之防利，委之常秩⑧，道之礼则，使毋失其土宜，众隶赖之，而后即命⑨。圣王同之。今纵无法以遗后嗣，而又收其良以死，难以在上矣。"君子是以知秦之不复东征也。

注　释

①任好：即秦穆公。

②违世：离世，去世。

③并建：广泛选拔。

④风声：教化风气。

⑤采物：旌旗、服饰。

⑥话言：良言。

⑦引之表仪：率先垂范，引导民众。

⑧常秩：官职、俸禄。

⑨即命：命终而逝。

译　文

秦穆公过世了，子车氏的三个儿子奄息、仲行、鍼虎为他陪葬，这三人全都是秦国的贤良之辈，国人因此都十分哀痛，为他们做了《黄鸟》一诗。

君子说："秦穆公生前没能当上诸侯中的盟主，这是理所应当的，因为他死后还要遗弃百姓。以前的君王辞世后，还能留下典范，而他却夺走百姓爱戴之人的生命！《诗经》说：'贤良死亡，国家就元气大伤了。'这就是说国中没有贤人可用了，那么为什么还要夺去贤人的生命呢？古时的君王知道人的寿命不能长久，便广泛选拔贤能之人，以此创立良好的教化，树立良好的风气，使国人的衣饰旗帜体现出尊卑次序。让贤人撰写治世箴言，制定律令制度，公布该遵循的法则，使其率先垂范引导百姓，教导民众如何遵纪守法，并讲解先王的训诫典章，教育百姓不可过分贪图私利。对贤人委以官职，教给他们礼仪规范，让他们不要违背因地制宜的原则，能针对不同情况灵活处理问题，以此获得百姓信赖。古代君王做完了以上的事情，才安然死去。圣明的君王莫不如此。而今秦穆公没有留下法则给予子孙后代，反而用贤良的人才殉葬，秦国难以向上发展了。"君子由此知道秦国无力再东征了。

原　文

秋，季文子将聘于晋，使求遭丧之礼以行。其人曰："将焉用之？"文子曰："备豫不虞①，古之善教也。求而无之，实难，过求何害？"

八月乙亥，晋襄公卒。灵公少，晋人以难故，欲立长君。赵孟曰②："立公子雍③。好善而长，先君爱之，且近于秦。秦，旧好也。置善则固，事长则顺④，立爱则孝，结旧则安。为难故，故欲立长君，有此四德者⑤，难必抒矣⑥。"贾季曰⑦："不如立公子乐⑧。辰嬴嬖于二君，立其子，民必安之。"赵孟曰："辰嬴贱⑨，班在九人，其子何震之有？且为二君嬖，淫也。为先君子，不能求大而出在小国，辟也。母淫子辟，无威。陈小而远，无援。将何安焉？杜祁以君故，让偪姞而上之，以狄故，让季隗而己次之，故班在四。先君是以爱其子而仕诸秦，为亚卿焉。秦大而近，足以为援，母义子爱，足以威民，立之不亦可乎？"使先蔑、士会如秦，逆公子雍。贾季亦使召公子乐于陈。赵孟使杀诸郫。

148

注 释

①备豫不虞：为料想不到的事情做准备。虞，预料，料想。
②赵孟：即赵盾。
③公子雍：晋文公之子。
④事长：立长者为君。
⑤四德：稳固政局、名正言顺、符合孝道、安定国家。
⑥抒：通"纾"，意为清除、解除。
⑦贾季：即狐射姑。
⑧公子乐：公子雍的弟弟。
⑨辰嬴：即怀嬴，先后嫁给了晋怀公子圉和晋文公重耳。

译 文

秋季，季文子想要出访晋国，他派人询问如若赶上丧事该用什么样的礼仪，弄清了之后才动身。随从说："有必要做这样的准备吗？"季文子说："事先做好准备，就无后顾之忧了。这是自古以来的良训。倘若不做准备，碰上丧事再去求问，搞不清楚就会措手不及，所以提前做好准备又有什么害处呢？"

八月十四日，晋襄公逝世了，当时太子晋灵公年幼，晋国人怕出现祸乱，准备立年长的子嗣为国君。赵盾说："把公子雍立为国君吧，他乐于做善事，而且较为年长，先君文公非常喜爱他，此外他又亲近秦国。秦国乃是晋国的旧交。立和善的人做君主，国家政局就能稳固，立年长者也是名正言顺的，立先君喜爱的人合乎孝道，与故交结盟就能安定国家。为了免除灾祸，要立年长者为国君。凭借这四种美德，祸难必定消除。"狐射姑说："不如把公子乐立为国君，其母辰嬴受晋怀公和晋文公两位国君的垂爱，将辰嬴的儿子立为国君，百姓必然安定。"赵盾说："辰嬴身份卑微，在晋文公夫人中位次排在第九，她的儿子还有什么威仪呢？况且她被两位先君宠幸，由此可以看出她是个水性杨花的女人。公子乐作为先君晋文公的儿子，不求在大国立足却甘于屈居陈国这样的小国，说明他行事是很邪僻的，母亲淫乱，儿子邪僻，当然没法建立威信，陈国弱小，且与我国相距遥远，不能给我们提供后援，国家靠什么安定呢？公子雍的母亲杜祁因为国君襄公的缘故，让偪姞在宫中的地位居于自己之上，为了安抚狄人，又甘心居于狄女季隗之下，因此她才在后宫中位居第四。先君为此特别疼爱她的儿子，让他到秦国当官，官拜亚卿。秦国实力强大，且距离我国较近，足以随时援助我们。母亲深明大义，儿子受人爱戴，足以在百姓中立威，

149

把公子雍立为国君，不是也可以吗？"赵盾于是便派先蔑、士会前往秦国把公子雍迎回国。狐射姑也派人前往陈国把公子乐召回国，公子乐回来后，赵盾派人暗中在郫地把公子乐杀死了。

原　文

贾季怨阳子之易其班也①，而知其无援于晋也。九月，贾季使续鞫居杀阳处父。书曰："晋杀其大夫。"侵官也②。

冬十月，襄仲如晋。葬襄公。

十一月丙寅③，晋杀续简伯。贾季奔狄。宣子使臾骈送其帑④。

夷之蒐，贾季戮臾骈，臾骈之人欲尽杀贾氏以报焉。臾骈曰："不可。吾闻《前志》有之曰：'敌惠敌怨，不在后嗣'，忠之道也。夫子礼于贾季，我以其宠报私怨，无乃不可乎？介人之宠，非勇也。损怨益仇，非知也。以私害公，非忠也。释此三者，何以事夫子？"尽具其帑，与其器用财贿，亲帅扞之，送致诸竟。

闰月不告朔，非礼也。闰以正时，时以作事，事以厚生，生民之道，于是乎在矣。不告闰朔，弃时政也，何以为民？

注　释

①易其班：改变位次，指和赵盾互换军职。
②侵官：越权侵犯别人的职守。
③丙寅：十一月无丙寅日，恐记日有误。
④宣子：即赵盾。

译　文

狐射姑因阳处父换掉了他在中军中的统帅地位而怀恨在心，而且知道他在晋国孤立无援。就在九月派续鞫居将阳处父杀害了。《春秋》说："晋杀大夫。"是因为阳处父越权侵犯他人职守，擅自撤换君王主将的缘故。

冬季十月，鲁国的襄仲前往晋国参加了晋襄公的葬礼。

十一月某日，晋国人诛杀了续简伯，狐射姑慌忙奔逃到狄人那里。赵盾派臾骈将他的妻儿都护送过去。

有一回在夷地检阅军队时，狐射姑曾对臾骈大加羞辱。臾骈的部下为此想要杀掉狐射姑妻儿报复。臾骈说："不可以这样做。我听说《前志》里说：'无论恩惠还是仇怨，都和后代无关'，这就是忠恕之道。赵盾对狐射姑礼贤下士，我却依仗他的宠信报私仇，恐怕是不可以吧。依靠他人宠信而大肆报复，并非是英勇之举。为了削减自己心中的怨愤而增加仇恨，是非常不明智的。因私废公，是为不忠。舍弃了勇敢、智慧、忠心三项，凭借什么事奉我主赵盾呢？"臾骈于是便亲自率领部下把狐射姑的妻儿、器用财物都护送到了狄人的边境上。

同年闰月，鲁国没有举行告朔之礼，这是不合礼制的。闰是用来补正四季偏差的，依据时节来安排农事，按时令安排农事，百姓就能生活富足，民生之道就在于此了。不举行闰月告朔之礼，就意味着抛弃了颁布依时务农的政令，这样还怎么管理百姓呢？

经典解读

狐射姑被迫逃亡时，奉命护送他家小的正是他昔日的仇人臾骈，然而臾骈并没有趁机大肆报复，而是将他的家人和财物完好无损地送到了他那里。臾骈之所以这样做一方面是不想公报私仇，另一方面是其本人宽宏大量，愿意宽恕伤害过自己的人，不想伤及无辜。狐射姑曾经羞辱和严厉惩罚过臾骈，在那个把尊严和荣誉看得比生命还要重要的时代，臾骈有足够的理由怨恨狐射姑，但在最为关键的时刻他却选择了放弃仇恨，帮助狐射姑一家团聚，这种精神是多么可贵啊。

在现实生活中，人与人之间难免会产生纠纷和摩擦，彼此之间的伤害在所难免，如果我们选择了怨恨和报复，就会引发无休止的战争。鲁迅说："相逢一笑泯恩仇。"正所谓"得饶人处且饶人"，大度一些，给别人留条退路，自己的天地也将更加宽广，臾骈的处世态度对于我们现代人来说仍具有十分重要的借鉴意义。

文公七年

原　文

七年春，公伐邾。间晋难也。
三月甲戌，取须句①，置文公子焉②，非礼也。

> 夏四月，宋成公卒。于是公子成为右师，公孙友左师，乐豫为司马，鳞矔为司徒，公子荡为司城，华御事为司寇。昭公将去群公子，乐豫曰："不可。公族，公室之枝叶也，若去之则本根无所庇荫矣。葛藟犹能庇其本根，故君子以为比，况国君乎？此谚所谓庇焉而纵寻斧焉者也③。必不可，君其图之。亲之以德，皆股肱也，谁敢携贰？若之何去之？"不听。穆、襄之族率国人以攻公，杀公孙固、公孙郑于公宫。六卿和公室，乐豫舍司马以让公子卬④，昭公即位而葬。书曰："宋人杀其大夫。"不称名，众也，且言非其罪也。

注　释

①须句：诸侯国国名，为鲁国的属国。
②文公：即邾文公。
③寻斧：用斧砍伐。
④公子卬：宋昭公的弟弟。

译　文

七年春季，鲁文公率军讨伐邾国，这次军事行动是趁晋国内乱、无暇他顾的空隙进行的。

三月十七日，鲁国大军占领了须句，却任命邾文公的儿子担任该地的守官，这是不合礼法的。

夏季四月，宋成公逝世了。当时公子成官拜右师，公孙友官拜左师，乐豫官拜司马，鳞矔官拜司徒，公子荡官拜司城，华御官拜司寇。宋昭公想要把公子们一律处死。乐豫说："万万不可。公族就像公室的枝叶，如果将其剔除，那么树干树根就没有遮蔽了。葛藟尚能庇护自己的躯干和根部，故而君子常用它来作比喻阐明道理，更何况您是一代国君呢？这就是谚语中所讲的'树荫遮蔽本可自保，偏偏持斧自伐'，一定不能这么做，君王要三思啊。如果您用德行亲近拉拢他们，就能使其成为肱股之臣，谁还敢藏有二心呢？为什么要处死他们呢？"宋昭公不听。穆公、襄公的族人率兵攻打昭公，闯进宫中，把公孙固和公孙郑杀死了。六卿和公室谈判讲和，乐豫辞去了司马一职，让位给昭公的弟弟公子卬。昭公继位后安葬了宋成公。《春秋》中说"宋人杀其大夫"，没有记录大夫们的名字，这是因为死者众多，而且他们都是无罪被杀的。

原　文

　　秦康公送公子雍于晋①，曰："文公之入也无卫，故有吕、郤之难。"乃多与之徒卫②。

　　穆嬴日抱大子以啼于朝，曰："先君何罪？其嗣亦何罪？舍適嗣不立而外求君，将焉置此？"出朝，则抱以适赵氏，顿首于宣子曰："先君奉此子也而属诸子，曰：'此子也才，吾受子之赐；不才，吾唯子之怨。'今君虽终，言犹在耳，而弃之，若何？"宣子与诸大夫皆患穆嬴，且畏逼，乃背先蔑而立灵公，以御秦师。箕郑居守。赵盾将中军，先克佐之。荀林父佐上军。先蔑将下军，先都佐之。步招御戎，戎津为右。及堇阴，宣子曰："我若受秦，秦则宾也；不受，寇也。既不受矣，而复缓师，秦将生心。先人有夺人之心，军之善谋也。逐寇如追逃，军之善政也。"训卒利兵，秣马蓐食③，潜师夜起。戊子，败秦师于令狐，至于刳首④。

注　释

①秦康公：秦穆公的儿子。
②徒卫：以步兵作侍卫，无兵车护卫。
③蓐食：吃饱，饱餐。
④令狐：晋国地名。刳首：晋国地名。

译　文

　　秦康公准备把公子雍护送到晋国，对他说："晋文公回国时身边没有护卫，所以吕、郤才能对他发难。"于是便派了很多卫士保护他的人身安全。

　　晋襄公夫人穆嬴抱着太子终日在朝堂上哭诉，她说："先君有什么罪过？合法继承君位的子嗣又有什么罪过？你们舍弃嫡子不立，反而要到外面迎回庶子当国君，你们想要如何安置这个孩子？"说完她就退出朝堂，抱着儿子前往赵家，对着赵盾叩首说："先君嘱托你照料这个孩子，说'这孩子若是成了栋梁之材，我就感谢你的恩惠；如果不能成器，我就会怨恨你。'而今国君虽已故去了，但他的话语犹在耳畔，你却对太子弃之不顾，这可怎么办？"赵盾和大夫们都害怕穆嬴吵闹，又害怕受到威逼，于是就背弃了先蔑，把灵公立为了国君，又出兵抵抗护送公子雍回国的秦兵。箕郑留在国内驻守，赵盾为中军主将，由先克辅佐；荀林父负责辅佐上军；先蔑为下军主将，由先都辅佐。步招负责为赵盾驱驾兵车，戎津当车右。抵达堇阴时，赵盾说："我们若是接纳秦兵送回的公子雍，秦兵就是我们的客人，如果不接纳公子雍，那么秦兵就是我们的敌人。既然我们已经表示不接纳公子雍了，却又迟迟不动兵，秦兵必然产生疑心。抢先行动就可以摧毁敌军的士气，这是用兵的善策。像追赶逃兵那样追击敌军，是有效的战术。"于是便秣马厉兵，让军队吃饱喝足，借着夜色掩护偷偷出兵了。四月初一日，晋军在令狐击败了秦军，一路追击到了刳首。

原　文

己丑，先蔑奔秦。士会从之①。

先蔑之使也，荀林父止之，曰："夫人、大子犹在，而外求君，此必不行。子以疾辞，若何？不然，将及。摄卿以往可也②，何必子？同官为寮③，吾尝同寮，敢不尽心乎！"弗听。为赋《板》之三章。又弗听。及亡，荀伯尽送其帑及其器用财贿于秦，曰："为同寮故也。"

注　释

①己丑：四月二日。先蔑：晋国将领，身居卿位又名士伯。士会：晋国大夫。

②摄卿：这里让一个大夫代理卿职替先蔑去秦国。

③寮：通"僚"，意指同僚。

译　文

初二日，先蔑逃奔到了秦国，士会随他一起逃到了秦国。

先蔑赶赴秦国迎接公子雍回国时，荀林父曾劝阻他说："夫人、太子尚在，反而要向外迎立国君，这是不可行的。你托病不去，怎样？不这样做，你就会惹祸上身。派一个大夫代理卿职替你赴秦就可以了，何必非要自己去呢？我们一块儿做官，是同僚，岂能不尽心为你考虑呢？"先蔑不听劝告。荀林父吟诵《板》诗第三章出言相劝，先蔑还是听不进他的话。等到先蔑被迫逃亡，荀林父将他的妻儿、器用财物统统送往秦国，并说："我这样做是因为我们是同僚。"

原　文

士会在秦三年，不见士伯①。其人曰②："能亡人于国，不能见于此，焉用之？"士季曰③："吾与之同罪，非义之也，将何见焉？"及归，遂不见。

狄侵我西鄙，公使告于晋。赵宣子使因贾季问酆舒④。且让之。酆舒问于贾季曰："赵衰、赵盾孰贤？"对曰："赵衰，冬日之日也。赵盾，夏日之日也。"

注　释

①士伯：即先蔑。
②其人：士会的随从。
③士季：即士会。
④酆舒：狄国宰相。

译　文

士会在秦国留居了整整三年，却不曾和先蔑碰过面。随从说："先前和他一块儿逃出晋国，如今却连一面都不见，这有什么意思呢？"士会说："我和他都已获罪才一起逃亡的，而不是因为他讲道义才跟随他，所以我们何必要见面呢？"直至回到晋国，士会也没有去会见先蔑。

敌人进犯鲁国西部边陲，鲁文公派人到晋国禀报这一紧急军情。赵盾派狐射姑到狄人宰相酆舒那里询问情况，并且指责他对鲁国的侵略行径。酆舒问狐射姑说："赵衰和赵盾两个人，哪位更贤德？"狐射姑回答说："赵衰有如冬季的太阳，赵盾则是夏日的骄阳。"

原　文

秋八月，齐侯、宋公、卫侯、郑伯、许男、曹伯会晋赵盾盟于扈，晋侯立故也。公后至，故不书所会。凡会诸侯，不书所会，后也。后至，不书其国，辟不敏也①。

穆伯娶于莒②，曰戴己，生文伯，其娣声己生惠叔。戴己卒，又聘于莒，莒人以声己辞，则为襄仲聘焉③。

注　释

①不敏：不清楚。
②穆伯：即公孙敖，庆父之子。
③襄仲：即公子遂，庄公之子。

译文

秋季八月，齐昭公、宋昭公、卫成公、郑穆公、许昭公、曹共公和晋人赵盾在扈订立盟约，起因是晋灵公继承了君位。鲁文公迟到了，因此《春秋》没写他参加了这次会盟。但凡跟诸侯会盟，倘若《春秋》没有把这个国家记录在册，就表明这个国家参加会盟时来迟了。迟到的国家不载入史册，是为了避免搞不清状况而误记。

公孙敖在莒国娶了一个叫戴己的女子，生下了文伯。戴己的妹妹声己生下了惠叔。戴己去世后，公孙敖又去莒国行聘，想要另娶妻室，莒国人以声己已被立为正妻为由一口回绝了他的请求，公孙敖只好为襄仲行聘娶妻。

原文

冬，徐伐莒。莒人来请盟。穆伯如莒莅盟，且为仲逆。及鄢陵。登城见之，美，自为娶之。仲请攻之，公将许之。叔仲惠伯谏曰①："臣闻之，兵作于内为乱，于外为寇，寇犹及人，乱自及也②。今臣作乱而君不禁，以启寇仇，若之何？"公止之，惠伯成之。使仲舍之，公孙敖反之，复为兄弟如初。从之。

注释

①叔仲惠伯：叔牙的孙子。
②乱自及：内部作乱，自相残杀。

译文

冬季，徐国讨伐莒国。莒人到鲁国请求两国结盟。公孙敖前往莒国会盟，顺便为襄仲安排娶妻事宜。到达鄢陵后，公孙敖登城见到了那名女子，见她有倾城的美貌，便自己迎娶她做夫人。襄仲一气之下请求发兵攻打公孙敖，文公正想答应他。叔仲惠伯说："微臣听说内部刀兵相见被称之为乱，对外征战被称为寇，对外用武尚且造成人的伤亡，内乱伤害的就只有自己人了。如今臣子作乱而君王不去制止，如果引来仇敌攻打我国，那该如何是好？"文公于是制止了襄仲的行动。惠伯出面调解纷争，让襄仲舍弃美貌的莒女，公孙敖送莒女回国，两人恢复兄弟般的情谊，和好如初，襄仲和公孙敖都听从了他的意见。

原 文

　　晋郤缺言于赵宣子曰："日卫不睦，故取其地，今已睦矣，可以归之。叛而不讨，何以示威？服而不柔①，何以示怀？非威非怀，何以示德？无德，何以主盟？子为正卿，以主诸侯，而不务德，将若之何？《夏书》曰：'戒之用休，董之用威②，劝之以《九歌》，勿使坏。'九功之德皆可歌也，谓之九歌。六府、三事，谓之九功。水、火、金、木、土、谷，谓之六府。正德、利用、厚生，谓之三事。义而行之，谓之德、礼。无礼不乐，所由叛也。若吾子之德莫可歌也，其谁来之？盍使睦者歌吾子乎③？"宣子说之。

注 释

①柔：安抚。
②董：监督。
③盍：何不。

译 文

　　晋国的郤缺对赵盾说："以前，卫、晋两国关系不睦，所以我们才夺取了它的领土，现在两国关系已经很和睦了，可以将侵占的土地归还给卫国了。有了叛离行为而不加以征讨，何以彰显国威？顺服了却不安抚，何以体现怀柔之策？不显国威，不表现出怀柔的一面，何以彰显德行？缺少德行，又如何主持盟会？你是正卿，掌管诸侯间的事务，不致力于彰显我国的德行，这如何是好呢？《夏书》说：'用善举告诫，用威严督查，用《九歌》劝勉，不要让他变坏。'凡是可歌颂的九功之德就叫作九歌。六府、三事统称为九功。六府包括水、火、金、木、土、谷。三事包括端正品德、善于假物、让百姓富足。遵从道义，践行九功，就是有德行、知礼法。不讲礼法，百姓便不快乐，叛乱由此产生。如果你的德行没有可歌颂的，有谁愿意归服呢？为何不让友邦歌颂你呢？"赵盾听罢，大悦。

经典解读

　　面对立嗣君一事，赵盾的态度是很矛盾的。他先是受晋襄公嘱托，答应拥立太子夷皋，后来又以太子年幼、母淫子辟为由要迎立在秦国做官的公子雍。他这样做其实也是为国家社稷着想，立长者为君有助于稳定政治局面，且公子雍与强国秦国交厚，公子雍即位，有利于进一步巩固秦晋之好。然而由于太子母亲穆嬴的哭闹和质问，赵盾的态度发生了峰回路转的变化，坚决要立太子夷皋，甚至不惜跟护送公子雍回国的秦军一战。

表面看赵盾反复无常，顶不住压力和威逼，而实际上赵盾前后态度的变化，起决定作用的是他对名誉的看重。古代的大夫爱惜名誉犹如鸟类爱惜自己的羽毛，穆嬴的哭诉恰好戳中了赵盾的弱点，使他意识到自己有背先君所托，为了保住名节，他放弃了更适合做国君的公子雍，抛弃了国家的根本利益，这在某种程度上说明名誉是非常拖累人的。庄子说："至人无己，神人无功，圣人无名。"一个人过于看重世人的评价，就无法做出正确的选择，赵盾由于受虚名所累，并没有成为道德高尚的至人和圣人。

宣公

宣公二年

原　文

二年春，郑公子归生受命于楚，伐宋。宋华元、乐吕御之。二月壬子，战于大棘，宋师败绩，囚华元，获乐吕，及甲车四百六十乘，俘二百五十人，馘百人。

狂狡辂郑人①，郑人入于井，倒戟而出之②，获狂狡。君子曰："失礼违命，宜其为禽也。戎，昭果毅以听之之谓礼，杀敌为果，致果为毅。易之，戮也。"

注　释

①狂狡：宋国大夫。辂：应战。
②倒戟：将戟柄朝向别人。

译　文

二年春季，郑国公子归生受楚国之命讨伐宋国。宋国的华元、乐吕领兵御敌。二月十日，两军在大棘作战，宋军败北。郑军囚禁了华元，得到了乐吕尸首及四百六十辆兵车，擒获了二百五十个俘虏，割掉了一百多只敌军的左耳。

狂狡迎战郑国士兵，那人情急之下跳入井里躲避。狂狡将戟柄戳进井里逼他出来，不想那人上来后反而活捉了狂狡。君子说："有失礼法，违背命令，活该被生擒。作战时，彰显果敢坚毅的精神，听从军令，就是有礼，杀敌就是果敢的表现，表现达到果敢决绝的要求就是刚毅。若是反过来，就要被杀戮。"

原　文

　　将战，华元杀羊食士，其御羊斟不与。及战，曰："畴昔之羊①，子为政②，今日之事，我为政。"与入郑师，故败。君子谓："羊斟非人也，以其私憾③，败国殄民。于是刑孰大焉。《诗》所谓'人之无良'者，其羊斟之谓乎，残民以逞。"
　　宋人以兵车百乘、文马百驷以赎华元于郑。半入，华元逃归，立于门外，告而入。见叔牂④，曰："子之马然也。"对曰："非马也，其人也。"既合而来奔。

注　释

①畴昔：昔日。
②为政：主事，做主。
③私憾：私人恩怨。
④叔牂：即羊斟。

译　文

　　将要应战时，华元宰羊犒赏众将士，为他驾驭战车的羊斟没有吃到羊肉。等到两军交战时，羊斟说："昔日把羊肉分给谁由你做主，今日战场上的御车之事，由我做主。"于是便驾车向郑军冲去，因此导致华元兵败被俘。君子说："羊斟不配做人，因为一点个人恩怨，就让国家打败仗，致使百姓受难，还有比这更该受大刑惩罚的吗？《诗经》说'那人乃无良之辈'，说的就是羊斟这种人吧！因为他为了逞一时之快而荼毒百姓。"
　　宋国人带着一百辆战车和四百匹毛色极美的骏马，前往郑国想要把华元赎回。重礼刚送过去一半，华元就逃回国了，他站在城门外，把自己的身份告诉了守卫，而后就进城了。看见羊斟说："你的马不受驱驾才会乱冲的吧？"羊斟回答说："问题不在马身上，而在人身上。"说完就逃奔到了鲁国。

原　文

　　宋城，华元为植①，巡功。城者讴曰："睅其目②，皤其腹③，弃甲而复。于思于思④，弃甲复来。"使其骖乘谓之曰："牛则有皮，犀兕尚多，弃甲则那⑤？"役人曰："从其有皮，丹漆若何？"华元曰："去之，夫其口众我寡。"
　　秦师伐晋，以报崇也，遂围焦。夏，晋赵盾救焦，遂自阴地，及诸侯之师侵郑，以报大棘之役。

注　释

①植：负责筑城的主持人。
②睅其目：双目瞪大突出。
③皤其腹：大腹便便。
④于思：胡须多而浓密。
⑤那：奈何。

译　文

宋国筑城，修建防御工事，华元主持筑城工程，负责巡视工作。筑城的劳工唱道："双眼突出，大腹便便，丢了战甲跑回来，连腮胡子长满脸，丢盔弃甲逃回国。"华元派他的御者对这些人说："有牛就有皮甲，犀兕多得数不清，丢了皮甲又如何？"劳工说："即便是有了牛皮，又到何处找红漆。"华元说："我们还是走吧，他们人多嘴杂，我们嘴少。"

秦国军队征讨晋国，以报晋军入侵崇地之仇，不久便包围了焦地。夏季，晋国的赵盾领兵救援焦地，在阴地会合诸侯联军攻打郑国，以报大棘战役之仇。

原　文

楚斗椒救郑，曰："能欲诸侯而恶其难乎？"遂次于郑以待晋师。赵盾曰："彼宗竞于楚，殆将毙矣。姑益其疾。"乃去之。

晋灵公不君：厚敛以雕墙；从台上弹人，而观其辟丸也；宰夫胹熊蹯不熟①，杀之，置诸畚，使妇人载以过朝。赵盾、士季见其手，问其故，而患之。将谏，士季曰："谏而不入，则莫之继也。会请先，不入则子继之。"三进，及溜②，而后视之。曰："吾知所过矣，将改之。"稽首而对曰："人谁无过？过而能改，善莫大焉。《诗》曰：'靡不有初，鲜克有终。'夫如是，则能补过者鲜矣。君能有终，则社稷之固也，岂唯群臣赖之。又曰：'衮职有阙③，惟仲山甫补之。'能补过也。君能补过，衮不废矣④。"

注　释

①胹：煮。熊蹯：熊掌。
②溜：屋檐下。
③阙：缺失，破损。

④衮：君王和上公的礼服，这里代指君位。

译 文

楚国斗椒率军救援郑国说："想要得到诸侯的拥戴，难道还怕眼下的困难吗？"于是便在郑国驻军以待晋军到来。赵盾说："他那个宗族在楚国争斗不休，很快就要走向末路了，姑且等他自己疾患加深、积恶成疾吧。"说完便离开了郑国。

晋灵公行事不符合为君之道：横征暴敛收重税，只为装饰彩画墙壁；站在高台上持弹弓射人，只为观看别人躲避弹丸的狼狈样子；庖厨没把熊掌烹熟，便将其杀死，尸骨装在畚箕里，让女人用头顶着穿过朝堂。赵盾和士会看到死者的手，就询问他是因何被杀，了解情况后对眼前的局势感到担忧，于是便打算进谏。士会说："你进谏，如果国君不听，以后就没有人再进谏了。请先让我进谏吧，国君如不采纳，你再接着进谏。"士会进宫三次，到了宫殿的屋檐下，晋灵公才正眼看他，说："我知道自己做错了，以后会改的。"士会叩首回应道："谁能不犯错呢，做了错事能够改正，就没有比这更大的善事了。《诗经》说：'万事不难有好的开端，但却少有好的结果。'如果实情如此，那么能弥补过失的人就非常少了。君王若能有好的结果，那么国家社稷就稳固了，岂止是群臣依靠这善果呢？《诗经》又说：'周宣王犯了错，只有仲山甫替他补过。'说的就是君主要弥补错。您要是能弥补过失，那么就不至于丢了礼服失去君位了。"

原 文

犹不改。宣子骤谏①，公患之，使鉏麑贼之②。晨往，寝门辟矣，盛服将朝，尚早，坐而假寐。麑退，叹而言曰："不忘恭敬，民之主也。贼民之主，不忠。弃君之命，不信。有一于此，不如死也。"触槐而死。

秋九月，晋侯饮赵盾酒，伏甲将攻之。其右提弥明知之，趋登曰："臣侍君宴，过三爵，非礼也。"遂扶以下，公嗾夫獒焉③。明搏而杀之。盾曰："弃人用犬，虽猛何为。"斗且出，提弥明死之。

注 释

①宣子：赵盾。骤：屡次，多次。
②鉏麑：郑国大力士。贼：刺杀。
③嗾：唆使狗咬人发出的声音。

译　文

　　晋灵公只是口头承诺改正，实际上依旧不肯悔改。赵盾屡屡劝谏，晋灵公对此很反感，于是便派鉏麑刺杀他。鉏麑一大清早就去执行刺杀任务，只见赵盾卧房大门敞开，赵盾穿戴整齐，正准备上朝，然而时间尚早，于是便端坐着打盹。鉏麑退下来叹息着说："不忘国事，时刻怀有恭敬的态度，真是百姓之主啊。杀死百姓之主，就是不忠。背弃国君的命令，就是不信。不忠或不信两者中有了一样，还不如死了好。"于是便撞向槐树，撞死了。

　　秋季九月，晋灵公设酒宴邀请赵盾畅饮，埋伏下武士企图谋杀赵盾。赵盾的车右提弥明事先发现了异样，疾步走上殿堂说："微臣侍奉君王宴饮，多过三杯，就不合乎礼法了。"于是便扶赵盾走下大殿，晋灵公唆使恶犬噬咬赵盾。提弥明和恶犬搏斗了一番，把它杀死了。赵盾说："不用人而使唤狗，即便凶猛又能怎样？"说着边格斗边退出，提弥明为保护赵盾被杀死了。

原　文

　　初，宣子田于首山，舍于翳桑，见灵辄饿，问其病。曰："不食三日矣。"食之，舍其半。问之，曰："宦三年矣，未知母之存否，今近焉，请以遗之。"使尽之，而为之箪食与肉①，置诸橐以与之。既而与为公介②，倒戟以御公徒③，而免之。问何故。对曰："翳桑之饿人也。"问其名居④，不告而退，遂自亡也。

　　乙丑⑤，赵穿攻灵公于桃园⑥。宣子未出山而复。大史书曰："赵盾弑其君。"以示于朝。宣子曰："不然。"对曰："子为正卿，亡不越竟，反不讨贼，非子而谁？"宣子曰："乌呼，'我之怀矣，自诒伊戚⑦'，其我之谓矣！"孔子曰："董狐，古之良史也，书法不隐⑧。赵宣子，古之良大夫也，为法受恶⑨。惜也，越竟乃免。"

注　释

　　①箪：盛饭食的竹器。
　　②介：甲卫，侍卫。
　　③倒戟：调转兵戟攻击己方。
　　④名居：姓名和居所。
　　⑤乙丑：九月二十六日。

⑥赵穿：晋国大臣，赵盾的堂弟（一说堂侄）。
⑦诒：通"遗"，指留下。
⑧书法不隐：直书史实不加隐晦。
⑨为法受恶：因为当时的法度而蒙受恶名。

译　文

当初，赵盾到首山狩猎，在翳桑居住，看见灵辄面有饥色，便问他哪里不舒服。灵辄说："我三天没吃饭了。"赵盾给他食物，他留一半不肯吃。赵盾不解，便问其缘由，灵辄回答说："我宦游在外已经三年了，不知母亲是否健在，现在离家不远了，请让我把剩下的食物留给她。"赵盾让他把食物全部吃光，又准备了一筐饭和肉，装在袋子里赠给他。后来灵辄成了晋灵公的禁卫兵，在这次酒宴上，倒戈抗击晋灵公的其他禁卫兵，使赵盾逃过一劫，免于受难。赵盾问他为何要出手相助，他回答说："我就是翳桑那个饥民。"问他尊姓大名，住在何处，他没有回答就退出去了，接着便自己踏上了逃亡的道路。

九月二十六日，赵穿闯进桃园，刺杀了晋灵公。当时赵盾还没走出国家边境，便回来恢复卿位了。太史在史册上写："赵盾弑其君。"把这段文字公布于朝堂。赵盾说："事实并非如此。"太史回应道："你身为正卿，逃亡没有越过国境，回来不惩办凶犯，弑君者不是你还能是谁？"赵盾说："哎呀！《诗经》说：'因为怀念祖国，我给自己留下了忧伤。'这话说的就是我吧。"孔子说："董狐是古代杰出的史官，记载历史毫不隐晦。赵盾，是古时贤德的大夫，由于法度的缘故而背负恶名，真是太让人惋惜了，如果他当初越过国境，就可以免于蒙受弑君的恶名了。"

原　文

宣子使赵穿逆公子黑臀于周而立之①。壬申，朝于武宫②。

初，丽姬之乱，诅无畜群公子，自是晋无公族。及成公即位，乃宦卿之适子而为之田，以为公族，又宦其余子亦为余子，其庶子为公行。晋于是有公族、余子、公行。赵盾请以括为公族，曰："君姬氏之爱子也。微君姬氏，则臣狄人也。"公许之。

冬，赵盾为旄车之族。使屏季以其故族为公族大夫。

注　释

①公子黑臀：晋文公的幼子。

164

②壬申：十月初三日。朝：朝祭。武宫：武宫庙，即曲沃武公的庙堂，晋国国君即位都必须朝祭此庙。

译　文

赵盾派赵穿前往成周把公子黑臀接回国，拥立他为晋国的国君。十月初三日，公子黑臀在武宫举行了朝祭仪式。

当初，骊姬在晋国作乱时，曾在神灵面前发出恶毒的诅咒，让上苍不收容众公子，自此晋国就再无公族。等到晋成公继承君位时，便开始授予卿的嫡长子以官爵，赐给他们田地，封他们为公族，又将卿的其他儿子册封为余子，将卿的庶子册封为公行。晋国于是便出现了公族、余子、公行三等官爵。赵盾请求把括封为公族，说："他是君姬氏的爱子，假如没有君姬氏，那么微臣就成了狄人了。"晋成公答应了他的请求。

冬季，赵盾负责管理旄车家族即公行家族，让赵括统领其旧族当公族大夫。

经典解读

赵盾弑君案并不符合客观的史实，太史董狐以他没出国境却不肯诛讨逆贼为由，将弑君的罪名强加到他身上，这是极其不公正的。孔子站在君君臣臣的纲常立场上，也认为赵盾的行为有失为臣之道，但从个人情感上，他又十分欣赏赵盾的人品和才干，所以才无奈地叹息说，假如赵盾出了国境就不必背负弑君的恶名了。无论是太史董狐还是孔子对赵盾弑君的看法都不是历史真相的还原，他们只是依据自己的意识形态，表达了自身的一种政治倾向而已。这则故事说明在评价历史人物时，由于受到主观因素影响，我们很难给予一个有血有肉的真实人物以客观公允的评价，只有抛弃了个人的主观好恶，以客观事实为准绳，我们才能剥离强加在历史人物身上的层层油彩，发现朴素的真相。

宣公三年

原　文

三年春，不郊而望①，皆非礼也。望，郊之属也。不郊亦无望，可也。晋侯伐郑②，及郔。郑及晋平③，士会入盟。

注　释

①郊：郊祭。古代于郊外祭祀天地。望：望祭。遥祭山川地祇的祭礼。
②晋侯：晋成公。
③平：讲和。

译　文

三年春季，鲁国不举行郊祭反而举行了望祭，这都不合乎礼法。望祭是郊祭中的一种祭祀，如果不举行郊祭，那么也没有必要举行望祭了。

晋成公率军讨伐郑国，大军奔赴到了郔地。郑国和晋国谈判求和，士会去郑国参加了会盟。

原　文

楚子伐陆浑之戎①，遂至于洛②，观兵于周疆。定王使王孙满劳楚子。楚子问鼎之大小轻重焉。对曰："在德不在鼎。昔夏之方有德也，远方图物③，贡金九牧④，铸鼎象物，百物而为之备，使民知神奸⑤。故民入川泽山林，不逢不若⑥。螭魅罔两，莫能逢之，用能协于上下以承天休⑦。桀有昏德，鼎迁于商，载祀六百。商纣暴虐，鼎迁于周。德之休明⑧，虽小，重也。其奸回昏乱⑨，虽大，轻也。天祚明德，有所底止⑩。成王定鼎于郏鄏，卜世三十，卜年七百，天所命也。周德虽衰，天命未改，鼎之轻重，未可问也。"

注　释

①陆浑之戎：属姜戎一支。
②洛：洛水。
③图：绘画，描画。
④九牧：九州之长。金：金属。
⑤神奸：指骇人的鬼神。
⑥不若：不顺。意指不利于自己的事物。
⑦天休：天赐福佑。
⑧休明：美好清明。
⑨奸回：奸恶邪僻。昏乱：昏庸无道，胡作非为。
⑩底止：终了。

译　文

楚庄王率军进攻陆浑的戎人，楚国军队抵达了洛水，在这片周朝管辖的土地上举行阅兵仪式。周定王派王孙满前去对楚庄王表达慰问之意。楚庄王问王孙满九鼎的大小和重量，王孙满回答说："鼎作为王权的象征，关键在于德行而不在于鼎本身。以前夏朝靠德政治国时，远方各地把各色奇异的风物都绘制成了图像，九州进贡青铜金属，朝廷用它铸成了九鼎，鼎上饰有各色风物，让百姓知道了神物和鬼怪的样子。所以老百姓进入川泽山林，从来没碰到过对自己不利的东西。连魑魅魍魉都遇不上，故而全国从上到下一派和谐，受到了上天的福佑。夏桀昏聩失德，九鼎的主人就变成了商朝的君主，前后共经历了六百年。商纣残暴，九鼎又易主了，被周朝持有了。如果君主发扬正大光明的美德，即使鼎的体积再小，也有千钧之重。如果天子君主昏庸，即便鼎的体积再大，它的分量也是无足轻重的。上天庇佑明德的君主，不过也是有限度的。当年周成王将九鼎放置在郏鄏时，占卜周朝国运气数，结果是可传世三十代，维系七百年，这就是天命。如今周德虽然衰微，但天命并未改变，所以九鼎的分量是不可以随便问的。"

原　文

夏，楚人侵郑，郑即晋故也①。

宋文公即位三年，杀母弟须及昭公子②。武氏之谋也，使戴、桓之族攻武氏于司马子伯之馆。尽逐武、穆之族。武、穆之族以曹师伐宋。秋，宋师围曹，报武氏之乱也。

冬，郑穆公卒。

初，郑文公有贱妾曰燕姞③，梦天使与己兰，曰："余为伯鯈④。余，而祖也，以是为而子。以兰有国香，人服媚之如是⑤。"既而文公见之，与之兰而御之⑥。辞曰："妾不才，幸而有子，将不信⑦，敢征兰乎⑧。"公曰："诺⑨。"生穆公，名之曰兰。

注　释

①即：靠近，亲近。
②母弟：同母弟弟。
③燕姞：南燕国人。

④伯儵：南燕国始祖。
⑤服媚：服，佩戴。媚，喜爱。这里指因佩戴兰草而受人喜爱。
⑥御：妃嫔侍寝。
⑦将：如果。
⑧征兰：以兰草作信物。征，证明，验证。
⑨诺：好。

译　文

夏季，楚国进犯郑国，是为了讨伐郑国亲近晋国。

宋文公继承君位的第三年，把同母弟弟须和昭公的儿子杀死了。由于须和昭公之子的谋乱都是武氏一手策划的，所以宋文公便派戴公、桓公的族人前往司马子伯的馆舍里征讨武氏，并驱逐武公、穆公的族人出境。武公、穆公的族人后来带着曹国的军队讨伐宋国。秋季，宋国大军为报复武氏谋乱，围困曹国。

冬季，郑穆公逝世。

当初，郑文公有一个位次低下的姬妾，名叫燕姞，梦见天使赠给她一枝兰草，并对她说："我叫伯儵，是你的先祖，你要把这枝兰草视为自己的儿子，因为兰的幽香全国居首，你佩戴它，人们就会像喜爱它那样喜爱你。"没过多久，郑文公就遇到了燕姞，赠给她香兰，并让她为自己侍寝。燕姞对郑文公说："我身份卑微，幸而怀上了你的孩子，如果别人不信，你可否用兰草作为我们的信物呢？"郑文公说："好。"燕姞生下了穆公，为他起名为"兰"。

原　文

　　文公报郑子之妃①，曰陈妫，生子华、子臧。子臧得罪而出②。诱子华而杀之南里，使盗杀子臧于陈、宋之间。又娶于江，生公子士。朝于楚③，楚人鸩之，及叶而死④。又娶于苏，生子瑕、子俞弥。俞弥早卒。泄驾恶瑕⑤，文公亦恶之，故不立也。公逐群公子，公子兰奔晋，从晋文公伐郑。石癸曰："吾闻姬、姞耦⑥，其子孙必蕃⑦。姞，吉人也，后稷之元妃也，今公子兰，姞甥也。天或启之，必将为君，其后必蕃，先纳之可以亢宠⑧。"与孔将鉏、侯宣多纳之，盟于大宫而立之。以与晋平。

　　穆公有疾，曰："兰死，吾其死乎，吾所以生也。"刈兰而卒⑨。

168

注　释

①报：奸污亲属的妻子。
②得罪：获罪。
③朝于楚：朝见楚王。
④叶：地名。
⑤恶：厌恶。
⑥耦：婚配。
⑦蕃：繁盛。
⑧亢宠：得到极度宠幸。
⑨刈：割。

译　文

郑文公奸污了叔父子仪后宫里的一个名叫陈妫的妃子，生下了子华和子臧。子臧因获罪离开了郑国。郑文公诱骗子华前往南里，将其杀死了，又唆使凶徒埋伏于陈、宋两国边界，把子臧也杀死了。后来郑文公又从江国娶了妻室，生下了公子士。公子士朝见楚王时，楚国人给他灌下了毒酒，他回国时走到叶地就毒发身亡了。郑文公又从苏国娶了妻室，生下了子瑕和子俞弥。子俞弥英年早逝。泄驾憎恶子瑕，郑文公也厌恶他，因此没有把他立为太子。郑文公把公子们统统逐出了郑国，公子兰跑到了晋国，他追随晋文公一起讨伐郑国。石癸说："我听说姬、姞两姓如果联姻，子孙必然繁盛。姞，意味着吉人自有天相，后稷的原配就姓姞。现在公子兰的身份是姞氏的外甥，上天或许要助他一臂之力，他一定能成为国君，他的子孙必然繁盛。先把他接回国做国君，就能得到他的护佑。"于是石癸和孔将鉏、侯宣多便接公子兰回国，在大宫盟誓后，便把他立为国君，以此和郑国求和。

郑穆公患了重病，他说："假如兰草死了，我也会死去，因为我是靠兰草活着的。"后来有人割掉了兰草，郑穆公果真死了。

经典解读

宣公楚庄王问鼎是对周室王权公然的挑战。在古代，九鼎象征着至高无上的统治权力，楚庄王觊觎九鼎，不臣之心昭然若揭。这则故事充分说明周室已然丧失了天下共主的地位，实力强大的诸侯大有取而代之的野心。王孙满面对楚庄王咄咄逼人的态度，指出统治天下在德不在鼎，只有施行德政，国家政权

169

才能巩固。不讲仁德,只想凭借强权称霸天下是行不通的。王孙满的观点无疑是正确的,春秋时期,不少诸侯相信强权即是公理,以为通过武力讨伐别的国家,不断扩大自己的势力范围,就能夺得天下。因此各国之间互相蚕食,不义之战屡屡发生,给平民百姓造成了无穷无尽的灾难。

后来武力更加强大的秦国扫平了六国,统一了中国,但由于统治者过于残暴,中国历史上第一个盛极一时的封建王朝刚刚出现不久就昙花一现般地谢幕了,此后的王朝更替无一不验证了王孙满的观点。迷恋武力和强权的王朝,往往覆灭得更快,而施行仁政的王朝统治时期往往更为长久。

宣公九年

原　文

九年春,王使来征聘①。夏,孟献子聘于周,王以为有礼,厚贿之②。

秋,取根牟,言易也。

滕昭公卒。

注　释

①征聘:征召诸侯访问。

②贿:赠送财物。

译　文

九年春季,周定王派人告知鲁国到成周访问。夏季,孟献子前往成周慰问了周定王。周定王认为他表现得得体有礼,便赠予他丰厚的礼品。

秋季,鲁国占取了根牟,《春秋》没有加载这件事,是因为事情进展得太容易了。

滕昭公逝世了。

原　文

会于扈,讨不睦也①。陈侯不会②。晋荀林父以诸侯之师伐陈。晋侯卒于扈,乃还。

冬,宋人围滕,因其丧也③。

陈灵公与孔宁、仪行父通于夏姬，皆衷其衵服以戏于朝④。泄冶谏曰："公卿宣淫，民无效焉，且闻不令⑤，君其纳之⑥。"公曰："吾能改矣。"公告二子，二子请杀之，公弗禁，遂杀泄冶。孔子曰："《诗》云：'民之多辟，无自立辟⑦。'其泄冶之谓乎。"

楚子为厉之役故，伐郑。

晋郤缺救郑，郑伯败楚师于柳棼。国人皆喜，唯子良忧曰："是国之灾也，吾死无日矣。"

注　释

①不睦：和晋国关系不睦的国家，这里指不归服晋国的国家。

②不会：没参加会盟。

③因：趁机。

④衷：贴身穿着。衵服：内衣。

⑤闻不令：传扬出去败坏名声。

⑥纳：藏匿。

⑦民之多辟，无自立辟：百姓多行邪僻之事，枉自立法。这里指统治者行为不端，百姓失去效法榜样，多行邪僻之事，立法也是徒劳的。

译　文

晋成公、宋文公、卫成公、郑襄公、曹文公在扈地聚首会盟，商讨如何讨伐不归顺晋国的国家。陈灵公没参加盟会，晋国的荀林父便率领诸侯联军讨伐陈国。由于晋成公在扈地去世了，荀林父只好回国吊丧。

冬季，宋国军队趁滕国举办丧事，把滕国包围了。

陈灵公与孔宁、仪行父三人均和夏姬有染，他们都贴身穿着夏姬的内衣，在朝堂上公然开淫秽的玩笑。泄冶劝谏道："国君和卿宣讲荒淫之事，百姓就没有效法的榜样了，而且这样做有损于国君的名声。君王还是把夏姬的内衣藏匿起来吧。"陈灵公说："我能悔改了。"便把泄冶的一番话全部告诉了孔宁和仪行父，孔宁和仪行父请求将泄冶杀掉，陈灵公并未阻止，因此泄冶被杀害了。孔子说："《诗经》有云：'民间多行邪僻之事，真是枉自立法。'说的大概就是泄冶被害的事情吧。"

楚庄王为报厉地战役之仇讨伐郑国。

晋国的郤缺领兵营救郑国。郑襄公在柳棼成功击败了楚军。郑国举国欢心，

171

唯有子良忧心忡忡地说："这是国家的灾祸啊，过不了多久我的死期就到了。"

经典解读

　　孔子引用《诗经》之语，指出如果统治者行为不正，民间必然多行邪僻，在这种情况下法规律令根本发挥不了任何作用，这就是上行下效的道理。陈灵公有失为君之道，骄奢淫逸，甚至公然在朝堂上口出污言秽语，泄冶屡屡劝谏，不但没有让陈灵公警醒，反而惨遭杀害。这说明如果国君不君，忠臣冒死进谏未必能改变局面，甚至维系国家机器的律法也有可能失效。

　　纵观历史，我们会发现统治者往往自恃尊贵，滥用特权，常常道貌岸然地宣讲大道理，制定各种规则，然而自己却游离于规则之外，甚至公然挑战道德底线，以为即便如此，自己的统治也不会受到什么影响，因为百姓无论如何是不敢跨越界限的。殊不知，言行不一的人是不可能在民间建立信用的，统治者失德失信、口是心非，是不可能逃过人民大众雪亮的眼睛的，故行为不正者必被人民所抛弃，这是历史不可阻挡的趋势。

宣公十年

原　文

　　十年春，公如齐。齐侯以我服故，归济西之田。

　　夏，齐惠公卒。崔杼有宠于惠公，高、国畏其逼也，公卒而逐之，奔卫。书曰"崔氏"，非其罪也，且告以族，不以名①。凡诸侯之大夫违②，告于诸侯曰："某氏之守臣某，失守宗庙，敢告。"所有玉帛之使者③，则告④，不然，则否。

注　释

①告以族，不以名：只称其族不称其名。
②违：离开。
③玉帛之使者：互赠玉帛跟本国友好往来的国家。
④告：通告。

译　文

　　十年春季，鲁宣公出访齐国。齐惠公因为鲁国归顺齐国的缘故，将济水以西的土地交还给了鲁国。

夏季，齐惠公亡故了。齐惠公活着的时候非常宠信崔杼，高、国两族都害怕崔杼的威逼，齐惠公一死，两大家族就把崔杼逐出了齐国，崔杼逃奔到了卫国。《春秋》称崔杼为"崔氏"，不是为了责备他的罪过，而是把事情通报诸侯时，也是只称其族不称其名的。但凡诸侯的大夫离开自己的国家，通告诸侯时说："某氏之守臣某人，不能守宗庙了，特此告知。"通告发布给跟本国友好往来的国家，与本国关系不密切的国家不予发布。

原　文

公如齐奔丧。

陈灵公与孔宁、仪行父饮酒于夏氏。公谓行父曰："徵舒似女。"对曰："亦似君。"徵舒病之①。公出，自其厩射而杀之。二子奔楚。

滕人恃晋而不事宋，六月，宋师伐滕。

郑及楚平。诸侯之师伐郑，取成而还②。

秋，刘康公来报聘③。

师伐邾，取绎。

季文子初聘于齐。

冬，子家如齐，伐邾故也。

国武子来报聘。

楚子伐郑。晋士会救郑，逐楚师于颍北。诸侯之师戍郑。郑子家卒。郑人讨幽公之乱，斫子家之棺而逐其族④。改葬幽公，谥之曰灵。

注　释

①病：怨恨，厌恶，不满。

②取成：求和，讲和。

③报聘：回访。

④斫：砍。

译　文

鲁宣公到齐国参加了丧礼。

陈灵公和孔宁、仪行父到大夫夏徵舒家里喝酒。陈灵公对仪行父说："夏徵舒看上去和你很像。"仪行父回应说："和你也很像。"夏徵舒听了心里很不舒服。陈灵公走出房间时，夏徵舒躲在马房里，搭箭把陈灵公射死了。孔宁和仪行父逃奔到了楚国。

滕国人凭着晋国的关系不事奉宋国，六月，宋军讨伐滕国。

郑、楚两国谈判和解。诸侯联军讨伐郑国，郑、楚讲和后挥师而返。

秋季，刘康公回访鲁国。

鲁国讨伐邾国，占取了绎地。

齐顷公继位后，鲁国正卿季文子首次出访齐国。

冬季，子家出使齐国解释攻打邾国一事。

国武子回访鲁国。

楚庄王率军讨伐郑国。晋国的士会领兵救援郑国，在颍水之北击退了楚军。诸侯联军便在郑国戍守驻扎。郑国的子家去世了，郑国人为了惩罚子家弑杀幽公的那场谋乱，砍开了子家的棺椁，驱逐了他的族人，改葬了幽公，将其谥号改为"灵"。

经典解读

陈灵公的死正印证了那句古话："多行不义必自毙。"他和大臣孔宁、仪行父不仅在朝堂上公然宣淫，而且私下里还在夏家聚众淫乱，过着花天酒地、醉生梦死的生活。因为君臣几人均和夏姬有染，所以便借着酒意指着夏姬的儿子夏徵舒开玩笑，结果这不堪入耳的淫声浪语直接要了陈灵公的性命。作为深受君臣纲常思想的臣子夏徵舒之所以敢于犯上弑君，无疑是被逼到了"是可忍孰不可忍"的地步，陈灵公不仅侮辱了他的人格尊严，而且玷污了他母亲的名节，践踏了他生父的荣誉，如此奇耻大辱换作别人也是不能忍受的。陈灵公的被杀是自取其祸的结果，即便弑君者不是夏徵舒，也会有其他人出现。

宣公十一年

原　文

十一年春，楚子伐郑，及栎。子良曰："晋、楚不务德而兵争，与其来者可也[①]。晋、楚无信，我焉得有信。"乃从楚。夏，楚盟于辰陵，陈、郑服也。

楚左尹子重侵宋，王待诸郔[②]。

注 释

①与其来者可也：谁来攻打就亲近谁。
②郔：中国春秋时楚地，在今河南省项城县境内。

译 文

十一年春季，楚成王讨伐郑国，楚军抵达了栎地。郑国人子良说："晋国和楚国不致力于修养德行，而是一心凭借武力争夺天下，这样谁来进攻我们，我们就亲近谁好了。晋、楚两国都不讲信用，我们还有必要讲信用吗？"于是便追随了楚国。夏季，楚国在辰陵召开了盟会，这是因为陈国和郑国都归顺了楚国。

楚国的左尹子再次发兵进犯宋国，楚庄王在郔地居住下来，等候楚军报捷的消息。

原 文

令尹蒍艾猎城沂，使封人虑事①，以授司徒②。量功命日③，分财用④，平板干，称畚筑⑤，程土物，议远迩⑥，略基趾，具糇粮⑦，度有司，事三旬而成，不愆于素⑧。

晋郤成子求成于众狄，众狄疾赤狄之役，遂服于晋。秋，会于欑函，众狄服也。

注 释

①封人：官名。
②授：报告，禀报。
③量功命日：估计工程量多少，计算竣工的日期。
④财用：材料用具。
⑤畚筑：盛土和捣土的工具。
⑥远迩：取材的远近。
⑦糇粮：干粮。
⑧愆：超出。

译 文

令尹蒍艾猎在沂筑城修建工事，让主持人考虑工程规划，要求其把情况禀报给司徒。他估计工程量多少和计算竣工的日期，又负责按工程分配材料用具，放平夹板和支柱，测量土方和材木，讨论取材的远近，巡视城池基地，储备粮食，审查监工，仅仅施工三十天工程就竣工了，没有超出预定的日期。

晋国的郤缺向狄人各部谋求建立友好关系，狄人各部都十分痛恨赤狄对自己的压迫奴役，于是全都归顺了晋国。秋季，晋国和狄人在欑函会盟，狄人各部都表示归服。

原　文

是行也。诸大夫欲召狄。郤成子曰："吾闻之，非德，莫如勤，非勤，何以求人？能勤有继①，其从之也。《诗》曰：'文王既勤止②。'文王犹勤，况寡德乎？"

冬，楚子为陈夏氏乱故，伐陈。谓陈人无动③，将讨于少西氏④。遂入陈，杀夏徵舒，轘诸栗门⑤，因县陈。陈侯在晋。

注　释

①继：结果。
②既勤止：一生勤勉。既：尽。止：语气助词。
③无动：不要惊慌。
④少西氏：夏徵舒。
⑤轘：车裂。

译　文

在前往欑函会盟前，晋国的各个大夫主张把狄人召集过来。郤缺说："我听说，假如德行不够，最好的弥补方式莫过于勤勉，若是连勤勉的优良品质都没有，怎么能要求别人来归顺自己呢？只要我们够勤勉，就能有个好结果，还是我们到狄人那里去吧。《诗经》说：'文王一生勤勉。'文王尚且如此勤勉，更何况是我们这种缺乏德行的人呢？"

冬季，楚庄王以陈国夏氏叛乱为由讨伐陈国。他对陈国人说不必恐慌，他只是想要惩罚夏徵舒而已。然后就发兵攻入陈国，把夏徵舒杀死了，将其在栗门车裂了。然后灭亡了陈国，把它设成了楚国的一个县，当时陈成公人在晋国。

原　文

申叔时使于齐，反，复命而退。王使让之曰："夏徵舒为不道，弑其君，寡人以诸侯讨而戮之，诸侯、县公皆庆寡人，女独不庆寡人，何故"对曰："犹可辞乎①?"王曰："可哉。"曰："夏徵舒弑其君，其罪大矣，讨而戮之，君之义也。抑人亦有言曰：'牵牛以蹊人之田②，而夺之牛。'牵牛以蹊者，信有罪矣③；而夺之牛，罚已重矣。诸侯之从也，曰讨有罪也。今县陈④，贪其富也。以讨召诸侯，而以贪归之⑤，无乃不可乎⑥?"王曰："善哉！吾未之闻也。反之，可乎?"对曰："可哉！吾侪小人所谓取诸其怀而与之也。"乃复封陈，乡取一人焉以归，谓之夏州。故书曰："楚子入陈，纳公孙宁、仪行父于陈。"书有礼也。

厉之役，郑伯逃归，自是楚未得志焉。郑既受盟于辰陵，又徵事于晋⑦。

注　释

①辞：辩解。
②蹊：践踏。
③信：确实。
④县陈：把陈国变成一个县。县作动词用。
⑤归：结束，告终。
⑥无乃：岂不是。
⑦徵：求。

译　文

楚国的申叔时出访齐国，回来复命后就告退了。楚庄王派人指责他说："夏徵舒不合为臣之道，弑杀了自己的国君，寡人带领诸侯征讨他，并把他处死了。诸侯、县公全都向寡人道贺，唯独你不祝贺寡人，这是为什么?"申叔时答道："我可以申述一下我这样做的理由吗?"楚庄王说："可以。"申叔时说："夏徵舒犯下弑君之罪，确实是罪大恶极，征讨他杀死他，符合国君的道义。但也有人说：'牵牛踩踏他人的耕田，就把牛夺走。'牵牛踩踏田地的人，确实是有错，但把牛夺走，惩罚得就过重了。诸侯跟随君王起兵，是打着征讨罪人的旗号，而今将陈国设置成楚国的一个县，这就是贪图陈国的财富。以讨伐弑君者的名号号令诸侯，现在却以敛财而告终，这样做恐怕不妥吧?"楚庄王说："说得好！你这番话我以前倒是没有听过。那么寡人现在把土地返还给陈国，可不可以

177

呢？"申叔时回答说："这就是小人说的：'从别人怀里夺走，再送还给人家。'"楚庄王于是重新封立了陈国，每乡挑选一人，集中聚居于楚国同一个地区，把它称之为夏州。所以《春秋》记载说："楚庄王进入陈国，把公孙宁、仪行父护送回了陈国。"是为了说明楚庄王的所作所为是合乎礼法的。

厉地一战之后，郑襄公逃回了自己的国家。迄今为止，楚国依旧没能得志，让郑国心悦诚服地归顺自己。郑国虽然已经接受了辰陵盟约，但又请求事奉晋国。

经典解读

楚庄王打着诛杀乱臣贼子的名号召集诸侯讨伐陈国，事后又想趁机吞并陈国，经申叔时劝说后才放弃了这个念头。楚庄王最终并没有侵吞陈国，不是因为从善如流，想要维护道义，而是出于现实利益的考量。申叔时的一番话点明了利害，符合楚国的长远利益。假如楚国假公济私，过早地暴露出扩张的野心，就会失去诸侯国的信任，使楚国陷入被动。楚国幅员辽阔，吞并土地有限的陈国并不能给楚国带来多少实际好处，反而会让楚国在道义上受到指责，失去诸侯对自己的拥戴，这样做无疑是太过急功近利了，结果显然是得不偿失的。

在现实生活中，有很多人像楚庄王一样由于受到贪欲的蛊惑，显得非常短视，为了眼前的一点利益而放弃了长远的利益，犯下"只见树木不见森林"的错误，最终因小失大、悔不当初。这则故事告诉我们做人不能太急功近利，做事要从大局出发，眼光要放长远，万不可被一时的贪心蒙蔽了理智，自作聪明地做蠢事。

宣公十五年

原　文

十五年春，公孙归父会楚子于宋。

宋人使乐婴齐告急于晋。晋侯欲救之。伯宗曰："不可。古人有言曰：'虽鞭之长，不及马腹。'天方授楚，未可与争。虽晋之强，能违天乎？谚曰：'高下在心。'川泽纳污，山薮藏疾①，瑾瑜匿瑕，国君含垢②，天之道也，君其待之。"乃止。

宣　公

　　使解扬如宋，使无降楚③，曰："晋师悉起④，将至矣。"郑人囚而献诸楚，楚子厚赂之，使反其言，不许，三而许之。登诸楼车，使呼宋人而告之。遂致其君命。楚子将杀之，使与之言曰："尔既许不谷而反之，何故？非我无信，女则弃之，速即尔刑。"对曰："臣闻之，君能制命为义，臣能承命为信，信载义而行之为利。谋不失利，以卫社稷，民之主也。义无二信，信无二命。君之赂臣，不知命也。受命以出，有死无霣，又可赂乎？臣之许君，以成命也。死而成命，臣之禄也⑤。寡君有信臣，下臣获考死⑥，又何求？"楚子舍之以归。

注　释

①山薮藏疾：山深草密的地方隐藏着毒物。
②含垢：包容污垢，容忍耻辱。
③无：不要。
④悉起：全部出发。悉，全，尽。起：起程出发。
⑤禄：福气，福祉。
⑥考死：死得其所。

译　文

　　十五年春季，鲁国的公孙归父前往宋国跟楚庄王会面。
　　宋国人派乐婴齐赶赴晋国禀报紧急情况，晋景公准备发兵救助宋国。伯宗说："不能这么做。古人有句话说得好：'鞭子纵然再长，也打不到马肚子。'上天护佑楚国，我们不能与他相争。晋国虽然国力很强，但岂能违背天意？民谚说：'高下自在人心'。河川和湖沼能容纳淤泥污水，山林草野能隐藏毒虫怪兽，美玉也有瑕疵，国君也得韬光养晦，忍受点耻辱，这是天道，君王还是等着瞧吧。"晋景公于是废止了派兵救援宋国的命令。
　　晋国派解扬前往宋国，叫宋国不要归降楚国，对宋国人说："晋国大军已经出发，不久就将到达宋国了。"解扬途经郑国时，郑国人将他囚拘起来，进献给了楚国。楚庄王用重礼收买他，让他对宋国人说反话。解扬不答应。再三威逼利诱，他才答应下来。楚庄王要求解扬登上楼车，高声传达楚王的命令。解扬却趁机将郑国国君的指令传达了出去。楚王想要处死他，就派人对他说："你既然已经同意帮我传话，而今反过来传送晋国的军令，是什么原因？不是我不守信，而是你失信于我，快去受刑吧。"解扬回应说："下臣听说，国君发布命令靠的是道义，臣子接受执行命令靠的是信用，信用承载了道义，依令行事符合国家利益。谋划行动时不忘国家利益，并捍卫国家社稷，才是百姓之主。讲道义不能有两种信用并存，讲信用就不能接受两个君主的命令。君王收买下臣，就是不明白下臣不能听命于两君。我既然受我国国君委派出使宋国，宁愿一死也不能废弃军令，岂是可以被收买的吗？先前下臣答应你，是为了趁机完成我国国君交给我的使命。死了却能完成使命，乃是下臣的福祉。我国国君有我这样守信的下臣，下臣也死得其所，又有什么可求的呢？"楚庄王听了这番话，就赦免了他的罪，释放他回国了。

原　文

夏五月，楚师将去宋。申犀稽首于王之马前，曰："毋畏知死而不敢废王命①，王弃言焉。"王不能答。申叔时仆②，曰："筑室反耕者③，宋必听命。"从之。宋人惧，使华元夜入楚师，登子反之床，起之曰："寡君使元以病告④，曰：'敝邑易子而食，析骸以爨⑤。虽然，城下之盟⑥，有以国毙，不能从也。去我三十里，唯命是听。'"子反惧，与之盟而告王。退三十里。宋及楚平，华元为质。盟曰："我无尔诈，尔无我虞。"

注　释

①毋畏：申犀之父。
②仆：驾车。
③反。还归，回。
④病：困境，艰难困苦。
⑤析骸以爨：拆掉骸骨烧火做饭。
⑥城下之盟：敌方兵临城下，被迫签订屈辱盟约。

译　文

夏季五月，楚国打算从宋国撤兵。申犀在楚庄王马前叩首，说道："我的父亲毋畏知道自己必死无疑也不敢废弃君令，君王自己却食言了。"说得楚成王一时不能作答。申叔时当时正为楚成王驾驭战车，他说："修建房舍，让耕田的老百姓回归土地，宋国一定会听命于楚国。"楚成王听从了这个建议。宋国人非常怕楚国大军，于是派华元夜里闯进楚军营帐中，跳上子反的床，把他叫起，说："我国国君派我向你报告宋国的困境，国君说：'就算敝国的百姓交换死去的儿子互食充饥,拆掉骸骨烧火做饭,即便如此,也不能屈辱地签订盟约。我们宁可亡国,也不能屈从。假如楚军肯后退三十里,宋国对楚国日后定将唯命是听。'"子反感到非常恐惧,就和华元立即订立了盟约,事后才禀报楚庄王。楚军后退了三十里,宋国和楚国和谐了,华元成了人质。两国盟誓说:"我不欺骗你,你不欺诈我。"

原　文

潞子婴儿之夫人①,晋景公之姊也。酆舒为政而杀之,又伤潞子之目。晋侯将伐之,诸大夫皆曰:"不可。酆舒有三俊才②,不如待后之人。"伯宗曰:"必伐之。狄有五罪,俊才虽多,何补焉?不祀,一也。耆酒,二也。弃仲章而夺黎氏地,三也。虐我伯姬③,四也。伤其君目,五也。怙其俊才④,而不以茂德⑤,兹益罪也。后之人或者将敬奉德义以事神人,而申固其命,若之何待之?不讨有罪,曰将待后,后有辞而讨焉,毋乃不可乎?夫恃才与众,亡之道也。商纣由之⑥,故灭。天反时为灾⑦,地反物为妖,民反德为乱,乱则妖灾生。故文反正为乏。尽在狄矣。"晋侯从之。六月癸卯,晋荀林父败赤狄于曲梁。辛亥,灭潞。酆舒奔卫,卫人归诸晋,晋人杀之。

王孙苏与召氏、毛氏争政,使王子捷杀召戴公及毛伯卫。卒立召襄。

注　释

①潞子婴儿:赤狄族人,潞国国君。
②三俊才:三种过人的才能。
③虐:杀害。
④怙:恃,凭借,仰仗。
⑤茂德:盛德,美德。
⑥由之:遵从,遵照。
⑦反:违反,违背。

译　文

潞国国君潞子婴儿的夫人乃是晋国国君晋景公的姐姐。酆舒执掌国政之后将她杀害了,还把潞子的眼睛弄伤了。晋景公打算讨伐他。众大夫都说:"不能这样做,酆舒有三种过人的本领,不如等到他的下任执掌政权再出兵征讨。"伯宗说:"一定要现在讨伐,狄人有五宗罪,就算有诸多特别的才能,难道就能弥补他们的罪过吗？第一宗罪是不祭祀。第二宗罪是嗜酒如命。第三宗罪是废黜贤人仲章并夺走了黎氏的土地。第四宗罪是杀害了我们的伯姬。第五宗罪是弄伤了自己国君的双目。仅仅依靠出众的才能治国，而不依赖美德，这就罪过更大了。下一位继任者可能会敬奉美德道义，用以事奉神灵，稳固国家社稷，那时我们又该如何对待他呢？不去征讨有罪之人，以等待他的后继者当托词，日后有了足够的理由再出兵讨伐，恐怕是不可以的吧！单纯仰仗才能和人多势众来统治国家，这是亡国之道。商纣遵从此道，所以商朝才走向覆灭。天空违背时令就会带来灾难，大地违背万物的本性就会滋生妖异，百姓违背道德准则就会产生祸乱，一旦发生了祸乱，一切反常的事情和灾难就会接踵而至。因此正字的反义是乏字。上述情况在狄人那儿都体现殆尽了。"晋景公采纳了他的建议。六月十八日，晋国的荀林父在曲梁战场大败赤狄军队。二十六日，晋国消灭了潞国。酆舒奔逃到了卫国，后来被卫国人送到了晋国，被晋国人杀死了。

王孙苏和召氏、毛氏争夺执掌国政的大权，他派王子捷把召戴公和毛伯卫杀死了，最后拥立召襄执政。

原　文

秋七月，秦桓公伐晋，次于辅氏。壬午，晋侯治兵于稷以略狄土①，立黎侯而还。及洛，魏颗败秦师于辅氏。获杜回②，秦之力人也③。

初，魏武子有嬖妾④，无子。武子疾，命颗曰："必嫁是。"疾病，则曰："必以为殉。"及卒，颗嫁之，曰："疾病则乱⑤，吾从其治也⑥。"及辅氏之役，颗见老人结草以亢杜回⑦，杜回踬而颠⑧，故获之。夜梦之曰："余，而所嫁妇人之父也。尔用先人之治命，余是以报。"

注　释

①略：侵略，侵占。

②获：擒获，俘虏。

③力人：大力士。

④魏武子：魏颗之父。

⑤乱：神志不清，头脑昏乱。

⑥治：头脑清醒。

⑦亢：遮挡。

⑧踬而颠：被东西绊倒。

译　文

秋季七月，秦桓公率兵讨伐晋国，在辅氏驻军。二十七日，晋景公在稷地举行了阅兵军演活动，以此侵占狄人领土，拥立了黎侯当政后，便撤兵回国了。秦军抵达洛水时，在辅氏被魏颗打败。魏颗在这场战役中擒获了秦国大力士杜回。

当初，魏武子有一个非常得宠的姬妾，膝下无子。魏武子身染恶疾时，嘱咐魏颗说："等我离世之后一定要把她嫁出去。"病情恶化时，却说："一定要让她为我陪葬。"等到魏武子去世后，魏颗把他的爱妾嫁了，他说："人在病危时头脑混乱、神志不清，我听从他头脑清醒时吩咐的话。"等到辅氏一战，魏颗看到一个老者将草打结做成套锁用来拦阻杜回，杜回果然被草环绊倒了，一下子扑倒在地，所以魏颗擒获了他。魏颗在夜里梦见那个老者说："我就是你嫁出去的那名女子的父亲。你依据先人神志清醒时的嘱托行事，我便以此来报答你的恩德。"

原　文

晋侯赏桓子狄臣千室①，亦赏士伯以瓜衍之县。曰："吾获狄土，子之功也。微子，吾丧伯氏矣。"羊舌职说是赏也②，曰："《周书》所谓'庸庸祗祗'者③，谓此物也夫。士伯庸中行伯④，君信之，亦庸士伯，此之谓明德矣。文王所以造周，不是过也⑤。故《诗》曰：'陈锡哉周⑥。'能施也。率是道也⑦，其何不济？"

晋侯使赵同献狄俘于周，不敬。刘康公曰："不及十年，原叔必有大咎⑧，天夺之魄矣。"

初税亩⑨，非礼也。谷出不过藉，以丰财也。

冬，蝝生，饥。幸之也。

注　释

①千室：千家。
②说：通"悦"，高兴。
③庸庸：任用应受任用的人。祗祗：尊敬可敬之人。
④庸：可任用。

⑤不是过也：不超过这些。
⑥陈锡：广施恩赐。
⑦率：遵循。
⑧咎：灾祸。
⑨税亩：按田亩征税。

译　文

晋景公把上千家俘虏的狄国臣民都赏给了桓子，又赏赐给士伯瓜衍的县城，并说："我能够夺取狄人的土地，都是你的功劳。假如没有你，我恐怕要损失荀林父这员大将了。"羊舌职对于这次的封赏很是高兴，他说："《周书》所说的'任用可用之人，尊敬可敬之人'就是这种情况吧。士伯觉得中行伯是可用之才，国君信他，便起用他，这就是所谓的明德了。文王之所以能创建周朝，所依凭的也不超过这些。故而《诗经》说：'广施恩赐，创建周朝'这就是说周文王对百姓广泛施加恩惠，遵循这样的治世之道行事，什么事情做不成呢？"

晋景公派赵同前往成周把俘获的狄人进献给周室，态度非常不恭敬。刘康公说："不出十年，原叔必有大难降临，老天已把他的魂魄夺去了。"

鲁国开始实行按亩收税的政策，这是不合乎礼法的。以前的赋税所上缴的稻谷不会超出"藉"的规定，现在这样做就是敛财了。

冬季，鲁国螽虫泛滥成灾，庄稼欠收，国内发生了饥荒。《春秋》没有加载这件事，是为了庆幸虫灾并没有给鲁国带来严重的灾难。

经典解读

结草衔环的报恩故事是我们熟知的，魏颗慈悲为怀，执行魏武子清醒时的命令，让他的姬妾改嫁了，使其免于成为殉葬品，挽救了一条无辜的生命。那名姬妾的父亲为了报恩，结草绊倒恩人的敌人，使恩人在战场上大获全胜。这则报恩故事告诉我们善良是人生最大的福祉，虽然在现实生活中，不是所有的恩惠都能换来别人的涌泉相报，不是所有的善举都能给自己换来实际的益处，但世上的任何一项善举并不会因此而失去意义。多一份善心，世界就多一份和谐和美好，多一份善举，人间就会多一份光明和希望，善良地对待别人，自己也将被善待，这就是好人最大的福报。

成 公

成公二年

原　文

　　二年春，齐侯伐我北鄙，围龙。顷公之嬖人卢蒲就魁门焉①，龙人囚之。齐侯曰："勿杀！吾与而盟②，无入而封③。"弗听，杀而膊诸城上④。齐侯亲鼓，士陵城⑤，三日，取龙，遂南侵及巢丘。

　　卫侯使孙良夫、石稷、宁相、向禽将侵齐，与齐师遇。石子欲还，孙子曰："不可。以师伐人，遇其师而还，将谓君何？若知不能，则如无出。今既遇矣，不如战也。"

注　释

　①门：攻打城门。
　②而：同"尔"，你。
　③封：边境。
　④膊：暴尸。
　⑤陵城：攀上城墙。陵，攀，登。

译　文

　　二年春季，齐顷公进犯鲁国北疆边境，包围了龙地。深受齐顷公宠信的大臣卢蒲就魁对龙地城门发起了进攻，龙地的人活捉了他，并把他囚禁了起来。齐顷公说："不要杀死卢蒲就魁，我愿和你们订立盟约，保证不进入鲁国边境。"龙地的人没有听信齐顷公的诺言，杀死了卢蒲就魁，把他的尸体陈列于城上展览。齐顷公亲自擂起了战鼓，士兵纷纷攀上了城墙。齐国大军三天便攻下了龙地，于是就向鲁国南部入侵，到达了巢丘一带。

卫穆公派孙良夫、石稷、宁相、向禽将率军进犯齐国，卫军和齐军在路上不期而遇了。石稷准备带领军队返回，孙良夫说："不可以这样做。带兵攻打别人，碰上敌军就想回去，这样以后怎么向国君交代呢？倘若知道自己不能打仗，当初就不该发兵。如今我们既然已经和敌人碰上了，不如就和他们作战。"

原　文

夏，有。

石成子曰："师败矣。子不少须①，众惧尽②。子丧师徒，何以复命？"皆不对。又曰："子，国卿也。陨子③，辱矣。子以众退，我此乃止④。"且告车来甚众⑤。齐师乃止，次于鞫居。新筑人仲叔于奚救孙桓子，桓子是以免。

既，卫人赏之以邑，辞。请曲县、繁缨以朝⑥，许之。

仲尼闻之曰："惜也，不如多与之邑。唯器与名⑦，不可以假人，君之所司也⑧。名以出信，信以守器，器以藏礼，礼以行义，义以生利，利以平民，政之大节也⑨。若以假人，与人政也。政亡，则国家从之，弗可止也已。"

注　释

①少须：稍稍等待。
②惧尽：全军覆灭。
③陨：同"殒"，死亡。
④止：留下。
⑤告：通告。
⑥曲县：室内三面悬乐器。繁缨：繁，指为马腹带；缨，为马颈革带。繁缨是指马身上的装饰物，只有贵族、君王才可以这样装饰自己的马。
⑦器与名：礼器和名号。
⑧司：掌管。
⑨大节：基本的法纪。

译　文

夏季，发生的事件有……

石稷对孙良夫说："我军打了败仗，你若是不能稍稍等待，抵御住敌军的进攻，我军就要全军覆灭了。您失去了军队，回去怎么向君王复命呢？"所有人都无言以对。石稷又说:"您是一国之卿,如果损失了您这么重要的人物,就是国家的耻辱了。您带着大军撤退,我留守在这里。"同时通告三军,说已有不少援军的兵车赶赴到了战场。齐军为此停止了继续行进,在鞫居驻扎了下来。新筑大夫仲叔于奚救了孙良夫一命,孙良夫为此才幸免于难。

没过多久,卫国人赏赐城池给仲叔于奚,仲叔于奚推辞了,他请求将诸侯专用的三面悬挂的乐器赏赐给自己,并允许自己让马匹佩戴繁缨来朝见君主,卫穆公答应了。

孔子听闻了这件事,说:"真让人惋惜啊,还不如多赏赐给他几座城池。只有礼器和名号是不能赠送给别人的,因为它们是由国君掌控的。名号能用来建立威信,威信能用来守护国家的礼器,礼器是礼制的外在体现,礼制可用来实行道义,道义可用来创造利益,凭借于民有利的事情来管理百姓,这就是政事中的最基本的纲纪啊。如果把名号、礼器给了别人,就等于把政权转交给了别人。丧失了政权,国家也会跟着灭亡了,这种趋势是不可阻挡的。"

原　文

孙桓子还于新筑,不入,遂如晋乞师①。臧宣叔亦如晋乞师。皆主郤献子②。晋侯许之七百乘。郤子曰:"此城濮之赋也③。有先君之明与先大夫之肃,故捷。克于先大夫,无能为役,请八百乘。"许之。郤克将中军,士燮佐上军,栾书将下军,韩厥为司马,以救鲁、卫。臧宣叔逆晋师,且道之。季文子帅师会之。及卫地,韩献子将斩人,郤献子驰,将救之,至则既斩之矣。郤子使速以徇④,告其仆曰:"吾以分谤也。"

师从齐师于莘。六月壬申,师至于靡笄之下。齐侯使请战,曰:"子以君师,辱于敝邑,不腆敝赋⑤,诘朝请见⑥。"对曰:"晋与鲁、卫,兄弟也。来告曰:'大国朝夕释憾于敝邑之地⑦。'寡君不忍,使群臣请于大国,无令舆师淹于君地⑧。能进不能退,君无所辱命。"齐侯曰:"大夫之许,寡人之愿也;若其不许,亦将见也。"齐高固入晋师,桀石以投人,禽之而乘其车,系桑本焉,以徇齐垒,曰:"欲勇者贾余馀勇⑨。"

注　释

①乞师:请求出兵。
②主郤献子:以郤缺之子郤克为主上。

③赋：特指民赋，即征收的战车、兵器、铠甲或军费。
④徇：巡行示众。
⑤不腆敝赋：敝国兵力不强。
⑥诘朝：明天早上。
⑦释憾：发泄愤懑怨恨。释，发泄。憾，怨恨。
⑧淹：滞留，久留。
⑨贾：买。

译 文

　　孙良夫返回新筑，没入国都，直接赶赴晋国请求对方发兵。臧宣叔也来到晋国请求发兵。两人均投奔了郤缺之子郤克。晋景公许诺会派七百辆兵车开赴战场。郤克说："七百辆是城濮大战所征用的战车数。当时依仗着先君的明察决断和先大夫敏捷的判断，才取得了决定性胜利。我郤克和先大夫相比，连给他们当仆役都不配，所以请国君派发八百两战车。"晋景公同意了。郤克担任中军主将，士燮担任上军副将，栾书担任下军主将，韩厥任司马，负责救援鲁、卫两国。臧宣叔迎接晋国大军，并且做军队的向导向前开路。季文子率军和他们会师。大军抵达卫国领土时，韩厥想要杀人，郤克快马加鞭赶路，准备将那人救下，等到到达了目的地，人已经被斩杀了。郤克派人暴尸示众，对御者说："我用这种方法分担人们对韩厥的指责。"

　　晋国大军在莘地追赶上了齐国的军队。六月十六日，军队抵达了靡笄山下。齐顷公派人发出宣战的信息，说："您率领国君的大军来到敝国，敝国的兵力不强，请明日清晨会战。"郤克回答说："晋国和鲁、卫两国，都是亲如兄弟的盟国。他们的使者前来告诉我说：'大国从早到晚都在我国的领土上发泄愤懑的情绪。'我国国君不忍心袖手旁观，于是便派遣下臣我到大国提出请求，同时又吩咐我们不要在贵国长期驻军。现在我军只能前进不能后退，是不能听从您的命令的。"齐顷公说："大夫答应应战，正是寡人所期望的；如果不同意出战，两军也是要操戈相见。"齐国的高固向晋军冲杀，用石头朝对方投掷，擒获了一名晋兵，登上他的战车，随后用桑树根系住战车，返回齐国军营巡行说："谁要想获得作战的勇气，到这里买我剩余的勇气就够了。"

成 公

原　文

　　癸酉，师陈于鞍①。邴夏御齐侯，逢丑父为右。晋解张御郤克，郑丘缓为右。齐侯曰："余姑翦灭此而朝食。"不介马而驰之②。郤克伤于矢，流血及屦，未绝鼓音，曰："余病矣③！"张侯曰："自始合，而矢贯余手及肘④，余折以御，左轮朱殷⑤，岂敢言病。吾子忍之！"缓曰："自始合，苟有险，余必下推车，子岂识之？然子病矣！"张侯曰："师之耳目，在吾旗鼓，进退从之。此车一人殿之⑥，可以集事，若之何其以病败君之大事也？擐甲执兵，固即死也。病未及死，吾子勉之！"左并辔⑦，右援枹而鼓⑧，马逸不能止，师从之。齐师败绩。逐之，三周华不注。

注　释

①陈：摆开阵势，布好阵法。
②介马：给马披甲。
③病：受伤。
④贯：穿透。
⑤朱殷：黑红色。
⑥殿：镇守。
⑦左并辔：左手执马缰绳。
⑧右援枹：右手持鼓槌。

译　文

　　十七日，两国大军在鞍地布好了兵阵。邴夏为齐顷公驾驭战车，逢丑父当车右。晋国的解张为郤克驾驭兵车，郑丘缓当车右。齐顷公说："我姑且把这些人全部歼灭了再吃早餐。"说完不给马披甲便奔向晋军拼杀。郤克中箭受伤，鲜血直流，淌到了鞋上，但战鼓声依旧没有断绝，他说："我受伤了！"解张说："刚交战时，箭就射穿了我的手和肘，我一把把箭折断了，继续坚持为你驾驭战车，左边的车轮都被鲜血染成了黑红色，我哪里敢出言说自己受了箭伤。您还是咬牙忍着吧！"郑丘缓说："两军刚开始交战，假如遇到危险的情况，我一定会下车推车，对此您能了解吗？不过您确实是受伤了！"解张说："我们的旌旗和战鼓就是军队的耳目，进退都是依据旗鼓号令。这辆战车由一个人坐着镇守，就可以打完一场大战。为什么要为了一点皮肉之苦就坏了国君的大事呢？我们身穿战甲，手拿兵器，本来就是去战场赴死的。身体虽然受伤了，但还没有战死，就不能放弃，所以您还是尽力坚持作战吧！"说完他便左手握住缰绳，右手持鼓槌敲击战鼓，战马狂奔不止，军队跟着向前冲去。齐军败北，晋军一路追击齐军，围着华不注山绕了三圈。

原　文

韩厥梦子舆谓己曰："且辟左右①。"故中御而从齐侯。邴夏曰："射其御者，君子也。"公曰："谓之君子而射之，非礼也。"射其左，越于车下。射其右，毙于车中，綦毋张丧车，从韩厥，曰："请寓乘②。"从左右，皆肘之，使立于后。韩厥俛③，定其右。逢丑父与公易位。将及华泉，骖絓于木而止④。丑父寝于轏中⑤，蛇出于其下，以肱击之，伤而匿之，故不能推车而及。韩厥执絷马前，再拜稽首，奉觞加璧以进⑥，曰："寡君使群臣为鲁、卫请，曰：'无令舆师陷入君地。'下臣不幸，属当戎行，无所逃隐。且惧奔辟而忝两君⑦，臣辱戎士，敢告不敏，摄官承乏。"丑父使公下，如华泉取饮。郑周父御佐车，宛茷为右，载齐侯以免。韩厥献丑父，郤献子将戮之。呼曰："自今无有代其君任患者，有一于此，将为戮乎！"郤子曰："人不难以死免其君。我戮之不祥，赦之以劝事君者。"乃免之。

注　释

①辟左右：避开车左、车右。
②寓：搭乘。
③俛：通"俯"，屈身。
④絓：绊住。
⑤轏：竹木条做成的车。
⑥奉觞：捧着酒杯。
⑦忝：辱。

译　文

韩厥梦见父亲子舆对自己说："要避开战车的左右两侧。"因为这个缘故，韩厥便选择站在战车中间驱车追击齐顷公。邴夏说："射那位驾车的御者，他是个君子。"齐顷公说："说他是君子又张弓射他，是不合礼法的。"于是便向车左射去，车左中箭身亡，尸体落在了车下。弓弩手又射向车右，车右死在了战车里。綦毋张丢了战车，跟上韩厥说："请允许我搭乘您的战车。"说完他登上了战车，打算站在车左或车右的位置上，韩厥用手肘推他，使他站在自己身后。韩厥俯身把车右的尸体放稳。逢丑父和齐顷公趁机互换了在车中的位置，快要抵达华泉时，骖马被大树绊住了，停下了步伐。前些日子，逢丑父在栈车中安睡，有条蛇爬到了他身下，他抬起小臂击打那蛇，小臂受了伤，他对外隐瞒了自己受伤的事情，正因为如此，他不能举臂推车，所以才被韩厥赶上。韩厥握着缰绳走到马前，行了跪拜叩首之礼，然后捧着酒杯和玉璧进献给逢丑父说："我国国君派大臣们替鲁国和卫国请求'不能让军队踏入齐国的领地。'下臣运气不佳，恰好在军队里服兵役，又逃脱不了。且害怕逃跑会成为两国国君的耻辱，故而勉强成为了一名战士，谨向君王告知我的无能，由于敝国缺少人手，所以只好让下臣担此重任。"逢丑父让齐顷公下车，步行到华泉取水。郑周父驾驶副车，宛茷当车右，载上齐顷公奔逃，才逃脱了被俘虏的噩运。韩厥要把逢丑父进献给国君，郤克却想把他杀死，逢丑父大声疾呼道："迄今为止还没出现甘愿替国君受难的人，现在有一个这样的人站在这里，还要被杀戮吗？"郤克说："一个人不怕死，愿意用自己的生命使国君免于受难，我杀这样的人是不吉利的。还不如赦免他，以此勉励那些事奉国君的臣子。"于是便免除了逢丑父的死罪。

原　文

　　齐侯免①，求丑父②，三入三出。每出，齐师以帅退。入于狄卒，狄卒皆抽戈楯冒之③。以入于卫师，卫师免之。遂自徐关入。齐侯见保者④，曰："勉之！齐师败矣。"辟女子，女子曰："君免乎？"曰："免矣。"曰："锐司徒免乎？"曰："免矣。"曰："苟君与吾父免矣，可若何！"乃奔。齐侯以为有礼，既而问之，辟司徒之妻也。予之石窌。

注　释

　　①免：逃避灾难。
　　②求：觅，寻找。
　　③楯：盾牌。冒：复盖，这里指用盾牌遮挡护卫。
　　④保者：守城者。

译　文

　　齐顷公逃脱了被俘的命运以后，到处寻找逢丑父，闯入晋军中杀了个三进三出。每次杀出重围，齐国士兵都簇拥到一起庇护他。齐顷公进入狄军时，狄人的战士都拔出兵器，手持盾牌护卫他。齐顷公一行人进入卫军中时，卫国的士兵也没有伤害他们。齐顷公等人于是就从徐关进入了齐国都城临淄。齐顷公见到守军，便说："你们努力守卫国家吧，齐国打败仗了。"齐顷公车前的卫兵驱赶一名女子走开，女子问："国君您免于灾祸了吗？"齐顷公回答说："免了。"女子说："家父锐司徒免于灾祸了吗？"齐顷公说："免了。"女子说："既然国君和家父都从灾祸中逃脱了，还有什么可求的！"说完就跑开了。齐顷公认为她的言行很守礼法，不久经过查问，得知她是辟司徒的妻子，于是就把石窌当作封邑赏赐给了她。

原 文

晋师从齐师，入自丘舆，击马陉。齐侯使宾媚人赂以纪甗、玉磬与地。不可，则听客之所为。宾媚人致赂，晋人不可，曰："必以萧同叔子为质①，而使齐之封内尽东其亩②。"对曰："萧同叔子非他，寡君之母也。若以匹敌，则亦晋君之母也。吾子布大命于诸侯③，而曰：'必质其母以为信。'其若王命何？且是以不孝令也。《诗》曰：'孝子不匮，永锡尔类。'若以不孝令于诸侯，其无乃非德类也乎？先王疆理天下物土之宜④，而布其利，故《诗》曰：'我疆我理，南东其亩。'今吾子疆理诸侯，而曰'尽东其亩'而已，唯吾子戎车是利⑤，无顾土宜，其无乃非先王之命也乎？反先王则不义，何以为盟主？其晋实有阙⑥。四王之王也，树德而济同欲焉。五伯之霸也，勤而抚之，以役王命。今吾子求合诸侯，以逞无疆之欲。《诗》曰'布政优优⑦，百禄是遒。'子实不优，而弃百禄，诸侯何害焉！不然，寡君之命使臣则有辞矣，曰：'子以君师辱于敝邑，不腆敝赋以，犒从者。畏君之震，师徒桡败，吾子惠徼齐国之福，不泯其社稷，使继旧好，唯是先君之敝器、土地不敢爱。子又不许，请收合余烬，背城借一。敝邑之幸，亦云从也。况其不幸，敢不唯命是听。"鲁、卫谏曰："齐疾我矣⑧！其死亡者⑨，皆亲昵也。子若不许，仇我必甚。唯子则又何求？子得其国宝，我亦得地，而纾于难，其荣多矣！齐、晋亦唯天所授，岂必晋？"晋人许之，对曰："群臣帅赋舆以为鲁、卫请⑩，若苟有以藉口而复于寡君，君之惠也。敢不唯命是听。"

注 释

①萧同叔子：齐顷公之母。

②封内：境内。东其亩：田垄方向朝东。

③布大命：发布重大命令。

④疆理：划定边界，分割地理。

⑤戎车是利：方便兵车出入。

⑥阙：过失。

⑦优优：宽和，宽大。

⑧疾：厌恶，憎恨。

⑨死亡者：战死和逃亡的人。

⑩赋舆：战车。

译　文

　　晋国大军对齐国军队紧追不舍，军队从丘舆侵入到了齐国境内，之后袭击了马陉。齐顷公派宾媚人传话说齐国愿意进献纪甗、玉磬两样宝物，并乐于把土地割让给战胜国，并告诉宾媚人假如对方不同意和解，那就悉听尊便吧。宾媚人带去了贵重的礼物，晋国人不同意讲和的条件，说："必须让萧同叔子做我国的人质，此外齐国境内的田垄方向必须全部朝东。"宾媚人回复说："萧同叔子不是别人，而是我国国君的母亲，假如从地位对等的角度来看，她同样是晋国国君的母亲。您在各国诸侯中发布重大命令，却说非要把人家的老母亲扣做人质，才能信任人家。你该又如何对待周天子的君令呢？而且这种行为无异于以不孝来号令诸侯。《诗经》说：'孝子的一片拳拳的孝心是无穷尽的，永远可以赐福给自己的同类。'假如您以不孝来号令诸侯，怕是不符合道德原则吧？先王对普天之下的土地，划定边界，进行地理分类，因地制宜，以此做出有利的安排。所以《诗经》说：'我划定边界，区分地理，规定南向东向开垦田垄。'而今您让诸侯划定疆界，分割地理，还说让田垄全部朝东，只是为了自己的战车出入便利，根本就没有考虑地势是否适宜，这恐怕不是先王的遗命吧？违背先王之令就是不义，这样凭什么做诸侯的盟主？晋国的做法确实是有欠缺之处。四王称霸天下，凭借的是树立美德，以满足诸侯共同的愿望。五伯能成就霸业，凭借的是自身的勤勉，以及安抚诸侯听从天子号令的本事。而今你谋求的是联合诸侯满足永无止境的贪欲。《诗经》说：'施政宽舒为怀，百福自集。'您不能做到宽大为怀，抛弃了各种福禄，这样做对诸侯有什么害处呢？如果您不答应和齐国讲和，我国国君命令使臣，已是有言在先了：'您带着国君的军队来到敝国，敝国并不富庶，只能以微薄的税赋来犒劳您的随从。因为忌惮贵国国君的威仪，我军打了败仗。承蒙您为求取齐国的福佑，没有消灭敝国，使其重续与贵国昔日的友好关系,在这种情况下敝国是不敢吝惜先君的破旧器物和土地的。您又不同意讲和。那么就请准许我们集合残余的兵将,在敝国城下一决胜负。即便敝国凭借运气侥幸获胜,也会归顺贵国的。若是不幸落败,岂敢不对贵国唯命是听?"鲁国和卫国劝谏郤克说:"齐国记恨我们了,战死和逃散的都是和齐顷公关系很亲密的人。您若是不肯讲和,齐国人必将更加仇视我们。您还有什么可求的?假使您能获得齐国的国宝,我们也能收复失地,这样也能舒缓战争造成的祸难,这已是收获非常多的荣耀了。齐国和晋国也是天命授予的国家,难道只有晋国一个国家是上天福佑的吗?"晋国人听从了两国的建议,回复说:"臣子们带着兵车,为鲁国和卫国请求跟齐国讲和。若是有说辞能向我国国君复命,这便是国君给下臣的恩惠了,岂敢不听令?"

原　文

禽郑自师逆公。

秋七月,晋师及齐国佐盟于爰娄,使齐人归我汶阳之田。公会晋师于上鄭,赐三帅先路三命之服①,司马、司空、舆帅、候正、亚旅,皆受一命之服。

八月,宋文公卒。始厚葬,用蜃炭②,益车马,始用殉。重器备,椁有四阿③,棺有翰桧④。

君子谓:"华元、乐举,于是乎不臣。臣治烦去惑者也,是以伏死而争⑤。今二子者,君生则纵其惑,死又益其侈,是弃君于恶也。何臣之为?"

注　释

①先路:一种用象牙装饰的车子。三命之服:规格最高的车服。卿大夫的车服有"三命"、"再命"、"一命"之分,三命级别最高,再命次之,一命级别最低。

②蜃炭:蜃灰与木炭。

③四阿:四面为坡形。

④翰桧:棺材四旁及上面的彩绘装饰。

⑤争:通"诤",诤谏,劝谏。

译　文

鲁国大夫禽郑从军队中迎接鲁成公。

秋季七月,晋军和齐国人宾媚在爰娄订立盟约,让齐国把汶阳一带的田地还给鲁国。成公在上鄅跟晋军会面了，将高规格的先路礼车和华丽的三命车服赐给了三名将领，司马、司空、舆帅、候正、亚旅四人全都接受了一命车服的赏赐。

八月，宋文公逝世，开始用丰厚的陪葬品下葬：用蚌蛤烧成的灰烬和木炭填充墓室，增加了不少随葬的车马，并开始用人殉。陪葬的贵重器物非常全备，椁四面为坡形，棺材四旁和上方都有彩绘装饰。

君子说："华元、乐举的做法不合为臣之道。臣下是为君王排忧解惑的，所以要冒死进谏。现在这两人，国君在世时就放纵他昏乱做恶，死后又增添其奢侈的罪过，这是把国君抛入罪恶的深渊，这样的人还算什么臣子？"

原　文

九月，卫穆公卒，晋二子自役吊焉①，哭于大门之外。卫人逆之，妇人哭于门内，送亦如之。遂常以葬。

楚之讨陈夏氏也，庄王欲纳夏姬，申公巫臣曰："不可。君召诸侯，以讨罪也。今纳夏姬，贪其色也。贪色为淫，淫为大罚。《周书》曰：'明德慎罚。'文王所以造周也。明德，务崇之之谓也；慎罚，务去之之谓也。若兴诸侯，以取大罚，非慎之也。君其图之！"王乃止。子反欲取之，巫臣曰："是不祥人也！是天子蛮②，杀御叔，弑灵侯，戮夏南，出孔、仪，丧陈国，何不祥如是？人生实难，其有不获死乎③？天下多美妇人，何必是？"子反乃止。王以予连尹襄老。襄老死于邲，不获其尸，其子黑要烝焉。巫臣使道焉，曰："归！吾聘女。"又使自郑召之，曰："尸可得也，必来逆之。"姬以告王，王问诸屈巫。对曰："其信！知䓨之父，成公之嬖也，而中行伯之季弟也，新佐中军，而善郑皇戌④，甚爱此子。其必因郑而归王子与襄老之尸以求之。郑人惧于邲之役而欲求媚于晋，其必许之。"王遣夏姬归。将行，谓送者曰："不得尸，吾不反矣。"巫臣聘诸郑，郑伯许之。及共王即位，将为阳桥之役，使屈巫聘于齐，且告师期。巫臣尽室以行。申叔跪从其父将适郢，遇之，曰："异哉！夫子有三军之惧，而又有《桑中》之喜，宜将窃妻以逃者也。"及郑，使介反币⑤，而以夏姬行。将奔齐，齐师新败曰："吾不处不胜之国。"遂奔晋，而因郤至，以臣于晋。晋人使为邢大夫。子反请以重币锢之⑥，王曰："止！其自为谋也⑦，则过矣。其为吾先君谋也，则忠。忠，社稷之固也，所盖多矣。且彼若能利国家，虽重币，晋将可乎？若无益于晋，晋将弃之，何劳锢焉。"

注　释

①役：战场。吊：凭吊。
②夭：早夭，夭折。
③不获死：不得善终。
④善：友好，亲善。
⑤介：副使。币：泛指财物。
⑥锢：禁止出任官职。
⑦自为谋：为自己盘算。

译　文

九月，卫穆公死了，晋国三名从战场上返回的将领赶去为卫国国君吊唁，就到大门外号哭起来。卫国人迎接了这些吊丧的客人，女人站在门内啼哭，送他们离开时也是同样的情景。此后其他国家的官员到卫国吊唁就把哭丧当成常态了，直至下葬皆是如此。

楚国讨伐陈国夏氏时，楚庄王意欲收纳郑国公主夏姬。申公巫臣说："不可以这样做。君王召集各国诸侯，是为了征讨有罪之人。而今如果收纳了夏姬，就意味着是因为垂涎美色而战了。贪图美色就是淫秽，淫秽会招来重罚。《周书》说：'宣扬美德，慎重处罚。'文王因此创建了周朝。所谓的宣扬美德，就是要尊崇和提倡德行，慎重处罚，就是致力于尽量不用刑罚。若是出动诸侯军队，导致自己受到重罚，那就是行事不谨慎了。君王还是好好思考一下吧。"楚庄王于是就放弃了收纳夏姬的想法。子反打算迎娶夏姬。巫臣说："她是不祥之人！她让子蛮英年早逝，御叔被斩杀，灵侯被弑杀，夏南被屠戮，使孔宁和仪行父在外流亡，陈国灭国，何以不祥到这个地步！人活着本来就不容易，若是娶了夏姬，恐怕会不得善终吧！普天之下，美人多得是，为什么非要娶她呢？"子反也不想娶夏姬了。楚庄王将夏姬赠给了连尹襄老，襄老死在了邲地的战场上，尸骸没有被找到。襄老的儿子黑要想和夏姬偷情。巫臣派人向夏姬致意道："回娘家吧，我娶你为妻。"又派人从郑国召她前来："你可以得到襄老的尸骸，不过要亲自来取。"夏姬把收回襄老尸骨的话告知了楚庄王。楚庄王便询问巫臣此消息是否可靠。巫臣回答说："可能是靠得住的，知䓨的父亲荀首深受成公宠信，又是荀林父的小兄弟，最近刚当上了中军佐，他和郑国的皇戍有深厚的交情。荀首非常喜爱知䓨这个儿子，他一定想通过郑国的关系归还公子谷臣和襄老的尸体来换自己的儿子。郑国人对邲地之战感到恐惧，又想讨好晋国，所以一定会答应的。"楚成王便打发夏姬回郑国去了。临行前,夏姬对送行的人说:"得不到襄老的尸首,我就永远不回来。"巫臣到郑国下聘礼娶她为妻,郑庄公同意了。等到楚共王继承君位,意图发起阳桥战役,便派遣巫臣出访齐国,将发兵交战的日期透露给了齐国。巫臣把家里值钱的东西都带走了。楚国大夫申叔跪随同父亲正赶往郢都,路上遇见了巫臣,他说:"真是奇怪呀!这人有身负军事使命的戒惧之心,却也有《桑中》幽会的欢愉神色,大概是想带着别人的妻子私奔吧!"到了郑国,巫臣让副使把财礼带回来,便携夏姬一起走了。两人想要逃往齐国,齐国刚刚打了败仗,巫臣说:"我不能留在战败国家。"于是两人便逃奔到了晋国,巫臣凭借着郤至的关系,在晋国当了官。晋国人任命他为邢地的大夫,子反请求以重金作为厚礼送给晋国,让巫臣永远不被录用,楚共王说:"不能那么做!他为自己盘算的事情是错的,但为先君考虑事情时却是忠诚的。忠心,是巩固国家社稷的根本,它能庇护的东西就多了。若是他做官对晋国有利,那么即使我们送去厚礼,晋国会同意永不起用他吗?如果他不能给晋国带来任何好处,晋国就会抛弃他,何必重金请求晋国永远不重用他呢?"

原 文

晋师归,范文子后入。武子曰:"无为吾望尔也乎?"对曰:"师有功,国人喜以逆之,先入,必属耳目焉①,是代帅受名也,故不敢。"武子曰:"吾知免矣。"

郤伯见,公曰:"子之力也夫!"对曰:"君之训也,二三子之力也,臣何力之有焉!"范叔见,劳之如郤伯②,对曰:"庚所命也,克之制也③,燮何力之有焉④!"栾伯见⑤,公亦如之,对曰:"燮之诏也,士用命也,书何力之有焉!"

注 释

①属耳目:引人注目。
②劳:慰劳。
③制:节制。
④燮:范文子又名士燮。
⑤栾伯:即栾书。

译 文

晋军班师回国，范文子是最后一个回到国都的。其父范武子说："你难道不知道我盼你早点回来吗？"范文子回答说："出兵作战，有了功绩，国人都会欢喜地迎接他们归来，先回来的人必然格外引人注目，这是代替主将接受荣誉，所以我不敢早回来。"范武子说："你这样谦让不贪功，我认为可以免除灾祸了。"

郤克觐见晋景公，晋景公说："晋国获胜全是你的功劳啊！"郤克回复说："是国君教导有方，打胜仗是各位将帅的功劳，微臣哪有什么功劳啊？"范文子觐见，晋景公像慰劳郤克一样慰劳他。范文子回应说："取胜靠的是荀庚的号令，郤克的沉稳节制，下臣士燮哪有什么功劳呢？"栾伯觐见，晋景公像慰劳郤克和范文子一样慰劳他。栾书回应说："这次获胜靠的是士燮的指挥，士兵只是服从军令而已，下臣栾书又有什么功劳呢？"

原 文

宣公使求好于楚。庄王卒，宣公薨，不克作好。公即位，受盟于晋①，会晋伐齐。卫人不行使于楚，而亦受盟于晋，从于伐齐。故楚令尹子重为阳桥之役以救齐。将起师，子重曰："君弱，群臣不如先大夫，师众而后可。《诗》曰：'济济多士，文王以宁。'夫文王犹用众，况吾侪乎？且先君庄王属之曰：'无德以及远方，莫如惠恤其民，而善用之。'"乃大户②，已责③，逮鳏，救乏，赦罪，悉师，王卒尽行。彭名御戎，蔡景公为左，许灵公为右。二君弱，皆强冠之④。

注 释

①受盟：接受盟约。
②大户：大规模普查户口。
③已责：免除百姓债务。责通"债"。
④强冠之：勉强举行了冠礼。

译 文

鲁宣公曾派人出使楚国，请求两国建立友好往来关系。因为楚庄王过世了，鲁宣公也死了，两国没能发展友好关系。鲁成公继位后，在晋国接受了盟约，联合晋国攻打齐国,卫国人没派使者前往楚国访问,也在晋国接受了盟约,追随晋国一起讨伐齐国。故而楚国令尹子重为营救齐国发起了阳桥战役。即将出兵时,子重说:"国君年纪尚幼,群臣比不上先大夫,兵力众多方可获胜。《诗经》说:'人才济济,文王赖以治理天下,使国家安宁。'文王尚且使用众人,更何况是我们呢?况且先君庄王将国君嘱托给我们时说:'假如美德不能传播到偏远之地,还不如施惠于民,对百姓多加体恤,这样就可以很好地征用他们。'"于是便开展了大规模的清查户籍的活动,免掉了百姓拖欠的赋税,施舍年老的鳏夫,救济生活困乏的穷人,赦免了罪人。出动所有军队,楚国国君的禁卫军也跟着出兵了。彭名负责驱驾兵车,蔡景公当车左,许灵公当车右,两位国君均未成年,却都勉强举行了冠礼。

原文

冬,楚师侵卫,遂侵我,师于蜀。使臧孙往,辞曰:"楚远而久,固将退矣。无功而受名,臣不敢。"楚侵及阳桥,孟孙请往,赂之以执斫、执针、织纴①,皆百人。公衡为质,以请盟,楚人许平。

十一月,公及楚公子婴齐、蔡侯、许男、秦右大夫说、宋华元、陈公孙宁、卫孙良夫、郑公子去疾及齐国之大夫盟于蜀。卿不书,匮盟也②。于是乎畏晋而窃与楚盟③,故曰匮盟。蔡侯、许男不书,乘楚车也,谓之失位④。君子曰:"位其不可不慎也乎!蔡、许之君,一失其位,不得列于诸侯,况其下乎?《诗》曰:'不解于位,民之攸塈⑤。'其是之谓矣。"

注释

①执斫:木工。执针:从事缝纫的女工。织纴:织布帛的工人。
②匮盟:缺乏诚意的盟会。
③窃:私自,暗中。
④失位:失去身份、地位。
⑤塈:休息。

译文

冬季,楚国大军侵犯卫国,趁机到蜀地攻打鲁国。鲁国派臧孙前往楚国军营求和,臧孙推辞说:"楚军远离本土已经很长时间了,本来就打算撤兵回国了。没有立下军功,却要接受荣誉,微臣不敢这样做。"楚国大军攻打到了阳桥，孟孙请求前去讲和，把上百名木工、上百名缝工和上百名织工作为礼物送给了楚军，公衡当人质，以此请求两国联盟。楚国人答应和解。

鲁成公和楚国公子婴齐、蔡景侯、许灵公、秦国右大夫说、宋国华元、陈国公孙宁、卫国孙良夫、郑国公子去疾、齐国大夫于十一月在蜀地订立盟约。《春秋》没写卿的名字，这是因为各国结盟没有足够的诚意。在这种情形下，鲁国因为惧怕晋国，暗中和楚国结盟，所以说这次结盟诚意不够。《春秋》未加载蔡景侯和许灵公的名字，这是因为这两人乘坐了楚国的战车，失去了自己的身份。君子说："身份是一定要慎重对待的。蔡景侯和许灵公两位国君一旦失了身份，就不能位列诸侯，更何况是地位在他们之下的人呢？《诗经》说：'身居高位者不懈怠，百姓就能休养生息了。'说的便是这类情况了。"

原　文

楚师及宋，公衡逃归。臧宣叔曰："衡父不忍数年之不宴①，以弃鲁国，国将若之何？谁居②？后之人必有任是夫！国弃矣。"

是行也，晋辟楚，畏其众也。君子曰："众之不可以已也。大夫为政，犹以众克，况明君而善用其众乎？《大誓》所谓商兆民离，周十人同者众也。"

注　释

①宴：安闲，安乐。
②居：承受。

译　文

楚国大军抵达了宋国，公衡逃了回来。鲁国大夫臧宣叔说："衡父你不能忍耐几年动荡不安的日子，就这样抛弃了鲁国，国家该怎么办？谁来承受大祸？他的后代子孙一定会承受祸难的，因为国家被抛弃了。"

此次行动，晋国大军避开了楚国的军队，是畏惧他们人多势众，君子说："大众是一定要好好利用的。大夫执掌国政，尚且可利用大众的兵力击垮敌人，更何况是圣明而又善于征用大众的君王呢？《大誓》所说的商朝亿万人人心背离，周朝十个人勠力同心，说的都是大众啊。"

原　文

　　晋侯使巩朔献齐捷于周①，王弗见，使单襄公辞焉，曰："蛮夷戎狄，不式王命②，淫湎毁常③，王命伐之，则有献捷，王亲受而劳之，所以惩不敬，劝有功也。兄弟甥舅，侵败王略，王命伐之，告事而已，不献其功，所以敬亲昵，禁淫慝也④。今叔父克遂，有功于齐，而不使命卿镇抚王室，所使来抚余一人，而巩伯实来，未有职司于王室，又奸先王之礼，余虽欲于巩伯、其敢废旧典以忝叔父？夫齐，甥舅之国也，而大师之后也，宁不亦淫从其欲以怒叔父⑤，抑岂不可谏诲？"士庄伯不能对。王使委于三吏，礼之如侯伯克敌使大夫告庆之礼，降于卿礼一等。王以巩伯宴，而私贿之。使相告之曰⑥："非礼也，勿籍⑦。"

注　释

①捷：战利品。
②不式：不执行。
③淫湎：沉湎于酒色。
④慝：奸邪，邪恶。
⑤从：纵容。
⑥相：相礼者。
⑦籍：载入史书。

译　文

　　晋景公派巩朔前往成周进献从齐国缴获的战利品和活捉的战俘，周定王不肯接见，派单襄公推辞说："蛮夷戎狄，不执行天子的命令，沉湎于美酒和美色，败坏纲常，天子号令征讨他们，才形成了进献战利品和俘虏的制度。天子亲自接受进献的人和物，慰劳有战功的人，以此惩罚对天子不敬的人，勉励有功勋者。假如周室的兄弟甥舅之国触犯破坏了天子的法度，天子号令征讨他们，只要向天子禀报一下战果就行了，不必进献战俘和战利品，以此来表达对亲近者的尊敬，遏制邪恶。而今叔父能心想事成，在齐国能建功立业，不派天子任命的卿安抚周室，却派巩朔一人来安抚，他在周室中没有任何官职，又违背了先王的礼制。我虽欣赏巩朔，但怎敢废除以前的典章制度来侮辱叔父？齐国和周室乃是甥舅之国，况且齐国人又是姜太公的后代，叔父讨伐齐国，难道是因为放纵贪欲惹恼了叔父？抑或齐国已到了无法规劝不能改邪归正的地步了呢？"

巩朔无以应对。周定王把接待使者的事情委托给了三公,吩咐他们用侯、伯破敌之后派大夫高捷的礼数招待了巩朔,规格上比招待卿低了一个等级。周定王为巩朔准备了酒宴,私下里赠给他一些礼物,派相礼者告知说:"这是不合乎礼法的,别写在史书里。"

经典解读

齐晋争霸以齐国败北告终,作为战败国,齐国主动求和,并愿奉上珍宝和土地表示顺服,宾媚人奉命与晋国谈判交涉。在谈判过程中,晋国提出了两项无礼要求,一为让齐君的母亲当人质,二为齐国田垄全部要改为东向。面对晋人的蛮横霸道,宾媚人不辱使命,据理力争,处处从周礼出发,站在道德的制高点上,有力地驳斥了晋人的无礼要求,挫败了晋国的傲气和锐气,迫使其同意讲和。

宾媚人的说辞有理有据,令人信服,整个谈判的过程都表现得不卑不亢,替齐国维护了国家尊严,既体现出了谦谦君子之风,显得大义凛然,又在委婉之中透露出了十足的底气,体现出了超凡的智慧和勇气。

成公十六年

原　文

十六年春,楚子自武城使公子成以汝阴之田求成于郑。郑叛晋,子驷从楚子盟于武城。

夏四月,滕文公卒。

郑子罕伐宋,宋将鉏、乐惧败诸汋陂。退,舍于夫渠①,不儆②,郑人覆之,败诸汋陵,获将鉏、乐惧。宋恃胜也。

注　释

①舍:驻扎。
②儆:戒备。

译　文

十六年春季,楚共王从武城派遣公子成以奉上汝阴田地为条件跟郑国讲和。

郑国出卖了晋国，子驷跟从楚共王到武城订立了盟约。

夏季四月，滕文公过世了。

郑国的子罕讨伐宋国，宋国的两员大将将鉏和乐惧在汋陂战场上将其击败。随后宋军撤退，在夫渠驻扎下来，没有任何戒备。郑军布下伏兵对宋军发起了突袭，在汋陵击败了他们，擒获了将鉏和乐惧，宋军的失败是取得胜利后骄傲轻敌造成的。

原文

> 卫侯伐郑，至于鸣雁，为晋故也。
>
> 晋侯将伐郑，范文子曰："若逞吾愿，诸侯皆叛，晋可以逞①。若唯郑叛，晋国之忧，可立俟也②。"栾武子曰："不可以当吾世而失诸侯，必伐郑。"乃兴师。
>
> 栾书将中军，士燮佐之。郤锜将上军，荀偃佐之。韩厥将下军，郤至佐新军，荀䓨居守。郤犨如卫，遂如齐，皆乞师焉。栾黡来乞师，孟献子曰："有胜矣。"戊寅③，晋师起。

注释

①逞：缓和。
②立俟：立即等到。
③戊寅：四月十二日。

译文

卫献公派军队讨伐郑国，大军抵达了鸣雁，这次出兵是和晋国有关。

晋厉公准备征讨郑国，范文子说："想要达成我们的愿望，要等到诸侯全都背叛我们，这样晋国反而能化解危机。若是唯独郑国一国背叛我们，那么晋国的忧患可能很快就要到来了。"栾武子说："不能在我们这代人执政时失去诸侯，必须讨伐郑国。"于是便发兵攻打晋国。栾书担任中军主将，由范文子辅佐。郤锜担任上军主将，由荀偃辅佐。韩厥担任下军主将，郤至担任新军副将，荀䓨镇守国内。郤犨去了卫国，又去了齐国，请求两国发兵支援。栾黡到鲁国请求出兵，孟献子说："晋军能取得战争的胜利。"四月十二日，晋国起兵。

原 文

郑人闻有晋师，使告于楚，姚句耳与往。楚子救郑，司马将中军，令尹将左，右尹子辛将右。过申，子反入见申叔时，曰："师其何如？"对曰："德、刑、详、义、礼、信，战之器也①。德以施惠，刑以正邪，详以事神，义以建利，礼以顺时，信以守物。民生厚而德正，用利而事节，时顺而物成。上下和睦，周旋不逆，求无不具，各知其极。故《诗》曰：'立我烝民，莫匪尔极。'是以神降之福，时无灾害，民生敦庞②，和同以听，莫不尽力以从上命，致死以补其阙。此战之所由克也。今楚内弃其民，而外绝其好，渎齐盟，而食话言，奸时以动③，而疲民以逞。民不知信，进退罪也。人恤所底，其谁致死？子其勉之！吾不复见子矣。"姚句耳先归，子驷问焉，对曰："其行速，过险而不整。速则失志，不整丧列。志失列丧，将何以战？楚惧不可用也。"

注 释

①战之器：战争的手段。
②敦庞：丰厚，富足。
③奸：违反。

译 文

郑国人听说晋国已经发兵行动了，便派人把军情禀报给楚国，姚句耳和使者一同前往，楚共王派兵救援郑国，司马子反担任中军主将，令尹子重担任左军主将，右尹子辛担任右军主将。大军经过申地时，子反觐见了申叔时，问道："这次出师会怎样?"申叔时回答说："德行、刑律、祷祝、道义、礼制、信誉，全都是作战的手段。德行是用来施加恩惠的，刑律是用来匡扶正义清除邪恶的，祷祝是用来侍奉神灵的，道义是用来创造利益的，礼制是用来顺应时势的，信誉是用来守护事物的。老百姓生活富足，品行就端正，做对百姓有利的事情就合乎法度，顺应时势，万事可成。这样就能形成举国上下一片和睦的局面，诸事都顺利，所有需求都能被满足，人人都知道行事的准则。所以《诗经》说：'养育了我们黎民百姓，没人不知道你莫大的恩德。'这样神明就会赐福于他，让四季不出现自然灾害，老百姓生活富足，同心同德，听从政令，没有不尽力服从上面指令的，不惜舍弃性命来补充战死者的缺位，这就是作战胜利的原因。现在楚国对内抛弃了自己的百姓，对外断绝了跟其他国家的友好往来，亵渎了神圣的盟约，自食其言，没有信用，违背农时发动战争，为逞一己之快让老百姓疲于奔命。老百姓不知道什么是信用，无论是进是退都是罪过，人人都为自己的最终命运而担忧，谁还愿意卖命呢？你尽力而为吧，我以后是看不到你了。"姚句耳先行回郑国了，子驷向其询问情况，他回答说："楚军行军速度很快，不过走到险要之地时军容不整。行动过速，就会导致考虑不周。军容不整就会导致军队行列一片混乱。考虑不周，军队失列，凭什么作战呢？楚国怕是靠不住了。"

原　文

五月，晋师济河。闻楚师将至，范文子欲反，曰："我伪逃楚，可以纾忧。夫合诸侯，非吾所能也，以遗能者。我若群臣辑睦以事君①，多矣。"武子曰："不可。"

六月，晋、楚遇于鄢陵。范文子不欲战，郤至曰："韩之战，惠公不振旅②。箕之役，先轸不反命，邲之师，荀伯不复从。皆晋之耻也。子亦见先君之事矣。今我辟楚，又益耻也。"文子曰："吾先君之亟战也，有故。秦、狄、齐、楚皆强，不尽力，子孙将弱。今三强服矣，敌楚而已。唯圣人能外内无患，自非圣人，外宁必有内忧。盍释楚以为外惧乎③？"

注　释

①辑睦：团结和睦。
②振旅：整队班师。
③释：放过。

译　文

五月，晋国大军渡过了黄河，听闻楚军也快抵达这里了，范文子就想撤兵回国，他说："我们伪装躲避楚军，可以缓解国内的忧患，会合诸侯，超出了我们的能力范围，还是把这件事留给有能力的人吧。我们只要群臣关系和睦，同心协力事奉国君，就行了。"栾武子说："不行。"

六月，晋军和楚军在鄢陵碰面了。范文子不想打仗，郤至说："韩地之战，惠公没能整队班师，大败而归；箕地之战，先轸埋骨沙场，没能回来复命；邲地一战，荀林父不能原路退兵，兵败溃逃。这都是我们晋国的国耻。你也清楚先君在战场上的情况了。而今如果我们逃避楚军，就等于又增加了一分耻辱。"范文子说："我国先君多次出兵作战是有原因的。秦国、狄人、齐国、楚国都是实力雄厚的强国，如果我国不竭尽全力抵抗，后世子孙的力量将会被削弱。现在三大强国都已归顺了我国，我们唯一的敌人就是楚国。只有圣人才能让国家外部没有威胁内部没有忧患，我们全都不是圣人，即使外部安宁了，内部必然还存在忧患。何不放过楚国，让它作为外部的威胁，使我们对外始终保持戒惧之心呢？"

原　文

甲午晦①，楚晨压晋军而陈。军吏患之。范匄趋进，曰："塞井夷灶②，陈于军中，而疏行首③。晋、楚唯天所授，何患焉？"文子执戈逐之，曰："国之存亡，天也。童子何知焉？"栾书曰："楚师轻窕④，固垒而待之，三日必退。退而击之，必获胜焉。"郤至曰："楚有六间⑤，不可失也。其二卿相恶⑥；王卒以旧；郑陈而不整；蛮军而不陈；陈不违晦，在陈而嚣，合而加嚣，各顾其后，莫有斗心。旧不必良，以犯天忌，我必克之。"

注　释

①晦：夏历每月最后一天。
②塞井夷灶：填平水井，拆掉炉灶。比喻做好战斗准备。
③疏行首：疏通行列间通道，使之变宽。
④轻窕：轻浮急躁。
⑤六间：六大弱点。
⑥二卿：指子重和子反。

译　文

五月三十日，楚军在清晨时分就大兵压境，逼近了晋军，布好了兵阵。晋国军吏非常担忧。范文子的儿子范匄箭步上前说："我们应该塞井平灶做好背水一战的准备，在军中布好阵势，放宽队伍行列间的距离。晋国和楚国都是上天授权的国家，还有什么好担心的？"范文子操起兵戈追打他，说："国家的生存与灭亡，全赖天意，小孩子家又知道些什么呢？"栾书说："楚军行事轻浮，只要我军坚守住阵地，慢慢等待，三日之后，楚军必然退兵。楚军退走，我们趁机追击，一定能取胜。"郤至说："楚军有六大弱点，我们不能失去可乘之机。楚国的两个卿子反和子重互相交恶；楚共王的亲兵都是旧家子弟，而今都已年老力衰；郑国军列不整；蛮人有军队却没有阵法；楚军布阵不避讳月底，士卒在军阵中就已是喧哗不已，各阵式会合后更吵闹，各军各有各的打算，没有一点战斗的决心。旧家子弟未必都是精兵强将，月底出兵触犯了天忌，我军一定能打败他们。"

原　文

楚子登巢车以望晋军，子重使大宰伯州犁侍于王后。王曰："骋而左右，何也？"曰："召军吏也。""皆聚于军中矣！"曰："合谋也。""张幕矣。"曰："虔卜于先君也①。""彻幕矣！"曰："将发命也。""甚嚣，且尘上矣！"曰："将塞井夷灶而为行也。""皆乘矣，左右执兵而下矣！"曰："听誓也。""战乎？"曰："未可知也。""乘而左右皆下矣！"曰："战祷也②。"伯州犁以公卒告王。苗贲皇在晋侯之侧，亦以王卒告。皆曰："国士在③，且厚④，不可当也。"苗贲皇言于晋侯曰："楚之良，在其中军王族而已。请分良以击其左右，而三军萃于王卒⑤，必大败之。"公筮之，史曰："吉。其卦遇《复》䷗，曰：'南国蹙，射其元王中厥目。'国蹙王伤，不败何待？"公从之。有淖于前，乃皆左右相违于淖。步毅御晋厉公，栾铖为右。彭名御楚共王，潘党为右。石首御郑成公，唐苟为右。栾、范以其族夹公行，陷于淖。栾书将载晋侯，铖曰："书退！国有大任，焉得专之？且侵官，冒也；失官，慢也；离局⑥，奸也。有三罪焉，不可犯也。"乃掀公以出于淖。

注　释

①虔卜：虔诚祷告占卜。
②战祷：战前祷告。
③国士：国内最优秀、最有才能的人。
④厚：兵力雄厚，人数众多。
⑤萃：集中。
⑥离局：离开自己的部下。

译　文

楚共王登上巢车眺望晋军，观察敌情，子重让太宰伯州犁侍立于他的身后。楚共王问："敌军的战车向左右两个方向疾驰，是什么用意？"伯州犁说："是为了召集军吏。"楚共王说："他们全聚到中军里了。"伯州犁说："他们是在讨论作战方案。"楚共王说："军帐打开了。"伯州犁说："这是在先君灵位前虔诚祷告占卜。"楚共王说:"军帐被撤除了。"伯州犁说:"快要发布作战的命令了。"楚共王说:"那里人声喧闹,尘沙漫天飞扬!"伯州犁说:"这是要塞井平灶布阵了。"楚共王说:"他们全上兵车了,将帅和车右却手执兵器下车了。"伯州犁说:"这是在听取军令。"楚共王问:"要作战了吗?"伯州犁回答说:"不知道。"楚共王说:"士兵登上了战车,将帅和车右全下车了。"伯州犁说:"他们是在做战前祷告。"伯州犁将晋厉公亲兵情况告知了楚共王。晋厉公身侧的苗贲皇向晋厉公禀报了楚军的情况。晋军都说:"楚国有杰出的人才,而且兵力雄厚,势不可当。"苗贲皇对晋厉公说:"楚军的强兵悍将都在中军中的王族中。请派我们的精锐部队分开攻击他们的左军和右军,然后集合三军袭击楚国中军的王族,一定能把他们打败。"晋厉公命太史占筮。太史说:"卦象吉利。得到的是《复》卦,卦辞说:'南国局促不安,搭箭射国君,必能射中他的眼睛。'国家局促不安,君王受伤,能不打败仗吗?"晋厉公听取了他的意见,下令出兵。晋军前面有泥沼挡路,士兵们为了避开泥沼都左右绕行。步毅为晋厉公驱驾兵车,栾鍼当车右。彭名为楚共王驱驾兵车,潘党当车右。石首为郑成公驱驾兵车,唐苟当车右。栾书、范文子带着族人的部队护送着晋厉公行进。晋厉公的兵车陷入了泥沼,栾书想要让晋厉公搭乘自己的战车。栾鍼说:"栾书你退下吧!国家托付给你重大任务,你岂能独揽所有事情?况且侵犯别人的职权是冒犯,失去自己的职守是懈怠;离开自己的部下是扰乱军纪。这三宗罪是不能犯的呀。"于是就抬起晋厉公的战车,把车子拉出了泥沼。

原　文

　　癸巳,潘尪之党与养由基蹲甲而射之①,彻七札焉。以示王,曰:"君有二臣如此,何忧于战?"王怒曰:"大辱国。诘朝,尔射,死艺②。"吕锜梦射月,中之,退入于泥。占之,曰:"姬姓,日也。异姓,月也。必楚王也。射而中之,退入于泥,亦必死矣。"及战,射共王,中目。王召养由基,与之两矢,使射吕锜,中项,伏弢。以一矢复命。

　　郤至三遇楚子之卒,见楚子,必下,免胄而趋风③。楚子使工尹襄问之以弓,曰:"方事之殷也④,有韎韦之跗注⑤,君子也。识见不谷而趋,无乃伤乎?"郤至见客,免胄承命,曰:"君之外臣至,从寡君之戎事,以君之灵,间蒙甲胄,不敢拜命,敢告不宁君命之辱,为事之故,敢肃使者。"三肃使者而退。

成 公

注　释

①蹲甲：把皮甲重叠在一起。

②死艺：死在自己的技艺上。

③免胄：摘掉头盔。

④殷：激烈。

⑤跗注：一种军服。

译　文

五月二十九日，楚人潘尫的儿子党跟养由基将战甲一层层叠加起来，搭弓去射，利箭射穿了七层铠甲，他们把铠甲展示给楚共王看，说："国君有我们两个箭术高超的臣子，作战还有什么可担忧的？"楚共王大怒说："真是恬不知耻。明早你们若还是这样射箭，就会死在这项技艺上。"晋人吕锜梦见自己举弓射月，射中了月亮，自己后退时却跌进了泥沼。占卜之后，卦辞显示："姬姓代表太阳，异姓代表明月，你梦中射中的月亮一定是指楚共王。你射中了他，后退时又陷进了泥沼，说明你也必死无疑。"等到两军交战时，吕锜朝楚共王射去，射中了他的眼睛。楚共王召来养由基，交给他两枚利箭，命令他射杀吕锜。养由基一箭射中了吕锜的脖颈，吕锜当场就倒在弓袋上死掉了。养由基带着剩下的一枚箭到楚王那里复命。

晋人郤至和楚共王的亲兵碰上了三次。他每次看到楚共王时，都必定会走下战车，摘掉头盔，疾步如风地往前走。楚庄王派工尹襄送去一把良弓以示问候，并说："正当两军交战正酣时，那位身穿红色军服的人，是名君子吧。刚才看见寡人就疾步前行，怕是已经负伤了吧？"郤至见到工尹襄，脱去头盔接受楚王的问候，说："外臣郤至追随我国国君奋战沙场，托君王的福，得以披上甲胄进入军伍行列，不敢接受君王的慰劳。谨向君王禀报外臣并未负伤，因为战事紧张，外臣军务在身，谨向使者肃拜聊表一番敬意。"他对着使者恭恭敬敬地肃拜了三次才退下。

原　文

晋韩厥从郑伯，其御杜溷罗曰："速从之！其御屡顾，不在马，可及也。"韩厥曰："不可以再辱国君。"乃止。郤至从郑伯，其右茀翰胡曰："谍辂之，余从之乘而俘以下。"郤至曰："伤国君有刑。"亦止。石首曰："卫懿公唯不去其旗，是以败于荧。"乃内旌于弢中。唐苟谓石首曰："子在君侧，败者壹大。我不如子，子以君免，我请止。"乃死。

209

楚师薄于险①，叔山冉谓养由基曰："虽君有命，为国故，子必射！"乃射。再发，尽殪②。叔山冉搏人以投③，中车，折轼。晋师乃止。囚楚公子筏。

栾鍼见子重之旌，请曰："楚人谓夫旌，子重之麾也。彼其子重也。日臣之使于楚也，子重问晋国之勇。臣对曰：'好以众整。'曰：'又何如？'臣对曰：'好以暇。'今两国治戎，行人不使，不可谓整。临事而食言，不可谓暇。请摄饮焉④。"公许之。使行人执榼承饮⑤，造于子重，曰："寡君之使，使鍼御持矛⑥。是以不得犒从者，使某摄饮。"子重曰："夫子尝与吾言于楚，必是故也，不亦识乎！"受而饮之。免使者而复鼓⑦。

注　释

①薄：逼。
②殪：杀死。
③搏人：把人举起。
④摄饮：派人代替自己进酒。
⑤榼：盛酒的器具。
⑥持矛：车右。
⑦免：放走。

译　文

晋国的韩厥对郑成公穷追不舍时，为他驾车的御者杜溷罗说："要不要快马加鞭追上去？他们的御者屡次回头观望，心思根本不在马上，我们能追上他们。"韩厥说："我们不能再一次羞辱一国的国君了。"说完就停下不追了。接着郤至开始追击郑成公，其车右茀翰胡说："派轻车从小道拦截他，我从后面追上他的战车，就能把他抓下来。"郤至说："伤及国君是要受到刑罚惩治的。"于是也停车不追了。石首对郑成公说："卫懿公作战时由于不肯去掉旗帜，所以在荧地战场大败。"说完便把旌旗装进了弓袋里。唐苟对石首说："你守在国君身侧，战败后应该专心护卫国君。我比不上你，你带着国君逃吧，我请求停止奔逃。"唐苟于是便战死沙场了。

楚军被逼入险要之地，叔山冉对养由基说："虽然国君有令在先，不让你轻易开弓射箭，但为了国家，你必须射箭！"养由基朝着晋军射了箭，又发了一箭，中箭者都一命呜呼了。叔山冉举起一名战俘朝晋军扔去，击中了晋军战车，弄断了战车车前的横木。晋军停止了前进，抓获了楚国的公子筏，把他囚禁了起来。

晋人栾鍼见到了楚国令尹子重的战旗，说："那面战旗属于子重麾下，战车上的那个人就是子重吧。昔日下臣访问楚国时，子重问晋国的勇武体现在什么地方，下臣回应说：'喜好军队严整有序，按部就班。'子重又问：'还体现在什么地方？'下臣回答说：'喜欢遇事从容不迫。'现在两国兵戎相见，使者不相往来，谈不上是按部就班。遇事出尔反尔，说话不算话，不能算是从容不迫。请君王派人代我向子重进酒达意。"晋厉公答应了他的请求，派人带着酒器捧着美酒，走到子重那里，说："我国国君缺乏可用之人，让栾鍼执矛当了车右，所以他不能亲自来慰劳您，派我代他向您敬酒。"子重说："他来楚国曾经说过晋军严整而且临事从容不迫，他定是为了这番话才向我敬酒的。他可真是好记性。"说完就接受了美酒，端起酒杯一饮而尽，打发完使者又开始击鼓。

原 文

旦而战，见星未已。子反命军吏察夷伤，补卒乘，缮甲兵，展车马，鸡鸣而食，唯命是听。晋人患之。苗贲皇徇曰："搜乘补卒，秣马利兵，修陈固列，蓐食申祷，明日复战。"乃逸楚囚。王闻之，召子反谋。谷阳竖献饮于子反，子反醉而不能见。王曰："天败楚也夫！余不可以待。"乃宵遁。晋入楚军，三日谷。范文子立于戎马之前，曰："君幼，诸臣不佞①，何以及此？君其戒之！《周书》曰'唯命不于常'，有德之谓。"

楚师还，及瑕，王使谓子反曰："先大夫之覆师徒者，君不在。子无以为过，不谷之罪也。"子反再拜稽首曰："君赐臣死，死且不朽。臣之卒实奔②，臣之罪也。"子重使谓子反曰："初陨师徒者，而亦闻之矣！盍图之？"对曰："虽微先大夫有之，大夫命侧，侧敢不义？侧亡君师，敢忘其死。"王使止之，弗及而卒。

战之日，齐国佐、高无咎至于师。卫侯出于卫，公出于坏隤。宣伯通于穆姜，欲去季、孟，而取其室。将行，穆姜送公，而使逐二子。公以晋难告，曰："请反而听命。"姜怒，公子偃、公子鉏趋过③，指之曰："女不可，是皆君也。"公待于坏隤，申宫儆备④，设守而后行，是以后。使孟献子守于公宫。

注 释

①佞：有才智。
②奔：逃跑。
③趋过：快步走过。

④儆备：警戒防备。

译　文

　　清晨时分，两军开始交战，一直战斗到星辰隐现的黄昏，战争还是没有结束。楚国司马子反让军官查看军队伤亡的情况，补充了步卒和兵车，修整了战甲和兵器，陈列检查了战车和战马，鸡鸣时分开始进餐，一切都听主将号令。晋军对战事非常焦虑。苗贲皇通告三军说："检查兵车，补充士兵，喂饱马匹，磨利武器，整修军阵，巩固行列，饱餐一顿，再祷告一次，明日再战。"于是故意放松看守，让楚国的战俘逃走了。楚共王了解了这些情况后，召子反商讨应对之策。侍从谷阳竖为子反斟酒，子反喝得酩酊大醉，不能觐见楚共王了。楚共王说："这是老天要让楚国战败啊！我不能坐以待毙。"于是便趁夜逃跑了。晋军攻入了楚军的军营，一连吃了三天楚军的粮食。范文子站在晋厉公的战马前说："国君尚且年少，臣子们也没什么才能，楚军何以被我们打败呢？他们怎么沦落到今天的地步呢？国君应当以此为戒啊。《周书》说：'天命无常'，意思是只有有德者才能受天命护佑。"

　　楚军撤回了国内，抵达了瑕地，楚共王派人对子反说："城濮大战时，先大夫子玉让楚国军队被全歼，那时国君没在战场上，因此全部责任由子玉自己承担。这次楚军战败，你没有过错，罪责都在我。"子反再拜叩首说："即便君王赐臣一死，臣也死得光荣。下臣的士卒确实逃跑了，这是下臣的罪过。"子重派人对子反说："当初让楚军全军覆灭的子玉是怎样的下场，想必你也有所耳闻了。该怎么做你自己考虑一下吧！"子反回应说："即便没有先大夫引咎自刎的事，您让我以死谢罪，我又怎敢带着不义之身继续苟活呢？我让国君的军队倾覆，怎敢忘记以死谢罪呢？"楚共王派人阻拦他自杀，没来得及，他已经自寻短见了。

　　开战的第二天，齐国的国佐、高无咎抵达了军营。卫献公领兵从卫国赶来参战，鲁成公从鲁国的坏隤赶来参战。宣伯和鲁成公的母亲穆姜通奸，企图将季文子和孟献子杀掉，进而侵吞两家的财产。鲁成公临行时，穆姜送行，她让鲁成公把季文子和孟献子赶出鲁国。鲁成公把晋国眼下的危难告诉了她，说："请等我回国以后再听您的吩咐。"穆姜大怒，公子偃和公子鉏疾步走过的时候，她手指两人说："你若不答应我的请求，这两个人都能取代你当国君。"鲁成公听完这番话，便留在坏隤等待，传令加强宫中的戒备，在各处都设置了守卫，之后才安心赶赴晋国，所以来得迟了。与此同时，他让孟献子留守宫中。

原　文

　　秋，会于沙随，谋伐郑也。宣伯使告郤犨曰："鲁侯待于坏隤以待胜者。"郤犨将新军，且为公族大夫，以主东诸侯。取货于宣伯而诉公于晋侯①，晋侯不见公。

　　曹人请于晋曰："自我先君宣公即世，国人曰：'若之何？忧犹未弭？'而又讨我寡君，以亡曹国社稷之镇公子，是大泯曹也。先君无乃有罪乎？若有罪，则君列诸会矣。君唯不遗德刑，以伯诸侯。岂独遗诸敝邑？敢私布之②。"

　　七月，公会尹武公及诸侯伐郑。将行，姜又命公如初。公又申守而行。诸侯之师次于郑西。我师次于督扬，不敢过郑。子叔声伯使叔孙豹请逆于晋师。为食于郑郊。师逆以至。声伯四日不食以待之，食使者而后食。

　　诸侯迁于制田。知武子佐下军，以诸侯之师侵陈，至于鸣鹿。遂侵蔡。未反，诸侯迁于颍上。戊午，郑子罕宵军之，宋、齐、卫皆失军。

　　曹人复请于晋，晋侯谓子臧："反，吾归而君。"子臧反，曹伯归。子臧尽致其邑与卿而不出。

　　宣伯使告郤犨曰："鲁之有季、孟，犹晋之有栾、范也，政令于是乎成。今其谋曰：'晋政多门，不可从也。宁事齐、楚，有亡而已，蔑从晋矣。'若欲得志于鲁，请止行父而杀之③，我毙蔑也而事晋④，蔑有贰矣。鲁不贰，小国必睦。不然，归必叛矣。"

注　释

①取货：获取财物。
②私布：私下里相告。
③行父：即季孙行父，季文子。
④蔑：即孟献子。

译　文

　　秋季，鲁成公、晋厉公、齐灵公、卫献公、宋国华元、邾国人在沙随聚首，商讨如何讨伐郑国。宣伯让人告知郤犨说："鲁成公滞留在坏隤，是为了静观晋楚大战的情况，以便等待最后的胜利者。"郤犨被任命为新军的主将，并担任公族大夫，掌管东方诸侯的相关事务。他收受了宣伯的财货贿赂，便在晋厉公面前诋毁鲁成公，晋厉公因此没有接见鲁成公。

213

曹国人向晋国请求说："自从我国先君故去，国人都说：'这可如何是好？国家的忧患尚未消除。'贵国又征讨我国国君，迫使掌管国家社稷的公子子臧流亡在外，这是要大举消灭我们曹国啊，是因为我国先君有罪吗？若是他真的有罪，那么为何又让他参加诸侯盟会呢？君王不曾丧失德行和刑罚，因此才能在诸侯中成就霸业，可为什么唯独对敝国赏罚不当呢？敝国只能在私下里对贵国以实相告，还请海涵。"

七月，鲁成公和尹武公及诸侯联军会师，一起攻打郑国。准备出行时，穆姜又像当初那样命令鲁成公驱逐季文子和孟献子。鲁成公再次加强了宫中的戒备，并设置好了守卫，才放心出行。诸侯联军在郑国西境驻军，鲁军在督扬驻扎下来，没有胆量经过郑国。子叔声伯派叔孙豹请求晋国大军赶来迎接鲁国军队，又在郑国郊外起灶做饭。负责迎接鲁军的晋军终于到来了。声伯整整四天没有吃东西，苦苦等待晋军前来，直到晋国使者进食之后他才肯吃饭。

诸侯联军转移到了制田一带。荀䓕被任命下军副将，带领诸侯联军攻入陈国，大军抵达鸣鹿，之后又攻入了蔡国。大军没有班师回去，又转移到了颍上。七月二十四日，郑国的子罕夜间发动了突然袭击，宋、齐、卫三国全都损兵折将、溃不成军。

曹国人又向晋国发出请求。晋厉公对子臧说："你回曹国吧，我会把你们的国君护送回国的。"子臧返回了曹国，曹成公也回国了。子臧将封地和卿位统统交出，从此不再当官。

叔孙侨如派人禀报郤犨说："鲁国的季文子和孟献子，影响力就如同晋国的栾书和范文子一样，国家政令全是这两个人制定的。如今他们商讨说：'晋国政令出自多个家族，非常不统一，老百姓无法遵从。我们宁可事奉齐、楚两国，就算亡国，也不想归顺晋国了。'如果晋国想在鲁国实现自己的意愿，就请留下季文子并把他杀死，我把孟献子杀死，到那时鲁国事奉晋国就没有二心了。鲁国对晋国不再有二心，其他各个小国一定会归服晋国，与晋国交好。如果不这样做，季文子回到鲁国，一定会背叛晋国。"

原　文

九月，晋人执季文子于苕丘。公还，待于郓。使子叔声伯请季孙于晋，郤犨曰："苟去仲孙蔑而止季孙行父，吾与子国，亲于公室。"对曰："侨如之情，子必闻之矣。若去蔑与行父，是大弃鲁国而罪寡君也。若犹不弃，而惠徼周公之福，使寡君得事晋君。则夫二人者，鲁国社稷之臣也。若朝亡之，鲁必夕亡。以鲁之密迩仇雠，亡而为仇，治之何及？"郤犨曰："吾为子请邑。"对曰："婴齐，鲁之常隶也①，敢介大国以求厚焉②！承寡君之命以请，若得所请，吾子之赐多矣。又何求？"范文子谓栾武子曰："季孙于鲁，相二君矣。妾不衣帛，马不食粟，可不谓忠乎？信谗慝而弃忠良③，若诸侯何？子叔婴齐奉君命无私，谋国家不贰，图其身不忘其君。若虚其请，是弃善人也。子其图之！"乃许鲁平，赦季孙。

注 释

①常隶：职位低微的官吏。
②介：凭借，依仗。
③谗慝：邪恶奸佞。

译 文

九月，晋国人在苕丘擒获了季文子。鲁成公回国后，在郓地等待季文子，让子叔声伯请求晋国把季文子放了。郤犨说："如果你能除掉孟献子和季文子，我就把鲁国的政权拱手奉送给你，我们对您比对晋国公室还要亲近。"声伯回答说："宣伯的情况你一定有所耳闻。如果要除掉孟献子和季文子，就是彻底抛弃鲁国，惩罚我国国君了。如果晋国还不想抛弃鲁国，托周公的福，让我国国君能继续事奉贵国国君，那么这两个人就是鲁国的肱股之臣。假如他们早上死了，鲁国晚上就必定亡国了。鲁国离贵国的敌国在地理位置上很近，如果鲁国灭亡了，也会变成贵国的仇敌，到时就还能挽回吗？"郤犨说："我为你请求封邑。"声伯说："我不过是鲁国普通的下臣罢了，哪敢仰仗大国谋求厚禄！我是奉我国国君之命向贵国发出请求的，如果贵国答应了我们的请求，您对我的恩赐已经足够多了，我还能要求什么呢？"范文子对栾书说："季文子在鲁国辅佐过两位国君。他的妾室从不穿丝绸做成的精美衣裳，马不以粟米为食，难道他对国家还不够忠心吗？轻信奸佞小人而抛弃忠良之臣，以后怎么向诸侯交代？声伯奉君命行事，内心坦荡无私，一心为国家打算，丝毫没有二心，即便考虑自己时也时刻不忘国君。若是断然拒绝了他的请求，真是抛弃好人啊。您还是好好考虑一下吧！"晋国于是答应和鲁国和解，赦免了季文子。

原　文

> 冬十月，出叔孙侨如而盟之，侨如奔齐。
> 十二月，季孙及郤犫盟于扈。归，刺公子偃，召叔孙豹于齐而立之。
> 齐声孟子通侨如，使立于高、国之间①。侨如曰："不可以再罪。"奔卫，亦间于卿。
> 晋侯使郤至献楚捷于周，与单襄公语，骤称其伐。单子语诸大夫曰："温季其亡乎！位于七人之下，而求掩其上②。怨之所聚，乱之本也。多怨而阶乱，何以在位？《夏书》曰：'怨岂在明？不见是图。'将慎其细也。今而明之，其可乎？"

注　释

①立：同"位"，位于。
②掩：掩盖，盖过。

译　文

冬季十月，鲁国将宣伯驱逐出境，群臣都参加了盟誓，宣伯逃奔到了齐国。

十二月，季文子和郤犫在扈地订立盟约，返回鲁国以后，便暗杀了公子偃，将宣伯的弟弟叔孙豹从齐国召请回来，把他立作叔孙家族的合法继承者。

齐国国君的母亲声孟子和宣伯有奸情，因此齐国让宣伯的地位位于高氏和国氏两大上卿家族之间。宣伯说："不能再制造罪孽了。"于是就逃奔到了卫国，官爵也位列各卿之间。

晋厉公派郤至前往成周进献从楚国缴获的战利品和抓获的俘虏，郤至跟单襄公交谈时，多次夸耀自己在战场上的功绩。单襄公对大夫们说："郤至怕是会招致杀身之祸吧！地位在七人之下，却想要盖过地位比自己高的人。他无疑会积累很多怨恨，这就是祸乱的根源啊。多招怨恨，引祸上身，怎能继续享有官位？《夏书》说：'怨恨岂是都暴露在明处？看不见的怨恨才要多加考虑。'这就是说在细节问题上也要小心谨慎。而今郤至明火执仗地招引怨恨，能行吗？"

经典解读

鄢陵之战是晋楚两国发生的第三次争霸战，经此一战，楚国的霸权地位大为削弱，晋国的霸业得到了进一步加强和巩固。晋国和楚国的会战，其实是硬实力和软实力综合较量的结果。从软实力看，民心向背是最为关键的一个因素，作战如果得到百姓支持，民众的态度是积极的，那么取胜的可能性就非常大，反之获胜的希望就非常渺茫，晋国尊礼爱民，百姓安居乐业，人们愿意以死报效国家，故士气十足。而楚国对内不顾百姓死活，对外断绝了和其他国家的友好往来，国家有难时得不到支援，百姓生活困难，怨声载道，当然不愿意为国家拼死效力了，所以对作战没有什么热情，打败仗也是情理之中的事。

从硬实力看，晋国的作战能力和军队的素质要远远强于楚国，晋军军纪严明，军容严整，将领指挥有方，士兵骁勇善战；而楚军将领不和，军纪涣散，人心浮躁，布阵时喧闹不已，关键时刻主要将领子反又喝得酩酊大醉，导致楚共王对战争失去了信心，为自保竟连夜逃走，致使楚军军心大乱。由此可见，成败绝非偶然，有时候打败自己的并非是强大的敌人，而是不争气的自己。

襄 公

襄公三年

原　文

　　三年春，楚子重伐吴，为简之师①，克鸠兹，至于衡山。使邓廖帅组甲三百、被练三千以侵吴。吴人要而击之②，获邓廖。其能免者，组甲八十、被练三百而已③。子重归，既饮至，三日，吴人伐楚，取驾。驾，良邑也。邓廖，亦楚之良也。君子谓："子重于是役也，所获不如所亡。"楚人以是咎子重。子重病之，遂遇心病而卒。

注　释

①简：选拔。
②要：拦腰阻截。
③组甲：身披组甲的车兵。被练：披练袍的步兵。

译　文

　　三年春季，楚国的子重领兵讨伐吴国，创建了一个经过严格甄选的精锐部队。楚军攻下了鸠兹，又打到了衡山，随后派邓廖率领身披组甲的车兵三百人、身着被练步卒三千人入侵吴国。吴军阻截袭击楚军，活捉了邓廖。免于成为战俘的只有八十名车兵和三百名步卒而已。子重班师回国，整整三天都在设宴庆祝。三日后，吴军讨伐楚国，夺取了驾地。驾地是非常不错的城邑。邓廖也是楚国的优秀将领。君子说："子重在这场大战中，所获得的不如损失的多。"楚国人因此怪罪子重，子重很是郁闷，碰上心病发作，便溘然长逝了。

襄 公

原　文

　　公如晋，始朝也。夏，盟于长樗。孟献子相，公稽首。知武子曰："天子在，而君辱稽首，寡君惧矣。"孟献子曰："以敝邑介在东表①，密迩仇雠②，寡君将君是望，敢不稽首？"

　　晋为郑服故，且欲修吴好，将合诸侯。使士匄告于齐曰："寡君使匄，以岁之不易，不虞之不戒，寡君愿与一二兄弟相见，以谋不协，请君临之，使匄乞盟。"齐侯欲勿许，而难为不协，乃盟于耏外。

注　释

①东表：东方边界之外。
②密：接近。

译　文

　　鲁襄公去了晋国，这是首次朝见晋国国君，夏季，鲁国和晋国在长樗订立盟约，孟献子当相礼者。鲁襄公向晋悼公行叩首之礼。荀䓨说："天子尚在，君王却行叩首大礼，我们的国君不敢承受这样的大礼。"孟献子说："敝国地处荒远的东方，和敌国相距甚近，我国国君要仰仗贵国国君相助，怎敢不行叩首之礼呢？"

　　晋国因为郑国已经归顺自己，又想和吴国修好，便打算召集诸侯参加盟会。晋国派遣士匄通告齐国说："我们国君派我前来，是因为近年来各国之间摩擦不断，发生过不少冲突，对突发意外又没有防备，我国国君乐于和几个兄弟之国相见，共同商讨解决彼此不睦的问题，邀请君王届时驾临，故而派我前来请求和贵国结盟。"齐灵公本来不想答应他的请求，又不好表现得不够团结友好，就在耏水之外和晋国结了盟。

原　文

　　祁奚请老，晋侯问嗣焉。称解狐，其仇也，将立之而卒。又问焉，对曰："午也可。"于是羊舌职死矣，晋侯曰："孰可以代之？"对曰："赤也可。"于是使祁午为中军尉，羊舌赤佐之。

君子谓："祁奚于是能举善矣。称其仇，不为谄。立其子，不为比①。举其偏②，不为党。《商书》曰：'无偏无党，王道荡荡。'其祁奚之谓矣！解狐得举，祁午得位，伯华得官，建一官而三物成，能举善也夫！唯善，故能举其类。《诗》云：'惟其有之，是以似之。'祁奚有焉。"

注　释

①比：偏私。
②偏：副手。

译　文

祁奚请求告老隐退，晋悼公问谁是替代他的人选，祁奚说解狐就是最佳人选。解狐是祁奚的仇敌，晋悼公想要起用解狐时，他却死了。晋悼公又问祁奚还有谁是替代人选，祁奚回答说："下臣的儿子祁午。"恰好此时辅佐祁奚的大臣羊舌职也死了。晋悼公问："谁有能力替代羊舌职。"祁奚回答说："羊舌职的儿子羊舌赤。"晋悼公于是便让祁午担任军尉，由羊舌赤辅佐。

君子说："祁奚在这种情形下确实能做到举荐贤德之人。荐举仇敌，不是为了奉承讨好。荐举儿子，不是因为偏私。荐举自己的副手，不能算是结党。《商书》说：'不偏私不结党，王道浩荡无边。'说的就是祁奚吧。解狐得以被荐举，祁午有了施展才华的位置，羊舌赤得到了官爵，任用一名官员却做好了三件事，就是这名官员能举荐贤人的缘故啊。唯有贤德者才能举荐和自己一样的贤人。《诗经》说：'正因为他有德行，所以被举荐的人才能和他类似。'祁奚就是这种人。"

原　文

六月，公会单顷公及诸侯。己未，同盟于鸡泽。

晋侯使荀会逆吴子于淮上①，吴子不至。

楚子辛为令尹，侵欲于小国。陈成公使袁侨如会求成，晋侯使和组父告于诸侯。秋，叔孙豹及诸侯之大夫及陈袁侨盟，陈请服也②。

注　释

①淮上：淮水边上。

②请服：请求归服。

译　文

六月，鲁襄公和单顷公及各诸侯会面了。二十三日，各国在鸡泽结盟。晋悼公派荀会前往淮水上游迎接吴王寿梦，吴王寿梦没来。

楚国的子辛当了令尹，企图通过入侵小国扩大自己的利益。陈成公派袁侨到鸡泽参加会盟，以求和大国讲和。晋悼公派和组父把此事告知给诸侯。秋季，叔孙豹和诸侯的大夫同陈国的袁侨订立了盟约，结盟是基于陈国请求归顺的缘故。

原　文

晋侯之弟扬干乱行于曲梁①，魏绛戮其仆。晋侯怒，谓羊舌赤曰："合诸侯以为荣也，扬干为戮，何辱如之？必杀魏绛，无失也！"对曰："绛无贰志，事君不辟难，有罪不逃刑，其将来辞，何辱命焉？"言终，魏绛至，授仆人书，将伏剑②。士鲂、张老止之。公读其书曰："日君乏使，使臣斯司马。臣闻师众以顺为武，军事有死无犯为敬。君合诸侯，臣敢不敬？君师不武，执事不敬，罪莫大焉。臣惧其死，以及扬干，无所逃罪。不能致训，至于用钺③。臣之罪重，敢有不从，以怒君心，请归死于司寇。"公跣而出，曰："寡人之言，亲爱也。吾子之讨，军礼也。寡人有弟，弗能教训，使干大命④，寡人之过也。子无重寡人之过，敢以为请。"

注　释

①乱行：扰乱军列。
②伏剑：拔剑自刎。
③钺：大斧。
④干：触犯。

译　文

晋悼公的弟弟扬干在曲梁扰乱了参加会盟的诸侯军队的行列，魏绛便把为他驾车的御者杀死了。晋悼公愤怒地对羊舌赤说："会合诸侯本是件荣耀的事情，扬干却受到羞辱，还有比这更大的耻辱吗？必须杀掉魏绛，不要耽搁了。"羊舌赤回答说："魏绛忠心耿耿，没有二心，事奉国君不避危难，有了罪过也不

221

躲避刑罚，他不久就会来申述请罪的，何劳君王下令呢？"话音刚落，魏绛就赶到了，他交给仆人一封奏疏，准备拔剑自刎。士鲂、张老连忙阻止，晋悼公开始阅读奏疏，奏疏说："昔日君王缺乏可用之人，任命下臣为司马。下臣听说军队里的士兵服从军纪叫武，从军后宁肯一死也不愿违反军队的纪律，这就是敬。君王召集诸侯，下臣岂敢不执行军法呢？君王的军队不守军规军法，军吏不执行军法，没有比这更大的罪过了。下臣害怕触犯死罪，才连累了扬干，下臣的罪责是无法逃避的。下臣对军队有失训诫教导，以至于动斧杀了御者。下臣罪孽深重，怎敢不伏法惹怒君心呢？请将下臣交给司寇处死。"晋悼公赤脚走出来，说："寡人所言是出自兄弟的友爱之情，你惩处了扬干的御者，是依军法行事。寡人的弟弟，由于教导无方，触犯了军令，这是寡人的错。你不要以死谢罪来加重寡人的过错了，寡人请求你不要求死了。"

原　文

晋侯以魏绛为能以刑佐民矣①，反役②，与之礼食，使佐新军。张老为中军司马，士富为候奄。

楚司马公子何忌侵陈，陈叛故也。

许灵公事楚，不会于鸡泽。冬，晋知武子帅师伐许。

注　释

①刑佐：用刑罚治理。
②反役：从行役中返回，这里指会盟后回国。

译　文

晋悼公认为魏绛完全有能力运用刑罚工具管理民众了，因此会盟之后回到国内，就在太庙设宴款待他，任命他为新军副将。张老担任中军司马，士富担任候奄。

楚国的司马公子何忌发兵进犯陈国，是为了讨伐陈国背叛楚国。

许灵公事奉楚国，没有参加鸡泽会盟。冬季，晋国的荀䓨率军攻打许国。

经典解读

祁奚在举荐人才时，做到了"外举不避仇，内举不避子"，因而其荐贤任能的故事才成为了千古美谈。他不仅是一个慧眼识英才的伯乐，而且拥有一颗大公无私的心，为国家选拔人才时没有任何私心杂念，也不在乎世人的评价和看法，所以才受到世人的尊崇和颂扬。通常情况下举荐仇人，会被视为想要拉拢对方，和对方化干戈为玉帛，有假公济私之嫌；举荐自己的家人，则会引起非议，有偏私之嫌；举荐副手之子又会给人留下结党营私的话柄。换作别人，一定会尽力避开这三类人，而祁奚却做到了唯才是用、唯才是举，可见他是一个真正识才、惜才、爱才的贤人，有这样的人在，是人才之幸，也是国家之幸和社会之幸，这样的人越多，被埋没的人才就会越来越少，国家也会越来越繁荣昌盛，"千里马常有而伯乐不常有"的局面将会被彻底打破，取而代之的将是一个人才济济、国富民强的光辉未来。

襄公四年

原　文

　　四年春，楚师为陈叛故，犹在繁阳。韩献子患之①，言于朝曰："文王帅殷之叛国以事纣，唯知时也②。今我易之③，难哉！"
　　三月，陈成公卒。楚人将伐陈，闻丧乃止。陈人不听命。臧武仲闻之，曰："陈不服于楚，必亡。大国行礼焉而不服，在大犹有咎，而况小乎？"夏，楚彭名侵陈，陈无礼故也。

注　释

①患：忧虑。
②知时：知道时机未到。
③易：改变。

译　文

　　四年春季，因为陈国的背叛，楚国大军依旧在繁阳屯兵驻扎。韩献子对此大为忧心，他在朝堂上说："文王带着叛离商朝的军队归服商纣王，这是因为灭商的时机尚不成熟，今天我们反其道而行之，想要成就一番霸业，这是多么难啊！"
　　三月，陈成公过世了。楚军准备讨伐陈国，听闻陈国在办丧事，就停止发兵了。陈国依旧不愿听命于楚国。臧武仲得知此事后，说："陈国不臣服于楚国，一定会亡国的。大国施行礼制不顺服尚且会招来大祸，更何况区区小国呢?"夏季,楚国的彭名率军进犯陈国,理由是陈国不守礼法。

原 文

穆叔如晋,报知武子之聘也,晋侯享之。金奏《肆夏》之三,不拜。工歌《文王》之三,又不拜。歌《鹿鸣》之三,三拜。

韩献子使行人子员问之,曰:"子以君命,辱于敝邑。先君之礼,藉之以乐①,以辱吾子。吾子舍其大,而重拜其细,敢问何礼也?"对曰:"三《夏》,天子所以享元侯也,使臣弗敢与闻。《文王》,两君相见之乐也,使臣不敢及。《鹿鸣》,君所以嘉寡君也,敢不拜嘉。《四牡》,君所以劳使臣也,敢不重拜?《皇皇者华》,君教使臣曰:'必咨于周。'臣闻之:'访问于善为咨,咨亲为询,咨礼为度,咨事为诹②,咨难为谋。'臣获五善,敢不重拜?"

注 释

①藉:进献。
②诹:咨询。

译 文

叔孙豹出使晋国,以报荀䓨到鲁国的访问。晋悼公设宴款待他。宴席上,乐师用钟鼓演奏《肆夏》的三章,叔孙豹没有拜谢。乐工高歌《文王》三曲,他又没有拜谢,直到唱完《鹿鸣》三曲,他这才一连拜谢了三次。

韩献子派外交官子员问他:"大夫你奉国君之命光临敝国,敝国以先君之礼招待,并为大夫奏乐,大夫听完两次盛大的乐曲不拜,却对小乐曲连续拜了多次,敢问这是什么礼节?"叔孙豹回答说:"《肆夏》三曲是周天子用来招待各国诸侯演奏的乐曲,下臣不敢聆听。《文王》三曲是两国国君会面时所奏的乐曲,下臣也不敢触及。《鹿鸣》三曲是君王用来嘉奖我国国君的,岂敢不拜谢。《四牡》,是君王用来慰劳下臣的,岂敢不再次拜谢?《皇皇者华》,君王教导下臣说:'一定要向忠信之人多多请教。'下臣听说向贤人求教叫咨,向亲戚请教叫询,询问有关礼法之事叫度,询问政事叫诹,询问与祸难相关的事叫谋。下臣一连得到这五善,岂敢不再次拜谢呢?"

原 文

秋，定姒薨。不殡于庙①，无榇②，不虞。匠庆谓季文子曰："子为正卿，而小君之丧不成，不终君也。君长，谁受其咎？"

初，季孙为己树六槚于蒲圃东门之外。匠庆请木，季孙曰："略。"匠庆用蒲圃之槚，季孙不御③。君子曰："《志》所谓'多行无礼，必自及也'，其是之谓乎！"

冬，公如晋听政，晋侯享公。公请属鄫，晋侯不许。孟献子曰："以寡君之密迩于仇雠，而愿固事君，无失官命。鄫无赋于司马，为执事朝夕之命敝邑，敝邑褊小，阙而为罪，寡君是以愿借助焉！"晋侯许之。

楚人使顿间陈而侵伐之，故陈人围顿。

注 释

①殡：停放灵柩。
②榇：内棺。
③御：阻止。

译 文

秋季，鲁襄公的母亲定姒死了。她的棺材没有被停放在祖庙里，而且没用内棺，鲁国甚至没为她举行虞祭。匠庆对季文子说："你是正卿，国君母亲的丧礼不齐备，这意味着不让国君为自己的母亲送终。等到国君长大成人，谁来承受罪责呢？"

当初，季文子在蒲圃的东门外为自家栽种了六株名贵的槚树。匠庆恳请他用这些珍稀木材制作定姒的棺木，季文子说："丧礼还是从简吧。"匠庆还是用蒲圃的槚树做了棺椁的木料，季文子也没有阻拦。君子说："《志》书说'做了许多不合礼法的事，就会自取其祸。'说的就是季文子吧！"

冬季，鲁襄公赶赴晋国听取对方发布给本国的指令。晋悼公设宴款待了鲁襄公，鲁襄公请求将鄫作为鲁国的属国，晋悼公没答应。孟献子说："我们国君距离敌人只有咫尺之遥，但还甘愿坚持事奉君王，丝毫没有耽搁过贵国的指令，鄫国不曾向贵国司马进贡赋税，而君王左右的大臣动辄就对敝国发布命令，提出要求，敝国地域褊窄狭小，满足不了贵国提出的要求就是罪过，我们国君因此希望借助鄫国之力，满足贵国的要求。"晋悼公答应了他的请求。

楚人让顿国乘陈不备而侵袭陈国，所以陈国人包围了顿国。

原　文

　　无终子嘉父使孟乐如晋，因魏庄子纳虎豹之皮①，以请和诸戎。晋侯曰："戎狄无亲而贪，不如伐之。"魏绛曰："诸侯新服，陈新来和，将观于我②，我德则睦，否则携贰。劳师于戎，而楚伐陈，必弗能救，是弃陈也，诸华必叛。戎，禽兽也，获戎失华，无乃不可乎？《夏训》有之曰：'有穷后羿。'"公曰："后羿何如？"对曰："昔有夏之方衰也，后羿自鉏迁于穷石，因夏民以代夏政。恃其射也，不修民事而淫于原兽③。弃武罗、伯因、熊髡、尨圉而用寒浞。寒浞，伯明氏之谗子弟也。伯明后寒弃之，夷羿收之，信而使之，以为己相。浞行媚于内而施赂于外，愚弄其民而虞羿于田，树之诈慝以取其国家，外内咸服。羿犹不悛，将归自田，家众杀而烹之，以食其子。其子不忍食诸，死于穷门。靡奔有鬲氏。浞因羿室，生浇及豷，恃其谗慝诈伪而不德于民。使浇用师，灭斟灌及斟寻氏。处浇于过，处豷于戈。靡自有鬲氏，收二国之烬④，以灭浞而立少康。少康灭浇于过，后杼灭豷于戈。有穷由是遂亡，失人故也。昔周辛甲之为大史也，命百官，官箴王阙。于《虞人之箴》曰：'芒芒禹迹，尽为九州，经启九道。民有寝庙，兽有茂草，各有攸处，德用不扰。在帝夷羿，冒于原兽⑤，忘其国恤，而思其麀牡。武不可重，用不恢于夏家。兽臣司原，敢告仆夫。'《虞箴》如是，可不惩乎？"于是晋侯好田，故魏绛及之。

注　释

①魏庄子：即魏绛。
②将观于我：观察我国的情况。
③淫于原兽：沉湎于打猎。
④烬：遗民。
⑤冒：贪。

译　文

　　无终国国君嘉父派孟乐出使晋国，凭借着魏绛的关系，向晋国进献了一些虎皮和豹皮，请求晋国和戎人各部落谈判和解。晋悼公说："戎狄没有亲近的国家，而且生性贪婪，不如攻打他们。"魏绛说："诸侯最近刚刚顺服我国，陈国也是刚和我们讲和，他们都要观察我们的态度，我国有德行，他们就亲近我们，我国无德，他们就会产生二心。对戎狄大举兴兵，假如楚国趁机讨伐陈国，我国必定无法发兵救援，那就是抛弃陈国了，中原各诸侯国一定会为此叛离我国。戎人，不过是野蛮的禽兽罢了，征服了戎人却失去了中原诸国，怕是不可行吧？《夏训》有言：'有穷部落的后羿。'"晋悼公问："后羿怎样？"魏绛回答说："昔年夏朝日益衰微时，后羿从鉏地迁居到了穷石，凭借夏朝百姓的力量更迭了夏朝的政权。后羿自恃箭术高超，不修正业，不关心民事，终日沉湎于狩猎活动，抛弃了武罗、伯困、熊髡、龙圉等贤良之臣，却重用寒浞。寒浞，是出自伯明氏家族的一个奸邪之辈，被寒国国君伯明抛弃，后羿收留了他。后羿信赖他，重用他，对其委以重任，让他辅佐自己治理国家。寒浞在宫里对女人献媚讨好，在外面遍施财物、愚弄欺骗百姓，并设法让后羿一心打猎，后来通过扶植奸恶小人，夺取了国家政权，且使内外都对自己顺服。后羿依旧不肯悔改，有一天他刚要从猎场返回，就被臣仆杀掉烹煮了，臣仆逼迫他的儿子吃他的肉，他的儿子不忍心食用，结果被杀死在穷门。大臣靡逃奔到了有鬲氏部落。寒浞将后羿的妻妾收为己有，生下了浇和豷，仗着奸邪狡诈的本性胡作非为，不肯施德于民，派儿子浇大举兴兵，消灭了斟灌和斟寻氏，随后命浇驻守过地，命豷驻守戈地。靡从有鬲氏部落召集了斟灌和斟寻氏的遗民，依靠他们消灭了寒浞，拥立了少康。少康在过地消灭了浇，后杼在戈地消灭了豷，有穷部落自此彻底消亡了，它的灭亡是由于失去贤臣的缘故。以前，周朝的辛甲担任太史时，曾对百官下令，每位臣子都必须对天子的过失加以劝诫。《虞人之箴》中说：'夏禹遗迹茫茫无疆，把天下化为九州，开通了无数大道。百姓有屋居住，有庙堂祭祀，禽兽有广袤丰美的草地栖息，人兽各安其所，互不打扰。后羿作为君主，贪恋狩猎之乐，全然忘记了国家忧患，满脑子都是飞禽走兽。狩猎活动不可过多，否则就不利于扩大夏后氏之国的实力。兽臣掌管田猎之事，所以我才敢把此事禀报给君王侍奉左右的人。'《虞箴》中阐述的道理就是这样，难道不足以引以为戒吗？"当时晋悼公喜好田猎，所以魏绛才讲了后羿因打猎误国的故事。

原　文

公曰："然则莫如和戎乎？"对曰："和戎有五利焉：戎狄荐居①，贵货易土②，土可贾焉，一也。边鄙不耸③，民狎其野④，穑人成功⑤，二也。戎狄事晋，四邻振动，诸侯威怀，三也。以德绥戎⑥，师徒不勤，甲兵不顿，四也。鉴于后羿，而用德度，远至迩安⑦，五也。君其图之！"公说，使魏绛盟诸戎，修民事，田以时。

> 冬十月，邾人、莒人伐鄫。臧纥救鄫，侵邾，败于狐骀。国人逆丧者皆髽。鲁于是乎始髽⑧，国人诵之曰："臧之狐裘，败我于狐骀。我君小子，朱儒是使。朱儒！朱儒！使我败于邾。"

注　释

①荐居：逐水草而居。荐，水草。
②易：轻视，看轻。
③詟：害怕，恐惧。
④狎：亲近。
⑤稼人：农人。
⑥绥：安抚。
⑦迩：近。
⑧髽：用麻系发。

译　文

晋悼公说："那么还有比和戎人讲和更好的办法吗？"魏绛回答说："和戎人和解有五大好处：戎狄逐水草而居，把财货看得很重，看轻土地的价值，我们可利用这点把他们的土地统统买来，这是第一个好处。边境民众不再担惊受怕，百姓和乐彼此亲近，农民都安心在田地里劳作，这是第二个好处。戎狄事奉晋国，四方的邻国必然震动，诸侯会因忌惮我们的国威而臣服，这是第三个好处。以德行安抚戎狄，将士不必辛劳作战，兵器也不会损坏，这是第四个好处。以后羿为鉴，以德行治国，让远方国家和邻国都安心，这是第五个好处。君王认真考虑一下吧！"晋悼公听后大悦，便派魏庄子跟戎人各部订立盟约。他勤于整顿民事，并按照时令狩猎。

冬季十月，邾国人、莒国人讨伐鄫国。臧纥请求鲁国出兵援助鄫国，鲁国便以救援鄫国为由入侵邾国，在狐骀战场上被邾国的军队打败。国人迎接战士的尸首时，全都以麻结发，自此鲁国开始流行用麻系发。国人讽刺说："臧纥身着狐裘衣，让我军在狐骀一役被击败。我国国君年纪尚小，竟让侏儒做差使。侏儒啊侏儒，让我国被邾国打败。"

经典解读

后羿是个传奇人物，民间至今流传着很多和他有关的极富传奇色彩的神话传说。然而历史上的后羿和传说中的后羿却大相径庭,他们唯一的相似之处就是全都箭术精湛。有穷部落的首领后羿凭借赫赫武功征服了东夷各部族,箭术更是达到了出神入化的境地,善射的技艺成就了他的英雄气概,却也毁掉了他一世的基业。由于太多沉迷于田猎游乐,他长期不理政事,致使佞臣寒浞趁机篡夺了政权,他本人也落得个失败身死的可悲下场。

魏绛用后羿弃德务功、耽于逸乐亡国的故事讽谏晋君,劝勉君王要勤政为民,不可沉湎于游乐,这是以史为镜得出的结论。的确,只有勤政才能使国家昌宁,古时大禹治水时三过家门而不入,终于解决了水患问题,使百姓安居乐业,其功业造福千秋万代。唐玄宗执政后期沉迷享乐、不理朝政,葬送了大唐盛世王朝。历史经验告诉我们勤政则国兴,不修民事则国恒亡。

襄公二十九年

原　文

二十九年春,王正月,公在楚,释不朝正于庙也①。楚人使公亲禭②,公患之。穆叔曰:"祓殡而禭③,则布币也④。"乃使巫以桃茢先祓殡。楚人弗禁,既而悔之。

二月癸卯,齐人葬庄公于北郭。

夏四月,葬楚康王。公及陈侯、郑伯、许男送葬,至于西门之外。诸侯之大夫皆至于墓。楚郏敖即位⑤。王子围为令尹⑥。郑行人子羽曰:"是谓不宜,必代之昌。松柏之下,其草不殖。"

注　释

①释:解释。
②禭:给死者赠送衣物。
③祓殡:清除棺上的凶邪之气。
④布币:陈列皮币。
⑤郏敖:楚康王之子。
⑥王子围:楚康王之弟。

译　文

二十九年春季,周历正月,鲁襄公身在楚国,《春秋》这样写是为了解释鲁襄公没去祖庙听政的原因。楚国人让鲁襄公亲自给死去的楚康王赠送衣物，鲁襄公为此很忧虑。穆叔说："先把棺内的凶邪之气清除掉，再为死者赠送寿衣，把衣服放进棺材里，就好比陈列朝见时的皮币一样。"于是便让巫师先用桃木棒和笤帚在棺材上驱邪，楚国人没有加以制止，没过多久就后悔了。

二月初六日，齐国人在都城外城北部安葬了国君齐庄公。

夏季四月，楚国为楚康王举办葬礼。鲁襄公、陈哀公、郑简公、许悼公为楚康王送葬，送到了西门外便止步了。诸侯的大夫全送到了墓地。楚国的郏敖继承了君位，楚康王的弟弟王子围当了令尹。郑国的外交使者说："这样做是不妥当的，令尹必定会取代郏敖，自己发展壮大。松柏之下，草是不能旺盛生长的。"

原　文

公还，及方城。季武子取卞，使公冶问，玺书追而与之①，曰："闻守卞者将叛，臣帅徒以讨之②，既得之矣，敢告。"公冶致使而退③，及舍而后闻取卞。公曰："欲之而言叛，只见疏也。"公谓公冶曰："吾可以入乎？"对曰："君实有国，谁敢违君！"公与公冶冕服。固辞，强之而后受。公欲无入，荣成伯赋《式微》，乃归。五月，公至自楚。

公冶致其邑于季氏，而终不入焉。曰："欺其君，何必使余？"季孙见之，则言季氏如他日。不见，则终不言季氏。及疾，聚其臣，曰："我死，必无以冕服敛，非德赏也④。且无使季氏葬我。"

葬灵王，郑上卿有事，子展使印段往。伯有曰："弱，不可。"子展曰："与其莫往，弱不犹愈乎？《诗》云：'王事靡盬，不遑启处。'东西南北，谁敢宁处？坚事晋、楚，以蕃王室也⑤。王事无旷⑥，何常之有？"遂使印段如周。

注　释

①玺书：用泥封加印的文书。
②徒：军队。
③致：交给，呈上。
④德赏：因德行而获得赏赐。
⑤蕃：护卫，拱卫。
⑥旷：缺失，空缺。

译 文

鲁襄公返回途中,抵达了方城。这时季武子攻占了卞地,派公冶向鲁襄公表达问候之意。季武子用泥封加印封好了文书,追上了已经动身的公冶,把文书交给了他,命他将其转交给鲁襄公。文书中说:"听闻驻守卞地的将领企图叛乱,下臣率军对其进行征讨,已经占取了卞地,谨此禀报。"公冶将文书呈给鲁襄公之后就退下了。鲁襄公回到寝宫读完信函之后,才得知卞地被占领的事情。他生气地说:"自己想要夺取卞地,却说守城将领要发动叛乱,这只能说明他故意疏远寡人。"鲁襄公问公冶:"我能进入都城吗?"公冶回答道:"国君实际上拥有整个国家,谁敢违抗国君的命令呢?"鲁襄公把冕服赏赐给了公冶,公冶坚决推辞,鲁襄公强迫他收下,他才肯接受赏赐。鲁襄公不想进入国都,荣成伯吟诵了《式微》一诗劝说之后,他才肯回到国都。五月,鲁襄公从楚国回到了鲁国。

公冶将自己的封邑还给了季氏,从此没再到过季孙家,他说:"既然是欺骗国君,何必派我问候呢?"季武子来拜见他时,他还和往常一样和季武子交谈。两人不见面时,公冶始终没有提过季氏。等到公冶病重时,就把家臣聚集到榻前,吩咐说:"我死之后,你们千万不能用冕服入殓,这冕服不是因为我德行好而得来的赏赐。还有不要让季武子安葬我。"

周室安葬了周灵王。郑国的上卿子展有事在身,便派印段去吊丧。伯有说:"印段太年轻,不能派他去吊唁。"子展说:"派年轻的人吊丧总比没人去要好吧。《诗经》说:'勤于王事,就没有闲暇时间过安宁日子。'放眼东西南北四方,谁敢过安稳的日子?我们要坚定地事奉晋、楚两国,以此拱卫周室。只要周室没有什么缺失就可以了,还管符合不符合常例干什么?"于是就派印段赶赴成周吊唁。

原 文

吴人伐越,获俘焉,以为阍①,使守舟。吴子余祭观舟,阍以刀弑之。

郑子展卒,子皮即位。于是郑饥而未及麦②,民病。子皮以子展之命,饩国人粟③,户一钟,是以得郑国之民。故罕氏常掌国政,以为上卿。宋司城子罕闻之,曰:"邻于善,民之望也。"宋亦饥,请于平公,出公粟以贷④。使大夫皆贷。司城氏贷而不书,为大夫之无者贷。宋无饥人。叔向闻之,曰:"郑之罕,宋之乐,其后亡者也!二者其皆得国乎!民之归也。施而不德,乐氏加焉,其以宋升降乎!"

注　释

①阍：守门人。

②饥：饥荒。

③饩：赠送粮食。

④贷：借。

译　文

吴国人讨伐越国，擒获了一名俘虏，便让他当看门的守卫，还让他看管船只。吴子余祭查看船只时，被这名守卫用刀杀死了。

郑国的子展过逝了，其子子皮继承了上卿的爵位。当时郑国正在闹饥荒，麦子没丰收，老百姓苦不堪言。子皮遵从先父子展遗命，为国人发粮赈灾，每户人家分发一钟，由此得到了郑国百姓的爱戴。故而罕氏能长期执掌国政，总是位列上卿。宋国的司城子罕听说了此事之后，说："与邻为善，所做好事，符合百姓的期望。"宋国也遇到了灾年，开始闹饥荒，司城子罕请求宋平公，把国库的粮食借给百姓，同时让大夫们也借粮给百姓。司城氏出借粮食从不写契据，还把粮食送给缺粮的大夫，让他们再借粮给百姓。宋国因此没有人忍饥挨饿。叔向听说了这些情况后，说："郑国的罕氏家族和宋国的乐氏家族，大概是支撑到最后才会灭亡吧，两大家族都能获得国家政权吧！这是因为他们是民心所向啊。施加恩惠，却不标榜自己的美德，在这一点上，乐氏更高一筹，乐氏家族大概会随宋国的兴衰而一同起落吧！"

原　文

晋平公，杞出也，故治杞①。六月，知悼子合诸侯之大夫以城杞，孟孝伯会之。郑子大叔与伯石往。子大叔见大叔文子，与之语。文子曰："甚乎②！其城杞也。"子大叔曰："若之何哉？晋国不恤周宗之阙，而夏肆是屏③。其弃诸姬，亦可知也已。诸姬是弃，其谁归之？吉也闻之，弃同即异，是谓离德。《诗》曰：'协比其邻，昏姻孔云。'晋不邻矣，其谁云之？"

齐高子容与宋司徒见知伯，女齐相礼。宾出，司马侯言于知伯曰："二子皆将不免。子容专④，司徒侈⑤，皆亡家之主也。"知伯曰："何如？"对曰："专则速及，侈将以其力毙，专则人实毙之，将及矣。"

注 释

①治：修整。
②甚：过分。
③夏肄：夏朝的残余。
④专：专横。
⑤侈：奢侈。

译 文

　　晋平公为杞国女子所生，故而他下令修筑杞国的都城。六月，荀盈召集诸侯的大夫们为杞国修建城池，孟孝伯也参与了筑城活动。郑子大叔和伯石也赶过去帮助杞国筑城了。子大叔和大叔文子见面后，跟他交谈了起来。文子说："为杞国如此大张旗鼓地筑城，实在太过分了。"子大叔说："能怎么办呢？晋国不为周室的衰落忧心，反而要庇护夏朝之后。日后必定会抛弃姬姓诸侯国，这也是可想而知的。抛弃姬姓诸侯国，谁还肯归顺臣服它呢？我听说抛弃同姓国而亲近异姓国，被称为离德。《诗经》说：'亲近近亲国家，姻亲便会和它友好相待。'晋国不亲近近亲之国，谁还会和它保持友好往来呢？"

　　齐国的高子容和宋国的司徒华定会见荀罃，女齐当相礼者。等到宾客全都离去后，女齐对荀罃说："高子容和司徒华定都免除不了灾祸。高子容态度专横，司徒华定生活奢侈，这两人都是导致家族覆灭的败家子。"荀罃问道："为什么这样说？"女齐回答说："专横很快就会惹祸上身，奢侈会因消耗太大的财力而自取灭亡，待人专横就会被他人消灭，他们很快就要招来祸难了。"

原 文

　　范献子来聘，拜城杞也。公享之，展庄叔执币。射者三耦，公臣不足，取于家臣，家臣：展瑕、展王父为一耦。公臣，公巫召伯、仲颜庄叔为一耦，鄋鼓父、党叔为一耦。

　　晋侯使司马女叔侯来治杞田①，弗尽归也。晋悼夫人愠曰②："齐也取货。先君若有知也，不尚取之！"公告叔侯，叔侯曰："虞、虢、焦、滑、霍、扬、韩、魏，皆姬姓也，晋是以大。若非侵小，将何所取？武、献以下，兼国多

233

矣③，谁得治之？杞，夏余也，而即东夷④。鲁，周公之后也，而睦于晋。以杞封鲁犹可，而何有焉？鲁之于晋也，职贡不乏，玩好时至，公卿大夫相继于朝，史不绝书，府无虚月。如是可矣，何必瘠鲁以肥杞？且先君而有知也，毋宁夫人，而焉用老臣？"

杞文公来盟。书曰"子"，贱之也。

注　释

①女叔侯：即女齐。

②愠：生气。

③兼：兼并。

④即：亲近。

译　文

晋国的范献子出访鲁国，感谢鲁国帮杞国筑城。鲁襄公设宴款待了他，展庄叔负责赠礼。宴毕参加射礼的需有三对人，鲁国的朝臣人数不够，就在家臣中选择补充。家臣之中，展瑕、展王父是一对，公臣之中，公巫召伯和仲颜庄叔是一对，鄫鼓父和党叔是一对。

晋平公派司马齐女到鲁国督促有关归还杞国田地的事宜，鲁国却没有把土田全还给杞国，晋悼公夫人气愤地说："派女齐索要土田，什么事也办不成，他真是个没用的人。如果先君泉下有知，也不会赞同他这样办事的。"晋悼公把这话告诉了女齐，女齐说："虞、虢、焦、滑、霍、扬、韩、魏八国都是姬姓国，依靠这些国家，晋国才得以壮大。若是不入侵小国，从哪里获得更多的领土呢？自武公、献公以来，被兼并的国家无数，谁能管得了？杞国乃夏朝之后，亲近东夷。鲁国是周公的后代，与晋国交好。把杞国当封地赏赐给鲁国还是可以的，怎能让鲁国归还杞国土田呢？鲁国事奉晋国，贡品从来没断过，珍稀的玩物按时送到，公卿大夫相继来朝见，史官从未中断过鲁国进贡的记载，国库每月都会接受鲁国的贡品。像这样保持现状就可以了，何必要削弱鲁国来壮大杞国呢？假如先君泉下有知，宁可让夫人办妥此事，哪里还用得上我这样的老臣呢？"

杞文公到鲁国缔结盟约，《春秋》称呼他为"子"，以表达对他的轻视。

襄 公

原　文

　　吴公子札来聘①，见叔孙穆子，说之。谓穆子曰："子其不得死乎？好善而不能择人。吾闻'君子务在择人'。吾子为鲁宗卿，而任其大政，不慎举，何以堪之？祸必及子！"

　　请观于周乐。使工为之歌《周南》、《召南》，曰："美哉！始基之矣，犹未也。然勤而不怨矣。"为之歌《邶》、《鄘》、《卫》，曰："美哉，渊乎！忧而不困者也。吾闻卫康叔、武公之德如是，是其《卫风》乎？"为之歌《王》，曰："美哉！思而不惧，其周之东乎②？"为之歌《郑》，曰："美哉！其细已甚③，民弗堪也，是其先亡乎！"为之歌《齐》，曰："美哉！泱泱乎！大风也哉④！表东海者，其大公乎！国未可量也。"为之歌《豳》，曰："美哉！荡乎！乐而不淫，其周公之东乎？"为之歌《秦》，曰："此之谓夏声⑤。夫能夏则大，大之至也，其周之旧乎？"为之歌《魏》，曰："美哉！沨沨乎！大而婉，险而易行，以德辅此，则明主也。"为之歌《唐》，曰："思深哉！其有陶唐氏之遗民乎？不然，何忧之远也？非令德之后，谁能若是？"为之歌《陈》，曰："国无主，其能久乎？"自《郐》以下无讥焉。为之歌《小雅》，曰："美哉！思而不贰，怨而不言，其周德之衰乎？犹有先王之遗民焉。"为之歌《大雅》，曰："广哉！熙熙乎！曲而有直体，其文王之德乎？"为之歌《颂》，曰："至矣哉！直而不倨，曲而不屈，迩而不逼，远而不携，迁而不淫，复而不厌，哀而不愁，乐而不荒⑥，用而不匮，广而不宣，施而不费，取而不贪，处而不底，行而不流，五声和，八风平，节有度，守有序，盛德之所同也。"

注　释

①公子札：即季札，吴王寿梦第四子。
②周之东：周室东迁时的音乐。
③细：琐碎。
④大风：大国的音乐。
⑤夏声：古代中原地区的民间音乐。
⑥荒：过度，过分。

译　文

　　吴国公子札出访鲁国，见到了叔孙穆子，感到很高兴。他对穆子说："你曰后怕是不得善终吧？你虽然喜欢贤人却不能好好选拔人才。我听说君子该致力于为国家选拔贤能之人。你作为鲁国的上卿，担当大任，主持国政，却不能谨慎地选贤任能，让人怎堪忍受呢？灾祸必会降临到你头上！"

公子札请求欣赏周朝的舞蹈和音乐。鲁襄公便命乐工为其歌唱《周南》和《召南》。季札赞叹道："这乐曲真是太美妙了。我仿佛感觉到文王开始奠定基业了，虽然他的大业还没有完成，然而老百姓已经乐于勤勉地劳作，心中已没有丝毫怨恨了。"乐工为他唱了《邶风》、《鄘风》、《卫风》三首曲子，他说："这音乐既优美动听，又感喟深沉啊！唱出的是老百姓忧虑但不困惑的心声。我听说卫康叔、武公就有这样的德行，方才唱的是《卫风》吧？"乐工又为他歌唱了《王风》，他又感叹道："美极了。百姓虽然心有思虑，但却一点都不恐惧，这大概是周室东迁之后创作的吧！"乐工又为他演唱了《郑风》，他说："太美妙了。但它表达的都是琐碎的事情和情感，不涉及什么政事，百姓不堪忍受，这可能预示着郑国会先亡国吧？"乐工又为他演唱了《齐风》，他说："好美啊，气势多么恢宏的音乐啊！一听就知道是泱泱大国的乐曲，代表着成为东海各国的表率，也许是姜太公的国家吧！国家的未来发展是无可限量的。"乐工为他演唱完了《豳风》，他说："动听啊。浩荡磅礴，情感宣泄欢乐洋溢却又较为节制，或许是周公东征时创作的乐曲吧。"乐工为他演唱了《秦风》，他说："这就是西方的夏声。能诞生出这样的夏声，国家势必非常强大，简直强大到了极点，这大概是周朝旧地的音乐吧。"乐工为他演唱完了《魏风》，他说："美啊！音调婉转悠扬，粗犷洪大而又细腻婉约，说明颁布政令虽有困难但推行起来却很顺利，假如期间用德行作为辅助，就能成为圣明的君主了。"乐工为他演唱完了《唐风》，他说："忧思深重啊，恐怕是有陶唐氏的遗民吧！不然，忧思何以如此深远呢？如果不是延承了唐尧美德的后人，谁还能这样？"乐工为他演唱完了《陈风》，他说："国家没有君主，统治能长久吗？"自《郐风》以下的乐曲，季札就再没发表过看法了。乐工为他演唱完了《小雅》，他说："美啊！忧虑却不曾怀有二心，幽怨却不讲出口，这大概代表着周德衰微吧，不过尚存有先王的遗风啊。"乐工为他演唱完了《大雅》，他说："意境广阔，音律和美，曲折低回内里又不乏刚劲，所表达的或许是文王的德行吧！"乐工为他演唱完了《颂》，他说："美妙至极！刚直而不桀骜，委曲柔和而又坚韧不屈，紧凑而不给人压迫感，悠远而不游离，变化多端但节制合理，回环往复又不令人厌烦，哀伤而不愁苦，欢乐而不过分，音调丰富多彩，信手拈来使用，永不匮乏。意境广博，却含而不露，就像施惠于人不浪费，获取财物却不贪心，平静而不凝滞，音律畅行而不流散。给人以五声和谐、八风协调之感，节奏有韵律，乐器配合有序，这是歌颂崇高美德所共有的特征。"

原　文

　　见舞《象箾》、《南龠》者，曰："美哉！犹有憾。"见舞《大武》者，曰："美哉！周之盛也，其若此乎！"见舞《韶濩》者，曰："圣人之弘也，而犹有惭德，圣人之难也。"见舞《大夏》者，曰："美哉！勤而不德，非禹，其谁能修之？"见舞《韶箾》者，曰："德至矣哉，大矣！如天之无不帱也①，如地之无不载也。虽甚盛德，其蔑以加于此矣②。观止矣！若有他乐，吾不敢请已。"

　　其出聘也，通嗣君也。故遂聘于齐，说晏平仲，谓之曰："子速纳邑与政！无邑无政，乃免于难。齐国之政，将有所归，未获所归，难未歇也。"故晏子因陈桓子以纳政与邑，是以免于栾、高之难。

　　聘于郑，见子产，如旧相识，与之缟带③，子产献纻衣焉。谓子产曰："郑之执政侈，难将至矣！政必及子。子为政，慎之以礼。不然，郑国将败。"

注　释

①帱：覆盖。
②蔑：没有。
③缟带：白色生绢带。

译　文

　　公子札观赏完《象箾》、《南龠》两支乐舞时，说："真是太美了，可惜还是有点小小的瑕疵。"观赏完《大武》时，说："很美，周朝兴盛时或许就是这样吧。"观赏完《韶濩》，说："圣人宽宏仁德，但在德行上仍有感到惭愧的地方，可见当圣人是多么难啊。"观赏完《大夏》，说："美德，勤勉而不自我标榜美德，除了禹之外，谁还能创作出这样的舞蹈呢？"观赏完《韶箾》时，说："这已是德高至伟，达到顶峰了，美德浩大无边，就像莽莽苍天一样覆盖一切，像茫茫大地一样承载万物生灵。即便有再崇高的美德，也不会超过至臻至美的境界。真是让人惊叹不已，观赏到这里就足够了。假如还有其他乐舞，我也不敢请求继续观赏了。"

　　公子札此次出访别国，是为了跟新即位的国君通好。所以访问完鲁国，他又访问了齐国。公子札十分喜欢晏婴，便对他说："你快点把封邑和权力还给国君。没有封邑，也没有大权在手，才能免除祸难。齐国的国政大权，必将有所归属，如果权力归属的问题得不到解决，祸难就永无消歇。"因此晏婴通过陈桓子把国政大权和封邑统统交还给了国君，这样在栾氏、高氏叛乱时才得以幸免于难。

公子札出访郑国，看见子产就像见到了故友一般。他将白绢大带作为礼品送给了子产，子产以一件麻布衣服回礼。公子札对子产说："郑国当权者过于奢侈，祸难很快就要降临了。国政大权必然会转移到你那里。你当政时，要依据礼法谨慎行事。不然的话，郑国就会亡国。"

原　文

适卫，说蘧瑗、史狗、史䲡，公子荆、公叔发、公子朝，曰："卫多君子，未有患也。"

自卫如晋，将宿于戚。闻钟声焉，曰："异哉！吾闻之也：'辩而不德，必加于戮。'夫子获罪于君以此，惧犹不足，而又何乐？夫子之在此也，犹燕之巢于幕上。君又在殡，而可以乐乎？"遂去之。文子闻之，终身不听琴瑟①。

适晋，说赵文子、韩宣子、魏献子，曰："晋国其萃于三族乎！"说叔向，将行，谓叔向曰："吾子勉之！君侈而多良，大夫皆富，政将在家。吾子好直②，必思自免于难。"

注　释

①琴瑟：代指音乐。
②直：耿直。

译　文

公子札去卫国访问，蘧瑗、史狗、史䲡，公子荆、公叔发、公子朝给他留下了良好的印象，他非常喜欢这些贤士，便说："卫国出了很多君子，不会有祸患。"

公子札从卫国启程去了晋国，将要在戚地投宿，突然听到钟声大作，便说："怪事！我听说：'谋乱而又缺乏德行，必遭杀戮。'孙林父得罪国君之后，就在这里居住了下来，按常理来说，惶恐还来不及呢，何来心情寻欢作乐呢？他留在此地，就像燕子把巢穴建在帐幕上一样，处境岌岌可危啊。且又赶上国君停棺待葬，怎么能在这时候击钟赏乐，尽情作乐呢？"于是便离开了戚地。孙林父听到公子札对自己的评论以后，终生不听音乐。

公子札去晋国访问，对晋国的赵文子、韩宣子、魏献子三人也甚是喜欢，他说："晋国的国政大权大概要聚集到这三大家族手里了！"他非常喜爱叔向，临行前，对叔向说："你要多加自勉啊！国君虽然奢侈，但国家有良臣众多，大夫们都很富足，国政大权将会归属大夫家族了。你性格刚直，必须考虑一下怎样让自己免祸。"

原　文

秋九月，齐公孙虿、公孙灶放其大夫高止于北燕。乙未，出。书曰："出奔。"罪高止也。高止好以事自为功，且专，故难及之。

冬，孟孝伯如晋，报范叔也。

为高氏之难故，高竖以卢叛。十月庚寅，闾丘婴帅师围卢。高竖曰①："苟请高氏有后，请致邑。"齐人立敬仲之曾孙酀，良敬仲也。十一月乙卯，高竖致卢而出奔晋，晋人城绵而置旃②。

注　释

①高竖：高止之子。
②置：安置。

译　文

秋季九月，齐国的公孙虿和公孙灶把大夫高止流放到了北燕一带。初二日，高止离开了齐国。《春秋》说他"出奔"，是因为他因获罪被放逐。高止喜欢滋事，总是居功自傲，而且还很专横，所以祸难就降临到他头上了。

冬季，孟孝伯前往晋国访问，以回报范献子对鲁国的访问。

因为父亲高止被流放，高竖在卢地起兵作乱。十月二十七日，闾丘婴领兵包围了卢地。高竖说："如果能让高氏有后人继承禄位，我愿将卢地这块封邑交还给国君。"齐国人便立敬仲的曾孙高酀为高氏的继承人，这是因为人们认为敬仲是个贤德之人。十一月二十三日，高竖把卢地交还出去以后，逃奔到了晋国，晋国人在绵地修筑城池，把高竖安置在新筑的城邑中。

原 文

　　郑伯有使公孙黑如楚①，辞曰："楚、郑方恶②，而使余往，是杀余也。"伯有曰："世行也③。"子晳曰："可则往，难则已，何世之有？"伯有将强使之。子晳怒，将伐伯有氏，大夫和之④。十二月己巳，郑大夫盟于伯有氏。裨谌曰："是盟也，其与几何？《诗》曰：'君子屡盟，乱是用长。'今是长乱之道也。祸未歇也，必三年而后能纾。"然明曰："政将焉往？"裨谌曰："善之代不善，天命也，其焉辟子产？举不逾等，则位班也。择善而举，则世隆也⑤。天又除之，夺伯有魄，子西即世，将焉辟之？天祸郑久矣，其必使子产息之，乃犹可以戾⑥。不然，将亡矣。"

注　释

①公孙黑：即子晳。
②恶：交恶。
③世行：世代为使臣。
④和：出面说和。
⑤世隆：受世人尊崇。
⑥戾：安定。

译　文

　　郑国的伯有让子晳出使楚国，子晳推辞说："楚国和郑国正结怨交恶，派我前往，分明就是杀我。"伯有说："派你访问楚国是因为你们家世代都是外交使臣。"子晳说："能去便去，有困难不适合前往就不去，跟家里是不是世代外交使臣有什么关系？"伯有强迫子晳出使楚国，子晳大怒，打算讨伐伯有氏家族，大夫们为二人调解说和。十二月初七日，郑国大夫们在伯有氏家里订立盟约。裨谌说："这盟约能维持多久呢？《诗经》说：'君子屡次盟誓，祸乱因此更多。'这次盟誓其实就是在促发祸乱。祸乱很难消止，必须三年之后方能解除。"然明问："政权将落入何人之手呢？"裨谌说："善人取代恶人，这是天意，政权归属岂能避开子产？若不是跨越等级选拔人才，按次序也该轮到子产执掌国政了。选择贤能之人，并加以提拔任用，是世人所尊崇的。上苍又为他清除了所有障碍，夺走了伯有的精气神，又让子西离世了，执政大权怎能避开子产呢？老天降祸于郑国已经很长时间了，一定要等子产平息所有的灾祸，这样国家才能安定下来。如若不然，郑国就要亡国了。"

经典解读

公子札是春秋时期备受瞩目的风云人物,关于他三次让国的美谈和观乐的故事至今为人们所传颂。他不仅是一名杰出的外交家,出使过鲁、齐、郑、卫、晋等国,与各国政要谈论时政,促使其和吴国通好,表现出了出色的外交才能,还对经典音乐、舞蹈有着极强的鉴赏力,对大部分乐舞都做了精辟的分析和较为中肯的评论。他从乐声中感悟历史、评价当世、预言未来,提出了很多个人观点。历史学家司马迁曾经盛赞公子札"见微而知清浊",的确,公子札确实有着深刻的洞察力,他从不同的乐曲中能够感知时代的旋律,对于各国当权者处境的分析更是鞭辟入里,经常是一语中的,体现出了不俗的政治眼光。

襄公三十一年

原　文

三十一年春,王正月,穆叔至自会,见孟孝伯,语之曰:"赵孟将死矣。其语偷①,不似民主。且年未盈五十,而谆谆焉如八九十者②,弗能久矣。若赵孟死,为政者其韩子乎!吾子盍与季孙言之,可以树善,君子也。晋君将失政矣,若不树焉,使早备鲁,既而政在大夫,韩子懦弱,大夫多贪,求欲无厌,齐、楚未足与也,鲁其惧哉!"孝伯曰:"人生几何?谁能无偷?朝不及夕,将安用树?"穆叔出而告人曰:"孟孙将死矣。吾语诸赵孟之偷也,而又甚焉。"又与季孙语晋故,季孙不从。及赵文子卒,晋公室卑,政在侈家。韩宣子为政,为能图诸侯。鲁不堪晋求,谗慝弘多③,是以有平丘之会。

注　释

①偷:苟且偷安,得过且过。
②谆谆:絮絮叨叨。
③弘多:很多。

译　文

三十一年春季,周历正月,叔孙豹从澶渊会返回鲁国,会见了孟孝伯,对他说:"赵武快死了。他言语之中透露出苟且偷安的观念,讲话一点远见都没有,根本不像百姓之主。况且年纪未满五十，就像八九十岁的老人那样唠叨不休，可见他命不久矣。如果赵武死了，执政的人大概会是韩起吧。你何不对季文子说说当前形势，让他早点和韩起建立友好关系，韩起可是个谦谦君子啊。晋国国君快要失去国家政权了，如果不和韩起友好建交，让他及早为鲁国做些准备，要不了多久大权就会被大夫把持，到时韩起处在弱势，大夫们大多贪得无厌，欲壑难填，齐、楚两国又不足以依靠，鲁国将陷入可怕的危险境地！"孟孝伯说："人生在世，一辈子又有多久呢？谁能没点苟安的想法呢？况且早上醒来还不知道自己能不能活到晚上，哪里用得着提前与人修好呢？"叔孙豹出来后对人说："孟孝伯快死了。我告诉他赵武浑浑噩噩、苟安现状，他其实比赵武更糟糕。"他又跟季文子讲起了晋国的形势，季文子没有听取他的意见。等赵武死后，晋国公室势力衰微，政权旁落于豪门大夫手中。韩起执政，无力让诸侯服从晋国。鲁国难以满足晋国提出的要求，国内出现了不少奸佞小人，因此才有了平丘的会盟。

原　文

齐子尾害闾丘婴，欲杀之，使帅师以伐阳州。我问师故。夏五月，子尾杀闾丘婴以说于我师。工偻洒、渻灶、孔虺、贾寅出奔莒。出群公子。

公作楚宫[1]。穆叔曰："《大誓》云：'民之所欲，天必从之。'君欲楚也夫！故作其宫。若不复适楚，必死是宫也。"

六月辛巳，公薨于楚宫。叔仲带窃其拱璧[2]，以与御人，纳诸其怀而从取之，由是得罪。

注　释

①作：修建，建造。
②拱璧：大璧。

译　文

齐国的子尾由于害怕闾丘婴，便企图把他杀死，派他率军攻打鲁国的阳州。鲁国质问齐军为何要发兵进犯。夏季五月，子尾以袭击鲁军为由杀掉了闾丘婴。工偻洒、渻灶、孔虺、贾寅逃奔到了莒国。子尾把公子们全都逐出了齐国。

鲁襄公修建了一座楚国风格的宫殿。叔孙豹说："《大誓》说：'民心所欲，天必应允。'国君是想要得到楚国了，所以才建造了一座楚宫。假如他不再到楚国去，那么一定会死在这座楚式的宫殿里。"

六月二十八日，鲁襄公果然死在了楚式宫殿里。叔仲带趁机盗走了鲁襄公的大玉璧，把它交给了驾车的御者，让他揣在怀里偷偷带出，然后又从御者那里索要了回来，为此得罪了鲁国人。

原　文

立胡女敬归之子子野，次于季氏。秋九月癸巳，卒，毁也①。

己亥，孟孝伯卒。

立敬归之娣齐归之子公子裯，穆叔不欲，曰："大子死，有母弟则立之，无则长立。年钧择贤②，义钧则卜，古之道也。非适嗣，何必娣之子？且是人也，居丧而不哀，在戚而有嘉容③，是谓不度。不度之人④，鲜不为患。若果立之，必为季氏忧。"武子不听，卒立之⑤。比及葬，三易衰⑥，衰衽如故衰。于是昭公十九年矣，犹有童心，君子是以知其不能终也。

冬十月，滕成公来会葬，惰而多涕。子服惠伯曰："滕君将死矣！怠于其位，而哀已甚，兆于死所矣⑦。能无从乎？"

癸酉，葬襄公。

注　释

①毁：悲痛过度。

②钧：同"均"，相同。

③嘉容：面露喜色。

④不度：不孝。

⑤卒：最终。

⑥衰：丧服。

⑦兆：征兆。

译　文

鲁国要立胡国女子敬归的儿子子野为一国之君，让他寄住在季氏家里服丧。秋季九月十一日，子野由于过度悲恸去世了。

十七日，孟孝伯逝世。

鲁国要立敬归妹妹齐归的儿子公子裯为新任国君，叔孙豹不同意拥立他，说："太子过世后，有同胞兄弟就该立为国君，没有的话当立年长者为新君。年龄相仿就选择贤德的，贤德程度差不多就占卜决定，这是自古以来的规矩。过世的子野又不是嫡子,何必要拥立他母亲妹妹的儿子公子裯当国君呢?况且公子裯这个人,服丧期间丝毫也不哀伤,死了父亲脸上反倒有几分愉快的喜色,这是不孝的表现。不孝之人,少有不招祸的。假如真把他立为国君,必然成为季氏的忧患。"季武子不听劝说,最终还是立了公子裯为国君。等到鲁国为鲁襄公举办葬礼时,公子裯接连更换了三次丧服,换好的新丧服衣襟肮脏不堪,就如同穿脏的旧衣一样。当时他已十九岁了,依旧是小孩心性,君子由此得知他将不得善终。

冬季十月,滕成公前来参加鲁襄公的葬礼,举止很不恭敬,流下了很多泪水。子服惠伯说:"滕国国君死期快到了。他处在吊临之位,却显得十分懈怠,而且悲恸过分,已显现出快死的征兆了,能不随着先君归于九泉吗?"

十月二十日,鲁国安葬了鲁襄公。

原　文

公薨之月,子产相郑伯以如晋①,晋侯以我丧故,未之见也。子产使尽坏其馆之垣而纳车马焉。士文伯让之②,曰:"敝邑以政刑之不修,寇盗充斥,无若诸侯之属辱在寡君者何?是以令吏人完客所馆③,高其闬闳④,厚其墙垣,以无忧客使。今吾子坏之,虽从者能戒,其若异客何?以敝邑之为盟主,缮完葺墙⑤,以待宾客,若皆毁之,其何以共命⑥?寡君使匄请命。"对曰:"以敝邑褊小,介于大国,诛求无时,是以不敢宁居,悉索敝赋,以来会时事。逢执事之不闲,而未得见,又不获闻命,未知见时,不敢输币,亦不敢暴露。其输之,则君之府实也,非荐陈之⑦,不敢输也。其暴露之,则恐燥湿之不时而朽蠹,以重敝邑之罪。侨闻文公之为盟主也,宫室卑庳⑧,无观台榭,以崇大诸侯之馆。馆如公寝,库厩缮修,司空以时平易道路⑨,圬人以时塓馆宫室⑩。诸侯宾至,甸设庭燎⑪,仆人巡宫,车马有所,宾从有代,巾车脂辖,隶人牧圉,各瞻其事⑫,百官之属,各展其物。公不留宾,而亦无废事,忧乐同之,事则巡之,教其不知,而恤其不足。宾至如归,无宁灾患?不畏寇盗,而亦不患燥湿。今铜鞮之宫数里,而诸侯舍于隶人。门不容车,而不可逾越。盗贼公行,而天厉不戒。宾见无时,命不可知。若又勿坏,是无所藏币,以重罪也。敢请执事,将何以命之?虽君之有鲁丧,亦敝邑之忧也。若获荐币,修垣而行,君之惠也,敢惮勤劳?"文伯覆命,赵文子曰:"信!我实不德,而以隶人之垣以赢诸侯⑬,是吾罪也。"使士文伯谢不敏焉。

注　释

①相：辅佐。

②让：责备。

③完：修缮。

④倬闳：大门。

⑤完：通"院"。

⑥共命：供给宾客所求。

⑦荐陈：进献并陈列。

⑧卑庳：低下，不高。

⑨平易：平整。

⑩塓：粉刷。

⑪庭燎：庭中照明的火炬。

⑫瞻：看管。

⑬嬴：接待。

译　文

鲁襄公去世当月，子产陪郑简公出访晋国，晋平公以鲁国正在服丧为由，不肯接见他们。子产便让人毁掉晋国馆舍的墙垣，以安置自家的车马。士匄指责他说："敝国由于政令刑罚施行得不完善，致使国内盗贼横行，怎奈诸侯及臣属经常来朝见敝国国君，因此便派官吏修缮远方宾客的馆舍，把大门加高，将墙垣加厚，以保证宾客安枕无忧。现在您毁坏了墙垣，即便您的随从能加强戒备，保卫您的安全，那别国的宾客该怎么办呢？敝国是诸侯国的盟主，所以才修缮墙垣，以待各国宾客。如果把墙垣统统毁掉，又如何满足各国宾客的需要呢？我国国君派我来询问您拆毁墙垣的原因。"子产回答说："由于敝国地域狭小，地理位置又夹在大国之间，大国不定时地向我们索要贡品，所以我们不敢安居生活，为了进贡搜尽了全国的财货，以便随时能前来朝见贵国国君。贵国国君以有事在身腾不出时间为由不愿接见我们，又没有另行发布接见的指令，不知何时才能见到贵国国君，我们不敢进献贡品，也不敢让它暴露在户外。如果交到贵国国库，那就变成贵国府库的财物了，未进行过庭院陈列的仪式，就不敢进献。如果任贡品露天摆放，怕是由于干燥或潮湿的环境而变质朽坏，这就加重了敝国的罪过了。我听说晋文公当盟主时，宫室低矮狭小，连观景的台榭都没有，却为前来朝见的诸侯建造了高大庄严的馆舍。馆舍如同君王的寝宫一样壮丽恢宏，库房、马厩都修缮得十分妥当，司空及时平整道路，泥瓦匠按时粉刷馆舍。诸侯来了，负责接待宾客的甸人便在庭院中设火把给大家照明，仆人便负责在馆舍里巡逻。车马都有安置的处所，还有人为宾客的随从代劳以供使唤，管理车辆的官吏负责给车轴涂油，清扫房间的仆役、饲养牲畜的下人都各司其职。各部属官也陈列礼品招待宾客。晋文公从不让宾客滞留馆舍，而是及时接见，也没有因此荒废政事。他与宾客共欢喜同忧乐，有事就巡查，教给宾客他们所不懂的东西，周济补充他们的不足之需。宾客来到贵国就如同回到家里一般，哪用担心灾祸啊？也不必害怕盗贼，也不必担心贡品被暴晒或被淋湿。现在贵国国君的铜鞮宫绵延数里，但接待诸侯的馆舍却和仆役的房间没什么两样。大门窄到容不得车马进出，又不能翻墙进入。盗贼公然行窃，对天灾又没有防备。宾客朝见没有定时，也不知贵国国君何时下令接见。若是不毁坏墙垣，就无处存放贡品，这就加重我们的罪责了。敢问你们究竟对我们有什么指示？虽然贵国国君赶上鲁国办丧事，但敝国也为此感到十分忧伤啊。如果让我们及早把贡品献上，我们愿修缮好墙垣再回国，这就算是贵国国君的恩惠了，岂敢害怕付出辛劳？"士匄回去复命，赵武说："他说得对。确实是我们在德行上有缺失，用奴仆的房间接待诸侯，是我们的罪过啊。"于是派士文伯给子产赔礼致歉，称自己无能，照顾不周。

原　文

　　晋侯见郑伯，有加礼，厚其宴好而归之。乃筑诸侯之馆。叔向曰："辞之不可以已也如是夫！子产有辞，诸侯赖之，若之何其释辞也①？《诗》曰：'辞之辑矣②，民之协矣。辞之绎矣，民之莫矣③。'其知之矣。"

　　郑子皮使印段如楚，以适晋告，礼也。

　　莒犁比公生去疾及展舆，既立展舆，又废之。犁比公虐，国人患之。十一月，展舆因国人以攻莒子，弑之，乃立。去疾奔齐，齐出也。展舆，吴出也。书曰："莒人弑其君买朱鉏。"言罪之在也。

注　释

　　①释：放弃。
　　②辑：和谐。
　　③莫：疾苦。

译 文

晋平公接见了郑简公,给了他很高的礼遇,加重了礼节,不仅举办了盛大的宴会招待他,还让他带着更为丰厚的礼品回国。叔向说:"外交辞令不可废弃,其重要性就像这样啊。子产工于辞令,诸侯依靠它都得到了实惠,为何要放弃外交辞令呢?《诗经》说:'政令言辞温和,百姓融洽自安;政令言辞败坏,百姓就要遭受苦难。'看来子产是深谙此道吧。"

郑国的子皮派印段出使楚国,先到晋国禀报了此事,这是合乎礼法的。

莒国的犁比公生下了去疾和展舆,本来已立了展舆为嗣君,后来又把他废黜了。犁比公生性残暴,国人因此很忧心。十一月,展舆依靠广大国人的力量对犁比公发起了进攻,将其弑杀以后就自立为国君。去疾逃奔到了齐国,因为他的母亲是齐国人。展舆的母亲是吴国人。《春秋》写道:"莒国弑杀了国君买朱鉏。"意思是罪责在犁比公自己身上。

原 文

吴子使屈狐庸聘于晋,通路也①。赵文子问焉,曰:"延州来季子其果立乎?巢陨诸樊,阍戕戴吴②,天似启之,何如?"对曰:"不立。是二王之命也,非启季子也。若天所启,其在今嗣君乎!甚德而度,德不失民,度不失事,民亲而事有序,其天所启也。有吴国者,必此君之子孙实终之。季子,守节者也。虽有国,不立。"

十二月,北宫文子相卫襄公以如楚,宋之盟故也。过郑,印段廷劳于棐林,如聘礼而以劳辞。文子入聘③。子羽为行人,冯简子与子大叔逆客。事毕而出,言于卫侯曰:"郑有礼,其数世之福也,其无大国之讨乎!《诗》曰:'谁能执热④,逝不以濯。'礼之于政,如热之有濯也。濯以救热,何患之有?"

注 释

①通路:促进两国友好沟通。
②戕:杀害。
③入聘:进入国都聘问。
④执:忍受。

译 文

吴王夷昧派屈狐庸出访晋国,目的在于促进两国友好沟通。赵武问屈狐庸:

"公子札真能被拥立为国君吗？吴王诸樊在讨伐曹国时死去，吴安王余祭又死在了守门人刀下，老天似乎为公子札开启了一扇通往君王宝座的大门，是这样吗？"屈狐庸回答说："吴国不会把公子札立为国君。诸樊和余祭两位君王死于非命是运气不佳，不是为公子札打开做君王的大门。如若老天开启了大门，这扇大门也应该是为当今的嗣君而开吧！他讲仁德，行事合乎法度，讲仁德就不会失去民心，行事合法度就不会做错事。民众亲附，一切事情都井然有序，这就是上天在扶助他啊。能执掌吴国社稷的，一定是他的子孙后代。公子札，一个坚守节操的人，即便让他享有整个国家，他也是不会当国君的。"

十二月，北宫文子陪同卫襄公出使楚国，是因为和宋国缔结了盟约，要履行盟约内容的缘故。路过郑国时，印段特地赶赴棐林慰劳两人，以聘问之礼和慰劳之辞致意。文子去了国都访问。子羽以外交使臣的身份随行，冯简子和太叔负责迎接远方的宾客。事后文子离开了郑国国都，对卫襄公说："郑国讲求礼节，这是国人几代人的福祉，不会有大国讨伐他们了。《诗经》说：'谁能耐得住酷热，而誓不沐浴求凉。'礼仪之于政事，就像闷热的天气一定要洗澡降温一样，是必不可少的。通过洗浴就能解热消暑，解决所有问题，还有什么可忧虑的呢？"

原　文

子产之从政也，择能而使之。冯简子能断大事，子大叔美秀而文，公孙挥能知四国之为，而辨于其大夫之族姓、班位①、贵贱、能否，而又善为辞令，裨谌能谋，谋于野则获②，谋于邑则否。郑国将有诸侯之事，子产乃问四国之为于子羽，且使多为辞令。与裨谌乘以适野，使谋可否。而告冯简子，使断之。事成，乃授子大叔使行之，以应对宾客。是以鲜有败事。北宫文子所谓有礼也。

郑人游于乡校，以论执政。然明谓子产曰："毁乡校，何如？"子产曰："何为？夫人朝夕退而游焉，以议执政之善否。其所善者，吾则行之。其所恶者，吾则改之。是吾师也，若之何毁之？我闻忠善以损怨，不闻作威以防怨。岂不遽止③，然犹防川，大决所犯，伤人必多，吾不克救也。不如小决使道④。不如吾闻而药之也。"然明曰："蔑也今而后知吾子之信可事也。小人实不才⑤，若果行此，其郑国实赖之，岂唯二三臣？"

注 释

①班位：官职爵位。
②获：正确。
③遽：迅速，马上。
④道：通"导"，导流，疏通。
⑤不才：没有才能。

译 文

子产执掌国政以后，选拔有能力的人才，并重用他们。比如冯简子遇大事表现得果敢决断，子太叔外表俊美且文采出众，子羽对四方诸侯国的政令非常熟悉，且对各国大夫的族姓、爵位、身份尊卑、能力大小等详细情况都十分了解，又非常善于辞令。裨谌擅长出谋献策，在郊外谋划，通常能取得成功，在城中谋划往往失败。遇上郑国和诸侯各国的外交事务，子产都会向子羽询问有关各国政令的情况，又让他负责拟写外交辞令。随后便和裨谌一同乘车去郊外，让他谋划实施策略，弄清怎样做可行，怎样做不可行。之后将计划告诉冯简子决断。计划完成以后，便交给太叔执行，让他按照计划应对宾客。这样事情少有办不成的。这就是北宫文子所说的有礼了。

郑国人在乡间学堂里游览集会，讨论国政大事。然明对子产说："将这些乡间学堂一律摧毁怎样？"子产说："为何要那样做呢？人们从早到晚干完活后，就会到这里游览放松，议论施政措施的好坏，他们认为是好的政令，我们就广泛施行，他们认为不好的政令，我们就加以修改。乡间学堂其实是教导我们如何执政的老师啊，为何要把它毁掉呢？我听说忠于良善可以减少怨恨，没听说通过淫威来压制阻止怨恨。强行制止，可以让大家闭口不谈，但那样做就像防止洪水决堤一样，一旦决堤，必有许多人受害，到时局面就不是我们所能挽救的了。还不如开个小口导流，疏通水道。我们不妨把人们的负面言论当成苦口的良药。"然明说："我今天才明白您是可以成就一番大业的，而我确实没有才能。如果照您说的去做，确实对郑国大为有利，岂只是对几个大臣有益？"

原 文

仲尼闻是语也，曰："以是观之，人谓子产不仁，吾不信也。"

子皮欲使尹何为邑①。子产曰："少，未知可否？"子皮曰："愿②，吾爱之，不吾叛也。使夫往而学焉，夫亦愈知治矣。"子产曰："不可。人之爱人，求利之也。今吾子爱人则以政，犹未能操刀而使割也，其伤实多。子之爱人，伤之而已，其谁敢求爱于子？子于郑国，栋也，栋折榱崩③，侨将厌焉④，敢不尽言？子有美锦，不使人学制焉。大官、大邑，身之所庇也，而使学者制焉，其为美锦，不亦多乎？侨闻学而后入政，未闻以政学者也。若果行此，必有所害。譬如田猎，射御贯则能获禽⑤，若未尝登车射御，则败绩厌覆是惧，何暇思获？"子皮曰："善哉！虎不敏。吾闻君子务知大者、远者，小人务知小者、近者。我，小人也。衣服附在吾身，我知而慎之。大官、大邑所以庇身也，我远而慢之。微子之言，吾不知也。他日我曰：'子为郑国，我为吾家，以庇焉，其可也。'今而后知不足。自今，请虽吾家，听子而行。"子产曰："人心之不同，如其面焉。吾岂敢谓子面如吾面乎？抑心所谓危，亦以告也。"子皮以为忠，故委政焉。子产是以能为郑国。

注　释

①为邑：当邑宰。
②愿：谨慎老实。
③榱：椽子。
④厌：通"压"。
⑤贯：通"惯"，熟练。

译　文

孔子听到这番言论后说："由此可见，人们说子产不仁德，我是不会相信的。"

子皮想让尹何做自己封邑的邑宰。子产说："尹何年少，不知能否担当重任？"子皮说："尹何为人谨慎老实，我很喜爱他，相信他是绝不会背叛我的，派他到我的封邑学习一下怎样处理政务，他也就懂得治理之道了。"子产说："不可以这样做。爱一个人，便希望对其有利。而如今你喜爱别人，便把政务交给他，就如同让不会操刀的人割东西，这样做必然会给他带来很多伤害。你喜爱别人的方式就是伤害人罢了，谁还敢求得你的喜欢？你对郑国来说，堪称栋梁之材，正梁摧折，椽子便会随之崩塌，我会被压在屋底，所以我哪敢把话说尽？如果你有了华美的锦缎，是不会让生手学习如何裁衣的。大官、大封邑，是用来庇护自身身家的，而你却让别人学习如何治理自己的封邑，官爵和封邑和美丽的锦缎相比，价值不是更大吗？我听说经过学习以后方能为官从政，从来没听说过通过为官从政来学习的。若是真要这样做，必定会深受其害。譬如狩猎，箭术好又善于驾车的，便能擒获猎物，不曾登车，也没开弓射过箭，那么就会一味担心翻车被压，哪有心思考虑如何捕获猎物呢？"子皮说："讲得好。我真是愚钝。我听说君子知晓大事，所以能深谋远虑。小人只明白小事，所以比较短视，只能看到近在眼前的东西。我就是个小人啊。衣裳穿在身上，我知道悉心爱护。大官、大封邑是用来庇护自身身家的，我却疏远而轻慢它。假如没有你说的这番话，我是不懂得这个道理的。以前我曾经说过，你治理整个郑国，我管好我的家庭，能为自己提供庇护之所就足够了。如今才知道这样是远远不够的。现在我请求即便是我家里的事情，也听取你的建议行事。"子产说："人和人的想法是不一样的，就像没有人长着同一幅面孔一样。我怎敢说你的脸长得就像我的脸呢？不过只要我觉得是危险的事情，就会提醒相告。"子皮认为子产为人忠诚，因而把国政大权交给他了。子产由此能在郑国掌管国政。

原　文

　　卫侯在楚，北宫文子见令尹围之威仪，言于卫侯曰："令尹似君矣！将有他志，虽获其志，不能终也。《诗》云：'靡不有初，鲜克有终。'终之实难，令尹其将不免？"公曰："子何以知之？"对曰："《诗》云：'敬慎威仪，惟民之则。'令尹无威仪，民无则焉。民所不则[①]，以在民上，不可以终。"公曰："善哉！何谓威仪？"对曰："有威而可畏谓之威，有仪而可象谓之仪。君有君之威仪，其臣畏而爱之，则而象之[②]，故能有其国家，令闻长世。臣有臣之威仪，其下畏而爱之，故能守其官职，保族宜家。顺是以下皆如是，是以上下能相固也。《卫诗》曰：'威仪棣棣[③]，不可选也。'言君臣、上下、父子、兄弟、内外、大小皆有威仪也。《周诗》曰：'朋友攸摄[④]，摄以威仪。'言朋友之道，必相教训以威仪也。《周书》数文王之德，曰：'大国畏其力，小国怀其德。'言畏而爱之也。《诗》云：'不识不知，顺帝之则。'言则而象之也。纣囚文王七年，诸侯皆从之囚。纣于是乎惧而归之，可谓爱之。文王伐崇，再驾而降为臣，蛮夷帅服[⑤]，可谓畏之。文王之功，天下诵而歌舞之，可谓则之，文王之行，至今为法，可谓象之。有威仪也。故君子在位可畏，施舍可爱，进退可度，周旋可则，容止可观，作事可法，德行可象，声气可乐，动作有文，言语有章⑥，以临其下，谓之有威仪也。"

注　释

①则：效法。
②象：效仿。
③棣棣：文雅安闲。
④摄：辅助。
⑤帅服：相率而归服。
⑥章：章法，条理。

译　文

卫襄公在楚国时，北宫文子见到了楚国令尹公子围的威仪，便对卫襄公说："令尹威严的气度俨然就像一位国君，怕要有其他的志向，即便实现不了当国君的雄心大志，也不能善终。《诗经》说：'万事不难有好的开端，但却少有好的结果。'想要有好的结局确实是很难的，令尹怕是难以免于灾祸吧？"卫襄公说："你是怎么知道的呢？"北宫文子回答道："《诗经》说：'恭敬谨慎地保持威仪，它是百姓效仿的典范。'令尹没有威仪，老百姓就没有效仿的榜样，百姓不去效法的人，地位却居于万民之上，这样的人是不得善终的。"卫襄公："说得太好了。那么什么是威仪呢？"北宫文子回答说："具有威严，能震慑人心，让人畏惧，就是威。有让人效法的仪表就是仪。国君有国君的威仪，群臣既敬畏他又爱戴他，把他当成效法的榜样，因此他才能拥有整个国家，并千古流芳。臣下有臣下的威仪，他的下级对他也是既敬畏又爱戴，所以他才能守住自己的官职爵位，庇护好自己的家族，保持家庭和睦。往下推理也是同样的道理，所以上下能相互巩固。《卫诗》说：'雍容娴雅有威仪，不能荏弱被欺瞒。'说的是君臣、上下、父子、兄弟、内外、大小全都有威仪。《周诗》说：'朋友之间互帮互助，凭借的就是威仪。'这是说朋友要利用威仪互相劝导。《周书》列举文王的仁德，说：'大国敬畏他的力量，小国感念他的恩德。'说的是人们对他既敬畏又爱戴。《诗经》说：'无知无识，冥冥之中顺应上苍的自然法则。'这就是说只要效法榜样就可以了。商纣囚禁了文王整整七年，诸侯全都愿意跟着他入狱。商纣因此非常害怕，就释放了他。由此可见，百姓有多么爱戴文王。文王讨伐崇国，率军攻打了两次，崇国就归降臣服了，蛮夷也相继归顺，可见人们是敬畏文王了。文王的功绩，天下传颂，并编排了歌舞颂扬他，可见他已是人们效法的榜样。文王的行事方式，至今是人们模仿的典范，可见人们都在仿效他，这是因为他拥有威仪。所以君子身在高位，要让人从内心敬畏，施加恩惠时要让人产生爱戴之情，进退都能作为法度，处事要应对自如，成为让人效法的榜样，仪容举止值得观赏，做事风格值得效法，德行值得模仿，言谈气度使人愉悦，动作温文尔雅，讲话有章法有条理，这样对待下属，就被称之为威仪。"

经典解读

春秋时期的乡校是百姓畅所欲言议论时政的场所，然明认为让百姓议政不利于统治，建议毁掉乡校，子产却认为尊重民众的舆论监督，自觉接受批评，不断改进自己的施政措施，于国于民都是有利的，而压制人民的自由言论则会后患无穷。正所谓"防民之口甚于防川"，统治者如果无道，即使堵得住众人的悠悠之口，也平息不了沸腾的民怨，还会加剧社会矛盾，给国家埋下危险的安全隐患。只有像疏通水道那样疏导人民的言论，认真倾听民意民声，遵从人民的意愿，才能不断提高执政水平，获得人民的认同，从而缔造出国泰民安的和谐社会。

昭 公

昭公元年

原　文

　　元年春,楚公子围聘于郑,且娶于公孙段氏,伍举为介。将入馆,郑人恶之,使行人子羽与之言,乃馆于外。既聘,将以众逆。子产患之,使子羽辞,曰:"以敝邑褊小①,不足以容从者,请埤听命②!"令尹命大宰伯州犁对曰:"君辱贶寡大夫围③,谓围:'将使丰氏抚有而室④。'围布几筵,告于庄、共之庙而来。若野赐之,是委君贶于草莽也!是寡大夫不得列于诸卿也!不宁唯是,又使围蒙其先君,将不得为寡君老,其蔑以复矣。唯大夫图之!"子羽曰:"小国无罪,恃实其罪。将恃大国之安靖己,而无乃包藏祸心以图之。小国失恃而惩诸侯⑤,使莫不憾者⑥,距违君命,而有所壅塞不行是惧!不然,敝邑,馆人之属也,其敢爱丰氏之祧?"伍举知其有备也,请垂橐而入⑦。许之。

注　释

①褊小:狭小。
②埤:古代祭祀用的场地。
③贶:赐。
④丰氏:公孙段。
⑤惩:戒惧。
⑥憾:怨恨。
⑦垂:倒挂。橐:装武器的袋子。将橐倒挂表示里面没装武器。

译　文

　　元年春季,楚国令尹公子围出访郑国,要迎娶公孙段的女儿。伍举以副使身份陪他去郑国聘问。两人将进入郑都的馆舍时，郑国人露出了厌恶的神色，派外交使臣子羽婉言拒绝他们入馆，两人便住到了城外。访问完郑国之后，公子围准备带兵迎亲。子产很担忧，便派子羽拒绝说："敝国地域狭小，容不下贵国那么多随从，请在城外设坛举办婚礼吧。"公子围派太宰伯州犁回复说："承蒙贵国国君施恩于我国大夫公子围，承诺要把公孙段的女儿许配给他做妻室。公子围为此摆下了酒筵，到庄王、共王的庙堂祭告完之后就赶过来了。如若把荒郊野外当作赐给我们设坛行礼的场地，就无异于把贵国国君的恩惠抛到了荒草里。这样的待遇是没把我国大夫列在卿的位置上。不仅这样，还使公子围蒙骗了我国国君，令他失去了担任我国上卿的资格，不能再做我国国君的老臣，恐怕是没法回去复命了。还请大夫三思。"子羽说："小国本来没有什么罪过，但依赖大国不加防备就是罪过。小国想要依仗大国之力安定国家，怎奈大国包藏祸心想要吞并小国。我们小国如果失去了依靠，诸侯便会生出戒惧之心，全都对大国产生怨恨之情，如此一来就会违抗贵国国君的命令，怕是使政令淤塞不通。如果不是这样，敝国国都就成了贵国的馆舍了，岂敢舍不得让你们到丰氏的庙堂行礼吗？"伍举知道郑国已经有所防备了，便请求倒背弓袋走进郑国国都。子产这才答应他们入城迎亲。

原　文

　　正月乙未，入，逆而出。遂会于虢，寻宋之盟也。祁午谓赵文子曰："宋之盟，楚人得志于晋。今令尹之不信，诸侯之所闻也。子弗戒，惧又如宋。子木之信称于诸侯，犹诈晋而驾焉①，况不信之尤者乎？楚重得志于晋，晋之耻也。子相晋国以为盟主，于今七年矣！再合诸侯，三合大夫，服齐、狄，宁东夏，平秦乱，城淳于，师徒不顿②，国家不罢③，民无谤讟④，诸侯无怨，天无大灾，子之力也。有令名矣，而终之以耻，午也是惧。吾子其不可以不戒！"文子曰："武受赐矣！然宋之盟，子木有祸人之心，武有仁人之心，是楚所以驾于晋也。今武犹是心也，楚又行僭⑤，非所害也。武将信以为本，循而行之。譬如农夫，是穮是蓘⑥，虽有饥馑⑦，必有丰年。且吾闻之：'能信不为人下。'吾未能也。《诗》曰：'不僭不贼，鲜不为则。'信也。能为人则者，不为人下矣。吾不能是难，楚不为患。"

　　楚令尹围请用牲，读旧书，加于牲上而已。晋人许之。

注　释

①驾：凌驾。

②顿：疲乏，劳顿。

③罢：疲敝。

④谮：诽谤。

⑤僭：不守信。

⑥穮：耕田除草。蓘：用土培苗根。

⑦饥馑：荒年。

译　文

　　正月十五日，公子围进入郑国国都，娶亲完毕后便离开了都城。随后和鲁国的叔孙豹、晋国赵武、齐国国弱、宋国向戌、陈国公子招、蔡国公子归生、郑国罕虎、许国人、曹国人在虢地会盟，重申在宋国盟会订立的友好盟约。祁午对赵武说："宋国盟会，楚国人占了晋国的先。现在楚国令尹公子围没有信用，这是诸侯都知道的。如果你不防备，怕是又像宋国盟会那样被楚国占了先机。楚国的前任令尹子木是个守信之人，为诸侯所称道，尚且诓骗过晋国，妄图凌驾于晋国之上，更何况是以不守信出名的人呢？再次让楚国抢先于晋国，将是晋国的奇耻大辱。你辅佐晋国做诸侯国的盟主，至今已经有七年时间了。其间晋国两次召集诸侯会盟，三次召集大夫会盟，让齐国和狄人臣服，使华夏东部国家得以安宁，平息了秦国的祸乱，在杞国淳于筑城，却没使军队劳顿疲敝，国家物资也没因此而困乏，百姓没有抨击之语，诸侯口中毫无怨言，老天也没降下大灾难，这都是你的功劳。你是个有名望的人，我担心最后以蒙受耻辱告终，所以你不能不有所戒备。"赵武说："我接受你所赐的良言。但在宋国盟会上，子木心术不正，有害人之心，我有宽仁爱人之心，所以楚国能凌驾于晋国之上。现在我初心不改，楚国如果再失信，就损害不了我们的利益了。我将以信誉为本，遵循信义之道，依此行事。譬如农夫，每天辛苦地翻地培土，辛勤劳作，虽然也会遭遇荒年挨饿，但必然也会遇上丰收的好年景。况且我听说：'守信者不会位居人下。'我怕是没有做到这一点。《诗经》说：'不奸诈不害人，鲜有不成为榜样的。'这是因为讲信用的缘故。能成为人们效法的榜样的，就不会位列人下。我担心的是自己做不到这一点，并不担忧楚国会给我们带来什么祸患。"

　　楚国令尹公子围请求用牲畜祭祀，宣读完旧时的盟约后，把盟书放到了祭祀的牺口上面。晋国允许他这样做。

原　文

三月甲辰，盟。楚公子围设服离卫①。叔孙穆子曰："楚公子美矣，君哉！"郑子皮曰："二执戈者前矣！"蔡子家曰："蒲宫有前，不亦可乎？"楚伯州犁曰："此行也，辞而假之寡君。"郑行人挥曰②："假不反矣！"伯州犁曰："子姑忧子皙之欲背诞也③。"子羽曰："当璧犹在④，假而不反，子其无忧乎？"齐国子曰："吾代二子愍矣⑤！"陈公子招曰："不忧何成，二子乐矣。"卫齐子曰："苟或知之，虽忧何害？"宋合左师曰："大国令，小国共。吾知共而已。"晋乐王鲋曰："《小旻》之卒章善矣，吾从之。"

注　释

①离卫：设置卫兵。

②行人：官名。

③背诞：违背命令，放诞妄为。

④当璧：国君。

⑤愍：担忧。

译　文

三月二十五日，各国结盟。楚国的公子围陈列了国君的仪仗服饰，前后各有两名士兵护卫。叔孙穆子说："楚国的公子围看起来威武不凡，简直就像个君王！"郑国的子皮说："有两名手持兵戈的人站到前面来了！"蔡国的子家说："他的寝宫就是楚王的离宫蒲宫，前面有两个手持兵器的卫兵也是可以的吧？"楚国的伯州犁说："这些仪仗是出行前向我国国君借来的。"郑国的外交使臣子羽说："借了怕是就不会归还了吧！"伯州犁说："你还是为你们的子皙会不会违背君命谋乱操心一下吧。"子羽说："贵国国君尚且健在，公子围借了君王的仪仗不还，你难道一点不担心吗？"齐国的国弱说："我替公子围和伯州犁担心啊。"陈国的公子招说："不忧虑怎能成事，这两个人一点不忧虑，盲目欢乐，什么也做不成。"卫国的齐子说："如果事先体察，有所防备，即使有了忧患，又能造成什么危害呢？"宋国的合左师说："大国发令，小国听命，我们只要知道恭顺听令就可以了。"晋国的乐王鲋说："《小旻》的终章讲得非常好，我愿照里面写的那样做，不去公然挖苦别人。"

原　文

　　退会，子羽谓子皮曰："叔孙绞而婉①，宋左师简而礼，乐王鲋字而敬，子与子家持之，皆保世之主也②。齐、卫、陈大夫其不免乎？国子代人忧，子招乐忧③，齐子虽忧弗害。夫弗及而忧，与可忧而乐，与忧而弗害，皆取忧之道也，忧必及之。《大誓》曰：'民之所欲，天必从之。'三大夫兆忧，能无至乎？言以知物，其是之谓矣。"

　　季武子伐莒，取郓，莒人告于会。楚告于晋曰："寻盟未退④，而鲁伐莒，渎齐盟，请戮其使。"

注　释

　　①绞：恰当。
　　②保世：世代保有禄位。
　　③乐忧：以忧虑为乐事。
　　④退：结束。

译　文

　　离开盟会会场以后，子羽对子皮说："叔孙言辞含而不露、恰当委婉，宋国左师向戌讲话简洁明了、彬彬有礼，乐王鲋自爱而恭敬，你和子家讲话言辞得当，你们的家族都会世代保有禄位。齐国、卫国和陈国的大夫大概就不能免除灾祸吧。国弱替别人担忧，子招以忧虑为乐事，齐子虽忧虑，但却没把忧患看成危害，凡是忧患没降临自己头上而代别人忧虑，应忧虑时反而很快乐，虽然忧虑却看不到危害，都会招致忧患，忧患必然会降临到自己身上。《大誓》说：'民心所欲，天必应允。'三位大夫已有了担忧的先兆，忧患能不降临吗？从言辞中就能推测到事情的结果，说的就是这种情况了。"

　　季武子率军讨伐莒国，占领了郓地，莒国人向盟会禀报了这一情况。楚国对晋国说："重申宋国盟约的盟会尚未结束，鲁国就开始讨伐莒国，这是公然亵渎盟约，请斩杀鲁国使者以示训诫。"

原　文

　　乐桓子相赵文子，欲求货于叔孙而为之请，使请带焉，弗与。梁其胫曰："货以藩身①，子何爱焉？"叔孙曰："诸侯之会，卫社稷也。我以货免，鲁必受师②。是祸之也，何卫之为？人之有墙，以蔽恶也③。墙之隙坏，谁之咎也？卫而恶之，吾又甚焉。虽怨季孙，鲁国何罪？叔出季处，有自来矣，吾又谁怨？然鲋也贿，弗与，不已。"召使者，裂裳帛而与之，曰："带其褊矣。"赵孟闻之，曰："临患不忘国，忠也。思难不越官，信也；图国忘死，贞也；谋主三者，义也。有是四者，又可戮乎？"乃请诸楚曰："鲁虽有罪，其执事不辟难，畏威而敬命矣。子若免之，以劝左右可也。若子之群吏处不辟污④，出不逃难，其何患之有？患之所生，污而不治，难而不守，所由来也。能是二者，又何患焉？不靖其能⑤，其谁从之？鲁叔孙豹可谓能矣，请免之以靖能者。子会而赦有罪，又赏其贤，诸侯其谁不欣焉望楚而归之，视远如迩？疆场之邑，一彼一此，何常之有？王伯之令也，引其封疆，而树之官。举之表旗，而著之制令。过则有刑，犹不可壹。于是乎虞有三苗，夏有观、扈，商有姺、邳，周有徐、奄。自无令王⑥，诸侯逐进，狎主齐盟⑦，其又可壹乎？恤大舍小，足以为盟主，又焉用之？封疆之削，何国蔑有？主齐盟者，谁能辩焉？吴、濮有衅，楚之执事岂其顾盟？莒之疆事，楚勿与知，诸侯无烦，不亦可乎？莒、鲁争郓，为日久矣，苟无大害于其社稷，可无亢也⑧。去烦宥善，莫不竞劝。子其图之！"固请诸楚，楚人许之，乃免叔孙。

注　释

①藩身：庇护自身。

②受师：受到军队讨伐。

③蔽：遮，挡。

④辟污：躲避烦难之事。

⑤靖：安抚。

⑥令王：圣明的君王。

⑦狎主齐盟：轮流主持盟会。

⑧亢：保护，护卫。

译　文

　　乐王鲋是以赵武副使的身份参加会盟的，他想从叔孙豹那里求取贿赂，以此作为替他求情的条件。他派人向叔孙豹索要带子，叔孙豹没有给他。梁其胫说："财物是用来庇护自身的，你何必那么吝惜钱财呢？"叔孙豹说："诸侯会盟，是为了保卫各自的国家社稷。我用财货免除灾祸，鲁国势必要受到攻打。这样做是为国家带来灾祸呀，何谈是保卫国家呢？人们竖起高墙，是为了把恶人挡在外面。墙壁有了裂缝，是谁的错呢？本意是保卫国家却为国家带来了灾祸，我的罪过比让护国的墙垣出现裂缝还要大了。季孙发兵进攻莒国应该受到谴责，但鲁国有什么罪过呢？我出使国外，季孙留在国内镇守，我们的分工一向都是如此，我又能埋怨谁呢？不过乐王鲋非常贪财，如果不给他送去财物，他不会善罢甘休。"于是便召请使者，撕下下衣的一块布料交给他，说："带子太小了，把这个拿去吧。"赵武听说了这件事以后，说："面临大祸却时刻不忘国家，这是忠心。想到自己的危难，却仍不肯放弃职守，这是讲信义；一心为国家考虑，舍生忘死，这是坚贞。为国家谋划时能做到这三点，就是讲道义。此人具备了这四点美德，又怎能诛戮呢？"于是便向楚国请求说："鲁国虽然有罪，但主事的臣子不逃避责罚，因为畏惧贵国的国威，愿意俯首听令。您如果赦免了他的死罪，用来激励追随自己的臣子，不是很好吗？如果您的臣子能做到留守国内不躲避烦难之事，出使在外不逃避危难，您还有什么可忧虑的呢？国家出现忧患，是因为臣子遇到烦难之事不肯着手解决，祸难来了就逃避，一切的忧患都是这样产生的。如果在内能处理好烦难之事，在外能解除灾祸，把两件事都做好，还有什么可忧虑的呢？身为君王，如果不能安抚贤德之人，谁又愿意追随他呢？鲁国的叔孙豹堪称是贤能之人，我请求您能免他一死，以安抚其他贤德者。如果您参加了盟会赦免了鲁国的罪过，又奖励了鲁国的贤者，诸侯之中有谁不愿欣然归服贵国，进而把遥远的楚国看成可亲近的国家呢？各国边境上的城邑，时而归属这个国家，时而归属那个国家，归属哪有定数呢？三王五伯下令划分疆界，在各地设置官吏，在边界立了界碑，制定了相关法令。只要越界就要受罚。但犹不能让边界保持一成不变。因此三王时代三苗作乱，夏朝时期观氏和扈氏叛乱，商朝时期姺氏和邳氏谋乱，周朝时期徐国和奄国作乱。自从没了圣明的天子，诸侯并起，互相讨伐扩张土地，轮流当盟主，又怎么能让各国国界保持不变呢？关心天下大事，舍弃一些不足挂齿的小事，才足以成为雄霸天下的盟主，何必过问那些小事呢？领土面积被削弱，边界遭到侵犯，这种情况哪个国家没遇到过呢？作为诸侯国的盟主，有谁能逐一过问呢？

若是贵国的邻国吴国和百濮有机可乘,您还能做到顾忌盟约约定,错过发兵讨伐他们的大好机会吗?莒国边疆上的事情,楚国最好不要过问了,不必再劳烦诸侯,不是很好吗?莒、鲁两国争夺郓地已经很久了,只要对莒国的国家社稷没有造成太大的损害,就不必保护它。免去诸侯的劳烦,赦免贤德之人,人们就会竞相努力效忠于您。请您仔细考虑一下吧。"赵武坚决向楚国请求,楚国人同意了,于是便赦免了叔孙豹。

原 文

令尹享赵孟,赋《大明》之首章。赵孟赋《小宛》之二章。事毕,赵孟谓叔向曰:"令尹自以为王矣,何如?"对曰:"王弱,令尹强,其可哉!虽可,不终①。"赵孟曰:"何故?"对曰:"强以克弱而安之,强不义也。不义而强,其毙必速。《诗》曰:'赫赫宗周,褒姒灭之。'强不义也。令尹为王,必求诸侯。晋少懦矣,诸侯将往。若获诸侯,其虐滋甚②。民弗堪也,将何以终?夫以强取,不义而克,必以为道。道以淫虐③,弗可久已矣!"

注 释

①不终:不得善终,没有好结果。
②滋甚:更厉害。
③道以淫虐:以荒淫暴虐为常道。

译 文

楚国令尹公子围设酒宴招待了赵武,吟咏了《大明》第一章。赵武吟诵了《小宛》第二章。事后,赵武对叔向说:"楚国令尹公子围自以为是一国之君了,他未来命途会怎样?"叔向回答说:"楚国过往羸弱,令尹强悍,他可能成功加冕为王吧。但即使能如愿成为君王,也不会有什么好下场。"赵武问:"为什么呢?"叔向回答说:"恃强凌弱却安心坦然,这样的强大是不符合道义的。不讲道义,又格外强大,很快就会走向灭亡。《诗经》说:'西周强盛一时,却因褒姒灭亡。'这就是强大却不仁义的缘故啊。如果令尹公子围成了君王,一定会谋求众诸侯的拥戴。晋国已经衰微了,诸侯会陆续归附他,一旦获得了诸侯的支持,他就会更加残暴。老百姓忍受不了他的暴虐,他怎么能得到善终呢?依靠强大的力量夺取君位,通过不义的手段实现目标,必然以为这就是正常的途径。把淫乱残暴视为常道,他的统治是不可能持久的啊。"

原　文

夏四月，赵孟、叔孙豹、曹大夫入于郑，郑伯兼享之①。子皮戒赵孟②，礼终，赵孟赋《瓠叶》。子皮遂戒穆叔，且告之。穆叔曰："赵孟欲一献，子其从之！"子皮曰："敢乎？"穆叔曰："夫人之所欲也，又何不敢？"及享，具五献之笾豆于幕下。赵孟辞，私于子产曰："武请于冢宰矣。"乃用一献③。赵孟为客，礼终乃宴。穆叔赋《鹊巢》。赵孟曰："武不堪也。"又赋《采蘩》，曰："小国为蘩④，大国省穑而用之⑤，其何实非命？"子皮赋《野有死麕》之卒章。赵孟赋《常棣》，且曰："吾兄弟比以安，尨也可使无吠⑥。"穆叔、子皮及曹大夫兴，拜，举兕爵⑦，曰："小国赖子，知免于戾矣。"饮酒乐。赵孟出，曰："吾不复此矣。"

注　释

①兼享：同时设宴招待。

②戒：预先通知。

③一献：宴饮时进酒一次为一献。

④蘩：白蒿。

⑤省穑：爱惜。

⑥尨：多毛的狗。

⑦兕爵：以犀牛角制成的酒杯。

译　文

夏季四月，赵武、叔孙豹和曹国的大夫都去了郑国，郑简公设下酒筵同时招待三人。子皮通知赵武赴宴的时间，礼毕，赵武吟咏了《瓠叶》一诗。子皮通知叔孙豹赴宴的时间，并将赵武吟诵《瓠叶》的事情告诉了他。叔孙豹说："赵武想要席间只进酒一次，你还是听从他的意愿吧。"子皮说："郑国敢这样招待他吗？"叔孙豹说："这就是他想要的，有什么不敢的？"等到宴会开始时，郑国在东房准备了五献的食品用具。赵武拒绝了这样的款待，私下里对子产说："我已经对上卿子皮请求过了，敬酒一次就可以了。"于是便用了一献的食品用具，只敬了一次酒。赵武为主宾，享礼结束后，才开始入席饮宴。叔孙豹吟诵了《鹊巢》一诗。赵武说："这我可不敢当啊。"叔孙豹又吟诵了《采蘩》一诗，说："小国就好比蘩草，大国如若不弃，愿意爱惜它使用它，岂敢不俯首听命呢?"子皮吟咏了《野有死麕》的最后一章,赵武吟诵了《常棣》一诗,并说:"只要我们兄弟之间保持亲密友好的关系,各自相安,就不会让狗乱吠了。"叔孙豹、子皮和曹国的大夫起身拜谢,举起酒杯说:"我们小国仰仗你的扶持,便知道自己能免除灾祸了。"他们喝得非常愉快,赵武离开宴席之后,说:"我今后再也不能喝得这么畅快了。"

原　文

天王使刘定公劳赵孟于颍,馆于洛汭①。刘子曰:"美哉禹功,明德远矣!微禹,吾其鱼乎!吾与子弁冕端委②,以治民临诸侯,禹之力也。子盍亦远绩禹功③,而大庇民乎?"对曰:"老夫罪戾是惧,焉能远焉?吾侪偷食④,朝不谋夕,何其长也?"刘子归,以语王曰:"谚所为老将知而耄及之者⑤,其赵孟之谓乎!为晋正卿,以主诸侯,而侪于隶人,朝不谋夕,弃神人矣。神怒民叛,何以能久?赵孟不复年矣。神怒,不歆其祀⑥;民叛,不即其事。祀事不从,又何以年?"

注　释

①洛汭:洛水岸边。
②弁冕:古代男子冠名,指礼帽。端委:礼服。
③绩:同"继"。
④侪:等辈,同类人。偷食:苟且度日。
⑤耄:昏乱、糊涂。
⑥歆:享用。

译　文

周景王让刘定公前往颍地对赵武表达慰劳之意,两人下榻于洛水下游的馆舍。刘定公说:"大禹真是功绩卓著啊,他圣明的美德流传久远!如果没有大禹,我们怕是要变成水里的大鱼了吧。我和你都身着朝服头顶礼帽,管理民众应对诸侯,这都是大禹的功劳啊,你为何不继承大禹的功业,竭力庇护百姓呢?"赵武回答说:"老夫唯恐自己犯错,哪有心思去想那么长远的事情?我们这样的人苟且偷安,过完了早上,就不想晚上的事,何必考虑那么长远呢?"刘定公回去对周景王说:"民谚说人越老越精明,不过也会越老越糊涂,这说的大概就是赵武吧。他身居晋国正卿之位,掌管诸侯之间的事务,却把自己等同于奴仆一样卑下的人,过了早上就不想考虑晚上的事,这就是把神灵和百姓都抛弃了。神灵降怒于他，百姓背叛他，他的日子怎么能长久呢？赵武活不过这一年了。神明震怒，不肯享用他的祭祀；百姓叛离，不愿为他效力，祭祀之事不能正常进行，国事也办不好，他又怎么能活过今年呢？"

原　文

叔孙归，曾夭御季孙以劳之。旦及日中不出①。曾夭谓曾阜曰："旦及日中，吾知罪矣。鲁以相忍为国也，忍其外不忍其内，焉用之？"阜曰："数月于外，一旦于是，庸何伤？贾而欲赢，而恶嚣乎？"阜谓叔孙曰："可以出矣！"叔孙指楹曰②："虽恶是，其可去乎？"乃出见之。

注　释

①旦及日中：从早上到正午。
②楹：堂屋前部的柱子。

译　文

叔孙豹回去时，曾夭为季孙驾驶着轩车，赶去慰劳他。从早上等到了中午，叔孙豹也没出来迎接。曾夭对叔孙豹的家臣曾阜说："我们从早上一直等到中午，说明我们已经知错了。鲁国以互相忍让治国，如果在外能忍在自己国家内却不能忍，那么忍让又有什么用呢？"曾阜说："他一连数月在外面劳顿，你们不过是等了一早上而已，又有什么妨碍呢？这就好比商人想要赢利，还能讨厌集市上片刻的喧嚣吗？"曾阜回到屋里对叔孙豹说："现在可以出去接见他们了。"叔孙豹指着房间里的柱子："我虽厌恶这柱子，难道可以把它拆掉吗？"于是就走出门外接见了季孙主仆。

原　文

郑徐吾犯之妹美，公孙楚聘之矣，公孙黑又使强委禽焉①。犯惧，告子产。子产曰："是国无政，非子之患也。唯所欲与。"犯请于二子，请使女择焉。皆许之，子晳盛饰入，布币而出。子南戎服入。左右射，超乘而出②。女自房观之，曰："子晳信美矣，抑子南夫也。夫夫妇妇，所谓顺也。"适子南氏。子晳怒，既而櫜甲以见子南③，欲杀之而取其妻。子南知之，执戈逐之。及冲，击之以戈。子晳伤而归，告大夫曰："我好见之，不知其有异志也，故伤。"

大夫皆谋之。子产曰："直钧，幼贱有罪。罪在楚也。"乃执子南而数之，曰："国之大节有五，女皆奸之：畏君之威，听其政，尊其贵，事其长，养其亲。五者所以为国也。今君在国，女用兵焉，不畏威也。奸国之纪，不听政也。子晳，上大夫，女，嬖大夫①，而弗下之，不尊贵也。幼而不忌，不事长也。兵其从兄，不养亲也。君曰：'余不女忍杀，宥女以远。'勉，速行乎，无重而罪！"

注　释

①委禽：下聘礼。古代举行婚礼，以雁纳采，故称委禽。
②超乘：跳上车。
③蘘甲：衣内披甲。子南：即公孙楚。
④嬖大夫：下大夫。

译　文

郑国徐吾犯的妹妹十分美貌，本来子南已经下聘，子晳硬是派人送来聘礼。徐吾犯十分畏惧他，就把这事告诉了子产。子产说："这是因为国政混乱所致，不是你有忧患。她爱嫁谁就嫁谁吧。"徐吾犯请求子南和子晳，让自己的妹妹自己选择郎君。两人都答应了。子晳穿着华美的衣装，把财礼送到徐家就离开了。子南一袭戎装进了徐家，左右开弓表演了箭术，然后便一跃上车绝尘而去。徐吾犯妹妹从闺房里看到了这一幕，她说："子晳确实外表很俊美，但子南更像个大丈夫。为人夫的就该像个丈夫，为人妇的就该像个妻子，这才叫顺理成章。"于是就嫁给了子南。子晳大怒，不久就将自己武装好，衣服里面穿了皮甲，气势汹汹地去见子南，想要杀死他，然后霸占他的妻子。子南知道了他的险恶意图，便手执兵戈追打他。追到路口，子南用戈击打了子晳。子晳受伤而归，对大夫说："我友好地拜见他，不知道他别有用心，所以才受了伤。"

大夫们都在商讨此事。子产说："双方都各有理由。不过一定要定罪的话，那么年纪轻地位低的就是有罪的，所以罪在子南。"于是便把子南抓了起来，罗列了他的罪状，说："国家五大基本法纪，你全都触犯了：畏惧君王的威严，听从君王的命令，尊重身份尊贵的人，服侍长辈，供养亲人。这五条法纪是治理国家的基本纲纪，是国之为国的根本。现在国君身在国都，你动用兵器，是不惧国君的威严了，违背国家法纪，就是不听君王号令。子晳的身份是堂堂上大夫，你不过是个下大夫，却不肯居于其下，这是不尊重地位尊贵者。你年纪轻不顾忌比自己年长的人,这是不肯事奉长者。用兵器击打堂兄,是不奉养亲属。君王说:'我不忍心诛杀你,就免除你的死罪,把你放逐到远方吧。'你尽快出发吧,不要因为耽搁时间而加重罪行。"

原　文

　　五月庚辰,郑放游楚于吴,将行子南,子产咨于大叔。大叔曰:"吉不能亢身①,焉能亢宗?彼,国政也,非私难也②。子图郑国,利则行之,又何疑焉?周公杀管叔而蔡蔡叔③,夫岂不爱?王室故也。吉若获戾,子将行之,何有于诸游?"

　　秦后子有宠于桓,如二君于景。其母曰:"弗去,惧选④。"癸卯,鍼适晋,其车千乘。书曰:"秦伯之弟鍼出奔晋。"罪秦伯也。

　　后子享晋侯,造舟于河,十里舍车,自雍及绛。归取酬币⑤,终事八反。司马侯问焉,曰:"子之车,尽于此而已乎?"对曰:"此之谓多矣!若能少此,吾何以得见?"女叔齐以告公,且曰:"秦公子必归。臣闻君子能知其过,必有令图⑥。令图,天所赞也⑦。"

注　释

①亢:庇护。
②私难:个人的祸难。
③蔡:流放。
④惧选:恐怕会被流放。
⑤酬币:酬宾的礼物。
⑥令图:远大的谋略。
⑦赞:帮助。

译　文

　　五月初二日,郑国将子南流放到了吴国。子南临行前,子产向太叔征求意见。太叔说:"我连自身都保全不了,怎有能力保护宗族呢?这件事属于国家政事,并非是个人的祸难。你为郑国考虑,对国家有利的事尽管去做,又疑惑什么呢?当年周公处死管叔,流放蔡叔,难道是不喜爱他们吗?不是,是为了维护王室的统治。假如我犯下罪过,你也要依此行事,何必顾忌游氏家族呢?"

　　秦国的公子鍼深受秦桓公恩宠,以至于在秦景公时期,就如同和国君并列的第二个君王一样。他的母亲说:"倘若你不离开秦国,怕是有一天会被驱逐出境的。"五月二十日,公子铖去了晋国,随行的车辆多达千乘。《春秋》说:"秦景公的弟弟公子铖逃奔到了晋国。"是在怪罪秦景公。

公子铖设宴席招待了晋平公,在黄河上排列船只搭建浮桥,每隔十里就安放一些车辆,从秦国都城雍城到晋国都城绛城绵延不绝。公子铖回去取进献的礼品,前后往返了八次。司马侯问道:"你的车子全部都陈列在这里了吗?"公子铖回答说:"这数量就算够多的了。倘若少些,我怎敢进见君王呢?"司马侯把这话传达给了晋平公,并说:"公子铖一定会回到秦国。我听说君子若是能认识到自己的过错,必然有了远大的谋略。能为长远谋划,就能得到老天的帮助。"

原　文

后子见赵孟。赵孟曰:"吾子其曷归①?"对曰:"铖惧选于寡君,是以在此,将待嗣君。"赵孟曰:"秦君何如?"对曰:"无道。"赵孟曰:"亡乎?"对曰:"何为?一世无道,国未艾也②。国于天地,有与立焉。不数世淫,弗能毙也。"赵孟曰:"天乎?"对曰:"有焉。"赵孟曰:"其几何?"对曰:"铖闻之,国无道而年谷和熟,天赞之也。鲜不五稔③。"赵孟视荫,曰:"朝夕不相及,谁能待五?"后子出,而告人曰:"赵孟将死矣。主民,玩岁而愒日④,其与几何?"

郑为游楚乱故,六月丁巳,郑伯及其大夫盟于公孙段氏,罕虎、公孙侨、公孙段、印段、游吉、驷带私盟于闺门之外⑤,实薰隧。公孙黑强与于盟,使大史书其名,且曰七子。子产弗讨。

注　释

①曷:何时。
②未艾:未灭。
③稔:一年。
④愒日:荒废时光。
⑤闺门:城门。

译　文

公子铖拜见赵武。赵武问:"你什么时候能回国呢?"公子铖说:"我怕被国君流放，才逃到这里，打算等新君继位再回秦国。"赵武问："秦国国君是个怎样的人？"公子铖回答说："昏庸无道。"赵武又问："会让秦国亡国吗？"公子铖回答说："怎么会呢？一代国君昏庸无道，不至于让国家走向穷途末路。国家存在于天地之间，必然有贤能的臣子辅佐。若不是君王连续好几代全都荒淫无道，国家是不会灭亡的。"赵武说："国君会短寿吗？"公子铖回答说："会。"赵武问："多久能寿终呢？"公子铖回答说："我听说国家无道，却迎来了丰年，粮食大丰收，这全赖上天的帮助。他至少还能支撑五年。"赵武看着太阳的影子感伤地说："过了早上，恐怕都等不到晚上，谁还能等待漫长的五年？"公子铖离开后，对别人说："赵武命不久矣。他掌管百姓大事，却混沌度日，担心自己活不长久，他还能坚持活多久呢？"

郑国因为子南事件造成的混乱，六月初九日，郑简公和大夫们聚在公孙段家里盟誓，罕虎、公孙侨、公孙段、印段、游吉、驷带在城门外私下里盟誓，盟誓的地点为薰隧。子晳要强行加入会盟，强迫太史记下自己的名字，称他为和六卿并列的七子。子产没有声讨他。

原　文

晋中行穆子败无终及群狄于大原，崇卒也①。将战，魏舒曰："彼徒我车，所遇又厄②，以什共车必克。困诸厄，又克。请皆卒，自我始。"乃毁车以为行，五乘为三伍。荀吴之嬖人不肯即卒③，斩以徇。为五陈以相离，两于前，伍于后，专为右角，参为左角，偏为前拒，以诱之。翟人笑之④。未陈而薄之，大败之。

莒展舆立，而夺群公子秩⑤。公子召去疾于齐。秋，齐公子鉏纳去疾，展舆奔吴。

叔弓帅师疆郓田，因莒乱也。于是莒务娄、瞀胡及公子灭明以大厖与常仪靡奔齐。君子曰："莒展之不立，弃人也夫！人可弃乎？《诗》曰：'无竞维人。'善矣。"

注　释

①崇卒：重视步兵。
②厄：险要之地。
③嬖人：身份卑微而受宠的人。

④翟人：狄人。

⑤秩：官员的俸禄。

译 文

晋国的荀吴在大原战场上把无终和狄人各大部落统统打败了，这主要得益于他对步兵的重视。即将开战时，魏舒说："对方是步兵，而我们是车兵，双方交战的地方地形又十分褊狭险恶，十个步兵应对一辆战车就能取胜，但把他们围困在狭隘险要之地，我们又能打败他们。请把车兵全部改成步兵，从我这名车兵开始。"于是便废弃了战车，改为步兵的队列行军，把五乘战车的十五名车兵改编为三个伍的步兵。荀吴的宠臣不愿成为步兵，荀吴处死了他，并将尸体巡行示众。军队排列成五种阵势相互照应，两阵在前面，伍阵在后面，专阵作为右翼，参阵作为左翼，偏阵作军队的前锋，负责诱敌。狄人曾经嘲笑过他们。不等狄人布好阵法，晋军迫近攻击他们，结果大败狄军。

莒国的展舆即位成为国君后，便剥夺了众公子的俸禄。公子们将去疾从齐国召回。秋季，齐国的公子鉏护送去疾回到了莒国，展舆奔逃到了吴国。

鲁国的叔弓率军划分郓地的土地边界，此次行动是趁鲁国内乱进行的。当时，莒国的务娄、瞀胡和公子灭明逃奔到了齐国，带走了大厖、常仪靡两座城邑的归属权。君子说："莒国的展舆不能被拥立为国君，是因为抛弃了贤能之人的缘故吧。贤能的人才能舍弃吗？《诗经》说：'国家强盛在于得到贤人。'说得太对了。"

原 文

晋侯有疾，郑伯使公孙侨如晋聘，且问疾①。叔向问焉，曰："寡君之疾病，卜人曰：'实沈、台骀为祟。'史莫之知，敢问此何神也？"子产曰："昔高辛氏有二子，伯曰阏伯，季曰实沈，居于旷林②，不相能也③。日寻干戈，以相征讨。后帝不臧④，迁阏伯于商丘，主辰。商人是因，故辰为商星。迁实沈于大夏，主参。唐人是因，以服事夏、商。其季世曰唐叔虞。当武王邑姜方震大叔，梦帝谓己：'余命而子曰虞，将与之唐，属诸参，其蕃育其子孙。'及生，有文在其手曰：'虞'，遂以命之。及成王灭唐而封大叔焉，故参为晋星。由是观之，则实沈，参神也。昔金天氏有裔子曰昧⑤，为玄冥师，生允格、台骀。台骀能业其官，宣汾、洮⑥，障大泽⑦，以处大原。帝用嘉之，

> 封诸汾川。沈、姒、蓐、黄，实守其祀。今晋主汾而灭之矣。由是观之，则台骀，汾神也。抑此二者，不及君身。山川之神，则水旱疠疫之灾，于是乎禜之。日月星辰之神，则雪霜风雨之不时，于是乎禜之。若君身，则亦出入饮食哀乐之事也，山川星辰之神，又何为焉？侨闻之，君子有四时：朝以听政，昼以访问，夕以修令，夜以安身。于是乎节宣其气，勿使有所壅闭湫底，以露其体⑧。兹心不爽，而昏乱百度⑨。今无乃壹之，则生疾矣。侨又闻之，内官不及同姓，其生不殖，美先尽矣，则相生疾，君子是以恶之。故《志》曰：'买妾不知其姓，则卜之。'违此二者，古之所慎也。男女辨姓，礼之大司也。今君内实有四姬焉，其无乃是也乎？若由是二者，弗可为也已。四姬有省犹可，无则必生疾矣。"叔向曰："善哉！肸未之闻也。此皆然矣。"

注　释

①问疾：探问病情。

②旷林：深林。

③不相能：不能彼此和睦相处。

④不臧：不善，不良。

⑤裔子：后代子孙。

⑥宣：疏通。

⑦障：筑造堤坝治理。

⑧露：败坏。

⑨百度：百事的节度。

译　文

晋平公生了病，郑简公派子产出使晋国，问候一下他的病情。叔向问子产："关于我国国君的病情，占卜的人说是实沈和台骀作祟引起的，太史都对他们一无所知，请问他们是什么神灵啊？"子产说："从前高辛氏膝下有两个儿子，大儿子名叫阏伯，小儿子名叫实沈，兄弟俩居住在旷野山林，不能相容，终日大动干戈，互相攻击。帝尧认为他们不是良善之辈，就把阏伯放逐到商丘，用大火星定时节。商朝人沿用了这种依据大火星运行来定时节的方法，所以大火星就被称作商星。帝尧把实沈放逐到大夏，以参星来定时节，唐国人沿用了这种依据参星运行来定时节的方法，以服从事奉夏、商两个朝代。唐国最后一位君主叫唐叔虞。武王的夫人邑姜怀着太叔时，梦见天帝对自己说：'我给你的儿子取名叫虞,将要把唐国送给他,这个国家属于参星,他的子孙将繁衍生息、延绵不绝。'太叔出生时,手上有一个'虞'字,于是就给他起名叫虞。等到成王灭亡了唐国,把它册封给太叔作封地,参就变成了晋国的星宿。由此可见,实沈是参星的神灵。从前金天氏有个儿子叫昧,是个水官,生下了允格和台骀两个孩子。台骀承袭了父亲的官职,使汾水和洮水得以疏通,在大湖沼旁修建了堤坝,带领人们在高平地带居住了下来。颛顼为此奖励他,把汾川册封给了他。沈国、姒国、蓐国、黄国都是他的后代,世世代代供奉祭祀他。而今掌管汾水一带,把这些国家全消灭了。由此可见,台骀就是汾水的神灵了。但这两位神灵和国君生病没有什么关联。山川之神,人间有了水旱瘟疫灾害,祭祀他们就能消灾。日月星辰之神,出现了风霜雪雨不合时令的气候,祭祀他们便能消除灾祸。至于君王的病,是因为劳逸不适度、饮食不合理、哀乐情绪失控造成的。山川星辰之神又能做什么呢?我听说君子一天有四段时间:清晨时间用来听取国家政事,白天用来外出访查,晚上用来明确政令,夜间用来安养身体。这样才能有节律地将体气散出,避免血气瘀塞积滞损害身体健康。心情不畅快,无论处理什么事情都会头脑混沌、一片混乱。现在君王体气都在一处,所以就得病了。我听说,妻妾不能是同姓女子,否则子孙就不能繁衍昌盛。同姓女子必然都是美人,把美人全都占尽了,就会生病,君子最厌恶这一点。所以《志》书说:'买姬妾不知道她姓什么,就要占卜。'违背这两点是不可以的,古人对待它们是非常慎重的。男女皆为夫妇要辨清姓氏,这是礼仪中的大事。现在君王后宫中有四个侍妾姓姬,生病怕就是这个原因吧。若是因为这两点,那么他的病就无药可医了。快把四个姓姬的侍妾赶走,不然一定会生病。"叔向说:"说得好。我从未听说过这种说法。说得太对了。"

原 文

　　叔向出,行人挥送之。叔向问郑故焉,且问子晳。对曰:"其与几何?无礼而好陵人,怙富而卑其上①,弗能久矣。"

　　晋侯闻子产之言,曰:"博物君子也。"重贿之。

　　晋侯求医于秦。秦伯使医和视之,曰:"疾不可为也。是谓:'近女室②,疾如蛊。非鬼非食,惑以丧志。良臣将死,天命不佑'。"公曰:"女不可近乎?"对曰:"节之。先王之乐,所以节百事也。故有五节,迟速本末以相及,中声以降，五降之后，不容弹矣。于是有烦手淫声③，慆堙心耳，乃忘平和，君子弗德也。物亦如之，至于烦，乃舍也已，无以生疾。君子之近琴瑟，以仪节也，非以慆心也。天有六气，降生五味，发为五色，征为五声，淫生六疾。六气曰阴、阳、风、雨、晦、明也。分为四时，序为五节，过则为灾。阴淫寒疾，阳淫热疾，风淫末疾④，雨淫腹疾，晦淫惑疾，明淫心疾。女，阳物而晦时，淫则生内热惑蛊之疾。今君不节不时，能无及此乎？"

注 释

①怙富：依仗财势。
②女室：女色。
③烦手：复杂的弹奏手法。
④末疾：四肢疾病。

译 文

叔向要离开，外交使臣为他送行。叔向问起郑国的情况，又问起了子晳。子羽回答说："他能支撑多久呢？不讲礼仪又喜欢欺凌别人，仗着自己财大气粗就瞧不起地位比自己高的人，他的日子是长久不了了。"

晋平公听了子产的一番话后说："他真是个博学的君子啊。"于是赠送给子产丰厚的财物。

晋平公向秦国求医，秦景公派一名叫和的医者为他查看病情，医者说："这病治不了了。这就是所谓的'近女色，病魔缠身如受蛊惑。非鬼神饮食所致，是由于沉迷女色丧失了心志。良臣将死，老天也不能保佑。'"晋平公问："不能接近女色吗？"医者回答说："要节制对待。先王的音乐，就是为了节制控制百事而创作的，故而有五声的节奏。快慢、本末可相互调节，声音和谐以后音调再降下来，五声下降后，便不可以再弹奏了。再弹奏出的都是繁缛淫俗的音乐了，使人心迷耳乱，忘记了平正和谐的音律，所以君子是不听这种音乐的。事物的道理也和音乐一样，一旦过多就该舍弃。这样才不至于生病。君子接近女色和音乐，是以礼来节制的，不是为了寻欢作乐。天有六种气候，降临人间生出五种味道，焕发出五种色彩，表现为五种声音。凡事一旦过度就会滋生六种疾病。六种气候为阴、晴、风、雨、晦、明，以应春夏秋冬四时，依次化为五声节奏，一旦过度就会演变成灾难。阴气太盛滋生寒疾，阳气过盛滋生热病，受风过度四肢生病，雨气太盛得肠胃疾病，晏寝过度则心惑乱，白天荒淫没有节制则生心疾。男女情事属阳性，又在夜里进行，不加节制就会得上内热蛊惑的疾病。如今君王对情欲不加节制，又不分时间，能不病到这种程度吗？"

原　文

出，告赵孟。赵孟曰："谁当良臣？"对曰："主是谓矣！主相晋国，于今八年，晋国无乱，诸侯无阙①，可谓良矣。和闻之，国之大臣，荣其宠禄，任其大节②，有灾祸兴而无改焉，必受其咎。今君至于淫以生疾，将不能图恤社稷③，祸孰大焉！主不能御④，吾是以云也。"赵孟曰："何谓蛊？"对曰："淫溺惑乱之所生也。于文，皿虫为蛊。谷之飞亦为蛊。在《周易》，女惑男，风落山，谓之《蛊》三。皆同物也。"赵孟曰："良医也。"厚其礼归之。

注　释

①阙：过失。
②大节：大事。
③图恤：图谋忧虑。
④御：制止，阻止。

译　文

医者出来，将晋平公的情况告诉了赵武。赵武问："谁是贤良的臣子呢？"医者回答说："就是您了。您尽心辅佐晋国，迄今已有八年了，国家没有出现内乱，诸侯也没有什么过失，所以您就可以被称作良臣了。我听说一国的大臣，荣耀地受到宠信，享有丰厚的俸禄，执掌国政大事，有灾祸却不能力挽狂澜，必然受到惩罚。子安在国君由于淫乐而生病，将不能为国家社稷谋划考虑，还没有比这更大的灾祸吗？您没能制止他，所以我才这么说。"赵武说："什么是蛊？"医者回答说："它是沉迷惑乱所致，从文字上看，皿字加个虫字就是蛊。谷物里的飞虫也是蛊。《周易》中说，女子魅惑男人，狂风吹落山林的树叶，也是蛊。这三种说法说的都是同一类东西。"赵武说："真是位良医啊。"于是就馈赠厚礼，让他带回去。

原　文

楚公子围使公子黑肱、伯州犁城犨、栎、郏，郑人惧。子产曰："不害①。令尹将行大事，而先除二子也。祸不及郑，何患焉？"

> 冬，楚公子围将聘于郑，伍举为介。未出竟②，闻王有疾而还。伍举遂聘。十一月己酉，公子围至，入问王疾，缢而弑之。遂杀其二子幕及平夏。右尹子干出奔晋。宫厩尹子皙出奔郑。杀大宰伯州犁于郏。葬王于郏，谓之郏敖。使赴于郑，伍举问应为后之辞焉。对曰："寡大夫围。"伍举更之曰："共王之子围为长③。"

注 释

①不害：没有妨碍。
②竟：通"境"。
③长：长子。

译 文

楚国的公子围派公子黑肱和伯州犁在犨地、栎地、郏地修筑城池，建造工事，郑国人因此很恐慌。子产说："没有妨害。楚国令尹将要干一番大事，想要除掉公子黑肱和伯州犁两人，祸难不会殃及郑国，有什么可害怕的？"

冬天，楚国的公子围打算出访郑国，伍举作为副使随行。还没走出楚国国境，公子围听说国君郏敖生了病就打道回府了。于是就由伍举访问郑国。十一月初四日，公子围回到楚国国都，进宫问询楚王的病况，借机勒死了楚王，随后又将他的两个儿子幕和平夏也一并杀死了。右尹子干逃奔到了晋国。宫厩尹子皙逃奔到了郑国。公子围将身处郏地的太宰伯州犁杀死了，又把楚王安葬在郏，称其为郏敖，并让使者前往郑国发布讣告，伍举问使者假如郑国提起关于新君即位的事情该怎样措辞。使者回答说："由我国大夫公子围即位。"伍举更正说："你须说明共王的儿子公子围是长子。"

原 文

> 子干奔晋，从车五乘。叔向使与秦公子同食，皆百人之饩①。赵文子曰："秦公子富。"叔向曰："底禄以德②，德钧以年，年同以尊。公子以国，不闻以富。且夫以千乘去其国，强御已甚。《诗》曰：'不侮矜寡，不畏强御③。'秦、楚，匹也。"使后子与子干齿。辞曰："铖惧选，楚公子不获，是以皆来，亦唯命。且臣与羁齿④，无乃不可乎？史佚有言曰：'非羁何忌？'"

274

楚灵王即位，薳罢为令尹，薳启强为大宰。郑游吉如楚，葬郏敖，且聘立君。归，谓子产曰："具行器矣！楚王汰侈而自说其事，必合诸侯。吾往无日矣。"子产曰："不数年，未能也。"

十二月，晋既烝，赵孟适南阳，将会孟子余。甲辰朔，烝于温。庚戌，卒。郑伯如晋吊，及雍乃复。

注　释

①饩：口粮，食禄。
②氐：取得。
③强御：有权势的人。
④齿：并列。

译　文

子干逃奔到晋国，随行的车辆有五乘。叔向使其享有和秦国的公子铖同等食禄，皆为上百人的粮食。赵武说："公子铖那么富有，不该得到那么多食禄。"叔向说："俸禄多寡要依据德行，德行相若要依据年龄，年龄相仿要依据地位尊卑。公子的食禄应根据他国家的大小来分发，没听说过要依据个人的富裕程度分发。更何况公子铖带着上千辆车子离开秦国，可见他极其有权势。《诗经》说：'不欺凌鳏夫寡妇，不畏惧有权势的人。'秦楚两国是势均力敌的大国。"于是便为公子铖提供和子干同等的待遇。公子铖婉言拒绝说："我是因为害怕被我们国君流放逃到这里，楚国公子子干是因为没有获得信任来到贵国，我们都逃奔到了晋国，都得听从贵国的吩咐。让下臣和羁旅之客并列，怕是不合适吧。史佚说：'不是羁旅的客人，何必要恭敬对待呢？'"

公子围即位，成为楚灵王，起用薳罢担任令尹，任凭薳启强担任太宰。郑国的游吉前往楚国参加上任楚王郏敖的葬礼，同时对新即位的国君表达问候之意。游吉归来后对子产说："及早准备行装吧。楚王奢侈无度又自命不凡，必然会召集诸侯会盟。过不了几日，我们就要前去参加盟会了。"子产说："不经过几年的努力，他是没能力主持召开盟会的。"

十二月，晋国举行烝祭之礼，赵武赶赴南阳，打算祭祀先祖赵衰。初一日，他在温地举行了烝祭。初七日，赵武逝世了。郑简公来晋国吊丧，抵达雍地便回国了。

经典解读

晋国向秦国求医，医者以繁手淫声扰乱心志的例子阐述了音乐和身心健康的关系，说明了过则成灾的道理，强调中和之美的审美价值以及颐养身心的作用。正所谓"物极必反"，任何事物一旦过度，就会由最初的享受演变成沉重的负担，以音乐而论，曲调富于变化，虽然能给人以耳目一新的感受，但过于嘈切繁杂就成了让人心智迷乱的靡靡之音了。只有不激不厉、恬淡和美的旋律才能把人带入大美的意境。只有和谐节制地处理情感的宣泄才能体验到天人合一的妙处。音乐如此，万事万物莫不如此，任何事情都不能走极端，不偏不倚、恰到好处、适可而止才是最为理想的状态，这就是所谓的中和之美，也可以被称作中庸哲学。

昭公六年

原 文

六年春，王正月，杞文公卒，吊如同盟，礼也。大夫如秦，葬景公，礼也。

三月，郑人铸刑书。叔向使诒子产书①，曰："始吾有虞于子，今则已矣。昔先王议事以制，不为刑辟，惧民之有争心也。犹不可禁御，是故闲之以义②，纠之以政，行之以礼，守之以信，奉之以仁，制为禄位以劝其从，严断刑罚以威其淫。惧其未也，故诲之以忠，耸之以行，教之以务，使之以和，临之以敬，莅之以强，断之以刚。犹求圣哲之上，明察之官，忠信之长，慈惠之师，民于是乎可任使也，而不生祸乱。民知有辟，则不忌于上，并有争心，以征于书，而徼幸以成之，弗可为矣。夏有乱政而作《禹刑》，商有乱政而作《汤刑》，周有乱政而作《九刑》，三辟之兴，皆叔世也。今吾子相郑国，作封洫③，立谤政④，制参辟，铸刑书，将以靖民，不亦难乎？《诗》曰：'仪式刑文王之德，日靖四方。'又曰：'仪刑文王，万邦作孚。'如是，何辟之有？民知争端矣，将弃礼而征于书。锥刀之末⑤，将尽争之。乱狱滋丰，贿赂并行，终子之世，郑其败乎！肸闻之，国将亡，必多制，其此之谓乎！"复书曰："若吾子之言，侨不才，不能及子孙，吾以救世也。既不承命，敢忘大惠？"

注释

①诒:送。
②闲:防范。
③封洫:划分田界的水沟。
④谤政:备受指责的政令。
⑤锥刀之末:刑法的细枝末节。

译文

六年春季,周历正月,杞文公亡故了,鲁国像对待盟国那样赶去吊丧,这是合乎礼法的。鲁国大夫前往秦国参加秦景公的葬礼,是合乎礼法的。

三月,郑国人将刑法律令浇铸到鼎上。叔向派人给子产送去一封书信,信中写道:"最初我对你是寄予厚望的,现在对你不抱任何希望了。以前先王依靠制度处理事情,不公布成文的刑法,是害怕百姓有争夺立法的谋逆之心。这样尚且不能制止百姓反叛,所以用道义防范叛乱之心,用政令约束他们的行为,用礼法推行忠诚之道,用信用守卫王权,用仁德奉养臣子,制定禄位劝勉人们服从统治,严厉地判定刑罚,以威慑敢于放肆造次的人。这样恐怕还不能达到效果,所以又用忠君思想来教诲他们,依据其行为加以嘉奖,教给他们知识和技能,用温和的态度使唤他们,对待他们要严肃,监管他们要威严,判他们有罪要果断坚决。此外还要访求贤德的卿相、善于明察的官吏、忠信的乡长、慈爱的老师,百姓在这种情形下可任由驱使差遣,不犯上叛乱。如果百姓知道有成文的律法,就会对地位居上的人不敬,并产生争夺权力的野心,把成文的刑法律令作为依据,侥幸获得成功,一切就无法挽救了。夏朝有人违背政令,便创制了《禹刑》。商朝有人触犯政令,便创制了《汤刑》。周朝有人违犯政令,便创制了《九刑》。这三种刑法诞生,都是处于王朝的末世了。如今你辅佐郑国,划定田间沟渠边界,创立受人指责的政令,制定三种刑法法律,把刑法条文浇铸到鼎上,用它来安定百姓,不也是很难防止民心反叛吗?《诗经》说:'效法文王德行,日日安抚四方。'又说:'仿效文王,万邦信服。'像这样就可以了,何必要有成文的刑法呢?老百姓懂得了如何抢夺权力的凭据,将会抛弃礼法引用刑书。刑法的细枝末节,都要争论个明白。如此一来,触犯刑律的案件会越来越多,贿赂之风盛行,在你在世的时候,郑国怕是要衰落吧。我听说,国家要灭亡,一定制很多法律。怕是说的就是这种情况吧。"子产回信说:"正如您所言,我没有才干,不能顾忌后世子孙,只想挽救当世。既然无法接受您的命令,又岂敢忘记您莫大的恩惠呢?"

原　文

士文伯曰:"火见①,郑其火乎?火未出而作火以铸刑器,藏争辟焉②。火如象之,不火何为?"

夏,季孙宿如晋,拜莒田也。晋侯享之,有加笾。武子退,使行人告曰:"小国之事大国也,苟免于讨,不敢求贶。得贶不过三献。今豆有加,下臣弗堪,无乃戾也。"韩宣子曰:"寡君以为欢也。"对曰:"寡君犹未敢,况下臣,君之隶也,敢闻加贶?"固请彻加而后卒事③。晋人以为知礼,重其好货。

宋寺人柳有宠,大子佐恶之。华合比曰:"我杀之。"柳闻之,乃坎④、用牲、埋书,而告公曰:"合比将纳亡人之族,既盟于北郭矣。"公使视之,有焉,遂逐华合比,合比奔卫。于是华亥欲代右师,乃与寺人柳比⑤,从为之征⑥,曰"闻之久矣。"公使代之,见于左师,左师曰:"女夫也。必亡!女丧而宗室,于人何有?人亦于女何有?《诗》曰:'宗子维城,毋俾城坏,毋独斯畏。'女其畏哉!"

注　释

①火见:大火星出现。
②争辟:刑律。
③彻:撤掉。
④坎:挖坑。
⑤比:勾结。
⑥征:做证。

译　文

士文伯说:"大火星闪现天际,郑国怕是要出现火灾吧?大火星还没闪现天空时,便以烈火烧铸刑器,里面藏有富有争议的成文法律。大火星如果象征的就是这东西,怎会不引起火灾呢?"

夏天,季孙宿出使晋国,拜谢晋国不去声讨鲁国抢占莒国土地。晋平公设宴招待他,额外为他加了菜品。季孙宿告退后,派使者传话说:"小国事奉大国,如能免于被攻打讨伐就很好了,不敢要求赏赐。就算获得奖赏,享礼的规格也不超过三献。而今却额外增加了菜品,下臣实在不敢承受,这样怕是罪过吧。"韩宣子说:"我们国君想要以此讨您欢心。"季孙宿回答说:"我们国君都不敢享受这样的礼遇,更何况下臣本是君主的奴隶,怎敢听到有额外的奖赏?"他坚决请求把多加的菜肴撤下。晋国人认为他知礼,就给了他丰厚的财货作为重赏。

宋国的寺人柳很受国君宋平公的宠信,太子佐十分憎恶他。华合比说:"不如我把他杀了。"寺人柳听到这番话后,便动手挖了一个大坑,宰杀了牲畜,将盟书置于牲畜上一起掩埋起来,随后禀报宋平公说:"华合比想要招纳流亡在外的人,已在北面外城订立盟约了。"宋平公让人查探此事,发现确有其事,便把华合比驱逐出境了,华合比逃奔到了卫国。当时华合比的弟弟华亥想取代华合比担任右师,便同寺人柳勾结串通,让寺人柳做伪证说:"这件事我也早有所耳闻了。"宋平公便让华亥取代了华合比的职位。华亥拜见左师,左师说:"你这人必定要逃亡,你毁了自己的宗族,你以什么样的方式对待别人,别人也会以同样的方式对你。《诗经》说:'长子就好比坚固的城墙,千万别毁了这城墙,让自己孤立无援,提心吊胆。'你大概心里非常害怕吧。"

原　文

六月丙戌,郑灾。

楚公子弃疾如晋,报韩子也。过郑,郑罕虎、公孙侨、游吉从郑伯以劳诸柤。辞不敢见,固请见之,见,如见王,以其乘马八匹私面。见子皮如上卿,以马六匹。见子产,以马四匹。见子大叔,以马二匹。禁刍牧采樵[①],不入田,不樵树,不采刈[②],不抽屋,不强丐[③]。誓曰:"有犯命者,君子废,小人降。"舍不为暴,主不慁宾[④]。往来如是。郑三卿皆知其将为王也。

韩宣子之适楚也,楚人弗逆。公子弃疾及晋竟,晋侯将亦弗逆。叔向曰:"楚辟我衷,若何效辟?《诗》曰:'尔之教矣,民胥效矣。'从我而已,焉用效人之辟?《书》曰:'圣作则。'无宁以善人为则,而则人之辟乎?匹夫为善,民犹则之,况国君乎?"晋侯说,乃逆之。

注　释

①刍牧采樵:放牧砍柴。

②采刈:采摘果蔬。

③强丐:强行索取。

④恩：担忧。

译　文

六月初七日，郑国发生了火灾。

楚国的公子弃疾出使晋国，回报韩宣把晋国女子送给自己做妻室。途经郑国时，子皮、子产、子太叔随郑简公一起在柤地慰劳他。公子弃疾却婉言推辞，不敢相见。郑简公坚决请求要接见他，他才愿意见面。公子弃疾拜见郑简公就像见楚国君王一样恭敬，以御车的八匹骏马当作个人进献的礼品。会见子皮就如同对待楚国上卿一样，以御车的六匹骏马当作进献的礼物。进见子产以御车的四匹骏马当作进献的礼物，进见子太叔以御车的两匹骏马当作进献的礼物。公子弃疾禁止手下人割草牧马打柴，不允许他们踏入农田、砍伐树木、采摘蔬菜水果和拆毁房舍，不让他们强行向别人索取东西。他发誓说："有违犯命令的，贵族免去职务，仆隶降等。"寄住在郑国时没有任何暴虐的行为，使得主人不必担心他这位宾客。一去一回皆是如此。郑国三位卿都清楚他不久就要当楚王了。

韩宣子出使楚国时，楚国人没有迎接他。公子弃疾抵达晋国边境时，晋平公也打算不去迎接。叔向说："楚国行事不正，我们正派，我们为何要效仿那种不正派的做法呢？《诗经》说：'你所教导的，民众都要效仿。'依据我们自己的准则行事就可以了，哪用得着效法别人不正派的行径呢？《书》说：'以圣人言行作行为准则。'我们是宁可把良善之人当作做人做事的准则来效法，还是去效法不正派的做法呢？一介平民肯做善事，百姓尚愿意把他作为效法的榜样，更何况是堂堂一国之君呢？"晋平公听后大悦，便派人迎接公子弃疾。

原　文

秋九月，大雩，旱也。

徐仪楚聘于楚。楚子执之，逃归。惧其叛也，使薳泄伐徐。吴人救之。令尹子荡帅师伐吴，师于豫章①，而次于乾谿。吴人败其师于房钟，获宫厩尹弃疾。子荡归罪于薳泄而杀之。

冬，叔弓如楚聘，且吊败也。

十一月，齐侯如晋，请伐北燕也。士匄相士鞅，逆诸河，礼也。晋侯许之。十二月，齐侯遂伐北燕，将纳简公。晏子曰："不入。燕有君矣，民不贰。吾君贿，左右谄谀②，作大事不以信，未尝可也。"

注 释

①师：出师。
②谄谀：谄媚，阿谀奉承。

译 文

秋季九月，因为发生了严重的旱灾，鲁国举行了盛大的雩祭之礼。

徐仪楚出访楚国。楚灵王下令擒拿他，他逃回了徐国。楚灵王担心他会叛离自己，就派遣薳泄讨伐徐国。吴国人出兵营救徐国。楚国令尹子荡率军讨伐吴国，军队从豫章出发，在乾溪驻扎了下来。吴军在房钟把子荡带领的楚军打败了，并擒获了宫厩尹弃疾。子荡把战败的罪责都归咎于薳泄，将他处死了。

冬季，叔弓出访楚国，对楚国的战败表达了慰问之情。

十一月，齐景公出访晋国，请求晋国准许自己讨伐北燕。士匄辅佐范献子在黄河畔迎接，这是合乎礼法的。晋平公同意了齐景公的请求。十二月，齐景公出兵讨伐北燕，准备把燕简公送回国。晏子说："不要把他送回国。燕国如果有了国君，百姓就会一心一意为他效命。我国国君是个贪财之人，左右辅佐的人又都是阿谀谄媚之辈，做大事不守信用，因此不可把燕国国君送回去。"

经典解读

子产铸刑书是我国古代法制史上的一次重大的历史事件，这项开先河的举措不仅使神秘模糊的律法公开化、成文化，还使得贵族特权被进一步削弱，增强了庶民的法制观念，顺应了历史的潮流。由于铸刑书的改革措施触动了守旧贵族的根本利益，因此受到了以叔向为代表的旧派贵族的激烈反对，面对叔向愤激的指责，子产问心无愧地点名此举是为了挽救当世，而事实上推行成文法律是功在当世、利在千秋的。

春秋时期随着生产力的快速发展，原有的经济基础和社会制度受到了猛烈的冲击，礼乐治国的理念已经不适合当时的形势了，成文法律的出现乃是大势所趋，子产将法律公开化无论是对当代还是对后世的影响都是积极的。以今天的观点来看，以德治国只能作为以法治国的补充，一个国家没有法制精神和法制制度是根本不行的，只有以法制代替人制，国家的政治才能更为昌明，案件的审理才能更为公开化、透明化、公平化，以权谋私、滥用特权的现象才能受到有效制止。

昭公二十年

原　文

　　二十年春，王二月己丑，日南至①。梓慎望氛曰："今兹宋有乱，国几亡，三年而后弭。蔡有大丧。"叔孙昭子曰："然则戴、桓也！汰侈无礼已甚，乱所在也。"

　　费无极言于楚子曰："建与伍奢将以方城之外叛。自以为犹宋、郑也，齐、晋又交辅之，将以害楚。其事集矣②。"王信之，问伍奢。伍奢对曰："君一过多矣，何信于谗？"王执伍奢。使城父司马奋扬杀大子，未至，而使遣之。三月，大子建奔宋。王召奋扬，奋扬使城父人执己以至。王曰："言出于余口，入于尔耳，谁告建也？"对曰："臣告之。君王命臣曰：'事建如事余。'臣不佞，不能苟贰。奉初以还③，不忍后命，故遣之。既而悔之，亦无及已。"王曰："而敢来，何也？"对曰："使而失命，召而不来，是再奸也。逃无所入。"王曰："归。"从政如他日。

　　无极曰："奢之子材，若在吴，必忧楚国，盍以免其父召之。彼仁，必来。不然，将为患。"王使召之，曰："来，吾免而父。"棠君尚谓其弟员曰："尔适吴，我将归死。吾知不逮，我能死，尔能报。闻免父之命，不可以莫之奔也；亲戚为戮，不可以莫之报也。奔死免父，孝也；度功而行，仁也；择任而往，知也；知死不辟，勇也。父不可弃，名不可废，尔其勉之，相从为愈④。"伍尚归。奢闻员不来，曰："楚君、大夫其旰食乎⑤！"楚人皆杀之。

　　员如吴，言伐楚之利于州于。公子光曰："是宗为戮而欲反其仇，不可从也。"员曰："彼将有他志。余姑为之求士，而鄙以待之。"乃见鱄设诸焉，而耕于鄙。

注　释

①南至：冬至。
②事集：事成。
③奉初：奉行最初的命令。
④愈：较好，胜过。
⑤旰食：晚食，由于太忙不能按时吃饭。

译 文

二十年春季，周历二月初一，冬至。鲁国的梓慎观望云气说："今年宋国会发生内乱，这场大乱几乎让国家灭亡，三年之后方可平息。蔡国将出现大的丧事。"叔孙昭子说："说的就是戴、桓两大家族了，他们生活奢侈，不讲礼法，骄奢无礼到了极点，两家正是祸乱发生的源头。"

费无极对楚平王说："太子建和伍奢要率领方城山外的人发动叛乱，他们自以为自己的地位就像宋国和郑国一样，又得齐、晋两国的辅助。他们将对楚国构成威胁，其举兵叛乱的事情就快成功了。"楚平王听信了他的话，便质问伍奢是否确有此事。伍奢回答说："君王错一次就已经造成严重后果了，为何还要听信小人谗言呢？"楚平王将伍奢抓捕起来，并派城父司马奋扬诛杀太子。奋扬在没抵达太子居住地时，便派人告诉太子逃跑。三月，太子建逃奔到了宋国。楚平王召奋扬回宫，奋扬让城父大夫把自己抓起来，押解到郢都。楚平王问："我说出的话，只入过你的耳，是谁告诉太子建逃跑的？"奋扬回答说："是下臣告知太子的。君王曾命令下臣说：'要像事奉我那样事奉太子建。'下臣没有什么才能，但绝不怀有二心。奉了您最初下达的命令对待太子，便不忍执行您后来下达的诛杀太子的命令。故而让太子逃走了。没过多久我就后悔了，不过一切都已经来不及了。"楚平王说："你为何还敢回来？"奋扬回答说："被派去执行命令却没能完成使命，召我回国都又不肯回来，这是又一次违背国君的命令，想要逃走都找不到地方安身。"楚平王说："你回城父吧。"奋扬便像往常一样照旧做官。

费无极说："伍奢的儿子才干出众，若是人在吴国，必然会让楚国心忧。何不赦免他们的父亲，召请他们回国。他们爱自己的父亲，必然会回来。如果不这么做，他们将成为楚国的心腹之患。"楚平王于是派人召他们回国，说："你们若肯回来，我就赦免你们的父亲。"棠君大夫伍尚对兄弟伍员说："你到吴国避难吧，我打算回国受死。我的才智比不上你，我可以死，你有能力为我报仇。听到父亲被赦免的命令，不可以不奔回国；亲人被杀，此仇不可不报。回去受死，让父亲得以免罪，这是孝；预估成效而后付诸行动，这是仁；选择任务而毅然前往，这是智；明知是去赴死却不逃避，这是勇；不能抛弃父亲不管，也不能毁掉名誉，你还是努力吧，总比两个人一起赴死要好。"伍尚回国了，伍奢听说伍员没有回来，便说："楚国国君和大夫怕是不能按时吃饭了。"楚国人于是便将伍奢父子一起杀死了。

伍员奔赴吴国，对公子光言明攻打楚国的好处。公子光说："他的家族惨遭

283

杀戮,他想为亲人报仇,不可以听他的。"伍员说:"他别有他图,我姑且为其寻求勇士,然后在郊外等候。"于是向吴国推荐了鲔设诸,自己在偏远的郊外耕种。

原 文

宋元公无信多私,而恶华、向。华定、华亥与向宁谋曰:"亡愈于死,先诸?"华亥伪有疾,以诱群公子。公子问之,则执之。夏六月丙申,杀公子寅、公子御戎、公子朱、公子固、公孙援、公孙丁,拘向胜、向行于其廪①。公如华氏请焉,弗许,遂劫之。癸卯,取大子栾与母弟辰、公子地以为质。公亦取华亥之子无戚、向宁之子罗、华定之子启,与华氏盟,以为质。

卫公孟絷狎齐豹,夺之司寇与鄄,有役则反之,无则取之。公孟恶北宫喜、褚师圃,欲去之。公子朝通于襄夫人宣姜,惧,而欲以作乱。故齐豹、北宫喜、褚师圃、公子朝作乱。

初,齐豹见宗鲁于公孟,为骖乘焉。将作乱,而谓之曰:"公孟之不善,子所知也。勿与乘,吾将杀之。"对曰:"吾由子事公孟,子假吾名焉,故不吾远也。虽其不善,吾亦知之。抑以利故,不能去,是吾过也。今闻难而逃,是僭子也。子行事乎,吾将死之,以周事子,而归死于公孟,其可也。"

丙辰,卫侯在平寿,公孟有事于盖获之门外,齐子氏帷于门外而伏甲焉。使祝蛙置戈于车薪以当门,使一乘从公孟以出。使华齐御公孟,宗鲁骖乘。及阂中,齐氏用戈击公孟,宗鲁以背蔽之,断肱,以中公孟之肩,皆杀之。

公闻乱,乘,驱自阅门入,庆比御公,公南楚骖乘,使华寅乘贰车②。及公宫,鸿骊魋驷乘于公,公载宝以出。褚师子申遇公于马路之衢,遂从。过齐氏,使华寅肉袒,执盖以当其阙。齐氏射公,中南楚之背,公遂出。寅闭郭门,逾而从公。公如死鸟③,析朱鉏宵从窦出④,徒行从公。

注 释

①廪:粮仓。
②贰车:副车。
③死鸟:地名。
④窦:城墙的排水洞。

译　文

　　宋元公不守信且私欲重,且厌恶华氏和向氏。华定、华亥和向宁商量说:"逃跑总比赴死好,我们要先下手为强吗?"华亥佯装生病,以此引诱众公子。公子们前来问候病情,都被抓了起来。夏季六月初九,公子寅、公子御戎、公子朱、公子固、公孙援、公孙丁统统被杀死了,向胜和向行被关在谷仓里。宋元公到华氏家里请求释放向胜和向行,华定和华亥不同意,还想劫持宋元公。十六日,太子栾和同胞兄弟辰、公子地成了华氏的人质。宋元公也抓了华亥的儿子无戚、向宁的儿子罗、华定的儿子启做人质,和华氏订立了盟约。

　　卫国的公孟絷对齐豹态度十分轻慢,免去了他司寇的官位,剥夺了他鄄地的封地,有战事便召他回来,没事就把鄄地占取过来。公孟絷非常憎恶北宫喜和褚师圃,准备将其一并铲除。公子朝跟襄夫人宣姜通奸,由于心中恐惧不安,企图发动叛乱。因此齐豹、北宫喜、褚师圃、公子朝四人一起作乱。

　　当初,齐豹向公孟絷举荐了宗鲁,使他当上了骖乘。而今齐豹要作乱,对宗鲁说:"公孟絷这个人绝非善类,这你也是知道的,别和他乘同一辆车出行,我将要杀死他。"宗鲁回答说:"我因为您的举荐得以事奉公孟絷,您说我有美名,公孟絷因此才肯亲近我。公孟絷虽然不是好人,其为人我也清楚。但因为留在他身边于我有利,所以我不能离开,这是我的错。而今听到有难就自己潜逃,这就让您的话不可信了。您做自己的事吧,我将为此献出生命,以此事奉您,回去死在公孟絷身边,这样做也许是可行的。"

　　六月二十九日,卫灵公在平寿,公孟絷在盖获举行祭祀之礼,齐子氏于门外设帐幕,埋伏了很多甲兵。他让祝蛙在车上的柴薪里藏着兵戈以挡住城门,并派一辆车跟在公孟絷后面,随公孟絷的马车出来,又派华齐为公孟絷驾车,让宗鲁当骖乘。公孟絷乘车抵达曲门中时,齐氏手持兵戈击打公孟絷,宗鲁用自己的背为公孟絷抵挡,被打断了胳膊,公孟絷的肩膀也被击中了。齐氏便将两个人全杀了。

　　卫灵公听闻有人作乱,慌忙登上车子,从阅门驱车驶入了国都。庆比为卫灵公御车,公南楚当骖乘,华寅被派去乘坐副车。等到一行人抵达灵公的宫室,鸿骍魋登上了卫灵公的车子,四人共乘一车。卫灵公向车里装满了贵重的宝物出了宫,褚师子申在马路交叉的岔路口碰到了卫灵公,于是就跟随他们出城。车辆从齐氏身旁经过,卫灵公让华寅赤裸上身,用车盖遮挡空处。齐氏放箭向卫灵公射去,一箭射中了公南楚的背,卫灵公成功逃出了都城。华寅将内城城门关闭,翻越城墙跟从卫灵公逃走。卫灵公逃往死鸟,析朱锄夜间从排水洞里奔逃了出来，一路徒步前行跟从卫灵公。

原　文

　　齐侯使公孙青聘于卫。既出，闻卫乱，使请所聘。公曰："犹在竟内，则卫君也。"乃将事焉。遂从诸死鸟，请将事。辞曰："亡人不佞，失守社稷，越在草莽，吾子无所辱君命。"宾曰："寡君命下臣于朝，曰：'阿下执事①。'臣不敢贰。"主人曰："君若惠顾先君之好②，昭临敝邑，镇抚其社稷，则有宗祧在③。"乃止。

　　卫侯固请见之，不获命，以其良马见，为未致使故也。卫侯以为乘马。宾将摎④，主人辞曰："亡人之忧，不可以及吾子。草莽之中，不足以辱从者。敢辞。"宾曰："寡君之下臣，君之牧圉也。若不获捍外役，是不有寡君也。臣惧不免于戾⑤，请以除死。"亲执铎⑥，终夕与于燎。

　　齐氏之宰渠子召北宫子。北宫氏之宰不与闻谋，杀渠子，遂伐齐氏，灭之。丁巳晦，公入，与北宫喜盟于彭水之上。秋七月戊午朔，遂盟国人。八月辛亥，公子朝、褚师圃、子玉霄、子高鲂出奔晋。闰月戊辰，杀宣姜。卫侯赐北宫喜谥曰贞子，赐析朱锄谥曰成子，而以齐氏之墓予之。

　　卫侯告宁于齐，且言子石⑦。齐侯将饮酒，遍赐大夫曰："二三子之教也。"苑何忌辞，曰："与于青之赏，必及于其罚。在《康诰》曰：'父子兄弟，罪不相及。'况在群臣？臣敢贪君赐以干先王？"

　　琴张闻宗鲁死，将往吊之。仲尼曰："齐豹之盗，而孟絷之贼，女何吊焉？君子不食奸，不受乱，不为利疚于回，不以回待人，不盖不义，不犯非礼。"

注　释

①阿下：亲附而卑下。

②顾：顾及。

③宗祧：宗庙。

④摎：巡夜打更。

⑤戾：罪。

⑥铎：大铃。

⑦子石：即公孙青。

译　文

　　齐景公派公孙青出访卫国，公孙青已走出了齐国边境，听说卫国出现了内乱，便派人向齐景公请示访问卫国的事情。齐景公说："卫灵公仍然在本国境内，他依旧是卫国的国君。"公孙青于是便依命行事，追随卫灵公去了死鸟，他请求对卫国行聘问之礼，卫灵公推辞说："我这个逃亡在外的人，没什么能力，使国家社稷失守，自己穿越在荒草地里，没有场地让你履行君命。"公孙青说："我们国君在朝堂上给下臣下达命令说：'卑微地执行公事。'下臣不敢有二心。"接待他的人说："贵国国君若是顾念和先君的友好之情，乐于光临敝国，镇定安抚我国的国家社稷，那么有宗庙在那里。"公孙青便停止行聘问之礼。

　　卫灵公坚决请求接见公孙青。公孙青无法推辞，就用一匹好马当作觐见的礼物，是因为没下聘问之礼的缘故。卫灵公便把这批马当作驾车的马匹。公孙青想要为卫灵公巡夜，卫灵公辞谢说："流亡者的忧虑，不能累及您。在荒草里奔走的人，不足以劳烦您跟从。谨敢辞谢。"公孙青说："我们国君的下臣，就是为君王放牧牛马的仆役。假如得不到外面巡夜守卫的差事，就是心中没有我们国君了。下臣怕不能免罪，因此请求以此免除死罪。"于是便亲自手持铎铃，彻夜点着火把和夜巡人一同守夜。

　　齐豹的家臣渠子召请北宫喜参与叛乱。北宫氏家臣有意不让北宫氏得知有关密谋叛乱的事情，还把渠子杀死了，并趁机讨伐齐豹，将齐氏家族消灭了。六月三十日，卫灵公走进了都城，跟北宫喜于彭水岸上盟誓。秋季七月初一，又和国都的人盟誓，八月二十五日，公子朝、褚师圃、子玉霄、子高鲂四人逃奔到了晋国。闰八月十二日，宣姜被杀。卫灵公赐谥号贞子给北宫喜，赐谥号成子给析朱鉏，还将齐氏家的墓地赏赐给了他们。

　　卫灵公向齐国禀报说卫国国内已局势安定，并说公孙青对卫国有礼。齐景公刚要饮酒，便赐酒给大夫们说："公孙青有礼都是你们教导有方。"苑何忌推辞道："和公孙青一同受赏，必然日后要和他一同受罚。《康诰》中说：'父子兄弟，罪过不互相及。'更何况是臣下之间呢？下臣岂敢贪念君王的赏赐违背先王的遗命？"

　　孔子门下的弟子琴张得知宗鲁去世了，要赶去吊丧。孔子说："齐豹成为盗寇，公孟絷被刺杀，都和他有关，你为何还要给他吊丧呢？君子不食恶人的俸禄，不接受叛贼的许诺，不为利益受邪恶困扰，不以邪恶方式待人，不去袒护不义之人，不做非礼的事情。"

原　文

　　宋华、向之乱，公子城、公孙忌、乐舍、司马强、向宜、向郑、楚建、郳甲出奔郑。其徒与华氏战于鬼阎，败子城。子城适晋。华亥与其妻必盥而食所质公子者而后食①。公与夫人每日必适华氏，食公子而后归。华亥患之，欲归公子。向宁曰："唯不信，故质其子。若又归之，死无日矣。"

　　公请于华费遂，将攻华氏。对曰："臣不敢爱死，无乃求去忧而滋长乎！臣是以惧，敢不听命？"公曰："子死亡有命，余不忍其询②。"

　　冬十月，公杀华、向之质而攻之。戊辰，华、向奔陈，华登奔吴。向宁欲杀大子，华亥曰："干君而出，又杀其子，其谁纳我？且归之有庸③。"使少司寇牼以归④，曰："子之齿长矣，不能事人，以三公子为质，必免。"公子既入，华牼将自门行。公遽见之，执其手曰："余知而无罪也，入，复而所⑤。"

注　释

①盥：泛指洗。
②询：通"诟"，耻辱。
③庸：功劳。
④牼：华亥庶兄。
⑤复而所：官复原职。

译　文

　　由于宋国的华氏、向氏发动叛乱，公子城、公孙忌、乐舍、司马强、向宜、向郑、楚建、郳甲都逃奔到了晋国。他们的党羽在鬼阎跟华氏继续战斗，子城被华氏击败，逃奔到了晋国。华亥和妻子一定要把手洗净之后，等做人质的公子们用完餐才肯进食。宋元公和夫人每日必造访华亥家，等公子们吃过饭后才回去。华亥对此很忧心，想放公子们回去。向宁说："君王不守信用，因此才要用他的儿子当人质。如果把人质放回去了，我们的死期也就到了。"

　　宋元公请求华费遂，出兵袭击华氏。华费遂回应说："下臣不惜一死，但只怕去除烦忧反而促使其滋长更甚。下臣由此感到害怕，岂敢不听从国君的命令？"宋元公说："我的儿子生死有命，我不忍心眼看他们受辱。"

　　冬季十月，宋元公把华氏、向氏的人质全都杀死了，然后攻打这两大家族。十三日，华氏、向氏逃奔到了陈国，华登逃奔到了吴国。向宁试图把太子杀掉，华亥说："冒犯国君畏罪逃跑，又要杀掉他的儿子，谁还能接纳我们？把公子们放回去还是有点功劳的。"于是派少司寇轻护送公子们回宫,并对他说:"你年事已高,不适合再事奉别人,现在将三位公子作为凭信,一定能被赦免。"公子们于是都进入了国都,华轻正要从宫门离去。宋元公急着接见他,拉着他的手说:"我知道你没有任何罪过,回到都城就可以官复原职了。"

原　文

　　齐侯疥①,遂痁②,期而不瘳③,诸侯之宾问疾者多在。梁丘据与裔款言于公曰:"吾事鬼神丰,于先君有加矣。今君疾病,为诸侯忧,是祝史之罪也。诸侯不知,其谓我不敬。君盍诛于祝固、史嚚以辞宾?"公说,告晏子。晏子曰:"日宋之盟,屈建问范会之德于赵武。赵武曰:'夫子之家事治,言于晋国,竭情无私④。其祝史祭祀,陈信不愧。其家事无猜,其祝史不祈。'建以语康王⑤,康王曰:'神人无怨,宜夫子之光辅五君,以为诸侯主也。'"公曰:"据与款谓寡人能事鬼神,故欲诛于祝史。子称是语,何故?"对曰:"若有德之君,外内不废⑥,上下无怨,动无违事⑦,其祝史荐信⑧,无愧心矣。是以鬼神用飨,国受其福,祝史与焉。其所以蕃祉老寿者,为信君使也,其言忠信于鬼神。其适遇淫君,外内颇邪,上下怨疾,动作辟违,从欲厌私。高台深池,撞钟舞女⑨,斩刈民力,输掠其聚,以成其违,不恤后人。暴虐淫从,肆行非度,无所还忌,不思谤讟不惮鬼神,神怒民痛,无悛于心⑩。其祝史荐信,是言罪也。其盖失数美,是矫诬也。进退无辞,则虚以求媚。是以鬼神不飨其国以祸之,祝史与焉。所以夭昏孤疾者,为暴君使也,溲再辕稼鬼神。"公曰:"然则若之何?"对曰:"不可为也:山林之木,衡鹿守之;泽之萑蒲,舟鲛守之;薮之薪蒸,虞侯守之。海之盐蜃,祈望守之。县鄙之人,入从其政。逼介之关,暴征其私。承嗣大夫,强易其贿。布常无艺,征敛无度;宫室日更,淫乐不违。内宠之妾,肆夺于市;外宠之臣,僭令于鄙。私欲养求,不给则应。民人苦病,夫妇皆诅。祝有益也,诅亦有损。聊、摄以东,姑、尤以西,其为人也多矣。虽其善祝,岂能胜亿兆人之诅?君若欲诛于祝史,修德而后可。"公说,使有司宽政,毁关,去禁,薄敛,已责。

注　释

　　①疥:疥疮。
　　②痁:疟疾。

③期：一年。瘳：病愈。
④竭情：尽心。
⑤康王：即楚康王。
⑥废：废弛。
⑦违事：违反礼法之事。
⑧荐信：陈述实情。
⑨撞钟：奏乐。
⑩无悛：不悔改。

译　文

　　齐景公长了疥疮，得了疟疾，病了一年也没有痊愈，诸侯宾客前来问候病情的大多在齐国。梁丘据与裔款对齐景公说："我们事奉鬼神，祭品十分丰厚，和先君相比已有所增加。而今国君身染恶疾，让诸侯忧虑，是太祝、太史的罪过。诸侯若是不了解情况，还以为我们对鬼神不敬。何必把祝固、史嚚杀了以辞谢前来探视病情的宾客？"齐景公听后大悦，把这番话告诉了晏子。晏子说："昔日在宋国的盟会上，屈建问赵武范会德行操守如何。赵武说：'夫子将家族事务处理得很好，在晋国发表言论，都是倾尽真情的，没有夹杂半点私心。他的太祝、太史祭祀时，陈述的都是实情，完全问心无愧。家族之事没有让人猜疑的，太祝、太史因此不必向鬼神祈求什么。'屈建将这番话告知康王，康王说：'神灵和人皆心中没有怨恨，所以夫子能辅佐五位君王，让晋国成为诸侯的盟主啊。'"齐景公问："梁丘据和裔款认为寡人可以事奉鬼神不应染病，所以要杀掉失职的太祝和太史，你为何要跟寡人说那番话？"晏子回答说："如果国君有德行，宫外国事和宫内之事都不曾荒废，从上到下没有怨恨，举止行动未曾违反事理，太祝、太史祭祀时如实陈述，便可问心无愧了。所以鬼神享用祭品，国家受到福佑，太祝、太史也被赐予这种福祉。他们多福长寿是因为作了为人诚实的国君的使者，对鬼神所说的忠实可信。如果他们遇上的是行为放荡的君王，对内对外全都偏颇邪恶，上下彼此怨憎互相妒忌，举动邪僻违反事理，遵从欲望满足贪婪的私心。修筑高台，造深深的池沼，击钟奏乐，让美人翩舞，削减民力，掠夺百姓积蓄，以成全自己错误的意志，一点也不体恤后人。残暴放纵，任性妄为，没有法度，无所顾忌，不思虑怨言批评，不畏惧鬼神。神怒人怨，内心却无悔改之意。太祝、太史祭祀如以实情陈述，所说的怕都是国君的罪状。若是掩盖过错只列举国君的美德，就是虚诈欺骗。真话假话都不能讲，进退皆无话可说，只好用空话搪塞，以此向鬼神献媚。所以鬼神不能享用祭品，国家遭受灾祸，太祝、太史也跟着受难。

因此他们英年早逝，承受孤独病苦，是因为做了暴君的使者。他们对鬼神说的话是虚假的，欺骗轻侮了神灵。"齐景公问："若是这样，寡人如何是好？"晏子回答说："没办法挽回了：山林中的林木，由衡鹿守护；湖泽边的芦苇由舟鲛负责守护；草野里的薪柴由虞侯负责掌管看守。海里的盐蛤，由祈望负责看管。边远之地的人进入国都从事政务，接近国都关卡时，便要面对横征暴敛，私人财物被抢夺。世袭的大夫们，强迫他们交换财物。公布常规法令毫无准则，征税敛财没有限度，每日都轮换宫室居住，沉湎于淫乐不肯离去。宫内的宠妾，在集市上大肆掠夺百姓财物，宫外的宠臣，在边疆假传君令。他们私欲膨胀，要求下面奉养自己，不能供应便治罪。老百姓愁苦疲累，男男女女都在诅咒。祝祷对人是有益的，但诅咒会有损于益处。聊地、摄地以东，姑水、尤水以西，人口多得不计其数。就算祝史非常精于祝祷，又岂能盖过亿兆人的诅咒？国君若想通过诛杀太祝、太史治病，必先修养美德后才可以那样做。"齐景公大悦，令官吏放宽政策，撤除关卡，废止禁令，少征赋税，免去百姓拖欠的债务。

原　文

十二月，齐侯田于沛，招虞人以弓，不进。公使执之，辞曰："昔我先君之田也，旃以招大夫①，弓以招士，皮冠以招虞人。臣不见皮冠②，故不敢进。"乃舍之。仲尼曰："守道不如守官，君子韪之③。"

齐侯至自田，晏子侍于遄台，子犹驰而造焉④。公曰："唯据与我和夫！"晏子对曰："据亦同也，焉得为和？"公曰："和与同异乎？"对曰："异。和如羹焉，水火醯醢盐梅以烹鱼肉⑤，燀之以薪⑥。宰夫和之，齐之以味，济其不及⑦，以泄其过⑧。君子食之，以平其心。君臣亦然。君所谓可而有否焉，臣献其否以成其可。君所谓否而有可焉，臣献其可以去其否。是以政平而不干，民无争心。故《诗》曰：'亦有和羹，既戒既平。鬷嘏无言，时靡有争。'先王之济五味，和五声也，以平其心，成其政也。声亦如味，一气，二体，三类，四物，五声，六律，七音，八风，九歌，以相成也。清浊，小大，短长，疾徐，哀乐，刚柔，迟速，高下，出入，周疏，以相济也。君子听之，以平其心。心平，德和。故《诗》曰：'德音不瑕。'今据不然。君所谓可，据亦曰可；君所谓否，据亦曰否。若以水济水，谁能食之？若琴瑟之专一，谁能听之？同之不可也如是。"

注　释

①旃：红色旌旗。
②皮冠：打猎戴的帽子。
③毗：对。
④造：到。
⑤醯：醋。醢：肉、鱼做的酱。
⑥燀：烧。
⑦济：添加。
⑧泄：减少。

译　文

　　十二月，齐景公于沛地狩猎，扬弓召虞人进前，虞人没有过去。齐景公派人抓捕虞人，虞人抗辩说："昔日我们先君田猎时，以红色旌旗召请大夫，以弓召请士，以皮冠召请虞人。下臣没看见皮冠，故而不敢贸然进前。"齐景公听罢，便把虞人放了。孔子说："遵守道义不如守住官位职责，君子是这样认为的。"

　　齐景公从猎场回来，晏子侍立于遄台，梁丘据恰好驾车赶到。齐景公说："唯有梁丘据和我和谐啊。"晏子回应说："梁丘据不过是和您有相同之处而已，哪里算得上和谐？"齐景公问："和与同有区别吗？"晏子回答说："当然有区别。和就好比烹调羹汤，要用水、火、醋、酱、盐、梅子烹制鱼肉，以柴薪烧煮，庖厨调和调味料，使味道适中，汤水过淡就添加调料，汤水过浓了就添水把味道冲淡。君子喝羹汤时，内心平静如水。君臣的关系也是如此。君王认为可行的事情中有不可行的因素，臣子指出不可行的部分，从而使可行的方案更加完备。君王认为不可行的事情中具备一定的可行性，臣子列举出可行的部分，将不可行的部分去掉。正因如此，国内政事平和，人们不违背礼法，百姓没有争权夺利之心。所以《诗经》说：'还有调制好的羹汤，五味平和又适中。众人向神祷告不出声，没有争执气氛肃穆。'先王调制五味、调和五声，是用以平复内心，完成政事的。声音也如味道一样，由一气、二体、三类、四物、五声、六律、七音、八风、九歌相辅相成组合成的。由清音浊音、大声小声、长音短音、舒缓和急促的旋律、哀伤曲调欢乐曲调、刚劲曲风和柔美曲风、快慢节奏、音调高低、出入之声、疏密，互相调和的。君子听了这样的音乐，内心就能获得平静。内心平如止水，德行便和谐。因此《诗经》说：'美好的声誉不曾缺失。'

现在梁丘据并不是这样，君王认为可行的事情，梁丘据也认为可行；君王认为不可行的事情，梁丘据也认为不可行。这就好比用索然无味的清水来调和清水，这样的羹汤谁会吃呢？假如琴瑟只弹奏同一个音调，谁还有心聆听呢？不该凡事都相同的道理也是这样。"

原　文

饮酒乐。公曰："古而无死，其乐若何？"晏子对曰："古而无死，则古之乐也，君何得焉？昔爽鸠氏始居此地，季荝因之，有逢伯陵因之，蒲姑氏因之，而后大公因之。古者无死，爽鸠氏之乐，非君所愿也。"

郑子产有疾，谓子大叔曰："我死，子必为政。唯有德者能以宽服民，其次莫如猛①。夫火烈，民望而畏之，故鲜死焉。水懦弱，民狎而玩之，则多死焉。故宽难。"疾数月而卒。大叔为政，不忍猛而宽。郑国多盗，取人于萑苻之泽②。大叔悔之，曰："吾早从夫子，不及此。"兴徒兵以攻萑苻之盗，尽杀之，盗少止。

仲尼曰："善哉！政宽则民慢，慢则纠之以猛。猛则民残，残则施之以宽。宽以济猛，猛以济宽，政是以和。《诗》曰：'民亦劳止，汔可小康。惠此中国，以绥四方。'施之以宽也。'毋从诡随，以谨无良。式遏寇虐，惨不畏明。'纠之以猛也。'柔远能迩，以定我王。'平之以和也。又曰：'不竞不绿，不刚不柔。布政优优，百禄是道。'和之至也。"

及子产卒，仲尼闻之，出涕曰："古之遗爱也。"

注　释

①猛：严厉。
②取：同"聚"。萑苻：泽名。

译　文

齐景公喝酒喝得很开心，便问："如果自古以来人都不会死，那么会快乐到何种程度呢？"晏子回答说："假如自古以来就不存在死亡这回事，那么现在的欢乐就成了古人的欢乐了，那么君王您又能得到什么呢？以前最初居住在此地的是爽鸠氏，季荝承袭居住，随后是逢伯陵承袭居住，蒲姑氏承袭居住，而后是太公承袭下来。如果自古以来人就不会死，那么现今的欢乐就是爽鸠氏的欢乐，这可不是君王所期望的。"

郑国的子产生了重病，他对子太叔说："我死了之后，你一定要执掌国政。唯有有德者能凭借宽仁的措施让百姓顺服，其次莫如严厉的态度。大火燃烧得猛烈，百姓望而生畏，因此少有人死于烈火之中。水柔弱，百姓轻视它，戏耍它，死在水中的人就非常多。故而宽大为怀是非常不容易的。"子产一连好几个月卧病不起，之后就去世了。子太叔当政，不忍严厉对待百姓，一味宽仁，郑国出现了许多盗寇，聚在芦苇丛里。子太叔悔恨地说："我要是早听从子产的话，就不会沦落到今天这个地步。"于是便调来步卒攻打芦苇塘里的盗寇，将其一网打尽，盗寇的行为才稍有收敛。

孔子说："好啊！政策宽仁，百姓便轻慢，民心轻慢政令就用严厉的措施纠正。惩罚过于严厉，百姓便会受到伤害，民心受伤就实行宽仁的政策。以宽大的措施调节严苛的惩罚，用严厉的措施来调节宽松的政令，政事因此得以和谐。《诗经》说：'百姓太过辛劳，也该稍稍得到安定了。给中原诸国施加恩惠，用以安抚四方。'说的就是实行宽大的政策。'不要放纵诡诈附和的人，谨防不良之徒。遏止暴虐的掠夺者，他们从不畏惧法度。'这就是用严厉的措施来纠正错误的行为。'安抚远国和近邻，以安定我王室。'这是用和谐的方式安定国家。又说：'不急不缓，不刚猛不柔弱，颁布政令从容不迫，百福自集。'这便是和谐的极致了。"

子产去世后，孔子听到了他的死讯，流着泪说："他仁爱的美德，堪称古代的遗风啊。"

经典解读

表面看来"和"与"同"似乎是一致的，但事实上两者有着本质的区别。"同"强调的是绝对的一致性，排除了多样性和其他可能，是无比刻板单调的。"和"则意味着包容不同的声音、色彩及其他元素，力求达到一种美好和谐的境界，故"和"而"不同"才是君子应该追求的境界。晏婴以烹调、音乐和君臣关系举例，阐明了"和"与"同"的差异，指出君主执政要广开言路、善于倾听，包容不同的意见和声音，允许臣下发表不同的见解，才能创造上下和谐、国泰民安的局面。古时的君臣关系如此，当代的人际关系也是如此。真正的君子之交不求别人对自己亦步亦趋，事事保持一致，而应容忍对方保留不同的见解，这样才不至于被人云亦云的假话所蒙蔽，得以听到别人的肺腑之言，收获真挚的友谊。

昭公二十九年

原　文

　　二十九年春，公至自乾侯，处于郓。齐侯使高张来唁公，称主君。子家子曰："齐卑君矣，君只辱焉。"公如乾侯。

　　三月己卯，京师杀召伯盈、尹氏固及原伯鲁之子。尹固之复也，有妇人遇之周郊，尤之①，曰："处则劝人为祸，行则数日而反，是夫也，其过三岁乎？"

　　夏五月庚寅，王子赵车入于鄻以叛，阴不佞败之。

　　平子每岁贾马，具从者之衣屦，而归之于乾侯。公执归马者，卖之，乃不归马。卫侯来献其乘马曰启服，堑而死②，公将为之椟③。子家子曰："从者病矣，请以食之。"乃以帏裹之。

注　释

①尤：责备。
②堑：掉进壕沟。
③椟：棺材。

译　文

　　二十九年春季，鲁昭公从晋国的乾侯回国，在郓地住了下来，齐景公派高张对鲁昭公致以问候，称其为主君。子家子说："齐国太藐视君王了，君王留在这里只不过是自取其辱罢了。"鲁昭公于是又回乾侯去了。

　　三月十三日，都城的军队把召伯盈、尹氏固和原伯鲁的儿子统统杀死了。尹氏固回国都复位时，有个妇人在成周郊野遇上他，责怪地说："你留在国内就唆使别人制造祸端，流亡没几天就又回来了，你这样的人啊，岂能活过三年吗？"

　　夏季五月二十五日，王子赵车进入鄻地，起兵作乱，阴不佞率军将其击败。

　　季平子每年都会花钱买骏马，并为鲁昭公的随从备好衣服鞋子，将马和衣物都送到乾侯去。鲁昭公将送马的人逮住了，并把马卖掉了，从此季平子就不再把马往乾侯送了。卫侯前来进献一匹叫启服的御车马，掉到壕沟里摔死了，鲁昭公要给它做个棺材。子家子说："随从很疲惫了，就让他们吃了这匹死马

295

吧。"于是便以破帷幕包裹马匹,把它埋葬了。

原　文

公赐公衍羔裘①,使献龙辅于齐侯②,遂入羔裘。齐侯喜,与之阳谷。公衍、公为之生也,其母偕出。公衍先生,公为之母曰:"相与偕出,请相与偕告。"三日,公为生,其母先以告,公为为兄。公私喜于阳谷而思于鲁,曰:"务人为此祸也。且后生而为兄,其诬也久矣。"乃黜之③,而以公衍为大子。

注　释

①羔裘:羔羊皮裘。
②龙辅:龙纹美玉。
③黜:废黜。

译　文

鲁昭公赏赐给公衍一件羔羊裘衣,派他给齐景公进献龙纹美玉。他献上美玉后,将羔羊裘衣也一并献上。齐景公十分开心,把阳谷赏赐给了他。公衍、公为降生时,他们的母亲都搬出卧室住进了产房。公衍先出世,公为母亲说:"我们俩是一块儿搬出来的,就该一同回去报喜。"三天后,公为出世了,他的母亲率先报告了孩子诞生的喜讯,他就做了兄长。鲁昭公因为得到了阳谷心情大好,又回想起了鲁国这段旧事,于是便说:"祸端都是公为引起的,况且晚出生却当了兄长,欺骗了寡人很久。"于是便废黜了公为,改立公衍为太子。

原　文

秋,龙见于绛郊。魏献子问于蔡墨曰:"吾闻之,虫莫知于龙①,以其不生得也②。谓之知,信乎?"对曰:"人实不知,非龙实知。古者畜龙,故国有豢龙氏,有御龙氏。"献子曰:"是二氏者,吾亦闻之,而不知其故,是何谓也?"对曰:"昔有飂叔安,有裔子曰董父,实甚好龙,能求其耆欲以饮食之③,龙多归之。乃扰畜龙,以服事帝舜。帝赐之姓曰董,氏曰豢龙。封诸鬷川,鬷夷氏其后也。故帝舜氏世有畜龙。及有夏孔甲,扰于有帝,帝赐之乘龙④,河、汉各二,各有雌雄,孔甲不能食⑤,而未获豢龙氏。有陶唐氏既衰,其后有刘累，学扰龙于豢龙氏，以事孔甲，能饮食之。夏后嘉之，赐氏曰御龙，以更豕韦之后。龙一雌死，潜醢以食夏后⑥。夏后飨之，既而使求之。惧而迁于鲁县，范氏其后也。"献子曰："今何故无之？"对曰："夫物，物有其官，官修其方，朝夕思之。一日失职，则死及之。失官不食。官宿其业，其物乃至。若泯弃之，物乃坻伏⑦，郁湮不育⑧。故有五行之官，是谓五官。实列受氏姓，封为上公，祀为贵神。社稷五祀，是尊是奉。木正曰句芒⑨，火正曰祝融，金正曰蓐收，水正曰玄冥，土正曰后土。龙，水物也。水官弃矣，故龙不生得。不然，《周易》有之，在《乾》䷀之《姤》䷫，曰：'潜龙勿用。'其《同人》䷌曰：'见龙在田。'其《大有》䷍曰：'飞龙在天。'其《夬》䷪曰：'亢龙有悔。'其《坤》䷁曰：'见群龙无首，吉。'《坤》之《剥》䷖曰：'龙战于野。'若不朝夕见，谁能物之？"献子曰："社稷五祀⑩，谁氏之五官也？"对曰："少皞氏有四叔，曰重、曰该、曰修、曰熙，实能金、木及水。使重为句芒，该为蓐收，修及熙为玄冥，世不失职，遂济穷桑，此其三祀也。颛顼氏有子曰犁，为祝融；共工氏有子曰句龙，为后土，此其二祀也。后土为社⑪；稷，田正也。有烈山氏之子曰柱为稷，自夏以上祀之。周弃亦为稷，自商以来祀之。"

注　释

①知：同"智"，聪明。

②生得：生擒，活捉。

③耆：同"嗜"。

④乘龙：四条龙。

⑤食：饲养。

⑥潜：偷偷。醢：肉酱。

⑦坻伏：隐伏。

⑧郁湮：抑郁。

⑨正：官长。

⑩五祀：祭俗中所祭的五种神祇。

⑪社：土地神。

译　文

秋季，龙于绛地的郊外现身了。魏献子问蔡墨说："我听说，虫类之中最聪明的莫过于龙了，龙不能被生擒，故而人认为它极其聪明，是这样吗？"蔡墨回答说："事实上是人太愚笨，而不是龙真的那么聪明。在古代是可以养龙的，故而国内才有了豢龙氏和御龙氏两大家族。"魏献子说："这两大家族，我也听说过，但不清楚其来历，为什么叫这个称呼呢？"蔡墨回答说："从前鬷国有一个叫叔安的君王，他的后代叫董父，董父真的非常喜欢龙，对龙的喜好了若指掌，能根据龙的嗜好喂养它们，很多龙都去了他的家里，于是他便开始驯养龙，让龙服侍帝舜。帝舜赐他姓董，为豢龙氏，把鬷川作为他的封地，他的后代便是鬷夷氏。因此帝舜氏世代养龙。到了夏朝孔甲当政的时代，由于孔甲顺从天帝，天帝便把四条龙赐给他驾车，黄河、汉水各有两条雌雄配对的龙。孔甲不会饲养龙，又找不到豢龙氏。陶唐氏部落已经衰微，之后有了刘累，刘累向豢龙氏学习驯养龙的技艺，用以事奉孔甲，能喂养天帝赐下的四条龙。孔甲为了奖励他，赐氏叫御龙，让他取代豕韦的后代。有一条雌龙死了，刘累便把这条龙偷偷地做成了肉酱，进献给孔甲食用。孔甲吃完之后，又让刘累找来食用。刘累很恐慌，就迁居到了鲁县，范氏便是他的后代。"魏献子问："现在为什么就没有龙了呢？"蔡墨回答说："万物都有掌管它的官吏，官吏修整管理事务的方法，朝夕思虑。一旦失职，便性命不保了。失去官位就不能吃食禄。官吏长期从事这项事业，有灵的生物才会来到此地。若是灭绝抛弃它们，生物就会潜伏起来，郁郁寡欢不能成长。所以有掌管五行的官吏，称为五官，他们世代继承姓氏，被封为上公，祭祀高贵的神灵。土地神、五谷神和五行之神之中，他们尤其受到崇敬和尊奉。五官之中句芒为木官之长，祝融为火官之长，蓐收为金官之长，玄冥为水官之长，后土为土官之长。龙乃水生之物，水官一职被废除了，因此龙不能被生擒了。倘若不是这样，《周易》就有《乾》卦初九《爻辞》说：'潜伏的龙没被征用。'九二《爻辞》说：'龙在田间现身了。'九五《爻辞》说：'飞龙现身天际。'上九《爻辞》说：'龙飞升到极点，心中有悔。'用九《爻辞》说：'看见群龙无首，大吉。'《坤》卦变成《剥》卦说：'龙在荒野交战。'这种生物若不是朝夕可见，谁又能把它们描绘出来呢？"魏献子问："地神、五谷神庙里的五种祭祀，是哪个朝代的五官？"蔡墨回答说："少皞氏的叔父共有四人，分别是重、该、修、熙，他们实际上是掌管金、木、水的官吏，国君任命重担任句芒，该担任蓐收，修和熙担任玄冥，让他们世代恪守职责，以助穷桑氏获得成功，这便是五种祭祀中的三种。颛顼氏有个儿子名字叫犁，当了祝融，共工氏的儿子句龙当了后土，这便是五种祭祀中的两种祭祀。后土成了土地神。五谷神是掌管田地的官吏。有烈山氏儿子柱，当上了五谷神，夏朝之前就享受祭祀，周朝的弃也当上了五谷神，自商朝以来一直享受祭祀。"

原　文

> 冬，晋赵鞅、荀寅帅师城汝滨，遂赋晋国一鼓铁①，以铸刑鼎，着范宣子所为刑书焉。
>
> 仲尼曰："晋其亡乎！失其度矣。夫晋国将守唐叔之所受法度，以经纬其民②，卿大夫以序守之。民是以能尊其贵，贵是以能守其业。贵贱不愆，所谓度也。文公是以作执秩之官，为被庐之法，以为盟主。今弃是度也，而为刑鼎，民在鼎矣，何以尊贵？贵何业之守？贵贱无序，何以为国？且夫宣子之刑，夷之蒐也③，晋国之乱制也，若之何以为法？"蔡史墨曰："范氏、中行氏其亡乎！中行寅为下卿，而干上令，擅作刑器，以为国法，是法奸也。又加范氏焉，易之，亡也。其及赵氏，赵孟与焉。然不得已，若德，可以免。"

注　释

①一鼓：四百八十斤。
②经纬：治理国家。
③夷之蒐：在夷地阅兵。

译　文

冬季，晋国的赵鞅、荀寅率军于汝水畔筑城，让晋国的百姓上缴了四百八十斤铁金属，用以铸造刑鼎，上面写着士匄创制的刑书。

孔子说："晋国怕是要亡国了吧！它已经丧失法度了。晋国应守住唐叔遗传下来的法度，用它当作百姓行为的准则，卿大夫依据各自的位次守护它。百姓才能遵从身份显贵的人，达官贵人因此能守住自家的基业。贵贱尊卑的次序没被打乱，这就是所谓的法度。晋文公因此设置了掌管官爵位次的官吏，在被庐创制了法令，因此晋国成为了诸侯盟主。而今抛弃法度，铸造了刑鼎，百姓在鼎上就能看到成文的法律，还靠什么来尊崇贵族？贵族又凭借什么守住家业？身份贵贱失了秩序，又怎么治国呢？士匄的刑法，是在夷地举行大蒐礼时制定的，是违背晋国旧制的乱法，怎能把它当成法律呢？"蔡史墨说："范氏和中行氏怕是要走向灭亡了吧。中行寅身为下卿，却违背上层的命令，擅自制造刑器，并把它当成国家律法，这种行为是违背法度啊。还有范氏士匄，改变了晋文公制定的旧法，也是要灭亡的。还涉及赵氏，赵孟也参与了铸造刑鼎一事，然而他是逼不得已才这样做的,假如能修养德行,是可以免祸的。"

经典解读

孔甲畜龙的故事颇具神话色彩,驯龙高手刘累的故事同样离奇。在当时的时代,不但出现了专门畜龙、驯龙的家族,还有人以此为业,统治者对龙这种神秘生物的重视也达到了无以复加的地步,这确实让人匪夷所思。今天我们知道龙是虚构出来的一种形象,是华夏民族的图腾,古人对于龙的想象和崇拜,一种原因是为了满足祈福求雨的需要,另外一种原因是为了凸显君主的权威,强调君权神授的合法性。孔甲和刘累当然不可能和我们的民族图腾真龙有过真实的亲密接触,他们所豢养的必然是一种体型庞大的神秘生物,基于政治上的需要,这种生物被美化成了龙。刘累靠畜"龙"而平步青云,还把死"龙"做成美味佳肴献给孔甲品尝,最终怕事情败露而逃亡,表面看来,其人生命运的走向完全由龙决定,而事实上龙之所以能主宰他的人生,是因为统治者想要借龙的形象美化自己。这则故事告诉我们自我粉饰、靠虚幻的形象包装自己是不可取的,从政最重要的是赢得民心,而不是诓骗大众。

定 公

定公五年

原 文

> 五年春，王人杀子朝于楚。
> 夏，归粟于蔡，以周亟①，矜无资。
> 越入吴，吴在楚也。
> 六月，季平子行东野，还，未至，丙申，卒于房。阳虎将以与璠玙②，仲梁怀弗与，曰："改步改玉。"阳虎欲逐之，告公山不狃。不狃曰："彼为君也，子何怨焉？"既葬，桓子行东野，及费。子泄为费宰，逆劳于郊，桓子敬之。劳仲梁怀，仲梁怀弗敬。子泄怒，谓阳虎："子行之乎？"

注 释

①周亟：救济急难。
②璠玙：美玉。

译 文

五年春季，成周人在楚国把王子朝杀害了。

夏季，鲁国给蔡国运送了粮食以救济他们，帮助他们渡过危难，怜悯他们没有存粮。

越国人侵入吴国，因为吴军去攻打楚国去了。

六月，季平子到东野巡行，返回时没有抵达国都，于十七日，在房地过世了。阳虎要用美玉作为季平子的陪葬品，仲梁怀不肯把美玉给他，说："步伐已改，美玉也要随之改变。"阳虎想要驱逐他，把这件事告诉了公山不狃。公山不狃说:"他是为君王着想,你何必怨恨他呢?"季平子下葬以后,桓子到东野巡行,来到了费地。当时子泄担任费宰,于郊外迎接桓子,并慰劳这位来客,桓子很敬重他。子泄慰劳仲梁怀时,仲梁怀对他态度不敬。子泄很生气,对阳虎说:"您要驱逐他吗?"

原文

申包胥以秦师至,秦子蒲、子虎帅车五百乘以救楚。子蒲曰:"吾未知吴道。"使楚人先与吴人战,而自稷会之,大败夫概王于沂。吴人获蒍射于柏举,其子帅奔徒以从子西①,败吴师于军祥。

秋七月,子期、子蒲灭唐。

九月,夫概王归,自立也。以与王战而败,奔楚,为堂溪氏。

吴师败楚师于雍澨,秦师又败吴师。吴师居麇,子期将焚之,子西曰:"父兄亲暴骨焉,不能收,又焚之,不可。"子期曰:"国亡矣!死者若有知也,可以歆旧祀,岂惮焚之?"焚之,而又战,吴师败。又战于公婿之溪,吴师大败,吴子乃归。囚闉舆罢,闉舆罢请先,遂逃归。叶公诸梁之弟后臧从其母于吴,不待而归。叶公终不正视②。

注释

①奔徒:溃逃的军队。
②正视:正眼看。

译文

申包胥率领秦国军队抵达楚国,秦国的子蒲和子虎派五百辆兵车前去营救楚国。子蒲说:"我不了解吴军的用兵之道。"于是便让楚军先到战场上和吴军交战,秦国大军从稷地和吴军会师,结果在沂地将夫概王打得惨败。吴军在柏举活捉了蒍射,蒍射带着奔逃的将士跟着子西撤退,在军祥击败了吴国的军队。

秋季七月,子期、子蒲率军消灭了唐国。

九月,夫概王返归吴国,自立为国君,由于和吴王阖庐交战,输掉了战争,奔逃到了楚国,成了后来的堂溪氏。

吴国军队在雍澨击败了楚国大军,秦国军队又把吴国军队打败了。吴国在麇地驻军,子期打算用火攻对付吴军,子西说:"父兄亲属尸骨暴露在荒郊野外,不能收殓,又要被火焚烧,是不可以的。"子期说:"国家就要灭亡了。死者若是泉下有知，国家振兴就能享受以往的祭祀了，岂会害怕尸骨被烈火焚烧？"于是便用火攻袭击吴军，又和吴军作战，吴军败北。楚军和吴军在公婿之溪展开了大战，吴军惨败，吴王便黯然回国了。吴军擒获了闽舆罢，闽舆罢请求先行一步回吴国，于是借机逃回了楚国。叶公诸梁的弟弟后臧跟从母亲留在吴国，后来丢下母亲自己独自跑回了楚国。叶公此后始终没有正眼看过他。

原　文

乙亥，阳虎囚季桓子及公父文伯，而逐仲梁怀。冬十月丁亥，杀公何藐。己丑，盟桓子于稷门之内。庚寅，大诅，逐公父歜及秦遄，皆奔齐。

楚子入于郢。初，斗辛闻吴人之争宫也，曰："吾闻之：'不让则不和，不和不可以远征。'吴争于楚，必有乱。有乱则必归，焉能定楚？"

王之奔随也，将涉于成臼，蓝尹亹涉其帑①，不与王舟。及宁，王欲杀之。子西曰："子常唯思旧怨以败，君何效焉？"王曰："善。使复其所，吾以志前恶。"王赏斗辛、王孙由于、王孙围、钟建、斗巢、申包胥、王孙贾、宋木、斗怀。子西曰："请舍怀也。"王曰："大德灭小怨，道也。"申包胥曰："吾为君也，非为身也。君既定矣，又何求？且吾尤子旗，其又为诸？"遂逃赏。王将嫁季芈，季芈辞曰："所以为女子，远丈夫也②。钟建负我矣。"以妻钟建，以为乐尹。

注　释

①帑：家眷。
②丈夫：男人。

译　文

九月二十八日，阳虎把季桓子和公父文伯关押了起来，并将仲梁怀驱逐出了鲁国。冬季十月初十日，阳虎把公何藐杀死了。十二日，同桓子于稷门内结盟起誓。十三日，他又举行了大规模的诅咒仪式，将公父歜和秦遄驱逐出境，这两个人都逃奔到了齐国。

楚昭王走进了郢都。当初，斗辛听说吴军将士竞相争夺楚国宫室居住，便说："我听说：'不懂礼让关系则不睦，不和睦的军队便不能远征。'吴军在楚国争权夺利，必然会有祸乱发生。一旦出现内乱则一定会班师回国，这样的军队怎能平定楚国呢？"

楚昭王逃奔到随国时,准备在成臼渡河,蓝尹亹让他的妻儿先渡河,不让楚昭王坐船。待局势安定下来以后,楚昭王想要杀掉蓝尹亹。子西说:"子常因对旧日的怨恨耿耿于怀,所以才失败,国君为何要效仿他呢?"楚昭王说:"好吧。那就让他官复原职吧,以此来谨记昔日的过失。"楚昭王要给斗辛、王孙由于、王孙圉、钟建、斗巢、申包胥、王孙贾、宋木、斗怀九人封赏,子西说:"请不要给斗怀赏赐。"楚昭王说:"要用大恩德消除小恩怨,这是合于正道的。"申包胥说:"我是为了君王您着想,不是为了我自己考虑。君王既然已经安定下来了,我又追求什么呢?况且我憎恨子旗,岂能效法他的贪得无厌?"申包胥于是便逃避了封赏。楚昭王将要为季芈置办婚嫁,季芈辞谢说:"作为女人,就要离男人远一些。但钟建已经背过我了。"楚昭王便把她许配给钟建做妻子,并封钟建为乐尹。

原　文

王之在随也,子西为王舆服以保路①,国于脾泄。闻王所在,而后从王。王使由于城麇,覆命,子西问高厚焉,弗知。子西曰:"不能,如辞②。城不知高厚,小大何知?"对曰:"固辞不能,子使余也。人各有能有不能。王遇盗于云中,余受其戈,其所犹在。"袒而示之背,曰:"此余所能也。脾泄之事,余亦弗能也。"

晋士鞅围鲜虞,报观虎之役也。

注　释

①舆服:车和衣服。保路:保护溃逃的人。
②辞:推辞,拒绝。

译　文

楚昭王在随国流亡时,子西仿造了他的车和衣服,以此来保护溃散奔逃的人,并在脾泄建立了楚国国都。听说了楚昭王的下落以后马上赶过去追随左右。楚昭王派由于在麇地修建城池。由于复命,子西问起城墙的高度和厚度,由于不清楚。子西说:"你不能做好的事,就该推辞不做,不知道城墙的高度、厚度,又如何能知道它规模的大小?"由于回答说:"我坚决推辞说自己不能担当重任,是您让我去筑城的。每个人都有能做好的事和做不好的事。比如国君在云中碰到盗寇阻截,我用身体挡住了盗寇刺过来的兵戈,现在伤疤还在身上。"说完就脱去上衣,把裸露的后背出示给子西看,说:"这就是我能办到的。在脾泄筑城的事不是我能做的。"

晋国的范献子率军包围了鲜虞，以报观虎战场被俘之仇。

经典解读

由于勇武，最擅长的是御敌，因此在关键时刻能成功护驾，但主持筑城就不是他的专长了，那项工作需要的是统筹规划调度等方面的能力，这些都不是他所具备的，所以他无法出色地完成工作，甚至连最基本的数据都弄不清楚。其实不是由于不才，而是因为"尺有所短，寸有所长"，在自己不擅长的领域他无法发挥自己的聪明才智。

古语云"自知者明，知人者智"，"人贵有自知之明"，每个人都应该对自己有一个客观清醒的认知，了解自己的长处与短处，扬长避短充分挖掘潜能，只有这样才能更好地实现自己的人生价值。有些盲目乐观的人过分强调主观能动性，认为只要肯吃苦，愿意不惜一切地拼搏奋斗，就能克服所有困难，做成一切事情，可往往事与愿违。事实证明，学会正确认识自己，充分认清自己的优势和劣势，避免盲目行动，才能获得成功。

定公十四年

原　文

十四年春，卫侯逐公叔戍与其党，故赵阳奔宋，戍来奔。

梁婴父恶董安于，谓知文子曰："不杀安于，使终为政于赵氏，赵氏必得晋国。盍以其先发难也①，讨于赵氏？"文子使告于赵孟曰："范、中行氏虽信为乱，安于则发之，是安于与谋乱也。晋国有命，始祸者死。二子既伏其罪矣，敢以告。"赵孟患之。安于曰："我死而晋国宁，赵氏定，将焉用生？人谁不死，吾死莫矣②。"乃缢而死。赵孟尸诸市③，而告于知氏曰："主命戮罪人，安于既伏其罪矣，敢以告。"知伯从赵孟盟，而后赵氏定，祀安于于庙。

顿子牂欲事晋，背楚而绝陈好。二月，楚灭顿。

注　释

①发难：叛乱。

②莫：晚，迟。
③尸：暴尸。

译文

十四年春季，卫灵公将公叔戍及其党羽全部驱逐出境，因此赵阳逃奔到了宋国，公孙戍逃奔到了鲁国。

梁婴父十分厌恶董安于，便对知文子说："不如把安于杀了，不然他会一直掌控赵氏的大权，赵氏就能拥有整个晋国，何不以赵氏最先发动叛乱为由征讨他呢？"知文子派人告诉赵鞅说："范氏、中行氏虽然确实兴兵作乱，但这场叛乱是安于挑起的，安于参与了这场谋乱。晋国法令规定，最先制造祸乱者当处死。范氏、中行氏已经伏法，谨此奉告。"赵鞅为此十分担忧。董安于说："若是我一死了之能让晋国安定，让赵氏家族稳固安定，哪里还用得着继续活下去？人生在世，谁不得面对死亡，我死得已经很晚了。"于是便上吊而死。赵鞅将董安于暴尸于市，告知知文子说："你命令我将罪人董安于处死，他现在已经伏法了，谨此奉告。"知文子便和赵鞅盟誓，赵氏家族得以安定。赵氏便把董安于的灵位放到祖庙里祭祀。

顿国国君子牂想事奉晋国，便背离楚国，跟陈国断绝了友好往来。二月，楚国消灭了顿国。

原文

夏，卫北宫结来奔，公叔戍之故也。

吴伐越。越子勾践御之，陈于檇李。勾践患吴之整也①，使死士再禽焉②，不动。使罪人三行，属剑于颈，而辞曰："二君有治③，臣奸旗鼓④，不敏于君之行前，不敢逃刑，敢归死。"遂自刭也。师属之目，越子因而伐之，大败之。灵姑浮以戈击阖庐，阖庐伤将指⑤，取其一屦。还，卒于陉，去檇李七里。

夫差使人立于庭，苟出入，必谓己曰："夫差！而忘越王之杀而父乎？"则对曰："唯⑥，不敢忘！"三年，乃报越。

晋人围朝歌，公会齐侯、卫侯于脾、上梁之间，谋救范、中行氏。析成鲋、小王桃甲率狄师以袭晋，战于绛中，不克而还。士鲋奔周，小王桃甲入于朝歌。

秋，齐侯、宋公会于洮，范氏故也。

注 释

① 整：军容严整。
② 死士：敢死队。
③ 治：出兵交战，兵戎相见。
④ 旗鼓：号令。
⑤ 将指：大脚趾。
⑥ 唯：是。

译 文

夏季，卫国的北宫结逃到楚国，是因为受到公叔成连累。

吴国讨伐越国。越王勾践派兵抗敌，在槜李布好了阵法。勾践见吴军军容严整，十分忧虑，两次派敢死队冲进敌阵擒获士兵，吴军阵列岿然不动。勾践让犯人排成三行，把利剑架在各自的脖颈上说："两国国君兴兵交战，我们触犯军法，在君王队列前表现得十分无能，不敢逃避刑罚，愿以死谢罪。"于是全部自刎而死。吴军专注地看着眼前的惨象，越王勾践趁机下令袭击吴军，结果大败吴军。灵姑浮持戈击打吴王阖闾，刺伤了阖闾的脚趾，找到了阖闾丢掉的一只鞋。阖闾撤军回国，行军途中死于陉地，那里距离槜李不过只有七里地而已。

阖闾的儿子夫差命人站在庭院中，每次见自己出入，都要对自己说："夫差！你忘了越王勾践杀死父亲的大仇了吗？"他回答说："没有。杀父之仇我不敢忘记！"三年之后，他便向越国报了大仇。

晋国军队包围了朝歌，鲁定公在脾地、上梁边界会见了齐景公和卫灵公，商量营救范氏和中行氏的对策。析成鲋、小王桃甲带领狄军袭击晋国，两军在绛中交战，没有攻克城池便撤兵返回了。士鲋逃奔到了成周，小王桃甲进入了朝歌。

秋季，齐景公和宋景公在洮地碰面，是为了商议如何营救范氏。

原 文

卫侯为夫人南子召宋朝，会于洮。大子蒯聩献盂于齐，过宋野。野人歌之曰："既定尔娄猪①，盍归吾艾豭②。"大子羞之，谓戏阳速曰："从我而朝少君，少君见我，我顾，乃杀之。"速曰："诺。"乃朝夫人。夫人见大子，大子三顾，速不进。夫人见其色，啼而走，曰："蒯聩将杀余。"公执其手以登台。大子奔宋，尽逐其党。故公孟驱出奔郑，自郑奔齐。

> 大子告人曰："戏阳速祸余。"戏阳速告人曰："大子则祸余。大子无道，使余杀其母。余不许，将戕于余；若杀夫人，将以余说。余是故许而弗为，以纾余死。谚曰：'民保于信。'吾以信义也。"
>
> 冬十二月，晋人败范、中行氏之师于潞，获籍秦、高强。又败郑师及范氏之师于百泉。

注　释

①娄猪：母猪。比喻淫乱的女子，这里指南子。
②艾豭：漂亮的公猪。

译　文

卫灵公为了讨夫人南子开心而召见宋国的公子朝，于洮地会见了他。太子蒯聩将盂地进献给了齐国，前去献地时路过宋国的郊野。荒野中人唱道："既然已经让你们的母猪情欲得到满足，情绪安定了，为何不把那漂亮的公猪还给我们。"太子羞愧难当，便对戏阳速说："随我去朝见夫人，夫人会见我时，我以回头为暗号，一回头你就把她杀了。"戏阳速说："好的。"于是两人就朝见了夫人南子。夫人南子接见太子时，太子回了三次头，戏阳速没有进前动手。南子见太子脸色有些异样，便哭着走开了，说："太子蒯聩想要杀死我。"卫灵公牵着她的手登临高台。太子逃奔到了宋国，卫灵公驱逐了太子的所有党羽。因此公孟驱逃奔到了郑国，又从郑国流亡到了齐国。

太子对别人说："戏阳速栽赃嫁祸给我。"戏阳速对别人说："分明是太子嫁祸给我。太子无道，派我杀害他的母亲，若我不应允，就会把我杀死。若是我将夫人南子杀死了，他就会把罪责全部归咎到我身上。我答应他弑杀南子，但并没有采取行动，这才暂免被处死。民谚有云：'百姓凭借信用保全自身。'我把道义当成了信用。"

冬季十二月，晋军在潞地战胜了范氏和中行氏率领的军队，活捉了籍秦和高强，又在百泉将郑国大军和范氏的军队一举击败。

经典解读

历史上的勾践，首先让人想到的是一幅"卧薪尝胆"忍辱负重的形象，人们往往忽略了范蠡对其"长颈鸟喙"的评价，其实历史人物是非常复杂的，他们并不是一个单一平面的形象，而是既有光明面又有阴暗面的立体形象。勾践复国雪耻固然堪称英雄之举，但在战场上冷酷无情的做法就连敌军都深深震惊了。为了把吴军打得措手不及，他命令囚犯排成三行集体自刎于阵前，那种血腥诡异而又格外惨烈的场面，把吴军惊得目瞪口呆，这种稀奇的作战方式也是他们闻所未闻、见所未见的，大家一时之间慌了阵脚，结果被越军打败。囚犯的自杀性袭击行为是勾践一手策划的，他虽然赢得了战争，但是这种过激的做法和不择手段的行为是不足取的。它暴露出了勾践作为一代枭雄残酷狠辣的一面。

哀 公

哀公元年

原 文

　　元年春，楚子围蔡，报柏举也。里而栽①，广丈，高倍。夫屯昼夜九日，如子西之素。蔡人男女以辨②，使疆于江、汝之间而还。蔡于是乎请迁于吴。

　　吴王夫差败越于夫椒，报槜李也。遂入越。越子以甲楯五千，保于会稽。使大夫种因吴大宰嚭以行成，吴子将许之。伍员曰："不可。臣闻之：'树德莫如滋，去疾莫如尽。'昔有过浇杀斟灌以伐斟鄩，灭夏后相。后缗方娠③，逃出自窦，归于有仍，生少康焉，为仍牧正。惎浇④，能戒之。浇使椒求之，逃奔有虞，为之庖正，以除其害。虞思于是妻之以二姚，而邑诸纶。有田一成⑤，有众一旅，能布其德，而兆其谋，以收夏众，抚其官职。使女艾谍浇，使季杼诱豷，遂灭过、戈，复禹之绩。祀夏配天，不失旧物。今吴不如过，而越大于少康，或将丰之，不亦难乎？勾践能亲而务施，施不失人，亲不弃劳。与我同壤而世为仇雠，于是乎克而弗取，将又存之，违天而长寇仇，后虽悔之，不可食已。姬之衰也，日可俟也。介在蛮夷，而长寇仇，以是求伯⑥，必不行矣。"弗听。退而告人曰："越十年生聚⑦，而十年教训，二十年之外，吴其为沼乎！"三月，越及吴平。吴入越，不书，吴不告庆，越不告败也。

注 释

①里：距城一里。栽：修建军事壁垒。
②辨：分开。

③娠：怀孕。
④憝：记恨。
⑤一成：方圆十里。
⑥伯：霸主。
⑦生聚：繁育人口，积累财富。

译　文

　　元年春季，楚昭王出兵围困蔡国国都，以报柏举大战之仇。楚军在距都城一里的地方建造起宽一丈高二丈的军事壁垒。役夫在工地上屯驻了九天九夜，和令尹子西预计的一样。蔡国人把男女奴隶分成两排捆绑，作为进献的礼物以示投降。楚昭王让蔡国人迁居到长江、汝水之间的地带，便回国了。蔡国人因此请求吴国准许自己迁居到吴国的土地上。

　　吴王夫差在夫椒将越国军队击败，以报槜李战役之仇，随后又进攻越国。越王勾践带着五千名身穿战甲手持盾牌的战士守卫会稽山，又派大夫文种通过吴国太宰嚭向吴国表达求和的请求，吴王夫差打算同意讲和。伍子胥说："不可以这样做。下臣听说：'树立德行莫过于不断增加美德，去除邪恶莫过于斩草除根、一扫而尽。'从前过国的国君浇将斟灌诛杀了，又讨伐了斟鄩，消灭了夏后相。后相的夫人后正身怀六甲，她从城墙里的排水洞里逃了出去，跑回了娘家有仍国，生下了儿子少康，少康长大后成了有仍的牧官，他非常仇视浇，同时又要小心提防浇。浇派椒到处找寻少康的下落，少康逃奔到了虞国，在那里当了庖正，这才免于被害。虞思将两个女儿许配给他做妻子，把纶邑送给他作封地。这块封地方圆十里，有五百士卒戍守。少康自此可以广施德政，并开始实施复国计划。他聚集了大量夏朝的民众，安抚夏朝官吏，并派女艾潜入浇内部当刺探军情的间谍，派季杼诱骗浇的弟弟豷。随后灭亡了过、戈两国，复兴了大禹的基业。少康祭祀夏朝祖先时也祭祀天帝，恢复了原有的河山。如今吴国比不上过国，而越国的力量要远远大过少康，或许老天会让越国愈发强大，那样不是更难对付了吗？越王勾践能亲近百姓，对民众施加恩惠，乐于施惠于民，就不会失去人心，乐于亲近别人就不会抛弃有功之人。越国和我国接壤，且世代为仇，在这种情形下攻下了越国，却不占领这个国家，又让它存留下去，这是违背天意助长仇敌士气，以后即便后悔，也来不及挽回局面了。姬姓之国吴国走向衰落，已是为期不远了。我国地处蛮夷之国的夹缝中，又促使仇敌发展壮大，却还期望称霸诸侯，谋求盟主之位，这必然是行不通的。"吴王夫差不听劝告。伍子胥退出来对别人说："越国花十年时间繁育人口积累财富，花十年时间教化民众训练士兵，二十年之后，吴国的宫室怕是要变成池沼了。"三月，越国和吴国和解。吴国军队进入越国。《春秋》没有加载，这是因为吴国没来鲁国报告自己取得了战争的胜利，越国也没来报告自己的战败。

原 文

夏四月，齐侯、卫侯救邯郸，围五鹿。

吴之入楚也，使召陈怀公。怀公朝国人而问焉，曰："欲与楚者右，欲与吴者左。陈人从田①，无田从党。"逢滑当公而进②，曰："臣闻国之兴也以福，其亡也以祸。今吴未有福，楚未有祸。楚未可弃，吴未可从。而晋，盟主也，若以晋辞吴，若何？"公曰："国胜君亡，非祸而何？"对曰："国之有是多矣，何必不复。小国犹复，况大国乎？臣闻国之兴也，视民如伤，是其福也。其亡也，以民为土芥，是其祸也。楚虽无德，亦不艾杀其民。吴日敝于兵，暴骨如莽，而未见德焉。天其或者正训楚也！祸之适吴，其何日之有？"陈侯从之。及夫差克越，乃修先君之怨。秋八月，吴侵陈，修旧怨也。

注 释

①从田：据田地方向站位，田地在东者站在左边，田地在西者站在右边。
②当公：正对着陈怀公。

译 文

夏季四月，齐景公和卫灵公出兵救援邯郸，大军包围了五鹿。

吴军入侵楚国时，曾派人召请陈怀公。陈怀公在朝堂上询问国人："打算亲附楚国的站到右边，打算亲附吴国的站到左边。陈国人有田地的，就根据田地的方向站队，没田的便跟从党族。"逢滑正对着陈怀公进前一步说："臣听说国家兴盛是因有福运，国家灭亡是因为有了祸难。如今吴国没有福运，楚国也没有祸难。不能抛弃楚国，也不能追随吴国。晋国是诸侯的盟主，若以晋国为托词拒绝吴国，怎么样？"陈怀公说："吴国大胜，楚国国君流亡，这对楚国而言不是祸难吗？"逢滑回答说："国家出现这种情况多得是，为什么能肯定它就不能重新复兴呢？区区小国尚能复兴，何况是大国呢？臣听说，国家兴旺，看待百姓就像看待伤员一样，对其爱护有加，这就是一个国家的福祉。国家走向灭亡，是因为视百姓为粪土草芥，这就是灾祸。楚国虽然无德，但也没滥杀无辜百姓。吴国每日都在战争中走向衰落，暴露在荒野的尸骨像杂草一样多得数不清，却从未让人看到它的德行。

老天可能是给楚国一定的教训吧。祸难要降临吴国，还能有几日呢？"陈怀公采纳了他的意见。等到吴王夫差攻克越国后，便打算清算先君时代所结的仇怨。秋季八月，吴军进犯陈国，是为了清算旧日的恩怨。

原　文

　　齐侯、卫侯会于乾侯，救范氏也，师及齐师、卫孔圉、鲜虞人伐晋，取棘蒲。

　　吴师在陈，楚大夫皆惧，曰："阖庐惟能用其民，以败我于柏举。今闻其嗣又甚焉，将若之何？"子西曰："二三子恤不相睦，无患吴矣。昔阖庐食不二味，居不重席，室不崇坛①，器不彤镂，宫室不观②，舟车不饰，衣服财用，择不取费。在国，天有灾疠，亲巡孤寡，而共其乏困。在军，熟食者分，而后敢食。其所尝者，卒乘与焉。勤恤其民而与之劳逸，是以民不罢劳，死知不旷③。吾先大夫子常易之，所以败我也。今闻夫差次有台榭陂池焉，宿有妃嫱嫔御焉。一日之行，所欲必成，玩好必从。珍异是聚，观乐是务，视民如仇，而用之日新。夫先自败也已。安能败我？"

　　冬十一月，晋赵鞅伐朝歌。

注　释

①崇坛：高坛。
②不观：不加装饰。
③不旷：不会白白死去。

译　文

　　齐景公、卫灵公在乾侯聚首会面，商讨如何营救范氏。随后鲁国大军会合齐国军队以及卫国的孔圉、鲜虞人率领的军队讨伐晋国，占领了棘蒲。

　　吴军在陈国驻扎，楚国大夫都很恐慌，说："吴王阖闾非常善于征用百姓打仗，所以在柏举打败了我军。而今听说他的儿子比他还厉害，我们该怎么办呢？"子西说："你们这几个人应多担忧一些内部不睦的问题，不用担心吴国来犯。以前阖闾用餐只吃一道菜，座位下从不铺两层席子，建造屋宇不起高坛，器物不施丹漆，不加镂刻，宫室里不修建亭台楼阁，舟车没有任何装饰，衣物用具只求实用，不求奢华。在国内，若出现天灾瘟疫，便亲自巡视，抚恤孤儿鳏寡，救济生活困顿贫苦的人。在军队里，先把烹熟的食物分给士兵之后，自

313

己才敢进食。他吃到的美味佳肴，士兵们都有份分享。他时常抚恤百姓，和百姓同劳共憩，所以百姓都不觉疲劳，死了也认为是值得的。我国的先大夫子常做法正和阖闾相反，所以吴国军队能战胜我军。如今听说夫差有亭台水榭可栖，有嫔妃宫女侍寝。即便出宫一日，想要什么都必须得到，看到可玩赏的好东西必然要带走。他收集珍奇异宝，沉迷于观赏玩乐，把百姓视为仇敌，无休止地役使他们。这样做必先自取其败，怎么能打败我们呢？"

冬季十一月，晋国的赵鞅带领军队攻打朝歌。

经典解读

吴越争霸的故事我们耳熟能详，越王勾践复国雪耻的故事更是成为了流传千古的励志美谈。其实吴王夫差失了天下，固然和越王勾践的励精图治、东山再起有关，但更为关键的一个原因是他输给了自己的骄傲。父王阖闾含恨而逝时，他发誓要雪国耻报父仇，执政时期勤勉克俭、重用贤臣，使得吴国国力日益强盛，再度伐越获得成功。然而坐拥天下之后，他就开始变得骄傲自满、目空一切，不听忠臣伍子胥苦谏，对越国也放松了戒备，沉溺于奢侈享乐，最终导致吴国被越国所灭。古语有云："满招损，谦受益。"盲目自大会让一个人迷失自我，甚至自毁前程，人生的输赢本没有定数，只有做到"胜不骄败不馁"，不断地挑战自我、完善自我，才能拥有一个光明美好的未来。

哀公十一年

原　文

十一年春，齐为鄎故，国书、高无丕帅师伐我，及清。季孙谓其宰冉求曰："齐师在清，必鲁故也。若之何？"求曰："一子守，二子从公御诸竟。"季孙曰："不能。"求曰："居封疆之间。"季孙告二子，二子不可。求曰："若不可，则君无出。一子帅师，背城而战。不属者①，非鲁人也。鲁之群室，众于齐之兵车。一室敌车，优矣。子何患焉？二子之不欲战也宜，政在季氏。当子之身，齐人伐鲁而不能战，子之耻也。大不列于诸侯矣。"季孙使从于朝，俟于党氏之沟。武叔呼而问战焉，对曰："君子有远虑，小人何知？"懿子强问之，对曰："小人虑材而言，量力而共者也。"武叔曰："是谓我不成丈夫也。"退而蒐乘②，孟孺子泄帅右师，颜羽御，邴泄为右。冉求帅左师，管周父御，樊迟为右。季孙曰："须也弱。"有子曰："就用命焉③。"季氏之甲七千，冉有以武城人三百为己徒卒。老幼守宫，次于雩门之外。五日，右师从之。公叔务人见保者而泣，曰："事充政重④，上不能谋，士不能死，何以治民？吾既言之矣，敢不勉乎！"

注 释

①不属者：不参战的人。
②蒐乘：检阅战车。
③用命：听从命令。
④事充政重：徭役频繁，赋税重。

译 文

十一年春季，齐国因鄎战役之故，让国书、高无丕率军讨伐鲁国，抵达了清地。季孙对他的家臣宰冉求说："齐国在清地驻军，必是为了攻打鲁国，这可如何是好？"冉求说："你们三人一人留守国内，两人随国君在边境御敌。"季孙说："不行。"冉求说："那就在境内近郊抵御敌人。"季孙把这番话告知了叔孙和孟孙，他们都不同意这种安排。冉求说："如果不想这么做，那么国君就不必出征了，你一人领兵，背城而战。不参加御敌战争的，就不算是鲁国人。鲁国的卿大夫在都邑中的户数数量远超过齐国的兵车。即便你一家的兵车数量也多于齐军，你还有什么可担忧的？叔孙、孟孙两位不愿意作战也是理所当然的，因为国政大权是由季氏掌控的。你身负重任，在齐国讨伐鲁国时却不能为国家作战，这是你的耻辱，你若如此就彻底不能位列诸侯了。"季孙让冉求随自己一起上朝，安排他在党氏之沟等候。叔孙把冉求叫过来，向他咨询作战的事情。冉求回答说："君子深谋远虑，小人能知道什么？"孟孙坚持问他作战的谋略，冉求回答说："小人思考过自己的才干，才能发言，评估了自己的力量之后才能出力。"叔孙说："这是说我成不了干大事的伟丈夫啊。"他退出去后，便检阅了军队。孟孺子泄担任右军主将，颜羽驾车，邴洩为车右。冉求率领左军，管周父为其驾驭御兵车，樊迟当车右。季孙说："樊迟太年轻了。"冉求说："让他当车右是因为他听从命令。"季氏有七千名甲兵，冉求以三百名武城人充当自己的亲兵。年老的和年幼的留守宫中，军队在雩门外驻扎了下来。五日之后，右军跟了过来。公叔务人看到守城者哭着说："徭役频繁，赋税重，上面没有能力谋划,士兵不能以死报国,凭借什么来治理百姓呢?我都已经这样说了,怎敢不努力呢?"

原　文

师及齐师战于郊,齐师自稷曲,师不逾沟①。樊迟曰:"非不能也,不信子也。请三刻而逾之。"如之,众从之。师入齐军。右师奔,齐人从之,陈瓘、陈庄涉泗。孟之侧后入以为殿,抽矢策其马②,曰:"马不进也。"林不狃之伍曰:"走乎?"不狃曰:"谁不如?"曰:"然则止乎?"不狃曰:"恶贤?"徐步而死。

师获甲首八十,齐人不能师。宵,谍曰:"齐人遁。"冉有请从之三,季孙弗许。

孟孺子语人曰:"我不如颜羽,而贤于邴泄。子羽锐敏,我不欲战而能默。泄曰:'驱之。'"公为与其嬖僮汪锜乘,皆死,皆殡。孔子曰:"能执干戈以卫社稷,可无殇也③。"冉有用矛于齐师,故能入其军。孔子曰:"义也。"

夏,陈辕颇出奔郑。初,辕颇为司徒,赋封田以嫁公女。有余,以为己大器。国人逐之,故出。道渴,其族辕咺进稻醴、粱糗、腶脯焉④。喜曰:"何其给也?"对曰:"器成而具。"曰:"何不吾谏?"对曰:"惧先行。"

注　释

①逾:越过。
②策:鞭策,打。
③殇:未成年死去。
④稻醴:稻米酿造的醴酒。粱糗:小米干饭。腶脯:腌肉干。

译　文

鲁国大军和齐国大军大战于郊野,齐国军队从稷曲袭击鲁国军队,鲁军不敢越沟应战。樊迟说:"不是不能越过沟壑,而是对你不信任,请把命令申明三次,之后再率军过沟。"冉求依言行事,众将士就跟随他翻越了沟壑。鲁军冲入齐军队列。鲁国右军溃逃,齐军追击。陈瓘和陈庄步行渡过泗水。孟之侧走在军队后面最后一个回来,他抽出一支箭击打自己的马,说:"我落后是因为马不肯前进。"林不狃的同伴问:"我们逃跑吗?"林不狃说:"我比谁差,为何要临阵脱逃?"同伴问:"那么停下脚步抵抗敌军吗?"林不狃说:"停下来迎战就英明吗?"于是慢步徐行,最终被杀死了。

鲁军砍了齐国甲兵八十颗头颅,齐军已无法整顿军队。夜里,间谍报告说:"齐兵奔逃了。"冉有三次请求追赶溃逃的齐军,季孙不应允。

孟孺子对人说:"我比不上颜羽,但比邴泄贤明。颜羽反应敏锐,善于作战,我虽不想作战但能保持沉默。邴泄却说:'策马奔逃吧。'"公为与他喜爱的小僮汪锜乘坐同一辆兵车作战,全都战死沙场,人们把他们殡殓了。孔子说:"能拿起武器保卫国家社稷,战死可不被视为夭折。"冉有用矛向齐军冲杀,所以能杀进敌阵。孔子说:"这样做合乎道义。"

夏季,陈国的辕颇奔逃到郑国。当初,辕颇担任司徒时,对封邑内农田征税,将税赋送给哀公的女儿做嫁妆,余下的部分为自己铸造大体积的钟鼎铜器。国人驱逐他,所以他离开了陈国。行走到半路上,口渴难当,部下辕咺献上稻米酿制的甜酒、小米干饭和腌肉干。辕颇愉快地问:"食物为何如此丰盛?"辕咺回答说:"钟鼎铜器铸造完就把食物备好了。"辕颇说:"为何不劝我不要那样做?"辕咺回答说:"担心先被你驱逐。"

原　文

为郊战故,公会吴子伐齐。五月,克博,壬申,至于嬴。中军从王,胥门巢将上军,王子姑曹将下军,展如将右军。齐国书将中军,高无㔻将上军,宗楼将下军。陈僖子谓其弟书:"尔死,我必得志。"宗子阳与闾丘明相厉也①。桑掩胥御国子,公孙夏曰:"二子必死。"将战,公孙夏命其徒歌《虞殡》。陈子行命其徒具含玉。公孙挥命其徒曰:"人寻约②,吴发短。"东郭书曰:"三战必死,于此三矣。"使问弦多以琴,曰:"吾不复见子矣。"陈书曰:"此行也,吾闻鼓而已,不闻金矣。"

甲戌,战于艾陵,展如败高子,国子败胥门巢。王卒助之,大败齐师。获国书、公孙夏、闾丘明、陈书、东郭书,革车八百乘,甲首三千,以献于公。将战,吴子呼叔孙,曰:"而事何也?"对曰:"从司马。"王赐之甲、剑、铍③,曰:"奉尔君事,敬无废命。"叔孙未能对,卫赐进,曰:"州仇奉甲从君。"而拜。公使大史固归国子之元,置之新箧④,禭之以玄纁⑤,加组带焉。置书于其上,曰:"天若不识不衷,何以使下国?"

317

注　释

①相厉：相互勉励。
②寻约：用来系人头的长度为八尺的绳子。
③铍：长矛。
④箧：竹制的小箱子。
⑤襞：垫在下面。

译　文

为了在郊野征战，鲁哀公会合吴王讨伐齐国。五月，攻克了博地。二十五日，大军抵达了嬴。中军随吴王出战，胥门巢担任上军主将，王子姑曹担任下军主将，展如担任右军主将。齐国的国书担任中军主将，高无㔻担任上军主将，宗楼担任下军主将。陈僖子对弟弟说："你若战死沙场，我必能得志。"宗子阳和闾丘明也彼此激励。桑掩胥为国书驱驾兵车。公孙夏说："这两个人一定会死在战场上。"即将作战时，公孙夏让部下高唱《虞殡》。陈子行让部下准备好入殓时放在口中的葬玉，以示必死的决心。公孙挥对部下下令说："每人找一根拴系人头的八尺长的绳子，吴国人都是短发。"东郭书说："参加三次战斗必然会战死，这已经是第三次作战了。"他派人送琴给弦多表达慰问之意，说："我以后再没机会见你了。"陈书说："此去我只能听到进攻的击鼓声，听不到收兵的鸣金声了。"

五月二十七日，两军在艾陵展开大战，展如战胜了高无㔻，国书战胜了胥门巢。吴王率军救援胥门巢，把齐国军队打得落花流水，活捉了国书、公孙夏、闾丘明、陈书、东郭书，缴获了八百辆战车，砍下了三千名甲兵的头颅，把俘虏和战利品全都进献给了鲁哀公。即将作战时，吴王把叔孙唤来，问："你充任什么职务？"叔孙说："我担任司马一职。"吴王赐给他战甲、宝剑和长矛，说："认真执行君王给你下达的任务，不要废弃君命。"叔孙不能作答，子贡走上前来说："叔孙敬受铠甲，愿誓死追求国君。"叔孙叩首拜谢。鲁哀公派太史把国书的首级送了回来，人头被装在崭新的箱箧里，用黑色和浅红色的丝绸垫在下面，加上绸带，上面置放着一封书信，信中写道："苍天若是不知道你们行为不端，如何能使下国取胜？"

原文

　　吴将伐齐，越子率其众以朝焉，王及列士，皆有馈赂。吴人皆喜，惟子胥惧，曰："是豢吴也夫！"谏曰："越在我，心腹之疾也。壤地同，而有欲于我。夫其柔服，求济其欲也，不如早从事焉。得志于齐，犹获石田也，无所用之。越不为沼，吴其泯矣，使医除疾，而曰：'必遗类焉'者，未之有也。《盘庚之诰》曰：'其有颠越不共，则劓殄无遗育①，无俾易种于兹邑。'是商所以兴也。今君易之，将以求大，不亦难乎？"弗听，使于齐，属其子于鲍氏，为王孙氏。反役，王闻之，使赐之属镂以死②，将死，曰："树吾墓槚檟可材也。吴其亡乎！三年，其始弱矣。盈必毁，天之道也。"

　　秋，季孙命修守备，曰："小胜大，祸也。齐至无日矣。"

　　冬，卫大叔疾出奔宋。初，疾娶于宋子朝，其娣嬖。子朝出。孔文子使疾出其妻而妻之③。疾使侍人诱其初妻之娣，置于犁，而为之一宫，如二妻。文子怒，欲攻之。仲尼止之。遂夺其妻。或淫于外州，外州人夺之轩以献。耻是二者，故出。卫人立遗，使室孔姑。疾臣向魋纳美珠焉④，与之城鉏。宋公求珠，魋不与，由是得罪。及桓氏出，城鉏人攻大叔疾，卫庄公复之。使处巢，死焉。殡于郧，葬于少禘。

注释

①劓殄：族诛，将犯人的家人全部杀掉。遗育：遗留后代。
②属镂：剑名。
③出：休掉。
④美珠：珍珠。

译文

　　吴国将讨伐齐国，越王勾践带着部下赶去朝见，吴王夫差和臣子都得到了他们送来的食物和财货。吴国人全都满心高兴，唯有伍子胥很忧虑，他说："这分明是在豢养吴国啊。"便进谏道："越国对我们来说就是心腹大患。越国人和我们生活在同一片土地上，对我们有所企图。他们顺服，是为了达成自己的欲求，我们不如早点对他们下手。在齐国得偿所愿，犹如得到了一块布满石头的田地一样，几乎一无所用。越国若不变成废弃的沼泽，吴国就会被消灭，这就好比让医生消除疾患，却说：'一定要留下病根。'这种情况是从来没有出现过的。《盘庚之诰》中说：'如果有狂妄放肆、不守礼法、行为不恭的，就要斩草除根不留后患，不要让他们的种族在这里延续。'这就是商朝兴盛的原因。现在您做了相反的事情，想以此让国家强大，这不是太难了吗？"吴王夫差不听劝谏，派伍子胥出使齐国，伍子胥将儿子嘱托给齐国的鲍氏照料，把姓氏改为王孙氏。伍子胥回国之后，吴王夫差听说了这件事，便派人赐伍子胥属镂宝剑，命他自行了断。伍子胥临死前说："在我的坟冢上栽种上槚树，这种树能成材。吴国也许就要亡国了吧。三年后，吴国将开始衰落。骄傲自满必然走向毁灭，这是自然规律。"

秋季，季孙下令整顿防务，他说："弱小的国家战胜强大的国家，这是灾祸。要不了多久齐国就会来复仇了。"

冬季，卫国的太叔疾逃奔到宋国。当初将宋国子朝的女儿迎娶过门，陪嫁的妹妹格外受宠。子朝流亡在外时，孔文子让太叔疾把妻子休了，迎娶自己的女儿。太叔疾派侍者把前妻的妹妹引诱出来，将其安置在犁地，并为她建造宫室，就仿佛自己有两个妻子一样。孔文子很生气，准备出兵攻打太叔疾。孔子制止了他。孔文子随后夺回了自己的女儿。太叔疾又在外州和其他女人淫乱通奸，外州人夺下了他的轩车，将其进献给了国君。太叔疾因这两件事倍感羞耻，所以逃出了卫国。卫国人拥立遗当继承人，让他迎娶孔姞为妻。太叔疾在向魋那里当家臣，向主上进献了名贵的珍珠，向魋把城鉏送给了他。宋景公向向魋索要珍珠，向魋不给，因此获罪。等桓氏流亡在外，城鉏人攻打太叔疾，卫庄公召他回国，让他留在巢地。太叔疾便死在了巢地。他的棺材停放在郧，最后在少禘下葬了。

原　文

初，晋悼公子慭亡在卫，使其女仆而田①。大叔懿子止而饮之酒，遂聘之，生悼子。悼子即位，故夏戊为大夫。悼子亡，卫人翦夏戊。孔文子之将攻大叔也，访于仲尼。仲尼曰："胡簋之事②，则尝学之矣。甲兵之事，未之闻也。"退，命驾而行，曰："鸟则择木，木岂能择鸟？"文子遽止之，曰："圉岂敢度其私，访卫国之难也。"将止。鲁人以币召之，乃归。

季孙欲以田赋，使冉有访诸仲尼。仲尼曰："丘不识也。"三发，卒曰："子为国老，待子而行，若之何子之不言也？"仲尼不对。而私于冉有曰："君子之行也，度于礼，施取其厚，事举其中，敛从其薄。如是则以丘亦足矣。若不度于礼，而贪冒无厌，则虽以田赋，将又不足。且子季孙若欲行而法，则周公之典在。若欲苟而行，又何访焉③？"弗听。

注 释

①仆：驾车。
②胡簋之事：祭祀之事。
③访：询问。

译 文

当初，晋悼公的儿子憖在卫国流亡时，让女儿为自己御车狩猎。太叔懿子留憖做客，跟憖一起畅饮美酒，不久就下聘娶了他的女儿，生下了悼子（即太叔疾）。太叔疾即位，所以外甥夏戌就当了大夫。太叔疾流亡时，卫国人废黜了夏戌的爵位，剥夺了他的封邑。孔文子准备攻打太叔疾时，曾向孔子征求意见。孔子说："有关祭祀的事情我以前学习过，有关兴兵作战的事情，我未曾听说过。"说完便退出去，让人驾车便走，说："鸟可以择木而栖，树木哪能选择栖宿的鸟？"孔文子赶忙阻止他离开，说："我哪里是为自身考虑，为的是防止卫国发生祸难。"孔子刚想留下不走，鲁国人用财物召请他回去，于是他便返回了鲁国。

季孙打算按田亩征收赋税，派冉有向孔子征求意见。孔子说："征税的事情我不懂。"接连问了三次，最后一次说："你是国家元老，大家都等着你发表意见行事，你为何闭口不言呢？"孔子没有正式回答他，私下里对冉有说："君子做事要以礼法衡量，施恩要力求丰厚，行事要适度，要尽量减轻赋敛。如果能做到这样，依我来看，也便足够了。如果做事不以礼法仗量，一味贪得无厌，那么即便能按田亩征税，还是会觉得不够。况且季孙若想依照礼法行事，那么周公典章尚在，可供参照。若要为所欲为轻率行事，又何必向我征求意见呢？"季孙不听。

经典解读

孔子主张以"仁"治国，在税收方面提倡"敛从其薄，施取其厚"的裕民政策，反对横征暴敛，因此对季孙按田亩征税的做法十分不满。孔子是德政的倡导者，奉劝统治者要施惠于民，要保证百姓在经济上丰衣足食，然后对其悉心教化。正所谓："仓廪实而知礼节，衣食足而知荣辱。"对百姓课以重税，无疑会加重人们的负担，百姓饥寒交迫，自然不会在乎礼义廉耻，任何形式的教化都将失去意义。因此，轻徭薄赋是德政的基础，也是儒家以"仁"治国的根本，孔子对季孙的态度充分反映出了他反对统治者过分剥削人民的立场。

哀公十五年

原　文

　　十五年春，成叛于齐。武伯伐成，不克，遂城输。

　　夏，楚子西、子期伐吴，乃桐汭。陈侯使公孙贞子吊焉，及良而卒，将以尸入。吴子使大宰嚭劳，且辞曰："以水潦之不时，无乃廪然陨大夫之尸①，以重寡君之忧②。寡君敢辞。"上介芋尹盖对曰："寡君闻楚为不道，荐伐吴国③，灭厥民人。寡君使盖备使，吊君之下吏。无禄，使人逢天之戚，大命陨队，绝世于良，废日共积，一日迁次④。今君命逆使人曰：'无以尸造于门。'是我寡君之命委于草莽也。且臣闻之曰：'事死如事生，礼也。'于是乎有朝聘而终，以尸将事之礼。又有朝聘而遭丧之礼。若不以尸将命，是遭丧而还也，无乃不可乎！以礼防民，犹或逾之。今大夫曰：'死而弃之'，是弃礼也。其何以为诸侯主？先民有言曰：'无秽虐士。'备使奉尸将命，苟我寡君之命达于君所，虽陨于深渊，则天命也，非君与涉人之过也⑤。"吴人内之。

注　释

①廪然：泛滥。
②重：增加。
③荐：多次，屡次。
④迁次：移居，迁居。
⑤涉人：船家。

译　文

　　十五年春季，成地叛离孟氏，转而亲附齐国。孟武伯出兵讨伐成地，没能成功攻克，便在输地筑城。

　　夏季，楚国的子西、子期率军讨伐吴国，抵达了桐汭。陈闵公派公孙贞子前往吴国表示慰问，公孙贞子走到良地时去世了，副使打算将他的灵柩运进城。吴王夫差派太宰嚭赶来慰劳，婉言拒绝说："因为大雨下得不合时令，大水泛滥怕是会损毁大夫的灵柩，又给我们的国君增添忧愁，我代表国君谨此辞谢。"第一副使芋尹盖回应说："我们国君听说楚国不讲道义，多次发兵袭击吴国，杀害吴国的百姓。我们国君让盖备加入使臣行列，向贵国国君的次级官员表示慰问。

不幸的是我们的使臣公孙贞子赶上老天不高兴,丧了性命,死在了良地。我们花费了很多时间聚敛用于殡殓的财物,又唯恐耽误使命,每天都得更换居所投宿。如今您下令迎接使臣时说:'不要把灵柩运进城门。'这就是把我们国君的指令丢到荒草堆里了。而且下臣听说:'事奉死者要跟他生前一样,这叫作礼。'于是便有了使臣在朝聘过程中突然离世,奉送灵柩完成使命的仪式,也有在朝聘时赶上被聘问的国家正举行丧礼的。假如不奉送灵柩完成使命,就如同赶上被聘问的国家发丧,自己却回国了一样。这样恐怕不行吧!靠礼法防范百姓作乱,尚且担心他们有所逾越。如今大夫您说:'人已经死了,就把他丢弃吧。'这是抛弃礼法。这样做还怎么充当诸侯的盟主?古代贤人曾经说过:'不要把死去的士人看作污秽。'我奉送灵柩完成使命,若我们国君的命令能传达到贵国国君那里,即便让使臣坠入深渊,那也是天意,不是贵国国君和船夫的过错。"吴国人于是便接纳了公孙贞子的灵柩。

原 文

秋,齐陈瓘如楚。过卫,仲由见之,曰:"天或者以陈氏为斧斤①,既斫丧公室②,而他人有之,不可知也。其使终飨之,亦不可知也。若善鲁以待时,不亦可乎?何必恶焉?"子玉曰:"然,吾受命矣,子使告我弟。"

冬,及齐平。子服景伯如齐,子赣为介,见公孙成,曰:"人皆臣人,而有背人之心。况齐人虽为子役,其有不贰乎?子,周公之孙也,多飨大利,犹思不义。利不可得,而丧宗国,将焉用之?"成曰:"善哉!吾不早闻命。"

陈成子馆客③,曰:"寡君使恒告曰:'寡君愿事君如事卫君。'"景伯揖子赣而进之。对曰:"寡君之愿也。昔晋人伐卫,齐为卫故,伐晋冠氏,丧车五百,因与卫地,自济以西,禚、媚、杏以南,书社五百④。吴人加敝邑以乱,齐因其病,取谨与阐。寡君是以寒心。若得视卫君之事君也,则固所愿也。"成子病之,乃归成。公孙宿以其兵甲入于嬴。

注 释

①斧斤:泛指斧子。
②斫丧:摧残。
③馆客:在馆舍会见客人。
④社:村落。

译　文

秋季，齐国的陈瓘出使楚国，路过卫国时，仲由会见了他，说："老天可能是想以陈氏做利斧，砍削公室后，让别人享有权力，权力归于何人之手现在还不清楚。也许最终会为陈氏享有，不过现在还不清楚。若是和鲁国交好以待有利时机，不是很好吗？何必破坏你们和鲁国的友好关系呢？"陈瓘说："你说得很对。我接受你的命令了，你差人把这个想法告诉我弟弟吧。"

冬季，鲁国和齐国和解。鲁国大夫子服景伯访问齐国，子赣担任副使，拜见公孙成说："人人都是他人的臣下，有的还有背弃主上的念头，更何况齐国人即便被你所役使，难道就毫无二心吗？你是周公的子孙后代，享有可观的利益，但还想着行不义之事。没能谋得利益，反而失去了自己的祖国，何必如此呢？"公孙成说："你说得太对了！我怎么没早听到你的这番话。"

齐国的陈成子在馆舍会见客人，说："我们国君派我报告说：'我愿像事奉卫国国君那样事奉贵国国君。'"子服景伯对子赣作揖，让他进前一步回答说："这也正是我们国君的愿望。昔时晋军讨伐卫国，齐国为了卫国而发兵攻打晋国的冠氏，损失了五百辆兵车，因为这个原因把大片土地奉送给了卫国，包括从济水以西和禚地、媚地、杏地以南的五百个村落。吴国人把战乱强加给敝邑，齐国趁敝邑困顿时，夺取了谨地和阐地，我们国君因此而非常寒心。若是能像事奉卫国国君那样事奉我国国君，本来就是我们所期望的。"陈成子听罢悔恨不已，便将成地还给了鲁国。公孙宿带着兵器甲胄进入了嬴地。

原　文

卫孔圉取大子蒯聩之姊，生悝。孔氏之竖浑良夫长而美①，孔文子卒，通于内。大子在戚，孔姬使之焉。大子与之言曰："苟使我入获国，服冕乘轩，三死无与。"与之盟，为请于伯姬。

闰月，良夫与大子入，舍于孔氏之外圃。昏②，二人蒙衣而乘，寺人罗御，如孔氏。孔氏之老栾宁问之，称姻妾以告。遂入，适伯姬氏。既食，孔伯姬杖戈而先，大子与五人介③，舆猳从之。迫孔悝于厕，强盟之，遂劫以登台。栾宁将饮酒，炙未熟④，闻乱，使告季子。召获驾乘车，行爵食炙，奉卫侯辄来奔。

季子将入，遇子羔将出，曰："门已闭矣。"季子曰："吾姑至焉。"子羔曰："弗及，不践其难。"季子曰："食焉，不辟其难。"子羔遂出。子路入，及门，公孙敢门焉，曰："无入为也。"季子曰："是公孙，求利焉而逃其难。由不然，利其禄，必救其患。"有使者出，乃入。曰："大子焉用孔悝？虽杀之，必或继之⑤。"且曰："大子无勇，若燔台，半，必舍孔叔。"大子闻之，惧，下石乞、盂黡敌子路。以戈击之，断缨⑥。子路曰："君子死，冠不免。"结缨而死。孔子闻卫乱，曰："柴也其来，由也死矣。"

孔悝立庄公。庄公害故政，欲尽去之，先谓司徒瞒成曰："寡人离病于外久矣⑦，子请亦尝之。"归告褚师比，欲与之伐公，不果。

注 释

①竖：童仆。

②昏：黄昏，天黑。

③介：身披铠甲。

④炙：烤肉。

⑤继：代替。

⑥缨：帽带。

⑦离：同"罹"，忧患。

译 文

卫国的孔文子将太子蒯聩的姐姐伯姬娶过了门，生下了悝。孔氏的童仆浑良夫长得高大英俊，孔文子去世后，他就和伯姬偷情。太子蒯聩在戚地时，伯姬派浑良夫拜见他。太子蒯聩对浑良夫说："假如让我回国继承君位，我就赏赐给你冕服轩车和三次免死的特权。"浑良夫便跟太子蒯聩盟誓，发誓代他向伯姬请求回国即位。

闰十二月，浑良夫和太子蒯聩进入卫国国都，在孔氏家外面的菜园里居住了下来。夜幕降临以后，二人以头巾蒙脸，寺人罗充当车夫为他们御车，赶到了孔氏家。孔氏的家臣宰栾宁向他们探问来意，他们回答说要找姻戚家里的一名侍妾。随后便进入了孔氏的家门。他们来到伯姬家，吃完了晚餐之后，伯姬手持兵戈走在最前方，太子蒯聩和五人皆穿着铠甲，用车载着公猪跟随在后，将孔悝逼入墙角，强行逼迫他盟誓，随后劫持他登上高台。栾宁刚要饮酒，烤肉还没做熟，听到骚乱之声，便遣人把情况告诉子路，把一个叫获的人召来驾

325

驶乘车，自己坐在车上饮酒啖肉，事奉卫出公辄往鲁国奔逃。

子路正想进入都城，恰好赶上子羔要出都城，子羔说："城门已经关闭了。"子路说："我姑且进城去一下。"子羔说："现在已经来不及了，别去招惹祸难。"子路说："食人俸禄，就不能逃避灾难。"于是子羔、子路进城。子路到了孔氏家门口，公孙敢守门，他对子路说："不要进去做什么了。"子路说："牟取私利逃避灾难，是公孙的做法。我不是这种人，靠别人的俸禄谋利，就一定要救他逃出危难。"有使者从大门走了出来，子路便趁机进门，说："太子哪里还用得着孔悝？即便是把他杀了，也一定有人可以取代他。"又说："太子缺乏勇气，若是放火焚烧高台，烧到一半就一定会把孔悝放了。"太子听完这席话，心里很惶恐，便命令石乞、盂黡走下高台对付子路。两人用兵戈刺向子路，斩断了子路的冠缨。子路说："君子即使死，也要把帽冠戴好。"于是把冠缨系好便死了。孔子听闻卫国出现了内乱，就说："子羔活着回来，可是子路却死了。"

孔悝立太子蒯聩为卫国国君，也就是卫庄公。卫庄公觉得原来的旧臣都不可靠，就想把他们全都除掉，他先对司徒瞒成说："我长期在外遭受离乱忧患之苦，这种滋味你也该尝一尝。"司徒瞒成回去之后把这件事告诉了褚师比，试图跟他一起讨伐卫庄公，但这个计划并没有实现。

经典解读

子路是孔悝的邑宰，在卫国发生政变时，为了救主惨死于敌人的屠刀之下，临死前冠缨被击断，他从容结缨后慷慨赴死，并发出了"君子死，冠不免"的豪言壮语。在古人眼中，正冠而亡意味着有尊严且体面地死去，哪怕是最后一刻也要保证自己衣冠齐整，这事关一个人的荣誉与尊严。无论生与死，尊严对于人来说都是至关重要的，人活着要活得有骨气、有尊严，即便是面对死亡，也要从容地走完最后一程。

有人认为子路在双方厮杀最激烈的时刻还要扶冠，为汉冠威仪而死，实在是迂腐至极。但事实是在寡不敌众的情况下，子路无论是否正冠都难逃一死，他在敌人的刀锋下坚持正冠、系缨，体现了一种从容不迫、视死如归的态度，而他对仪表荣誉的看重，源自他对尊严和教养的看重，总之他的精神依然是可贵的。